B

邓启耀 著

巫蛊

中国文化的历史暗流

GUANGXI NORMAL UNIVERSITY PRESS
广西师范大学出版社
· 桂林 ·

广州美术学院科研平台"视觉文化研究中心"（22PTC02）项目

新医学模式与非常意识状态的人类学研究

邓启耀是一位颇具文青风范的严肃学者。他的研究涉猎广泛、角度独特、思路清奇，时不时就会让人眼界大开。几个月前，他突然打电话来说，他的一本书在网络上售罄了，有出版社即将推出新版，为此他邀我为其写序。我觉得"与有荣焉"，便爽快应允了邀约。

本书是文化人类学、民族学著作，同时涉及我本人从事的医学心理学和精神医学。1995年，我们在一个跨学科的学术团体里认识以后，我了解到，启耀有丰富的人生经历，在云南少数民族村寨当过知青，后来做过人文地理杂志主编，再后来在民族学、文化人类学领域深耕。我们认识以前，都在各自专业范围内研究少数民族问题。他长我几岁，早已走遍云南大地，孤身勇闯各种意义上的"禁区"，是胆子最大的探险家之一。而我是精神科医生，曾在读硕士期间去大凉山研究过社会文化变迁对彝族身心健康的影响，继而在德国学习了家庭治疗、催眠等心理疗法，回国后进行心理治疗的跨文化移植工作。

我们认识后，因为对人类心灵活动的共同关注而有了交集。他讲的故事很有意思，都是对绝大多数人而言匪夷所思的奇闻轶事。但我觉得最难得的是，他这些奇特的经历，不是仅仅停留在猎奇探险记录的层次，而是积淀、提炼成了有学术价值的田野考察资料。对他而言，我们的工作正巧就是可以与他的研究互补的。所以，他在听了我的一次学术报告、看了我的一篇论文后，就往已经酝酿多年的书稿里加入了我们关于"非常意识状态"的内容。非常意识状态是指与清醒状态不同的意识改变状态，与很多人们认为不可思议的身体和心理变化有关，可以通过许多方式诱发，包括暗示、催眠、特殊仪式等。而巫术就是有着强大暗示作用的心理性人际操纵和影响方法。他对这个领域这么感兴趣，估计是因为 1990 年代以前的民族学研究不太重视心理学方面的讨论，以至于他的研究虽然早已大量涉及巫术的文化心理学、精神医学的问题，却还是第一次碰到合适的理论概念，可以帮助他解释很多现象。

比如，在美丽的泸沽湖畔，摩梭人至今仍实行母系氏族婚姻制度，被人们称为"女儿国"。可是谁曾想到，就在这块壮美秀丽的土地上，在由一个个大家庭构成的平静和谐的村庄里，千百年来主导着人们精神生活的文化规则竟有着不可言说的巫术禁忌，让一些人成为社会排斥和恐惧的对象，也让其他人担心"中蛊"。由于这些禁忌，一些人心理、行为出现了异常，甚至躯体健康也受损。有位妇女是被认定为"带蛊"人家的家长，在做生产队长期间曾经用新社会赋予她的身份和权力，奋力与这个不幸的身份命运抗争，但后来还是在孤独和忧郁中较早离世。这些人的悲惨命运，对于那些共同生活于同一个文化或亚文化中的人们而言，不过就是反复验证着巫蛊诅咒有操控、毁灭人的现实力量；而对我们医生而言，则是验证着关于不良社会文化因素、心理因素影响健康的精神医学理论。

启耀很早就对此感兴趣，先是作为下乡知青、城里人，与小伙伴们豪迈地用科学知识与迷信斗争，后来则是从学术角度去探究这种存在于原生态社会中的神秘文化。本书有他在滇西怒江大峡谷孤身夜闯死亡之谷的故事，读起来有惊心动魄之感。他亲自带一位男士来找我诊断的案例也很生动。这位男士一次与人吃饭后就坚信被外地人放蛊谋害，出现全身不适、寝食难安的症状，随后就四处求助，主要是找各式各样有神秘修炼经历或有特异功能的人士，而对医生，尤其是精神科医生十分抵触。我们当然对此案例是有诊断的，可以根据国际疾病分类（ICD-10）及当时还在用的中国精神疾病分类（CCMD）给他贴上一个"标签"。但问题是，面对这样有特殊文化背景的精神障碍患者，貌似科学的标签缺乏对患者内心体验共情的理解，而且也意味着冷冰冰的判决，会导致另一种性质的社会歧视和排斥，所以往往激起患者文化心理的阻抗。几年后启耀又见过这位男士，果然他对医生的态度依然是警惕的，不想合作。这应该算是我的一个失败案例吧。不过这个案例通过医生和人类学家的合作，给大家展示了一个现代的巫术影响健康的案例，说明医疗技术的应用还是会受到文化亲和性和文化屏障的影响。

启耀对我们这方面的理论和技术有浓厚兴趣，反过来让我也对他研究的这种现象很感兴趣。因为现代医学重视自然科学的分析还原思维及所谓实证研究方法，对巫术这样纷繁复杂的心理行为现象也是化繁为简处理，只想"知其所以然"，寻找普遍规律性，而不屑于像人文社科学者那样"知其然"。所以，我很欣喜地在他身上看到，人类学家的田野工作重视特殊性、重视细节，非常生动；他们提供出来的观察材料鲜活、具体，是当事人、亚文化群体成员的第一人称生命经验叙事，可能是医生理解患者病因和发病机制的重要文化背景，而不是可以被鄙视的野蛮落后的迷信现象。另外，他也让我意外地发现，西方关于巫术、人际操纵及影响技术，以及传统疗病术的科学理论，如果应用得当，其实与中华民间传统文化并不是不相容，而是有非常自然的亲和性。

这次为了写这个序，我重读了 1998 年繁体字版的《巫蛊考察：中国巫蛊的文化心态》，也读了有大量增补内容的新版稿件。对比间隔二十多年的两个版本，第一个显眼的变化是增加了很多实地考察照片，生动记录了很多再也见不到的人类活动场景。当然，更用心的实质性变化是文字资料及论述的修订和增补，篇幅增加了大约三分之一。这反映了作者进入 21 世纪后，对正在快速消逝的不远的过去的深情回眸和对未来的深刻思考。

开始动笔写序时，我为自己有些不自量力地答应邀约而感到有些压力。因为书的内容虽然跟我的专业有关，但启耀二十多年间仍不断精进，加入了很多新颖的材料和想法，我就不敢进行片面肤浅的点评了。不过在另一方面，我也感到，在我们有共同兴趣的领域里，很多具体的人、事、物正在迅速退出历史舞台，但有一些非常重要而恒常的东西还是存留了下来，那就是对巫术的研究，关乎人类思想、情感、行为模式的演化抑或"迭代"的规律性的问题，提示我们相关学科还应该继续加强合作，从人、事、物不断消亡又不断涌现的历史长河中，进一步提炼、升华出指引人类迈向天人合一、情理平衡、人际和谐的理想生活的智慧。

很显然，人类离这样的理想还很遥远。会读这样书的读者，也许会觉得是看到了人类心智水平的初级版。当想象这些都是发生于过去几十年、几百年和上千年的人和事，尤其是发生在未开化之地，您也许会当它们作笑谈之资，油然而生现代文明人的优越之感。不过，当您细品，联想这些人和事到当下的一些现象上来，您可能就笑不出来了，因为文明的发展不一定是按照乐观的进化论模式，"波浪式前进、螺旋式上升"的，而是新旧杂陈，老的去不了，新的不一定就好。更可悲的是，有些悲剧其实是会一再上演的。

本书上一版出版时，正值已经持续十多年"气功热"即将登峰造极之时。在那之前，精神医学界的前辈杨德森教授对气功热的危害忧心忡忡，将其形容为"巫术、骗术、魔术"的大杂烩。他老人家的鲜明态度对我们有鼓舞作用，本人于是结合在国内外学习研究的心得，在学术会议和期刊上发表了论文，并引起了启耀的关注，后来引用到本书的第一版里。现在回顾起来，我们这些工作是有预见性的。可惜那个时候国家还没有像现在这样重视心理健康和社会心理建设，很少有人意识到，有些打着传统文化和科学双重旗号的伪气功，其实就是现代巫术，对追随者们实施了精神控制，引起他们的痴迷状态，甚至使一些人"走火入魔"，乃至伤残、失去生命。这些现象本质上与历史上的原始巫术所具有的害人之处相同。

我喜欢用"三脑一体"理论，来说明人的精神活动必然同时包括高级情感、抽象思维和低级的魔幻思维、象征性思维以及原始的动物性本能的问题。我还喜欢用树的年轮来比喻人类医学思想发展史中破与立、进化与迭代的问题。本书大量的例证，与这个比喻相合。年轮比喻说的是，在人类蒙昧时期占优势的原始宗教情感、初级思维，并没有被后来的朴素唯物主义、机械唯物主义、辩证唯物主义取代；医学发展到今天，世界卫生组织提倡的新医学模式是"生物—心理—社会"医学模式，进入了系统思维的阶段。这些人类文明进步史上先后出现的医学模式，其实在今天都并存着，就像树干横切面上的年轮，早出现的老而弥坚，后出现的鲜活稚嫩。巫术思维，以及相应的仪式、禁忌、物质性器物设施等，虽然变化万端，但其实万变不离其宗，本质上就是人类总体心智发展的水平，体现在了个体的认知、情感和行为的复杂性程度上，也体现在群体水平上如何通过文化规则来调控个体本能满足、人际关系、利益分配、社会流动性，以及人与自然关系。

巫术思维就是对应着较初级认知和情感模式的原始思维，但即使是在科学技术发达的现代社会，也几乎还在所有人的脑袋里潜伏、遗存，在一定的条件下就会被触发。糟糕的是，在现代社会交通、通信发达的条件下，现代巫术的传播，相关心理偏异甚至病态的"感应"或"传染"，会比以前更快，规模效应更大。出现这样的情况，简单靠国家权力机关的社会控制和主流文明社会的舆论宣传进行调控是不够的。

希望本书在应对原始和现代的巫术方面，起到正本清源、提高认知的作用，帮助人们建立更加理性、平和包容的意识，为在中国这样有高度文化多样性的国家里建设和谐社会做出贡献！

同济大学医学院教授　　赵旭东
中国心理卫生协会副理事长

2024 年 6 月

序
走近神秘的巫蛊世界

1997 年 11 月初，我赴昆明参加中国民俗博物馆专业委员会第四届年会，其间曾两次同邓启耀教授交谈，深为他的田野实践所感动。他还把他的近作《中国巫蛊考察》的书稿交给我，请作序。说实话，我对作序向来发怵，因为自己缺乏研究，怕写不好，一对不起作者，二容易产生误导。但盛情难却，我也喜欢这个神秘的题目，我作为第一读者看了一遍，认为是一部很出色的民族学、民俗文化学著作，作序思绪油然而生。

巫蛊是一种令人生畏的巫术，是黑巫术之一。从远古到如今，流传着许许多多离奇传说，有些人深信不疑，焙制它，利用它；有些人畏惧不已，仇视它，远离它。它像一个魔鬼似的幽灵，游荡在世界上，令人谈蛊色变，危害无穷。就是在中国古代宫廷斗争中，巫蛊也像一只巨大的魔掌，搅得宫廷不宁，王族相斗，得逞时可以把皇帝拉下马，败露时则千万人头落地，这到底是怎么一回事？巫蛊，说它没有，它的确存在，说它存在，它又很玄。从文化人类学来说，任何一种社会文化现象，都有它产生的土壤，有它自己的生命力，巫蛊也是如此。

问题是，我们是否对巫蛊现象进行过广泛而深入的考察，对这一现象的本质是否有充分的认识，从而作出科学的解释。

翻开浩如烟海的中国古籍，的确有不少巫蛊记载，历代法律中也不乏对付巫蛊的条文，说明它是一个普遍存在的现象，又是一个十分敏感的社会问题。

有关巫蛊的流传情况、分布地域、民族差异、传承方式，所谓"养蛊户"与蛊妇的悲惨命运，乃至蛊药的焙制、使用、效能，解药的构成，放蛊的咒语和巫术——也就是"祝与咒"的关系，以及巫蛊在民众生活中的位置等等。文献中的记载或语焉不详，或一鳞半爪。对于传说中的真假巫蛊，由于缺乏研究，更是难于分辨和澄清。但是，在民族学中却保留着许多巫蛊的"活化石"，其特点是形象具体，不仅有信仰方式、观念，还有种种传说，能搜集到许多个案，这是书本上没有记载的活历史。

研究巫蛊有两个实际问题；一是有无研究的价值；二是有很大难度。

应该说，巫蛊不仅是民族学的课题，也是文化史上的一个谜，对它不是研究不研究的问题，而是必须加以研究。这是因为：第一，巫蛊既是原始信仰的一种，又是民间信仰的重要形式，在世界各民族中具有普遍性。这一点对研究原始先民的灵魂观、生命观有重要参考价值。事实上，它企图以一种巫术的手段支配他人的生命，从而达到保护自己的目的。第二，巫蛊信仰披着神秘的外衣，但在民间却具有不可忽视的实用性，不是自卫就是进攻。尽管它在历史上留下种种骂名，似乎是一无是处的垃圾，但是在巫蛊活动中，利用了不少医药知识，是医学人类学的重要内容，从这个角度而言，也是应该发掘的。第三，巫蛊的负面作用，无论过去，还是现在，都是显而易见的，在人际中起着离间、伤害作用，对婚姻往来、文化交流、民族团结也都有不少消极影响。因此，科学地解释巫蛊具有重要的现实意义，必须把巫蛊作为研究课题列入日程。

说来容易做起难。由于巫蛊是信仰者的秘密武器，是一种生存手段，属于隐私、"秘密社会"，自然是不外露的，尤其不能让外族人识破。因此，研究巫蛊难度很大，往往可望而不可即，能够听到离奇的传说，却看不到巫蛊个案，抓不住，摸不着，找不到切入点，即使有些人与巫蛊擦肩而过，由于种种原因，也多半途而废。笔者曾致力于此久矣，也接触了不少巫蛊事实，如在海南、广西、云南搜集了不少个案，在四川大小凉山调查过黑巫术，在西番人地区因请养蛊户子女当翻译而受到白眼……但收获甚微。1989年我去贵州凯里为该省民族文物培训班讲课，有一位布依族学员搜集了近百个巫蛊案例，我曾劝他做下去，后来也失去音信，说明我们都没有敲开巫蛊的大门。

从本书可以看出，邓启耀敲开了巫蛊的大门，获得了极其丰富的民族学资料，以及不少科学成果。他之所以能达到这一步，同他的艰苦努力是分不开的。第一，他把田野调查放在首位，调查次数之多，地域之广，是极罕见的，因此他取得了大量的第一手资料。第二，邓启耀在调查中，与少数民族以诚相待，成了朋友、知己，有时率全家穿越怒江峡谷，与被调查者无话不说，还进入角色，多次"试药"，因而才能取得翔实的巫蛊资料。第三，邓启耀并不满足于田野工作上的成绩，还广泛地从历史学、考古学、民族学和自然科学中汲取营养，运用多学科的比较研究，完成本书，这是他研究巫蛊的力作，也是我国第一部研究巫蛊的学术专著。

此书不仅把我们带入巫蛊王国，还为民族学研究提供了一个好的范例，这是应该借鉴的。

中国是世界上民族学宝藏最丰富的国家，有取之不尽、用之不竭的文化资源，尽管我们过去做过许多民族调查，出版了很多调查报告、学术专著，然而有些问题令人担忧，如，民族学有没有自己的理论？具体是什么？我们是否基本掌握了中国的民族学资料？田野调查应该摆在什么地位？民族学的研究方法单打一是不够的，怎么改进和完善研究方法？如何开拓民族学研究的新领域？怎样为民族地区的发展做出贡献？等等。其中有不少问题尚未解决，这是应该认真思考并积极解决的。

在社会科学中，每个学科都应该有本学科的理论和方法，这种理论应该是在本学科研究中总结出的科学规律，又能反过来指导该学科的研究。因此，简单地搬用其他学科的理论作为自己学科的理论，或者从外国照搬别人的理论都是危险的。每个民族学家都应该肩负总结民族学理论的任务，只有这样，经过几代人的努力，才能建立我国民族学的理论体系。在研究方法上，首先应该把田野调查提到应有的高度。民族学的田野，是一部翻不完的教科书，是一座无字的博物馆，勤于调查，善于调查，不仅是抢救、搜集民族学资料的需要，调查本身就是一个认识、研究过程，也是造就新一代学者的根本途径。根深才能叶茂。田野调查越多越好，而越多，其研究后劲也越大。如果说田野调查是春天的播种，学术成果则是秋后的丰收。当然，过分陶醉于田野调查，交出报告万事大吉，也是不够的，会变成"调查匠"，正确的做法是在田野调查的基础上，利用多学科知识和方法，进行综合性研究，才能撰写出高水平的学术著作。

令人兴奋的是，目前我国已涌现出一批年轻有为的学者，他们酷爱自己的事业，有胆识，富于献身精神，拒浮躁而脚踏实地，绝急功近利而放眼未来，在田野调查、综合研究上做出了卓著贡献，邓启耀就是其中的一位。笔者认为邓启耀为了撰写本书，付出了常人难以想象的艰辛和代价，并且做了开创性的研究，它对民族学理论的探索、田野实践的深化，对巫蛊分支学科的建设都有一定建树。毫无夸张地说，在这些年轻学者身上，我们看到了中国民族学即将腾飞的曙光。

中国国家博物馆研究员　宋兆麟
中国民俗学会首席顾问

1998 年 3 月

目　录

绪论
深潜在文化中的历史暗流

对于一个置身于 21 世纪现代科学文明情境中的读者来说，本书所谈论的事是极为荒诞无稽的。

然而，问题在于：古往今来，有多少人能真正生活在这样的"情境"之中？

翻开中国历史，满篇皆是权争、宫斗、战乱、灾祸。然而，这不过是可见的浪潮。在汹涌波涛之下，一股潜流往往被忽视。它讳为人谈，却深潜于人心暗黑之处，伏窜于宫闱与茅舍。它会是弱者自保的密咒，俗众伤人的流言，也会是权贵争权的暗器。一旦和权力、利益挂钩，或者仅仅出于羡慕嫉妒恨，潜流都可能喷涌而出，成为淹没他人的祸水，甚至成为影响历史的洪流。

古代的情况我们暂且不论，就说当代，是否人人都生活在纪年所标示的这个时代情境中了呢？我不敢断言，至少在我调查过很多边远山区和农村后不敢这样断言；甚至在我们生活的所谓"现代都市"里，新潮建筑或新潮时装包装里的人，是否真像他们身系的商标那么"摩登"呢？依然非常可疑。电脑算命、"科学"求签、对带"8"字车牌、电话号码及开张日期的迷信等等，难道不是巫术心理使然么？至于在人的名字上打叉叉或倒置以求"打倒"，在银行门口摆狮子以"吃"他人宅气财运而使自己大发，更是一种标准的巫蛊行为——哪怕它用的是现代名词和现代时髦包装。

巫蛊，是中国传统文化中历史最为悠久的一种文化事象，影响深远而广泛，却又总是讳为人谈。远古的甲骨文卦爻或易象卜筮典籍里，涉及与社稷政事、王室安危相关的重大灾异病象，每每提到"蛊"这个字；汉代因宫廷权力之争而引发的"巫蛊之祸"，数万人死于非命，世人闻之色变，如同一次社会性的瘟疫；延至20世纪，至少在边疆少数民族地区，还有不少人受害于巫蛊事件，人们至今仍像害怕麻风病一样地害怕"蛊"。甚至到了21世纪，种种巫蛊或准巫蛊行为仍然以不同面目出现。"蛊疾"，成为一种很难诊治、很难定义的病象，一种在巫和医之间纠缠不清的文化性或精神性的可怕瘟疫，而且，在民间，无论是放蛊、染蛊，还是治蛊、克蛊，都存在着一种沿袭了千百年的运行机制，并形成了与之相适应的包含社会组织、制度、观念、符号、行为、器物等层面的神秘文化系统。如果说，"巫蛊"整个都是一种无稽之谈，那么，一个这样的问题也许马上就会随之而来：既然"巫蛊"纯属子虚乌有，为什么上下几千年、纵横数万里，不同民族、不同时代，都有关于"巫蛊"事件的历史记录，以及十分现实的影响、十分具体的存在呢？

有关"巫蛊"的各类案例，我将在本书中加以详细论述。作为一篇绪论，拟按人类学惯例，先进入生活现场，对巫蛊这种具有民族特色的文化性精神性病理现象的文化处境和心理处境，开始田野考察。

1995年和1996年两年春节前后，我和做音乐人类学研究的妻子都是在怒江峡谷中度过的。这是世界上数得出的大峡谷之一，山峰和谷底高差很大，坡极陡，攀援尚且不易，何况在里面过日子。然而，正是在这个石多土少的"V"形峡谷中，怒族、傈僳族等民族已经生息了很多世代，不仅在石头缝里生存下来，而且形成了自己独特的民族文化。

我们的调查主要侧重在精神文化方面。由于和怒族、傈僳族掌握传统文化的巫师、祭司和群众交上了朋友，得到他们的信任和帮助，我们才能够深入到他们心灵世界中，看到传统文化作用下，他们当下的文化或精神的处境。[1]

在对一位怒族老祭司的调查中，我们详细记录了他表演的几个祭祀活动。这些祭仪，分别针对关节疼、心口疼、肚痛、中了巫蛊毒咒甚至做了噩梦的病人而举行，也就是说，无论是生理上的还是心理上的病症，他都是用传统的"精神治疗"——祭鬼，来一一克之。这位老祭司认为，人之生病，不仅仅是物质性的天象物候对人所起的不良作用，更重要的是某种精神性的邪气异灵与人相"冲撞"了。这种邪气异灵，既可来自自然界或超自然界，也可是人为作用。来自自然界的叫神鬼，来自人的叫巫蛊。

出于对陌生人的警惕，怒江一些民族对上游、中游和下游的人有多个层级的称呼形式，如傈僳族把河头（上游）方向的傈僳叫成"怒扒"，把河尾（下游）方向的叫成"楞梅扒"，把自己叫成"傈僳扒"。不论是"怒扒"还是"楞梅扒"，均有"看不起"的意思。[2]这种评价

1　为保护当事人，凡我调查并在本书中涉及的人，一律隐去真实姓名或使用假名，包括族名、村名也都隐去。这一点，敬希读者谅解。

2　熊迅《融入多重边缘：古永傈僳人的族群认同展演》，中山大学人类学系博士论文，2010年。

类似王明珂在岷江流域看到的"一截骂一截"的族群认知，羌族以流域位置区分"蛮子""汉老子""蛮娘汉老子"等。他们认为，"根根不好的那家"，便是指有蛮子与汉人的根根、有麻风病根根，或有"毒药猫"根根的家庭。[1] 这是他们区分"内外"的一种方式。所以，对于外来人，人们都会很警惕。怒族认为，如果家里有客人来过，家人正巧肚子疼或心口疼，便是客人的魂灵嫉妒主人而作祟、"放鬼"，这就要祭"心疼鬼"。祭师端碗冷饭，恶毒地咒道："不知害臊的乌龟婆，不懂羞耻的母猪脸，乱咬人家的肚子，乱翻人家的肠子，呸……"把所有的脏话和诅咒说完，同时把冷饭狠狠泼洒出去，以此驱赶"心疼鬼"。[2]

尽管我对这类说法和做法并不感到陌生，但使我吃惊的是，当地群众乃至不少地方官员，对这类说法的确信程度，大大超出了我的预料。很多人向我们一一指证在大峡谷的山崖和箐沟深处隐匿的精灵，举出不少实例。例如，他们反复告诫我们，在村北有一个阴森的箐沟，在太阳照进去之前，人千万不能进去，否则会撞上邪灵，神经失常。他们提起好几个人的名字，说他们就是没弄对时辰进箐沟疯掉了。他们还说，箐沟两侧的山崖有两群很凶的邪灵，晚上两边打仗，连巫师都不敢从崖下的公路走。翻在这里的车也不计其数。出事多了，或者人疯得厉害，就请巫师祭祭崖神箐鬼："祭祭嘛好一段，不祭嘛又发（发病、发事）。"[3]

1 王明珂《羌在汉藏之间：一个华夏边缘的历史人类学研究》，联经出版事业公司2003年版，第123页。

2 邓启耀《访灵札记》，上海文艺出版社2000年版，第117页。

3 访谈对象：老和夫妇（怒族），访谈地点：云南怒江傈僳族自治州福贡县匹河乡，访谈时间：1995年春节，访谈人：周凯模、邓启耀。

人为的放蛊施咒，也会引起身体失常、神经错乱。在怒江地区，最恐怖的传说之一，就是有关放蛊、杀魂、施毒咒的种种离奇案例。怒族和傈僳族乡亲告诉我们，怒江大峡谷里阴气重，蛊疾咒祸甚多。蛊是毒蛇、蛤蟆等毒虫的毒气及其他毒物混合而成的。放蛊人取芥子大一点，藏在指甲里，悄悄弹到食物中，被害人吃了必发蛊疾。传说放蛊人有蛊必放，否则会危及自身，蛊发时连亲生儿子也不放过。在当地，有这样一个流传很广的传说：有个蛊妇某天发蛊，发不出去，蛊现形为毒蛇盘在她脖颈，要她放给自己的儿子。蛊妇无奈，只好答应。这事恰被儿媳看到，便出门密报给外出干活的丈夫。夫妻俩回来，蛊妇端出一碗蜂蜜水叫儿子喝，儿子借故要洗脸，将碗放在灶台上，烧了一锅滚水，然后掀开锅盖，突然把蜂蜜水倒进锅里，压死锅盖。只听锅里一阵炸响，蛊妇门坎都没跨出就死了。掀开锅盖一看，里面烫死了一条毒蛇。当地人说，要是她儿子喝下了蜂蜜水，不死也得疯。他们不认为这是传说，而认为是真发生过的事。他们肯定地说，直到现在，某某一带还有人养蛊（或叫"养药"），有人会"杀魂"。

据有学者在怒江地区的调查，1950 年代至 1970 年代，这里曾发生过多起因蛊事（"杀魂"或"养药"）引发的恶性杀人案件（详见第八章）。直到 1980 年代，这类迷信仍很盛行：

1985 年，县公安局干部在石登区遇见四位姑娘正被外地人带往内地去，她们说，村里人说她们是"养药婆"，没人理她们，她们待不住，只好跟人到外地去。石登区小格拉乡的段四开，因这类缘故远嫁到江苏，后成了该地区的劳动模范。

1985 年，中排区多义乡何梅贵的女儿病了，请来"朵兮"降神，这位"朵兮"下神附体后，一口气讲出该村有 13 个"杀魂"和"养药"

者，并指出病人生病系"杀魂者何兰花所为"。何兰花是从维西县嫁来的，年龄不到 30 岁。从此何梅贵一家对何兰花怀恨在心，经常在相遇时朝她吐口水。一次，何梅贵的母亲同何兰花争吵拉扯，何梅贵遂将何兰花强行拉到乡长家，当众毒打了她，何兰花精神和身体遭此重创，一度患了精神分裂症。

1980 年代，兰坪县中学白族女生胡菊珍向校长哭诉说，她的母亲和姐姐在通甸区被指责是"养药婆"，她们在村子里极为孤立，姐姐至今嫁不出去，她自己的命运也是这样的，她无心学习，要求参加工作。同时期，营盘区新华乡新华村传出，该村出了三个"养药婆"。县政协一干部 1987 年春节回家扫墓，在家中摆了一桌酒席，应邀者无一人赴席，后了解到他家近邻住着个"养药婆"，人们怕她乘机下毒，故不赴席；该村某户办喜事，有一"养药婆"代为张罗待客，她向众人敬的烟，众人不敢吸，背地全扔掉了；另一个从外地嫁入的"养药婆"，人们不准她住在村里，她被赶至村外无人居住的地方住下。此外，中排区中排乡江边村的一些群众，互指对方"养药"，经常为此扭打。[1]

"杀魂"，白语称"单排"，那马人称"下排"。即相信"杀魂者"（有男有女）通过对某人的简单接触，就能将他的魂摄走，或用石头压在河边，或匿藏在山林的崖石下，之后此人开始患病，甚至死亡。"杀魂"被认为是代代相传，多数是父传子，子传孙。人们孤立他们，将其撵出村寨，甚至杀害他们。

"养药"，白语称"白朵"，是类似养蛊和放蛊的巫术活动。被指为"养药者"的多是妇女，俗称"养药婆"。除白族外，本地区傈僳族、

1　蔡家麒《怒江州宗教问题考察报告》，《民族调查研究》1988 年第 1、2 期合刊。

普米族和彝族群众中皆不同程度地盛行这类观念，以傈僳族最突出。传说"养药婆"多是些年轻漂亮的女子，专害小孩。凡有人体中拉出或爬出蛔虫、蛲虫一类，人们就会怀疑是某个"养药婆"施毒。"养药婆"被认为是其母所传，一般只传女不传男，而且代代相接。全县八个区都不同程度地流行"养药"的说法，并同碧江、福贡以及贡山地区傈僳族群众中的迷信活动相一致。在这类迷信观念的支配下，一些群众常说，人们对偷盗奸淫并不愤恨，却对"养药"最是痛恨，因为她们经常"毒死"人命，人们对之绝不宽容。一旦村里有人死亡，人们首先怀疑是某个"养药婆"干的，特别是从外地嫁入本地的女子，十之七八被认为是"养药"的。凡被指疑为"养药"的妇女，群众不再同她们往来，她们也不能到别人家去，红白喜事众人最忌讳她们到场，她们的女儿亦然，也没有人娶她们的女儿，女孩们只能远嫁到外地。她们时刻受人防范，暗中被监视，背后遭议论，心理上承受的社会压力是异常沉重的。[1]

由于有关"放蛊""养药""杀魂"的说法太多，在怒江峡谷，"蛊疾"和"治蛊"，"杀魂"和"反咒"之类的事情，也便习以为常了。我所接触的人中，有巫者和常人，大都相信上述传说，并随口便举出很多"实例"。为了防蛊或防止被峡谷里的邪灵侵扰，人们会佩戴一些器物和饰物。传统的辟邪物是刀、弩和金玉饰品，也有与时俱进之物。

这里的人们认为，人若被蛊整着了，到医院查是查不出，治是治不好，只有请高明的祭司来解。先请卦师给中蛊人算卦，算出他中的

1　同上。

是什么蛊，来自何方，然后请祭司"对症施法"，举行相应的祭仪（他们认为，卦师诊病、祭司治病的分工是为了公正，防止巫德不好的人为谋钱财"乱开处方"），再给病人吃半斤核桃油，加上一些漆树子，翻江倒海又吐又泻，巫、医并进，才能将蛊排出。这里的巫师和祭司很厉害，不治医院能治的病。他们宣称，有病先找医院，医院医不好的疑难绝症，才值得他们动手。

一位怒族朋友告诉我们，他弟弟新近才祭过一次鬼。当时他弟弟病得很重，躺了三个月也起不来，什么医院都去看了，好不了，只好按老法子请巫师来看，巫师看出是中了别人的毒咒，咒者的魂和他的魂在打架，纠缠不清。巫师看出来了，就要请祭司来解。祭司将他弟弟抬到村外江边，杀了一头猪和一只鸡祭诅咒鬼：

> 今天我要说的这件事，
>
> 是人的儿女子孙，
>
> 神抚养的儿女；
>
> 石崖神，舅父的祖业挫败了，
>
> 侄儿侄女难度光阴；
>
> 父亲的家业挫败的时候，
>
> 天神会拯救我儿女的生命。
>
> ……
>
> 今天，我要对诅咒人说，
>
> 我一听见就带来值钱的祭品；
>
> 带来一个附身病魔的病人，
>
> 梦见值钱的栏杆掉落在右边，

图1 怒族老祭司表演祭鬼仪式。云南怒江峡谷中段匹河乡，1995，周凯模摄

带来一个被亚同肯诅咒的病人，

我的九只鸡不知道祭给谁的时候，

我的九簸箕盘缠，

不知道祭给谁是诅咒者的时候，

我去碧巧看相又打卦，

去瞧三面石，去看祸福凶吉。

今天，我对诅咒人说，

拿来九只鸡祭给诅咒儿女的鬼，

捉来九只鸡祭给害人的大马蜂。

你去诅咒生有翅膀的鸡，

今天要解掉，

拴在病人头上的铁链子，

解掉缠在身上的藤篾条。[1]

祭司一边念诵长长的祭词，一边做出祭拜、解疙瘩、驱赶等动作，他将山茅草做的具有驱邪作用的绳结由上到下撸刮，以驱除附体的邪灵（图1）。念完，将祭肉架火煮食，然后带着病人头也不回地回家，连锅都不许带回去，就此废弃。据说，祭过以后十一天，病人便站起来了。

我不认为这位为人忠厚诚实且受过现代教育的怒族朋友是在说假话。至少，从他对我们安危的关注上，我们知道他是真诚的。在怒江，当我们结束了第一阶段调查时，在他家遇到他的一位巫师朋友。此人一见我们，便断定我们身上已经跟上了邪灵，原因是我们请老祭司表演祭鬼仪式时，没有真的病人要祛疾，召来的邪灵失去目标，只好跟上了我们。这位巫师还预言两天后福贡方向要死人，而我们正准备往福贡方向走。听到这些话，我们的怒族朋友要巫师为我们禳祓。巫师不愿为外族人设祭，这位怒族朋友大动肝火，以绝交相逼。直到他的巫师朋友第二天在一个幽深的箐沟里，为我们做了一次真正的祭祀祛灾仪式，巫师用滴血的祭猪在我头上绕过，念诵长长的咒语，留下祭品和所有锅碗，然后带我们悄悄离开，以甩掉邪灵（图2）。仪式过后，他才放心地让我们离开。[2]

从很多经历中，我确实相信，这些怒族朋友绝无以神鬼巫蛊蒙骗我们的意思（这次祭仪不收费）。他们真的相信这一切，而且真的会受

---

1 做仪式者：波郁老人（怒族），祭词翻译：李卫才（怒族），采集地点：云南怒江傈僳族自治州福贡县匹河乡，采集时间：1995年春节，采集人：李卫才、周凯模、邓启耀。
2 详见邓启耀《访灵札记》第五章"峡谷迷魔"，第108—132页。

图 2 怒族巫师保某破例为我们做了一次真正的祛灾仪式。云南怒江峡谷中段匹河乡，1995，笔者摄

到这些东西的伤害，或通过另外的法术得到切实的禳解。换句话说，我们认为虚妄荒诞的东西，在他们看来是真实的，而且常常被他们的经验证明确实产生了作用。这已经不仅仅是一种信仰，而是已经渗透在他们的生活中，以一整套自足的存在方式，成为民族文化传统的一个组成部分了。例如，就社会组织结构而言，有放蛊施咒的蛊婆、黑巫师，也有克蛊解咒的职业化的并有分工的白巫师；在物质层面，有养蛊的秘方，也有治蛊的奇药；在符号层面，无论是口诵的咒语祭词，还是手书的符篆图贴，都具有特异的信息传递功能，对属于该文化圈的人能产生类似"信息场"的效应；与此相应的习俗、制度、观念等层面，也在不同程度上以不同形式发生着作用。例如，"诊断"病因，可用竹签、草筮、蛋卜、骨占、肝决、刀卦、弓算、酒显以及观气色、

图3 怒族"卜诊"方式之一：草卦。云南怒江峡谷中段匹河乡，1995，笔者摄

看手相等方式获知信息（图3）；治病救人，则视不同病因，用素祭、血祀、咒语、祝词、歌舞以及成套的象征仪式和活动来禳灾除病。他们似乎生活在某种特定的人天关系中，在这里，人疾与具体到一阵雾霭、一堆山土的天象地气，命相与穿什么颜色衣服便产生什么生克关系的阴阳五行，都可神秘地互相感应。

这些以不同形式体现的器物、符号、观念、制度、社会组织等文化因素，构成一个影响力极大的文化系统。长年生活在其中的人，不能不受到它潜移默化的影响。那种无形而又真实的处境，那种说不清道不明但你能体验得到的氛围，是很难用数据等来量化表述的。事实上，在人类学界，有许多国际知名的例证一再说明，人的文化处境或精神氛围，对人的健康乃至生命，都会产生重大的影响，如非洲某些部落的"骨指器"或巫师的咒语，足以让一个强壮的部落成员因极度恐惧而丧命，因为他在多年强烈的文化或精神暗示中，已经认同了这样的"事实"——一旦被魔骨所指或被巫师所咒，必死无疑。这种情况或许正如传闻里一个著名的心理实验：一个死刑犯被告知他将被放血处死，然后他被蒙上双眼，在他静脉处用刀背假作切割，放水滴流，造成流血的效果，不一会儿，那犯人果然死了，死于心力衰竭。

在怒江大峡谷，每当夜暗星密时，天被石崖巨大的怪影挤成一条无头无尾的长虫，江涛啸声和巫师奇异喉音的混响，若有若无地直透心骨，这时候，我便有些体会到这峡谷里所产生的神话和巫术的意义了。只要峡谷还是这样，峡谷人所接受的文化暗示和心理暗示还是这样，神话和巫术就是一种客观存在，一种精神需要。这不是用简单的"唯物""唯心"一类的词，可以界说的。俗话说"信则灵"，这或许应从一种跨文化精神病学的角度去理解。在我们的考察中，还了解到这样一些例子：同在怒江峡谷中生活，改信基督教的本地民族，传统的神话和巫术对他们影响便较少，甚至不再产生作用，巫蛊之疫也随之减少。我也曾想见见信巫蛊者谈之色变的鬼怪邪灵，甚至在夜晚独自走过那个传说中弄疯、弄死不少人的山箐，虽然脊背发麻，但我还是关了手电，拿出自动相机，准备真碰到个鬼怪时能抢到个镜头——我当然一无所见。这是否说明，只有置身（实际是置心）于特定的文化处境中，对其千百年传承的集体意识和文化暗示进行认同，那种"感应"才会发生？而对于不在其文化处境中的异文化介入者或改变了信仰的当地人，传统的"暗示"便不再具有作用？如果是这样，像巫蛊所致的"病"，便在很大程度上要从文化和精神的角度去理解。当然，巫蛊术不纯粹只是一种心理行为。事实证明，即使是原始时代的巫师，在药物等方面的知识也是相当惊人的，例如毒蘑菇、仙人掌碱等致幻剂的使用。因为原始巫术往往是巫—医、巫—技合一的。也就是说，巫蛊的文化或精神场景，也有一定的物质或技术的依托。

我们的考察，或许就应该从这样的时间跨度和学科跨度基础上开始。

以下章节，我试图从目前初步接触到的文献（包括视听文献）、考古和田野考察材料等多重证据，来叙述千年来巫蛊在中国的某些存在状况。需要说明的是，我虽然疑惑，但关注重点不是考证这些"证据"所描述之事的真伪（如同考证鬼神的真伪一样），而是关注产生巫蛊传说的文化心理和社会现实，希望通过大量案例（包括自己的亲身经历），反思巫蛊信仰为什么会在中国人心中存在上千年，至今没有消失？这种系统地隐藏在文化结构和文化心理中的东西，又反映了一些什么问题？

第一章
巫蛊之谜

　　像是在追述一个荒诞的噩梦，追述一个古老的恐怖传说。古史和现实中，被人用不同的语言或方式指为"黑巫术"或"巫蛊"的东西，历经千年，竟依然存活于现代，并在现代人的心中，投下长长的阴影。

　　黄昏，据说是这类邪魔之灵出游的时候。它们不像神鬼那样，多少是幻化的结果，想象自一种超自然的、但有些遥远的力量。巫蛊是人之所为，属于一种似可操作的"技术"。神鬼之力虽不可知，但与人毕竟太隔，彼此多少有些陌生；巫蛊之力却可能出于村中邻里、身旁脑后，大多是平时常有交往、知名知姓的熟人。神鬼尚可祈可驱，巫蛊却很难指望可以摆脱纠缠。神鬼多属于信仰与宗教领域，巫蛊却界限不清，巫术、宗教、医学、心理学等混而为一……

　　中国西南部，在这片外界称为"秘境"的高原上，我生活了四十多年。我迷恋于它美丽的神秘色彩，一有机会就往山野里跑，那里天和地离得很近，人和"神鬼"也离得很近。多少年过去了，我忘掉了许多古老的传说，但有一种传说让我永远难忘；我超然于许多逼人的现实，但有一种现实让我无法超然。后来到了沿海城市，我仍然发现经济的发展和文化的认知未必同步。我不止一次接触到它，却分不清是传说还是现实；我试图深入调查，却不知闯进了禁区还是误区。它是一个谜。一个深埋在传统习俗的和文化心理中的谜。

我不知道，我能否译解。

第一节　传说？还是现实？

没想"蛊"之前，觉得蛊离自己很远，但慢慢回忆，却发现它就近在身边。像鬼故事一样，从小，它就纠缠在我们对夜的恐惧和对不可知世界的想象中。

一、鬼蝴蝶

小时候，我家住在昆明近郊一个小山包上。每到黄昏，玩兴正浓的我们，总要被大人唤回。倘有不听话的，大人便吓唬道："当心，蛊来吃你！"回到家，缠着问"蛊"是什么，大人便神情肃然，给我们讲"蛊"：

蛊，不是迷信的东西，也不是传说，是真的。医生说，家里有蜜，蜜蜂就来了；东西臭了，苍蝇就来了；娃娃生病，身上腥，蛊就来了。黄昏时分是蛊来的时候，你们到处乱跑，就会让蛊吃着。蛊吃着肚，娃娃拉肚子不会停；吃着嘴，一口牙全烂掉；吃着眼，眼睛就要瞎！黄昏时候，尿布不能晾在外面，蛊飞过尿布，娃娃也要拉肚子的。要是听见有人在黄昏时候'咪咪咪……'地唤，她肯定是养蛊的人，正在喂蛊呢！

你姐姐中过蛊呢！蛊吃着她的嘴，一口牙全烂了。隔壁王妈妈家小儿子拉肚子，拉得"脏特"都拖在地上了[1]，打针吃药都治不好。有人悄悄告诉她：你要给娃娃滚滚蛊，不然娃娃怕活不成了。中蛊的娃娃，白天好好的，黄昏时候就发烧，吃药吃不好，只有治蛊，拿着根本。蛊是什么？要是有病娃娃，晚上它就飞来了，像蝴蝶一样，又不是蝴蝶。吃娃娃吃得多的，眼睛亮亮的，吓人得很。它现形的时候，要是你拿得着它，用火烧死，娃娃的病就会好。要是拿不着，娃娃就危险了。

你姐姐被蛊吃了嘴，一口牙全烂了，每天下晚时就高烧不退，找了多少医生都无法。有人说，拿米泔水洗女人用的靛染土布，用洗布的水给她洗嘴。试了，没有用，只有把蛊拿着才行。老人说，蛊这东西厌恶大烟味和鸽子屎味（所以家里有人吹烟或养鸽子，蛊就不会来），拿煮大烟滤烟用的土纸，干后用火点燃到处熏（用鸽子屎烧了熏也一样），蛊就出来了！有碗大，黑乎乎的翅膀，眼睛亮亮的，扑扑扑地满屋子飞，这时候千万不能让它跑了，要用脏东西打它，扫帚或女人的汗裤，把它打下来，死死按住。它在手下挣，像雀一样，力大得很。把它烧了，娃娃的病"的"地好了。

我还真见过这"蛊"。小时候有一次生病住院，医院在郊区，天刚黑，不知从哪里飞进一只大蛾子，碗大的一个，扑扑乱飞。同病房的

1　即脱肛。

孩子们立刻躲进被子，大人们则忙作一团，找脏衣、扫帚、拖把，去扑打那大蛾子，口中皆喊："蛊！蛊！在那儿，莫让它跑了！"

终于，它被扑到，被人用火钳夹住，拿到厕所里去烧，一股糊臭遍及整个病房。烧"蛊"的人英雄似的回来，报告说："不得了，烧得吱吱地叫！"

据说，在1950年代，我家附近的一所大学（云南民族学院），也闹过一次蛊，弄得省里都派人进校去"解决"。事情是这样的：有一个班，突然连着"疯"了两位女学生，请来医生诊治，皆摸不清病因，束手无策。有人放出风来，说这两个女生是中了蛊，并指控有人从乡下带来了"蛊"。一时间，男生们群情激愤，个个手持长刀，到处寻蛊，要找放蛊之人算账。事情闹大了，校领导生怕真找到一个被指控为放蛊的人，就无法收拾了，忙向上报告，省里急急派了人来。后来，有人发现，犯病女生的床下停着一只"鬼蝴蝶"（即前面说的那种大蛾子）。有人把它捉出来，钉在地板上，几十把长刀一齐刹，把它刹得粉碎，连地板的木头都刹绒了。说也怪，第二天，两位女生的病一下竟都好了，跟没事一样。

我长大后，也捕捉过这样的"鬼蝴蝶"。在瑶山调查的时候，阴湿之地的墙壁上，黄昏时分往往停着各式大蛾子。毛茸茸的，灰黑色的细绒一碰就到处飞扬，很让人烦。我不大相信这玩意就是传说中的蛊，猜测它之为害，或许与这些闪闪烁烁的灰黑细绒有关，如同毛虫的毛一样，沾在人身上或被吸入人体，总不会让人舒服的。还有它那根吸管，长在有毛且有幽亮眼睛的头上，总容易让人产生不快的联想。也许，老人们认为，它就是用这管子吸吮小孩灵魂，让少女神经错乱的吧。

老人还说，如果蛊不出来，不现形，就要滚鸡蛋，又叫滚蛊。这事我竟然也亲眼见过：老人拿一个新鲜鸡蛋，在蛋尖上插一根新针，每天黄昏时分给病娃娃滚，一边用这个鸡蛋滚他的全身，一边念：

滚金蛊，滚银蛊，

滚长虫蛊，滚蝙蝠蛊，

滚蝴蝶蛊，

滚妈里儿[1]蛊，

滚五方五地蛊，

滚居家养的蛊……

边滚边把所有可能吃娃娃的蛊全念过来，然后念：

莫吃妹妹[2]，

妹妹臭；

吃鸡蛋，

鸡蛋香。[3]

滚完，即取一碗米，把这个鸡蛋放在病娃娃的枕头边，蛊就会来吃这个沾着娃娃腥气的蛋。连滚三晚之后，第四天清早天蒙蒙亮，趁蛊还没离去，赶快把那个蛋放到瓦罐里，嚼把米，和上一团乱发，盖住鸡蛋，再用一只破鞋盖住瓦罐口，加火煮透。待鸡蛋熟透，取出剥

---

1 音 lie，昆明方言，意为蜻蜓。

2 音 mei（平声），昆明方言，小孩昵称。

3 这是我小时候（1950 年代中期）看老人"滚蛊"时，老人念的咒语，而我居然还记得。

图1-1 "滚蛊"时用的甲马纸（又称"纸马"）。在滇西北白、汉等族中，为孩子滚鸡蛋还要用甲马纸把鸡蛋包起来，滚后扔进火塘里烧，如果鸡蛋烧炸，证明蛊鬼邪灵被驱除了。云南腾冲纸马

开，蛋白蛋黄像破布一样，不成形状，这就说明的确是中了蛊毒了。

这样连着滚过几个鸡蛋，第二个还是烂，只是稍好些，第三个第四个像马蜂窝，第五个第六个窟窿稍小些……直到剥开鸡蛋后，蛋黄蛋白滑滑的，娃娃的病也就好了（图1-1）。[1]

"鬼蝴蝶"应该是西南地区常述的蛊灵，古代方志、见闻笔记和民间传说中，"鬼蝴蝶"的出现频率都较高。清人杨琼在《滇中琐记》里，就曾记录过一种巨大的"鬼蛱蝶"：

> 癸亥之夏，迤西各属忽有大蛱蝶飞止村树，身长盈咫，翅大于扇，黑质白章，背具人面，仰而视天，五官毕肖。村婆以为神物，竞集其下焚香拜之，蝶亦不惊，数日乃去。考《桂海虫鱼志》有谓鬼蛱蝶者，殆即是欤。[2]

在昆明民间旧时"淫祠"田鸡小庙中，曾偷偷供奉有一种长着蝴蝶翅膀、头有长长触须、身上有鳞、飞于空中的邪灵（图1-2），疑即"鬼蛱蝶"。

1　本书所采用的民俗雕版木刻"纸马"，除注明外，均来自笔者收藏。

2　[清]杨琼《滇中琐记》，见方国瑜主编《云南史料丛刊》第十一卷，云南大学出版社2001年版，第273页。

图1-2　田鸡小庙供奉的"鬼蝴蝶"。云南昆明纸马

图1-3　蝴蝶女的五毒组合。贵州凯里，2019，笔者摄

在苗族服饰上，我还看到一个刺绣纹样，和前文的纸马极其神似（图1-3）。苗族俗信巫蛊，关于蛊的信仰和民俗，是苗族传统文化的重要组成部分。苗族有不少关于制蛊、养蛊、放蛊和治蛊的传说。苗族古歌谈到蝴蝶妈妈产了十二个卵，孵化出姜央、雷公、龙、大象、水牛、老虎、蛇、蛙、蜈蚣等儿女，其中，蛇的胎盘变成青草，再度变成蛊。[1] 在黔东南苗族中还有一些传说，说从十二个卵之一孵化的蛇，出生时割的脐带丢在了水井边。后来姑娘们去挑水时见到，不知是何怪物，就用挑水扁担戳。这一戳，蛊便从扁担尖爬上来，潜入姑娘血液里。所以，苗族认为，只有女人才有蛊。[2] 追本溯源，蝴蝶妈妈生的

1　贵州省少数民族古籍整理出版规划小组办公室编、燕宝整理《苗族古歌》，中国国际广播出版社2016年版，第148—245页。马学良、今旦译注《苗族史诗》（中国民间文艺出版社1983年版）中的"蝴蝶歌"等，也记录了相似的传说。

2　《中国各民族宗教与神话大词典》苗族部分"迦"，燕宝、龙玉成等撰有关词条，学苑出版社1990年版，第475页。

蛇及其衍生物"蛊"，和蝴蝶妈妈应该是有亲缘关系的。

学友孙敏进入滇南一个叫"蝴蝶寨"的壮族村寨做民俗学田野考察时写道：

> 寨子静得出奇，只有风声、河水声、头上掠过的鸟鸣和我们惊动的狗吠。河谷中的寨子大都那么安静，各家各户，各有自己的农活家务，不是遇到红白喜事、年节祭礼，很少有热闹的时候。只是蝴蝶寨的安静使人感到不安。在河谷中的其它寨子里，我们走访过的雅当（巫师）都提到过与蝴蝶寨有关的事件；一些在乡里县里工作的人也常提及到蝴蝶寨下乡的"经验"，不要随意到人家里喝水、吃饭、抽烟，因为有的人家会"下药"，巫"药"念了咒，就放在指甲缝里，他（她）们摸过的东西都是可怕的。
>
> 沿着石板小径在寨子里窄窄的小巷里走着，不知什么时候，身后跟上了一个10岁左右的小女孩，她轻轻地拉拉我的衣角，让我跟她到房拐角老摩公的家里去。这个摩公姓罗，是女孩的大爹。他的法术不被当地人认可，这我早已知道，小姑娘让我们到这里落脚，也许是认为"安全"。令我吃惊不已的是，她也知道我们的来意，才坐下就悄声说，寨里的"五海"人家很多，谁谁的老婆、谁谁的妹妹、谁谁的老岳母、谁谁家两口子，都是会害人的。一下子就数出七八个人的名字，要我们小心提防。
>
> 我问怎么提防？她说："千万别去她们的家，走路的时候不要让她们踩了你们的影子，也别让她走在你身后，她拿你踩过的石头念了咒扔在漩涡里你就会大病一场。五海的眼珠会转，说话像唱戏一样，甜甜地好听。她们放着人了就笑眯眯地，放不着人时

脸色是白白的。去年正月间，小惠姐姐死了，就是因为说给某某家做媳妇，小惠姐姐不去，被某某的妈放五海整死的。"孩子说得神神秘秘，绘声绘色的。一个偏僻的村寨里如此复杂的社会关系，一个全世界所有民族在历史上都曾经历过的特殊信仰，竟然在一个小小的乡村孩子的灵魂深处有如此深刻的影响，不能不让人听得惊心动魄。

我问小姑娘，知道五海怎么害人吗？小姑娘说："他（她）们用纸画成人，写上名字，拿刀割纸人，压上秤砣，人就生病，提起秤砣，病就好了，压久了人就死了。五海拿草念咒放在路上，人跨着便死了，要尿尿淋草。某某的妈和老婆都会做，整过两个娃娃死，某某的妈也厉害，有一次，她拿酸菜给我们吃，吃了肚子就痛。"

"你怎么知道是被五海害着呢？"

"梦着长虫咬就是被人放五海了。"

"平时你们见到他们害怕吗？"

"怕，但不能说，说了要被整。五海家的娃娃可以跟大家在一起玩，但我们不敢吃她们的东西，也不敢并排坐在一起。"[1]

我已不止一次地读这段文字了。它让我读得"惊心动魄"（大约只有这个词能较准确地表述共同的感受），脑子里却又很久都是一片混沌。因为它让我联想起太多这样的孩子，他们的真诚让你感到心痛——看父母或坏人的时候，看老故事或新鲜事的时候，看人互相迫害或互

---

1 孙敏《蝴蝶寨子的故事：滇南民俗游记》，《民俗曲艺》1998年第112期。

相帮助的时候，看灾祸或幸事降临的时候……孩子的眼睛是连接过去、现在和未来的门户——无论向他们呈示的是现实还是梦幻，是美景还是魔魇，是发射火箭还是焚烧女巫，他们的心灵都记录着或将记录一部真实的历史。正像报告上述事件的作者所说：

> 与一个孩子半个小时的交谈，就像经历了整整一部人类史前到当代文化发展的历史。从某种程度上讲，孩子的话是可信的，但并不是因为它们具备经验的真实，或事实的真实，而是它准确地反映了若干世代以来河谷中民众生活的传统和心灵的历程。不幸的是，这确是一部真实的历史。自古以来，滇南巫风就盛，没有一部地方志在描述此地民族生活时没有崇巫祀鬼的记载。孩子提到的这类活动，可以一直追溯到很久很久以前，甚至久远得寻不到它的根源，它以习俗、以传说、以人们间心灵的感应一代代地流传下来。不知道它的起源，不知道它何以有如此顽固的延续性，能够跨越形形色色的不同的思想领域而传承至今，旧的消亡了，新的又产生了，尽管内容各异，奇术有别，但却延绵不绝，直至今日。巫的历史，巫的信仰，代表了人类所经历的心理历程，多少千年来被习俗凝固在民族与地方的时间与空间之中，凝固在个体的生命历史之中，在特定的地域、特定的人群中，衍生着一页页人类的生活史。因而，当你在一个远僻的河谷中，发现它竟有如此旺盛的生命力的时候，你才感到人类的童年与今天之间的距离，并不像历史所表现的那样遥远漫长。[1]

---

1 孙敏《蝴蝶寨子的故事：滇南民俗游记》，《民俗曲艺》1998 年第 112 期。

二、琵拍鬼

1969 年 2 月，未成年的我们被送到中缅边境云南盈江县的一个叫"蛮胆"的傣族寨子当知青。那个时代不信邪，一种强大的政治信仰制住了所有的信仰。但在我们那地方，天高皇帝远，民俗的力量似乎比更"正统"的力量要实在得多，于是，我们第一次懂得了什么叫次生文化以及多元文化的潜在力量，算是接受了一次"山寨版"的人类学教育。

我们与这一文化进行了许多交流，在那个癫狂的年代，知道了回到生活常识之中，学到了许多在城里、在书本上学不到的东西。傣族人民把淳朴和真诚送给了我们。

当然，我们和他们也有摩擦。生活上习惯上的摩擦，现在想起来，自笑不懂事。唯有一件事，至今仍让人笑不起来。那是 1971 年吧，知青已和当地傣族混得很熟，傣族"卜哨""卜冒"（姑娘小伙子）们有事没事，都喜欢到知青户里串门、闲聊。有个"卜哨"，人长得很秀气，又丰满，算是乡里的一朵花，追她的小伙子很多。可不知什么时候起，人们忽然回避她起来，背地里对她指指戳戳，像是出了什么大事。她自己也躲躲闪闪，仿佛做了什么见不得人的事，一打听，原来寨子里哄传她是"琵拍"！

"琵拍"又叫"琵拍鬼""琵琶鬼"等等，云南盈江、陇川、瑞丽等地的傣族用来形容有毒的人，相当于汉族的"放蛊婆"或"蛊女"。"琵拍"被寨里人视为灾星恶煞，轻则撵出寨子，重则连房子一起，捆了烧死。我记得小学时看过一部电影《摩雅傣》，讲述了一个傣族姑娘的故事。她母亲被旧时的头人指控为"琵拍鬼"，被活活烧死。她逃出去当了解放军的"摩雅"（医生），随部队来到自己家乡。坏人在指甲里藏毒，想毒死解放军救治的孩子以栽赃嫁祸，诬陷解放军带回"琵拍鬼"……那个烧死美丽"琵拍鬼"的情节烙在我脑子里，我由此知道了傣族有"琵拍鬼"迷信的事。原以为那种事一去不复返了，没想到1970年代竟又死灰复燃，我甚感意外。

知青自是不相信世上有什么"琵拍鬼"的，更不愿眼看这样一个姑娘被俗尚所坑，于是，就想出来打抱不平一番。据调查，被指为"琵拍"的人行为必有怪异，其中之一是她不敢走过晾晒女性衣物的绳子。民间传说，只要一走过这绳子，"琵拍"就会现出原形。

知青们觉得，这无疑是攻破谣言的最好突破口。很简单，只要她在众目睽睽之下傲然走过那绳子而不现原形，就足以证明她根本不是什么"琵拍"！这道理简单得谁都可以理解，这事简单得在三秒钟内就可完成，并击破谣传。

知青们激动地策划着一次让科学与迷信较量的义举，然后满怀信心地去找她，只要她往这绳子下面一走，从此便不用害怕那些流言蜚语。

然而，大大出乎意料的是——她竟不敢，也不愿走过那条绳子，那条轻而易举就可以帮她洗清名誉的普通绳子！

大家已记不得是怎样劝说，怎样愤慨又怎样垂头丧气地回到茅草知青屋的。知青们绝料不到，正义和科学竟败在一个最不该败的地方。唯一的解释只有一个——她本人，这无辜的姑娘，自己也相信这谣传了。

这更惨！

离开这寨子很多年了，那姑娘姣好的面容和茫然的、躲避的眼神，我一直难忘。有一年，听说那一带有个寨子，寨里的人都是过去被各个寨子撵出来的"琵拍"。县里的干部介绍说,"琵拍鬼寨"早成历史,这个寨子和其他寨子一样,过着正常的生活。我想去看看,立刻被婉言阻止了。因为据说曾有一伙记者去过,被村民用扁担赶了出来。

我忍不住再次想起那位不敢走过晾衣绳的姑娘,因为她太具体了。她的命运如何?我很想知道,又害怕知道。因为我开始明白,当初我们所面对的,不是一个人,而是一种文化传统和心理惰力。它的对立面不仅仅是科学。它并不简单地只属于传说,属于历史。它是怎样地影响一个人、一个民族、一个社会的?

多年后,当我怀着深深的同情写到知青们无法解救的这位被诬为"琵拍鬼"的少女时,不能不想知道她"现在如何"(图1-4、1-5)。1996年,我的知青同伴还乡省"亲",带回一叠乡亲们的照片。第二故乡这些年改观不少,几乎所有乡亲都盖起了瓦房。但有一张照片让我难忘:一间破败得要垮的竹笆草房前,站着一位老妇。同伴告诉我,这就是当年寨里最漂亮的"寨花",那位"琵拍鬼"。她终于嫁了人,但她的丈夫却是当地一个吸毒者,吸毒吸得家贫如洗。要不是她苦撑着这个家,她丈夫和儿女早无葬身之地了。我不知道是因为她只能找到吸毒者呢,还是因为她丈夫娶了她而吸起了毒,但可以肯定的是,这一家人二十几年来承受的压力确是一般人无法想象的。算算年龄,她该比我们还小两岁,但看上去和我们恍若两代人。

最近,被分配到盈江上游的同学阿凡在写知青回忆时,也讲述了一个与"琵拍鬼"有关的故事。他1971年参加"清理阶级队伍运动",查出了本村一个漏网的杀人犯。这是他在乡工作队当记录员,亲身参与的一场审讯:

图1-4　寨子外面，总有一些隐秘之地，承载着民间的信仰。云南盈江蛮胆老寨，2001，笔者摄

图1-5　江边的简易祭坛，流水将带走一切邪秽。云南盈江蛮胆老寨，2018，笔者摄

我，交待。解放的那年我十九岁，我的远房哥哥刀小嘎二十多。他在岩子上马蜂撵我的时候救过我。那晚上，他约我去杀琵琶鬼。他说会看脉会抓草药的他阿爹，在跑缅甸前交代给他，老班寨寨门口那个长得妖妖的寡妇，一直病，医不好，已经鬼上身。还养了老鼠和蜈蚣在她米罐里，是养鬼。寨子人都怕她，她要什么都要给她，她一放鬼就会祸害从她家门口走过的所有人。我听了有点怕，说得不得搞错？小嘎说他也问过他阿爹，他阿爹说拿桑树叶在眼睛上擦过，就能开眼见到鬼，不会错。我说现在政府好像不准信琵琶鬼了？他说政府只管和土司头人谈判，来不及管我们民族习惯。他问我到底敢不敢去杀，一个人进屋一个人放哨，杀了不止是寨子人的还是全乡人的大英雄，别人认不得自己会记得。我说既然是当英雄我就不怕！我进屋你放哨。他说还是他进屋，他是哥，他杀猪一刀进，有经验。后来，晚上黑黑的，我听见他刀砍木头一样的声音。我看见路上有人来，我去报消息给他。我进去看见床上都是血，我说赶紧跑！我一出门寡妇家大黑狗把我扑倒，把我的长刀也扑掉，还咬了我胳肢窝几口……最后是小嘎叫我发毒誓，连自己爹妈婆娘都不告诉，一辈子不告诉，告诉了死全家。我发完誓才吓着了，以后，连杀猪宰牛也不敢了，看着血是一样的红一样的臭……[1]

我下乡当知青之地的傣族寨子，在政治运动最频繁的 20 世纪六七十年代也不兴互相攻击。寨子里几乎听不见吵架的声音，连大声训斥孩子的都极少。可是，一旦谁被指控为"琵拍鬼"，几乎所有人都

1　阿凡《岁月与场景》，2023 年 9 月 15 日发于中学同学微信群"回忆麻园"。

变成了冷酷无情的杀手。近年有知青回乡探望，据称还有人"亲眼见识了寨子里放蛊的事"，问傣族乡亲，也肯定"确有其事"。只是随着老人的去世，这种事就少了。[1]

云南西双版纳过去是有名的"瘴疠之地"。曾有这样的民谣流传："要到车佛南，先买棺材板；要到普藤坝，先把老婆嫁。"这些地方之所以可怕，据说是地下会冒出一股"瘴气"，遇到它就会"中瘴"，轻则发高烧说胡话，重则村村寨寨十室九空。傣族把"中瘴"看作"琵拍鬼"作祟。据说这种"鬼"会钻进人的肚皮，咬人心肝，吃人魂魄。当"中瘴"病人发高烧昏迷不醒时，为找出"瘴"源，村寨头人和一些信鬼的人，就把病人拖到寨子中间，用火把烫他，用老虎的牙齿戳他的肚子，并质问病人："是谁的琵拍鬼钻进你的肚皮？快说！"要是病人不回答，或者回答得含糊，他们就继续戳病人的肚子，继续威胁他，拷问他。病人由于疼痛难忍，加上恶疾缠身，烧得昏昏乎乎，难免便会说出一个人的名字，那么，被提到名字的这个人，立被"判"为"琵拍鬼"，轻则撵出村寨，重则活活烧死。过去，这样被"臆断"为琵拍鬼的人为数不少。侥幸活下来的，只能相依为命，聚在一起。他们有嘴却不能大声说话、不能唱歌；有腿却不能走进街心；姑娘不许嫁到外寨，小伙子不能到外寨上门，只能在"琵拍鬼"之间婚配，世世代代受压迫和歧视。据调查，仅西双版纳景洪县，就有不少被撵出者组成的"琵拍鬼寨"，如曼列、曼乱典、曼允、橄榄坝的曼回等。[2]

"活人鬼"是盈江县傣族、景颇族对"琵琶鬼"或"皮拍鬼"的指称，多为女性。景颇族认为"皮拍鬼"很凶，是专门附在人身上，致

<hr>

1　阿凡《返乡小记》，2024 年 3 月 26 日发于中学同学微信群"回忆麻园"。
2　本书编写组编《西双版纳傣族自治州概况》，云南民族出版社 1986 年版，第 165 页。

其家破人亡，断子绝孙，村寨遭殃，瘟疫蔓延的恶鬼。若某家突然有人畜染疾或死亡，则常视为"皮拍鬼"作祟。女性一旦被指为"皮拍鬼"，轻则被驱逐出村寨，重则被活活烧死，家庭成员尽遭鄙视。解放后，"皮拍鬼"在人们的意识中还不同程度地残存着，不仅存在于景颇族中，在其他民族，如傣族和部分汉族中依然存在，只不过名称不同而已。有的称"扑死鬼"，有的称"阿枇鬼""放歹"等。自1954年至1980年代，盈江虽已无烧死和公开驱逐"皮拍鬼"的事件发生，但公开辱骂撕打之事仍时有发生。据云南省历史研究所《研究集刊》1983年第二期《德宏某些地区的"皮拍鬼"还在害人》一文载：盈江县卡场公社的一个大队有十二名女青年已达婚龄，因其家庭历史上被诬为"皮拍鬼"，有的已年过三十，但无人娶，有的感到在家乡无望，只好离开村寨，远走他乡。另据1985年中共盈江县委统战部宗教科统计：盏西普关大寨景颇族共41户，其中"皮拍鬼"就有11户，占总户数26.83%，马鹿塘共6户，其中"皮拍鬼"有3户，占总户数50%；卡场19个景颇族寨，每寨都有"皮拍鬼"户，其中五帕4个景颇族寨，有"皮拍鬼"13户，丁林寨有7户"皮拍鬼"，占该寨总户数16.7%。[1]傣族认为"皮拍"会放"歹"，将人搞得精疲力尽，但不会使人致命，皮拍死后变为布氏，但也有未死就发展为布氏者，此鬼一般不伤害人，仅变成猪、狗、猫、鸡、鸭、鹅等形状的怪物拦路吓人，不会使人致命。解放前以及解放后的一段时期，"皮拍鬼"被农村恶势力用来作为残害善良妇女的手段，许多妇女惨遭迫害，甚至几代人抬不起头来。[2]

后来，我和知青时代的同学终于拜访了云南西双版纳傣族自治州

1　盈江县志编纂委员会编《盈江县志》，云南民族出版社1997年版，第569页。

2　同上，第576页。

的一个琵拍鬼寨，并在寨子里住过几天。如果没有那个在寨子里避讳谈论的话题，该寨子和别的傣族寨子没有什么不同。

第二节 禁区？还是误区？

在滇川交界处的泸沽湖，女神、女人、女山、女柱、母湖、母屋、母亲，是一些美好的词，拥有令人入迷的自然和文化意象。多少学者、诗人、游客带着好奇、崇敬或幻想，来到这个地方，寻找自己的田野点或伊甸园。泸沽湖，的确也以她与众不同的自然和人文景观，让每个来过这里的人留下难忘的印象。

然而，正像世界所有地方一样，泸沽湖也不会只呈现出一个镜像。在以女人为荣耀的泸沽湖，女人，也同样会背负不堪的污名。

我已经无数次来到这个滇西北的梦幻之湖了，而每次，都无意中闯入了一个神秘的"禁区"——与巫蛊有关的传说和事件里。这些传说和事件，大多与女人有涉。

一、那可怕传说的中心

1981 年春节，泸沽湖

大学寒假期间，我参加了神话学家李子贤老师带队的田野考察小组，到这湖边采风，收集民间传说。我们徒步绕湖走了一圈，听这个以奇异风俗著称于世的民族讲古。

也许是闭塞太久，这里的传说听来都有些神秘缥缈。每当黄昏时

图 1-6　在通往狮子山一处垭口的松树上，缠有一些布条，这里应该是人们与神灵打交道的秘密之地。2000，笔者摄

分，我们走过寂静的山口（图 1-6），幽暗的树林和捆缚在树上的破旧衣褛随风飘动，不由使人脊背发凉，想起一些恐怖的传说。有人告诉我们，那些捆缚在树上的衣褛布条，代表了某些人沾有病邪的魂魄。当人久病不愈，家人便将他的旧衣或旧衣上的布条，送到村外，经仪式后，捆缚在选定的树上，意为送走依附在病人身上的邪毒瘟灵。还有人警告我们，千万不要碰那些东西，特别是不能动岔路口或别的地方放置的任何东西，因为那些东西可能是养蛊者想"送走"的蛊，人如贪心拾回家去，便把蛊带回了家。人们轻易就举出若干例子，指名道姓地说明某村某某因贪小便宜，捡回有蛊人家丢弃的财物，而使自己也变成了有蛊户。当地人把蛊叫作"毒"（也有写作"笃"的），主要有马蜂蛊、鼠蛊、蛾子蛊、斑鸠蛊、壁虎蛊和蛇蛊，其中以蛇蛊最

为厉害。据说，中了蛇蛊和鼠蛊，腹部痛胀，且会移位；中了蜂蛊的，其肺被吞噬，如蜂窝状，虽能食而疲乏，吐血衰竭；中了蛾子蛊的，心口和腹皆痛，食则呕吐。这些灵物，还会在中蛊者体内形成相应的蛊的动物形状，少则数天，多则月余，即可成形，成形后便在人体内吞噬五脏。有驱蛊成功的，可以吐出蛇虫之类蛊物。见过的人说，病人所吐，不是蛔虫，而是像蛇一样的东西。据说，近年来，还听说有人由于偷拾别人东西，而后被染上蛊的。蛊的被指认，往往是由于从这家人的房子里发现了一些隐藏的毒物，它们或藏在主人家火塘附近，或躲在屋梁上，或装在酒坛里。人们往往绘声绘色地描述，某个养蛊人如何在端午节前的夜深人静时，将蛊物请来吃喝，并对它絮絮叨叨，请它赶快躲避，以免端午节时被人杀掉。如谁对某种异物特别钟爱，那她八成是畜有蛊的。当然，人们同时还会举出很多例子，证明畜蛊人如何在人的食物里下蛊，甚至盯人或牲畜一眼，被这"毒眼"所盯的人或牲畜便腹胀拉稀，日落时症状加剧，天亮症状消失，衰竭而消瘦。如不治死亡，蜂蛊和蛾子蛊会从死者口鼻中飞出，蛇蛊和鼠蛊则从死者肛门逃逸，其行神速，难以捕捉。

在湖畔风光秀丽的小村寨，我们曾无意地进入一个"有蛊"的人家，这个家庭和其他家庭一样，也是典型的母系大家庭，女主人50多岁，和她的妹妹共同主持这个家庭。

她家的"蛊"，相传是她妹妹从湖对面"带"回来的。她妹妹在湖对面谈了一个"阿都"（情人），按习惯过着夜合晨离的走婚生活。正是这一情缘，使这家人从此落入传统的阴影之中——因为她所爱的人的家庭是"会使药的"，即当地人避之不及的"有蛊"的人家。这种人家的人，长得再好，再有钱，都无人敢交。不知是她没听说，还是为爱情而藐视成见，她"不幸"与这家人结了这段情缘。村里乡亲们纷传，她从湖对岸带回了"蛊"，而且极明确地说带回的是"马蜂蛊"。这一传说由于一次偶然事件而被"证实"了——村民这样对我们说："有一年，她家拆修房子，按习俗，大家都去帮忙。拆到锅庄前的地板时，飞出了一些马蜂，还有一些藏在朽木下蠕蠕地动。几个小伙子眼尖手快，赶忙拿火提开水，要去烫烧它们。女主人甲拉茨玛马上跪了下来，央求大家不要烧，不要烫。这还不明白么？她妹子带来的是马蜂蛊，弄死了马蜂，她妹子就完了！"在当地，流传有许多杀蛊的传说，诸如某人因中蛊复仇，用炸药炸掉蛊户房梁，炸死藏在上面的蛇，而使蛊主同时死去；有人在蛊主家园子发现一对蛇，伤了其中一条蛇的一只眼，结果蛊主的一只眼也瞎了。

这事发生之后，她家"养马蜂蛊"的"事实"，立刻传遍方圆数十里，而且，人们不仅说她妹妹一人是"蛊女"，连她本人以及她的儿女，也被指为染蛊之人，乡亲们对这一家，纷纷立起了一堵无形的墙。

在乡俗社会中，这是一种最可怕的压力。转眼之间，这一家人便像染上恶性传染病一样，被人人唾弃，被孤独无助地隔绝起来，到处是敌意，而对手是谁，却永远无法寻到。

她们自己也陷入深深的迷惘之中。为了摆脱这"飞来之祸"的祸根，她们沿用传统的方式，服用一些莫名其妙的药，试图把"带回来"的"蛊"撵送掉。她们挑选了家里的一些贵重物品，祈祷诅咒之后，偷偷送到山野岔路口丢掉，谁贪便宜捡了，谁就捡回了蛊；她们也请"达巴"举行一些神秘的仪式，希望那些可怕的邪灵离自己远去（图1–7、1–8）。

这些办法似乎没有奏效，因为她们并没有摆脱冷眼，摆脱孤独，

图1-7　在偏僻的地方，民间巫师用泥捏一些代表邪灵的泥偶，举行仪式以镇压或摆脱它们。云南丽江，1998，笔者摄

图1-8　正在做法事的摩梭"达巴"。云南宁蒗，2001，笔者摄

摆脱那个说不清甩不脱的蛊。

　　最可怜、最无辜的是女主人14岁的女儿。因怕人们的议论和其他原因，她已辍学，瑟瑟地躲在家里，躲避人们带刺的目光。她是已经举行过"穿裙子礼"（当地传统的成人仪式）一年的"大姑娘"了，已有权利结交异性伴侣，然而，像这样人家的女孩，长得再漂亮，也无人敢光顾那间专门为她隔出的"花房"。当地有句俗话说"毒莫嗫，尼莫触"，意为不能与有蛊和有麻风病的人接触、交友和结合。如有接触，自己要中蛊。要是发生了性关系或接受了对方所赠礼物，还会给自己和家庭染上蛊，从此也成为有蛊的人家。为了家道的清白，在当地民族中，几乎没有人敢与有蛊人结合。

　　我们的翻译和向导是当地的民族干部，对她表示了深深的同情，甚至很仗义地说，要是他没有老婆，他就娶她为妻。我的同伴认真起来，追问他，是否当真？真敢娶她？他沉吟半晌，最终叹口气说："敢，但是不能。因为如果娶了她，那乡亲们所有的门，都要对我关上了。"他当然考虑得更多的是他的工作如何开展，他的职责不是拯救一个人，而是对一个乡的同胞负责。"他们，也都是好人哪！"他无奈而又茫然地感叹道。

我们理解他矛盾的心情，因为我们也有同样的感慨。在强大的传统惰力面前，我们的同情是无力的。很多年后，我那富于同情心的同伴还没忘了给那女孩写信、寄书，均杳无回音。后来，他写了一篇充满感情的散文，发在一份妇女杂志上，这篇散文终有了反响——由于他披露了当事人的真名真地址，已当上干部的这个女孩给编辑部写来了一封措辞激烈的信，斥责作者有损她的名誉。我那同伴好心却抹了一鼻子灰，只有苦笑，认了骂，但同时也感到一点欣慰，因为知道她已从"蛊女"成长为一名妇女干部，挣脱出了那可怕传说的漩涡中心，这不能说不是不幸中之大幸。

二、走不出漩涡的女孩

1992 年 8 月，永宁乡、狮子山

十一年之后，为了迎接即将在中国召开的世界妇女大会，云南省妇联决定拍摄一部反映少数民族妇女生活的纪录片。我应邀参加撰稿，再次来到这个号称"女儿国"的高原湖。

因是拍摄妇女题材，当地妇联派了一名少数民族女干部若玛协助我们工作，她长相端正而偏于老成，话不多，看上去 30 多岁，问下来

图 1-9 煨桑祭山的摩梭女人。云南宁蒗，1992，笔者摄

只有 26 岁。在拍摄现场，她总是适可而止，完成她的向导任务即退到一边，默默地看我们忙。我们一投入采访和拍摄，也立刻忘了她。

　　使我意识到她的存在的，是几天后的一次活动。那是当地最为隆重的一次节日祭典活动——朝山节。方圆数十里的少数民族，在节日期间要环绕他们崇拜的女神山进行朝拜，最后集中在一个山坡上的祭坛前，煨桑祭山（图 1-9），歌舞游乐，野餐乃至野宿。活动是自发性群众活动，无需组织，所有过程都很真实。所以，一上山，我们全部投入采访和拍摄，忙得连怀里的干粮都来不及吃。直到采访拍摄告一段落，祭山的人也一堆堆聚在一起开始野餐，我们这才感到肚里空得慌。既想起吃，忍不住便去看看野餐的人们吃些什么。见我们来，人们纷纷让座敬酒，拿糌粑给我们吃。我们当然乐得蹭吃尝鲜，招呼同伴都来，这时我才注意到一直躲得远远的若玛，她刚犹犹豫豫地走过来，野餐的人们便忽地变了脸，停住咀嚼，有的干脆"噗"地一口把嘴里的食物吐掉，从他们的表情上，我分明感受到了他们对她的敌意。

事后，随行的摩梭同事拉木·嘎吐萨偷偷告诉我，协助我们工作的若玛是曾被指控为家有马蜂盅的人，所以，哪怕她已离开本乡本土多年，人们仍记得她，仍然认为她有盅。按俗规，千万不能当着有盅人的面吃东西，只要她在场，吃进去的东西就会变成盅药。

不提盅则罢，一提盅，我忽地明白了，十一年前我们遇到的"盅家"少女，应该正是现在做我们向导的这位妇女干部若玛。我们曾庆幸她离开了那个古老传说的漩涡中心，没想到，她却并不因为当了干部而摆脱掉那种恼人的文化。

看着她独坐在人群之外的单薄身影，我有些难过：难怪她显得那么苍老，事实上，她的相貌比她的年龄至少大十岁。我不知道她认出我没有，但我却不愿再提十一年前我们曾经见过面的话题。

草草填饱肚子，闲不住的导演又相中了另一个拍摄对象——他钻到一处全是女人的人家去参加野餐，并受到异乎寻常的热情款待。这家人中有一个13岁的少女，刚刚举行过成年礼"穿裙子"仪式，这仪式，正巧也属拍摄内容。于是导演当即拍板，就到她家拍成年礼。

拍摄进行得相当顺利。这家人忙出忙进，配合得极好。临走，剧务按规定把误工补贴交给女主人，谁知女主人不仅坚持不受，还硬要把一只原来准备杀了招待我们的大母鸡塞给剧务，要他带回去煮了吃。整个剧组大受感动，一路上对这淳良的民风赞叹不已。唯有我那兼作翻译的摩梭同事拉木·嘎吐萨默默地听着，一言不发。

后来，他对我说："你知道，我们那天拍穿裙子礼的那家人，是什么？"

"是什么？"我听出有些不对劲儿。

"是有蛊的人家。"

"你怎么知道？"

"在山上，她家的人离人群远远的，当地人都忌讳与她们来往。导演钻到她们那里聊天吃东西，她们觉得他不对她们设防——当然是他不知道——大为意外，所以那么热情。在乡里，是没人跟她们搭话的。后来我们到她家拍摄，村口有人对我做了个暗号：他用右手食指贴在舌头上，往下一抿，我就明白了，那人用我们的暗语告诉我：'这家有蛊，当心别像吃糖蜜一样粘在手上拿不脱！'若玛（他指指我们的女向导）也晓得的，她和同去的干部都不进那家人的家门，一直在外面等着，你注意到没有？听说那家人是'日班笃'（蛇蛊）……"蛊在民间有一个内部用语，用"糖蜜"代替，暗喻当心粘在手上、吃到嘴里甩不脱。

天！这些事怎么巧合得那么玄，像小说一样了。想起又一个无辜少女的命运，我感慨不已，因为我知道，这姑娘大约是很难有可能也出去工作的。只要她在这块土地上，那个无形而沉重的阴影，就将一直伴随着她。事后我翻出这女孩穿裙子礼的照片看，发现她稚嫩的脸上，有一种和她的年龄不相称的忧郁。

拉木·嘎吐萨在此生活了二十多年。据他介绍，在自己家乡，他所见的蛊女，还有几起。

他也遇过这样一家人，她们住在村尾，孤零零的，对意外来访的他极其热情，一是因为很久没人光顾她们家了；二是她们想证明，来她们家的人不会中蛊，她们没有蛊。其中一位约20岁的女孩，长得很是漂亮，而且学过赤脚医生，村里四十多家人，她家都帮过忙，可是，一到吃饭他们就悄悄走了。村民们并不否认她人好心好，但却没有哪个小伙子敢要（娶）她，就因为传说她家有蛇蛊。

另一个被指为蛊女的少妇，是小学老师。她高中时和一个同学相爱，毕业后她到小学当了老师，而他考上了中专。她把每月工资的一半按期寄给他，等了三年，他毕业后分到这所小学，与她在一起了。他们准备结婚，可是受到男方家庭的强烈反对，男方家用种种办法威胁、哄骗，甚至殴打。她的恋人决不妥协，毅然与她结了婚。从此，男方家与他们不再来往。有时她主动去尽孝道，受到的却是辱骂和驱逐。等他们有了孩子，才满周岁断了奶，男方家来了一群人，硬把孩子从母亲怀里抢走，说："孩子是我们的根，不能沾上蛊气。"还把她男人也打伤了。对于一个母亲来说，眼睁睁看着自己的孩子被强夺走，心里之痛可想而知。失去了唯一的寄托，她人整个变了。25岁的人，目光呆滞、眼眶黑红、脸上枯黄无光、两肩瘦削，已是未老先衰了。她那为爱情曾表现得十分勇敢的丈夫，因为失去孩子（而且连他都不许回去看一眼，说他给家庭带来了耻辱），也失去了理智，一气之下独自远走他乡，留下她孤苦而无望地捱着岁月。

还有一位，据拉木说："绝对是一个美女……一切美女应该拥有的，她一样不缺。"可她缺爱情，一直到26岁，始终没有人敢踏进她的门槛，她想冒一次险了。偶然，她认识了一个外地人。那是一个猥琐的男人，能得到她的爱是他意料之外的事。只要她愿嫁给他，他可以付出任何代价。她要求不高，只有两个。她问他："你怕不怕蛊？"那男的问："什么蛊？"她一五一十地讲。那男的说："瞎扯淡，哪有这事！"第二，他必须带她远远地离开故乡。他很爽快就答应了。于是两人就办结婚证。结了婚，果真他们走出了山，到外面去了，至于是什么地

方，她没有告诉故乡人，永远从那一片天空下消失了……[1]

这些真实的故事，让我听得怅然不已。但我又有什么发言权呢！没多久，我们便离开了那里，带走一些感慨，留下许多遗憾。

三、以身试"法"

1993 年 10 月，泸沽湖

我第三次到这梦幻之湖，纯属偶然。1993 年 10 月，摄制组在邻县完成另一民族的拍摄任务，顺道来这湖边休整一两天，稍带补几个外景镜头。

我们晚上十点来钟才到。剧务寻得一个靠湖的村寨，找了处居室宽敞的老乡家住下。喝过几碗酥油茶，倦意全消，不想睡，便出来沿湖边散步。月正明，湖光迷蒙，我恍然感到这地方很熟，仔细看看，记起这正是十二年前我们第一次遇"蛊"的地方。"蛊女"的女儿若玛（即当上妇女干部的那位向导），尽管在乡里仍受歧视，但她毕竟"出去"了，外面的世界属于另一种文化。

我突然很想看望一下她的母亲……那位至今仍在漩涡中的"蛊女"。

我决定以身试"法"。

第二天黄昏时分（传说中的放蛊时间），我叩开了"蛊女"的院门。如果没有那个传说，这个院子与别的院子没有什么不同。一样的房屋，一样的火塘，一样装束的农妇忙出忙进。要说有差别，似乎比别的人家要简陋一些，这与有蛊人家过去多为最下等的"俄"等级，现在亦

1　拉木·嘎吐萨《梦幻泸沽湖：最后一个母性王国之谜》，云南美术出版社 1996 年版，第 195—204 页。

较穷可能有关系。她们见我来,有些诧异。我忙解释,我与她们的女儿若玛,有过一面之交。现在是来旅游,顺便看看她们。

她们松弛了表情,把我让进屋里。屋里光线昏暗,一时几乎看不见什么,我想起当地人教我的防蛊之法:"进屋前,赶紧把她家屋梁数清。记清了她家屋梁的数,就不会得蛊了。"我当然不会去数什么屋梁,即使要数,这样的昏黑中,谁能数得清!我也没有在心中默念人们教我的咒语:"不要把蛊施给我。"据说那也可以使人免于中蛊。

她们把火吹燃,我才看清火塘边还蹲坐着一个老妇人,她腰背痀偻,脸微微浮肿,默默地注视我这不速之客已有多时。

我再次自我介绍,说明来意。她不作声,仍只是看我,仿佛要看穿我的骨头似的。

经她家人介绍,我才知道,她就是若玛的母亲,现年 64 岁,与她妹妹一起同为这个家庭的主人。她妹妹也是老妇人了,但精神显然比她好得多,走出走进,不一会便端来一盘刚摘的梨,并把一碗葵花子和一杯茶放在我面前。我立刻端起茶来喝,并且大方地嗑起葵花子。这表明我信任她们,毫不设防(因为据人们的告诫,是不能在放蛊者面前吃东西的,更不能在她们家吃她们送来的东西的——那十有八九要中蛊)。

我看见她笑了,笑得像所有老妈妈一样,透着一种凡俗的慈祥,我突然觉得,传说中她不让别人烧烫火塘边木板下隐藏的马蜂的那段旧事,也许是出于对染蛊的妹妹的关心(以为妹妹的魂已变成马蜂,伤害了马蜂就等于伤害了妹妹的魂),也许不过就仅仅是出于对这种寄寓家中多年的小动物的恻隐之心。因为此事,她被"证实"为养蛊,并殃及子女,从此蒙上永远无法辩白的罪名。

有很长一段时间，屋里只有我和她两人，默默地对坐，望着跳动的火出神（图1-10）。我不知道我脚下的地板里，还有没有藏着马蜂或其他可能滋生的毒虫，我甚至希望自己也中一次蛊，以判断以多数形式出现的群众是否正确。

她在无声地念佛，手里拿着一串珠子，循环往复地数着，永无尽头的样子。借着火光，我注意到，火塘"锅庄石"上方的神龛里，与众不同地供奉着火神牌、毛主席像和一小尊弥勒佛像，从她断断续续的答话里，我看出，她是把这代表着三种不同文化的崇拜对象，当作同类偶像来对待的（图1-11）。

"佛好。火神好，是我们的根根。"她看我注意到"锅庄石"上方供奉的东西，突然开口道："没有毛主席，像我们这样的人不会翻身。"

我有些吃惊，她汉话说得不错。

"我当过十年生产队长呢。1958年开始当，管几个村子，彝族、藏族，还有我们民族，好几个村呢。"

十年的女队长！1958年至1968年，多事的十年！我无法想象眼前这个萎缩的女人当初是如何叱咤风云的，但我却突地有一种预感，觉得她的被指为"蛊"，或许与这段历史有关。

"您怎么不穿民族服装呢？"坐久了，我才发现，她第一眼看去之所以很难看，原来是因为她穿了一身臃肿而过时的蓝布汉装，还戴了一顶让所有画家、摄影家头疼的蓝色解放帽。

"民族服装太重，又费布，一条裙子要三丈布，才做得下来。汉装好，方便、便宜。我当队长的时候，好多人都不穿民族服装了。"她浑浊的眼睛似乎有了些光彩，像是在追忆一段美好的年华。"是我带头不穿民族服装的。"她有些自豪地补充道。

图 1-10 黑暗中这个火塘边的木板下，就是传说中马蜂蛊的栖息之地。云南宁蒗，1993，笔者摄

图 1-11 "锅庄石"上方同时供奉着火神牌、毛主席像和弥勒佛像的神龛。1993，笔者摄

这地方六七十年代的移风易俗运动我早有所闻。作为那一运动的积极分子和牺牲者，"习俗"或许对她进行了报复。

她家的人陆陆续续都回来了，全是女人。终有一个男人探身进来，却是又矮又丑。她们介绍，这就是若玛的男人。

我们东一句西一句地闲聊着，无意间说到今天上山，见到一条小蛇在我前面爬。说到这里，我看见那男人的眼光好几次不自然地瞟过去，那边坐着老妇人。我明白那眼光的意味，不忍心转脸去看看这话对她的影响。

天已黑定，我起身告辞。老妇人从火塘边的炭灰里，刨出一苞烤熟的新鲜玉米，拍拍灰递给我。我当着她们的面啃下一口，然后告辞。我看见，老妇人笑了。

回到住处，我故意啃着没吃完的烤玉米，告诉房东："我去若玛家，她妈给我烤的玉米好香！"我看见他眼角一跳，看看我，没说什么，照样忙他的。

吃过晚饭，我溜出门去闲逛，见一伙人点着篝火在跳舞，就凑过去跟站在旁边看热闹的人聊天，聊了一会儿，我问起若玛一家的事：

"若玛常回家么？她那男人怕40多岁了？"

"你见了？要不成！不过，她也只有找这样的男人了。"一个中年男子漠然地说。

"为哪样？"

"她家有蛊，你没听说？"

"哪来的蛊？"

"她小妈妈——噢，你们叫孃孃——从海子那边带过来的。她交了个'阿都'，是有蛊的人家，那人送了她一些衣服首饰，就把蛊带回来了。"

"她的'阿都'把蛊给了她，那她'阿都'的蛊是不是就没了？"

"不会不会，他家的蛊照样还在，这就像传染病一样，现在若玛的小妈妈已经跟'阿都'分手了，这个蛊还是在着，还传给了若玛和她妈妈。若玛要是在村里，是找不着'阿都'的。她到了外面也难找，好久都没人敢和她交'阿都'。很晚了，才找到一个40多岁的外族人。不单她找不着，她的两个哥哥，找的人家，也是放蛊的。"

"听说她妈妈大跃进到'文革'期间当队长，那时期很容易得罪人的，会不会……"

他马上听出了我的意思，说："她妈妈当队长时，带头不穿民族服装，直到现在还这样。她办事当然有人不服。"

"她妈妈当了队长，还有没有人说她有蛊？"

"当县长也不行！有蛊就是有蛊嘛，这跟麻风病一样，不是说你当了官就没有了。集体生产时，她一家很孤独，莫看她妈妈是总指挥，吃饭时，大家拼一起吃，只有她家的人躲到一边吃，不然犯忌讳呀！"

我不由感慨万分：人们可以原谅她现实中的政治问题，却很难原谅她传说中的巫蛊问题。他们对无形之物的畏惧，似乎比对有形之物的畏惧更甚。

第三天清晨，我们收拾东西准备起程。房东为我们打了一大壶酥油茶，还烤了一些喷香的土豆和新鲜玉米做早餐，吃着玉米，我忍不住把话题又引到了若玛家。已与我们相处得不错的房东亦不再回避，直接谈起了若玛家的"蛊"：

"她家是有蛊。你们外地人不晓得厉害，乱去串，还吃她的东西。过去，像这样的人家，房顶上要插黑旗呢，懂的人一看就不会乱闯了。你说吃了也没什么反应？那要七天以后才会发作。你看见我的脖子没有？"他把衣领往下拉了拉，我们看见脖颈上尽是可怕的疤痕。"这就是她家的蛊搞的，那是 1982 年的事了，我吃过一次她家的饭，就着了蛊，每天挨晚时，肚子胀疼，什么也吃不下，黄病拾痨的，后来脖子也烂了。请人来看，都说是中了蛊毒了。会医蛊的人挖来狼毒的根根，让我吃了攮蛊。那草药吃多了伤内脏，差点把命攮脱。最后到昆明才医好，说是像癌一样。她家的蛊，有人说是她孃孃从湖对面'阿都'那里带过来的，有人说她婆婆很早就带来了。她婆婆是土司的娃子，是因为她家的人杀了人，为偿命而把她卖给土司做娃子。解放后她们翻过来了，还当了女队长。我家以前是头人，那些年搞政治运动，吃了不少苦头！"他有些愤愤然。

我意识到，在这些简单的话里，还隐藏着另一些不一定说得出来的细节，如果写出来，会是一部曲折复杂的历史。后来我查阅资料并再做稍多调查，惊觉蛊事确为人事的异化反映。从古到今，人们借此上演了一部部惨烈的悲剧、闹剧和丑剧，血泪凝成了一部部隐秘的心史、情史和仇史，这部"书"永不会像摆得上架的那些"史册"那么引人瞩目，它只潜伏在那些巨著的字里行间，在坟墓中和民间传说中微露身影；它似乎永远只宜深埋在地下，深藏在人们心中，然而，一旦你能瞥它一眼，便再难忘掉。

时间不早了，摄制组还要赶路，我只得起身告辞。

房东一直把我们送出他那庄园样的家，还特别关照地对我说："你吃过她的东西，要是七天后有问题，尽管来找我，我可以帮你找到医蛊的药。"我问是什么药，他说是草甸上一种叫"谷布"的植物或狼毒的根，熬水喝，吐个翻肠倒胃，或许可以把蛊吐掉。否则，"背脊一黑，就没救了。幸好你不会抽烟。吃过她东西的还有可能医，还能将蛊逼出来，要是抽了烟，蛊进到身体里边，在皮肉之间乱窜，就难医了。"他特别强调，西药对蛊所致的病是毫无疗效的，只能由喇嘛或传统巫师"达巴"给的药，并做过仪式才能治好。回来后我当然没有任何不良反应。我后来看人类学家调查的以法术治蛊的案例，知道了所谓"驱蛊药"不是可以随便服用的。翁乃群先生曾经记述摩梭人治蛊的法事：服用"驱蛊药"的前一夜，要请喇嘛或达巴举行治疗仪式。患者睡觉时，应把药放在碗里，连同一把利刀放在其枕边。据说通常当晚患者会梦见给他或她放蛊的有"蛊"人。"驱蛊药"一般在黎明时刻服用，用药后患者都会剧烈呕吐和腹泻，有时甚至会因此死亡。所以治疗仪式是非常重要的。像其他治病仪式那样，在治蛊仪式上达巴一方面要祈求神灵和患者的祖灵保佑患者，另一方面也要慰藉和恐吓鬼魂不要干扰治疗过程。村民们相信在神灵和祖灵的帮助下，能减少治疗过程的危险。在患者的枕边放置一把刀同样也是威胁鬼魂，不让它们来干扰的一种象征行为。如果治疗成功，病人一般会吐出小蛇。左所的纳日医生说，数年前从前所来的村民曾给他看像小蛇的两条东西，说是一位中蛊的人吐出来的。由于当时正值冬天，那两条东西不可能是从野地里抓来的。纳日医生说他不能确定两条小东西是否是蛇，但能肯定它们不是蛔虫。另有一人也述及，她曾被别一村子的"有蛊"村户的女当家人放蛊。吃了从永宁一位喇嘛要来的药后，吐出一条一尺来长的蛇，此后她的病便慢慢好起来了。[1]

　　"你看我会得蛊吗？"临上车时，我问。

1　翁乃群《蛊、性和社会性别：关于我国西南纳日人中蛊信仰的一个调查》，《中国社会科学季刊》1996 年秋季卷，见拉他咪·达石主编《摩梭社会文化研究论文集（1960—2005）》上册，云南大学出版社 2006 年版，第 321—346 页。

"有人命里要着蛊，看一眼都会着蛊；有人不会，命硬的不会。"他的回答天衣无缝，我想了想，倒也无言可对，于是向他说了"再见"。

我真的希望能再见，再见所有的人，倾听他们诉说，诉说他们亲历的历史和现实，诉说神秘的命运和传说。我已经感到，我所考察的这一文化的和心理的现象，绝不是一个孤立的虚幻的现象。它是有形的复杂社会的现实反映，也是无形的微妙心理的幻化投射。它与人的生死、悲欢、善恶等紧相联系，与社会的政治、经济、宗教、民俗等密不可分，为此，把它作为一个课题来做，应是值得的——尽管最终可能不会有什么结果。[1]

四、丢不脱的"笃"

2000 年 7 月，泸沽湖

中国历史博物馆的宋兆麟教授、法国科学院东方文化研究所的陈庆浩教授、日本西南大学的神话学家王孝廉教授和中国台湾辅仁大学文学系的钟宗宪老师，带学生来云南考察，我虽然已经调到广州工作，但自认为还是云南人，要尽地主之谊，所以也赶去和他们会合。

从四川进入泸沽湖，我们在一家僻静的摩梭大院里住下。一天的晚饭，是琵琶肉配苏里玛酒。酒掺多了水，大家喝不过瘾，陈教授拿出一瓶洋酒，请房东也来喝上一杯。那洋酒劲足，话便有些失控。那时我正热衷于巫蛊研究，忍不住就问这方面的事。房东本来话匣子大开的，忽地止住了。他说："'笃'，千万不能问。这事找个时间，我慢

1　详见邓启耀《泸沽湖纪事》，中国旅游出版社 2006 年版，第 161—178 页。

慢给你讲。"当然，酒醒之后，我们彼此都对这个话题，再也不提。

事后，我听说，我们住的这家，就是被当地人认为有蛊的人家。联想起我们第二天大都拉肚子的事，一般人很容易就往那方面靠。不过，拉完也就完了，我倾向于是苏里玛酒掺了不干净的水，与蛊无关。

为弄清蛊是什么，我走访了曾经医治过蛊病病人的当地医生。我走访的医生叫涂建银和熊富全，1977 年从川北医学院毕业，分配到左所医院工作。他们告诉我，自己已从事医学二十年，接诊自称有蛊病的病例四十八例。比如沿湖乡炊事员毛海初，来医院说他中了蛊。他们检查他的淋巴包块，实际是典型的胃癌。叫他不要吃蛊药，他不信，第三天自己找蛊药吃了，结果大出血死了。这些自称中蛊的人，实际多数是胃病、胃癌、心源性和肾源性水肿、肠道寄生虫等。这令我想起前文自称中蛊的房东，他的病是去昆明治好的，昆明的医生并无有关"蛊"的说法。只有前所一个小孩有点像，她叫张某英，4 岁。前所有一家有蛊，她去和那家的孩子打了一架，回来即腹胀如鼓、消瘦。本地有蛊病医生，经治疗她拉出一条蛇，腹胀消失。这是不是蛊呢？作为医务人员，我应该查实。这蛇有十多厘米长，我摸了一下，硬硬的。它究竟在人体内生存过没有？如生存过，应该有人体内的酶等物质残留，但也可能是故意弄的。为了搞清楚情况，我把它带去成都化验。可惜路上包被偷了，放在包里的蛇也一起丢失，只有路上遇到的一位来自墨西哥的先生拍过一张照片。它究竟是什么，至今无法证实。

但在摩梭人中，信蛊的人不少。传说，蛊是农历五月初五的时候养的。把各种毒物放一坛子里，让它们互相吃，剩下来的就是蛊。在泸沽湖地区，人们说的蛊有蛇蛊、蝶蛊、蛙蛊、马蜂蛊、蜈蚣蛊、老鼠蛊六种。你要是住有蛊人家，晚上一敲柱子，有粗蛇下来，这就是有蛊的了。摩梭人无蛊的人家决不会和有蛊的人家通婚。有蛊的人过，抽烟的丢烟，吃东西的马上吐掉。从小就这样教育，忌讳得很。[1]

摩梭人的民间传说，蛊是这样来的：几百年前，摩梭部落首领为了战胜外族敌人，派人到丽江找了"蛊"，用后因不能立刻制胜，又派人送回丽江，但人尚未回到家中，送去的蛊却返到这家人中，反复送了几次都没送成，这家人就成了有蛊的人家。由于蛊会"传染"，有蛊的人家越来越多。据熊医生介绍，泸沽湖镇全镇1273户人家，有蛊的人家有50户左右（含大家分小家的），主要分布在川滇交界处。当年土司喇宝臣为"干净"，把有蛊的人家全撵了。他们认为，有蛊的人家的特点是家庭比较富，猪瘟鸡瘟不会着。[2] 传说她们把人放死了，死者的灵魂就来为蛊家做娃子。熊医生说，来找我看病的有一个有蛊的老奶奶，处熟了，她告诉我她是有蛊的人。她说她原本无蛊的，买了对玉镯，放神台上，白天是玉镯，晚上就变成了蛇。不敢要，把它们弄到湖里。人才回来，发现它们又回到台子上了，丢都丢不掉，所以就得了。有蛊的人家，要等老人死，家人把她的东西全部烧完，才会没有。而据中国社会科学院的翁乃群先生调查，四川木里某村有蛊户的比例，竟占到全村总户数的四分之一（图1–12）。[3]

摩梭人古老的达巴口诵经"宴席中会遇见有蛊者"有这么一段话：

1　访谈对象：涂建银、熊富全，访谈地点：四川凉山彝族自治州盐源县泸沽湖镇左所，访谈时间：2000年7月23日晚，访谈人：邓启耀。

2　认为养蛊可以致富是很多文献和传言普遍的说法，但现实中由于受歧视甚至迫害，被指控为有蛊的人家其实大多穷困潦倒。

3　翁乃群《蛊、性和社会性别》，见拉他咪·达石主编《摩梭社会文化研究论文集（1960—2005）》上册，第321—346页。

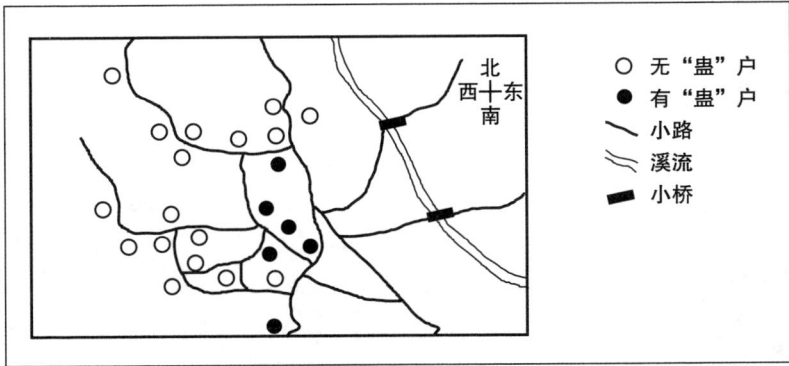

图1-12 四川木里某村有蛊户与无蛊户分布图

头不见狗叫，

尾不闻鸡鸣，

无意中，在欢乐的宴席上会遇见有蛊者，

会使你中蛊。[1]

五、没有乡亲的葬礼

1995年6月，泸沽湖

这年，中国探险协会在云南设立山岳丛林专业委员会。夏天，协会的朋友们组织了一次穿越哈巴雪山的综合探险考察活动。完成考察之后，大家到泸沽湖休整。休整地正好在我多年调查的那个村落（图1-13）。诸事安顿好，我自然忘不了再去探望一下那位被说成养马

1　李达珠、李耕冬《未解之谜：最后的母系部落》，四川民族出版社1996年版，第147页。

图 1-13 泸沽湖边的村寨。2000，笔者摄

蜂蛊的老大妈。

这个沿湖的村寨，许多人家都盖了新的客房，接待络绎不绝的游客，很快富了起来。我知道大妈家一直被排挤在旅游之外，怕她感觉冷清，就带了这帮不信邪的探险家朋友，到她家串门，为她增添一点人气。

大院还是老样子，猪槽放在满是污泥的院子里，花楼没有装修出涂抹鲜艳的客房。显然，她家还是没有成为标准化的"农家乐"民宿单位。一位身穿摩梭服装、正在处理畜粪的大妈见那么多人进来，有些诧异。我说前年我来过，是你家女儿的朋友。大妈想起来了，把我们迎进房间。屋顶装了几片玻璃，屋里不再显得那么黑暗，橱柜也看出原是有颜色描绘过的。看到一下子来了那么多客人，房间里不知不觉也冒出了几个小女孩。招呼我们的，依然是队长大妈的妹子。她让我们分别在火塘边坐下，吹燃了火，端上瓜子、水果和茶水。只是火塘边，再没有那位着汉装的队长大妈。问起来，才知道她已经去世。

我有些意外，怅然若失，呆坐着不知说什么好。大家的话题，似乎也避免再谈及此事。东一句西一句闲聊一阵，再找不到话说。坐了一会，喝了茶吃了瓜子，便告辞出门。

事后，有摩梭朋友告诉我，大妈出殡那天，村里没有人来。

我知道在乡村葬礼上没有乡亲来是什么意思。我不忍再问当时的情形。我想，她的遗体，包括她所有的遗物，一定是在很荒僻的地方焚化的，因为人们忌讳那些丢不脱的东西，忌讳那焚尸火烟的影子罩住自己。

第二章

巫蛊的文化传统

其实，我所访查之"蛊"，仅仅是黑巫术的一种；而黑巫术，也仅仅是巫术的一种。

巫术在原始文化中是极为普遍的现象。原始人类通过这种幻化的方式，来处理与自然、与社会以及与其他人的矛盾。以祈福、求吉、禳灾为目的的巫术被称为"白巫术"（或吉巫术），以伤害别人为目的的巫术被称为"黑巫术"，即通过放蛊、咒诅、秘密仪式、书符画篆等方式，达到谋杀、施瘟、迷惑、役使、嫁祸、谋财等目的，使人在不知不觉中受害。动机是"黑"的（心黑），手段是"黑"的（秘术、暗器），故冠之以"黑"字，与"巫蛊"同说，以示其为"邪门黑道"之术。

黑巫术产生于原始社会，但其影响至今不衰，发展演化为形形色色的接触巫术、感应巫术和语言巫术。

中国的黑巫术是怎样形成的，已经很难考证和考察。作为一种"黑道秘术"，它回避通过正常的和正当的渠道让人知晓，我们只有少许的历史残片、民间传说和民俗"活化石"可供寻访。历史残片虽然难以完整还原历史现场，民间传说和民俗现象虽然不能完全透露社会真相，但巫蛊"实存"的社会情境却是随处可见的。对于人类学研究来说，它们的意义，在于通过不同历史阶段、不同文化语境中的人对此的认知状态和意义阐释，了解存在于某些社会和群体中的一种文化传统和心理现实。

第一节　残阙断片话巫蛊

远古。某日黄昏，一群人目光烁烁，注视着巫师手中的龟甲或牛肩胛骨骨片，上面呈示的结果，关乎着他们中一个垂危病人的命运。

几千年过去，这些人早已魂销身逝，只有一些他们曾使用和关注过的龟甲骨片，散落在泥土之中，这便是著名的殷墟卜辞甲骨，上面刻着最早的中国文字。这些甲骨，曾被作为一味中药——"龙骨"，用来治病，后为文字学家所得，经研究，文字学家们破译了上古的许多文化之谜。"蛊"，竟是其中之一，而且出现次数之频繁，足见"蛊"的问题，在当时已引起极大关注：

> 有疾齿，唯蛊虐。[1]
> [有]疾，不[唯]蛊。[2]
> 犬蛊祝。[3]

1　董作宾《殷墟文字乙编》，中研院史语所 1948 年版，"小屯" 7310 片。

2　胡厚宣《战后京津新获甲骨集》，群联出版社 1954 年白纸珂罗版，1675 片。

3　商承祚《福氏所藏甲骨文字考释》，金陵大学 1933 年版，第 4 页。

病，其唯蛊？ [1]

贞：王舌病，唯有古？（杨树达注，古、蛊音同，"古亦当读为蛊也"。）[2]

贞：王病，不唯岂？（"岂"也"假为蛊"）[3]

当然，也有认为易卦之蛊，乃故老之故的借文，与巫蛊并不相干。但查古文字的"蛊"，却分明具体直观地指向蛊毒之术。繁体字的"蠱"，由三虫一皿组成。殷墟甲骨文均写作"" （一期乙一九二六）或""（一期前六、四二、六），[4]形为同置于一个容器中的两虫（也有三虫的）。该虫头尖而有尾钩，当为蛇蝎之类的毒虫。纳西族东巴图画—象形文字中的"瘟神"，也与此相似，写作""，一个容器里放有两条尖头之虫，方国瑜、和志武《东巴象形文字谱》注："像瘟虫"，音"dɚ˥"。[5]

秦篆中的蛊字，沿袭了"皿中之虫"的原始含义，一般写作""，[6]亦为"蠱"字的原型。三虫之形，当为"数众"（"五毒"或"百虫"）之喻，亦是后来"蠱"字的摹本。

以上古文字，都有关于"蛊"的记载。以造字方式看，亦皆强调"皿蟲为蠱"[7]这个特点；而皿中之虫，又多为毒、瘟之虫。仅一字，即

1 胡厚宣《殷人疾病考》，《学思》半月刊1943年第三卷第3、4期引卢静斋藏片。

2 杨树达《积微居甲文说》，中国科学院出版社1954年版，第59页。

3 杨树达《耐林廎甲骨文说·卜辞求义》，群联出版社1954年版，第4页。

4 高明《古文字类编》，中华书局1980年版，第319页。

5 方国瑜编撰、和志武参订《纳西象形文字谱》，云南人民出版社1981版，第357页。

6 高明《古文字类编》，第319页。

7 [清]阮元校刻《十三经注疏》影印本《春秋左传正义》，中华书局1983年版，第2025页。

已可以看出古代巫蛊之术的基本特性。即：

1. 人工培养并欲施之于人。清代《黔书》释"蛊毒"曰："从虫从
皿。虫之藏于器者也，器有虫则必敝，故欲干之，其为害不易知，故
又称蛊惑。蛊毒他省所无，惟云、贵、闽、广则有之。苗独欲致富者，
多蓄蚺虺蜈蟆诸毒物于罂缶中，滴其涎沫于酒食，以饲人。"[1]将自然界
中的毒虫经人为培养或攻击性选择（即把数种毒虫置于一"皿"之中，
决出最毒之物），秘密蓄养起来，欲施之于人，便是蛊。

2. 蛊术所取之物皆为毒虫、瘟虫（如甲骨文"𩵋"和纳西族东巴
象形文字"🐛"均为容器中有毒虫或瘟虫）、毒花（如纳西族东巴象
形文字"✖"）等，具有毒害人、惑乱人的特性。不仅象形地或会意地
标明有毒，其音也近于"毒"。如傈僳族，"名蛊为 Dtu"；[2]丽江纳西族
称蛊为 [dv˩]（养蛊音 [dv˩ci˩]，东巴象形文字写作"🐛"；放蛊音
[dv˩o˥]，东巴象形文字写作"🐍"；普米族称蛊为 [ndu˥]，摩梭人亦
为 [ndu˥po˥]，音皆如"毒"；苗族称蛊为 [ti˥]，傣族称蛊为 [dæ˥]，
彝族称蛊为"都姜恶浪"，[3]音皆近于"毒"。

我们当然不能以汉语发音来套少数民族的发音，不过，有那么些
民族谈到蛊时，大都有与"毒"相同或相近的，倒真是值得研究。

3. 巫蛊之术作为一种秘密邪术，据史录和民俗调查，已经形成复
杂的巫术形式，如偶像伤害、灾难制造、命相风水折损、毒咒秘符攻
击、异质同构感应等。

---

1 [清] 田雯《黔书》，中华书局 1985 年版，第 95 页。

2 陶云逵《碧罗雪山之傈僳族》，《集刊》1948 年第 17 本，第 396 页。

3 董绍禹、雷宏安《西山区核桃菁彝族习俗和宗教调查》，见《昆明民族民俗和宗教
调查》，云南民族出版社 1985 年版，第 60 页。

还有将蛊神化为一种怪物的。《山海经·南山经》云：

> 鹿吴之山，泽更之水出焉，而南流注于滂水。有兽焉，名曰
> 蛊雕，其状如雕而有角，其音如婴儿之音，是食人。[1]（图 2-1）

图2-1　蛊雕。采自马昌仪《古本山海经图说》

另外，据中国中古时代的禳蛊文献，曾提到过"蛊"的"父母"。
敦煌伯二六三七《出蛊毒方》有驱蛊咒语云：

> 父是蜣螂虫，母是耶暗鬼。[2]

宋人洪迈《夷坚志》补卷第二十三《解蛊毒咒方》则云：

1　马昌仪《古本山海经图说》，山东画报出版社 2001 年版，第 39、40 页。

2　高国藩《敦煌巫术与巫术流变》，河海大学出版社 1993 年版，第 471 页。

> 姑苏啄，磨耶啄，吾知蛊毒生四角，父是穹窿穷，母是舍耶
> 女，眷属百千万，吾今悉知汝，摩诃。[1]

此诀亦传入日本。明代，日本有学者贺茂在盛著《吉日考秘传》（又名《日法杂书》），其中的《禳蛊毒法》与前述两例实出一辙：

> 凡入蛊毒之家，即念此咒，则不能为害，咒曰：鸟苏啄磨耶
> 啄，自知蛊毒之出四角，父名穹窿穷，母名耶蛇女，眷属百千万，
> 吾至悉知汝，菩提萨诃，一气七返。[2]

大概因为是口传的咒语，记载文字，便有了"蜣螂虫"和"穹窿穷"，"耶暗鬼"和"舍耶女""耶蛇女"之别。好在蛊似不识字，只要念得大致音近就行。在民间信仰中，认为只要识破蛊的真相，它便上不了身，难以为害。上述咒语的力量，便在于一语道破蛊的真相（"生四角"），连它的老底本根都刨出来了，安有不"悉知汝"的？只是蛊的父母究竟是虫蛇之类（"蜣螂虫""耶蛇女"）呢，还是无形之灵（"穹窿穷""耶暗鬼"）？恐怕只有天知道了。

总之，从各种文献看，巫蛊之源，真是"源远流长"的。

正因为巫蛊之起源甚早，由巫蛊引发的恐惧和动乱危害社会，所以，早在周代，就已设立了专职人员来对付蛊害并立法惩治。《周礼·秋官》设有"庶氏"一职，"掌除毒蛊"，其法是"以攻说禬之，嘉草攻之"。据郑玄注，所谓"毒蛊"是"毒物而病害人者"；"攻说"

1　[宋]洪迈《夷坚志》，何卓点校，中华书局1981年版，第1764页。
2　高国藩《敦煌巫术与巫术流变》，第482—483页。

是祈祭名称，"祈其神求去之也"；"嘉草"是"药物"，其状未闻；"攻之"则是指"火熏"。有"蝈氏"一职，掌去蝈（蛾）、耿黾（蛙类动物）等"水蛊"，方法是用牡菊灰洒之可除，"以其烟被之，则凡水蛊无声"。有"翦氏"一职，"掌除蠹物，以攻禜攻之，以莽草熏之，凡庶蛊之事"。"掌除蠹物"即"蠹蛊"，用"攻禜"的禳法驱之，或用莽草（一种有毒的草）熏之。[1]如遇无人祭祀的厉鬼变为"厉蛊"，则"磔狗邑四门以御蛊菑"。[2]由此可知，当时的除蛊之法包含了两个方面：一方面用"攻说"的禳法祈求神灵除蛊，具有巫术的性质；另一方面又用草药熏虫杀蛊，具有医术和实用的性质。

第二节　蛊界

无论传得多神秘，但蛊既是人为，就必然是人的投影。所以，蛊者既是人，也是人借物借事创造出的种种幻象和灵象。

蛊界也有社会分层。上层是管理层，即蛊神，以及和上层神佛有一定裙带关系的次神，如观音的三妹"三姑娘娘"，主管五方飞龙之类的蛊灵。即使是人间的放蛊婆，由于生前地位较高，死后也会继续掌权，管理下辖蛊灵，如后宫娘娘。

中层是介乎鬼魅之间的蛊灵，主要包括蛊的各种幻象和灵象。在中国传统文化中，这是一些夹杂着巫术、宗教、哲学和科学（如象形

1　[清]阮元校刻《十三经注疏》影印本《周礼注疏》，第888—889页。

2　[汉]司马迁《史记》，上海古籍出版社、上海书店编《二十五史》影印本第一册，上海古籍出版社、上海书店1986年版，第173页。

医学）的混合产物。"蛊"是易象卜辞的组成部分，是巫灵附着的幻象和巫术施法的重要方式，也是象形医学解释某些疑难杂症的一种意象化说辞。

下层是社会边缘群体中的弱势人群，或有出众容貌、异常行为或特殊技能的人（如匠人、巫师等）。其中，弱势群体中的更弱势群体是女人，所以，在多数情况下，女人被指控为蛊女的概率最高。民俗雕版木刻"蛊界"，

图2-2　蛊界。云南德宏纸马

描绘一胸部丰满、穿裙的女人（图2-2）。蛊界之中，多为漂亮女人，这与民俗对蛊女的刻板化印象也是一致的。

一、蛊神

蛊作为一种黑巫术，基本上是由蛊界"黑社会"运作的。而掌控它们的，也有被称为"蛊界黑老大"的灵性存在。"蛊神"算是一个总管级的专职神灵。

蛊为阴邪之物，隐秘不可见。但民俗因要做禳祛巫蛊的法事，需要请出蛊神祭祀。仪式使用的民俗雕版木刻"纸马"，描绘了蛊神的造型，均为或披发，或扎双髻，或戴高帽，穿宽袖长衣和百褶裙，站在荆棘树下，怀里伸出两条蛇来的形象（图2-3、2-4）。这与民间传说

图2-3　蛊神。云南巍山纸马　　　图2-4　蛊神。云南大理纸马

对养蛊者的想象比较谋合。而"天蛊之神"披甲，一手仗剑，一手举令旗，骑虎或自身有尾，张扬威煞之气（图2-5）。民间以蛊神纸马与青龙、白虎、朱雀、玄龟、太岁、岩神、水火二神、桥路二神、雌雄二煞神等为一套，为命中有凶星邪灵的人焚烧祭献。

云南人一般称中蛊为"有邋遢"。禳祛时拿蛊神纸和黄钱，一边在中蛊者头上绕，一边念："干紧喇嘛来收去！"烧一对锞，三两钱，和龙神等纸马一起烧化。

在中国，观音信仰比较普遍，但也和本土民间信仰融合，具有了更加复杂的关系。其"家族"成员也有涉蛊。比如，云南大理地区观音信仰较为流行，民间传说里，观音的三妹三姑娘娘和观音同锅吃饭，各修一方（"各修各的好事"）。三姑娘娘所修"好事"之一，便是管理当地的蛊灵五方飞龙，她长有鸟翅，也被称为"飞龙娘娘"（图2-6至2-8）。

图 2-5　天蛊之神。云南大理纸马

图 2-6　五方飞龙、三姑娘娘。云南洱源纸马

图 2-7　本方飞龙娘娘之神。云南大理纸马

图 2-8　飞龙娘娘。云南大理纸马

图 2-9　后宫娘娘。云南巍山纸马

据《史记》等古籍记载，汉代宫闱盛行巫蛊之事。后宫诸妃甚至皇后为了争宠，纷纷请来道士师娘，制蛊惑人，以致酿为大祸，不少人死于非命。尽管如此，在位序级别的传统框架内，失势丧命的后宫娘娘到了蛊界依然成了巫蛊之神。在民间刻印的马子上，后宫娘娘坐于帷幕之间，目光阴郁、空洞而难以捉摸，面前有毒蝎之类蛊物，活脱脱一副养蛊者的架势（图 2-9）。据大理白族村民述："大理周城过去还有后宫娘娘庙，她的塑像就坐在一条飞龙背上，脚下还踩着一只老虎，她的帽子上有各种动物、昆虫的图案。"后宫娘娘帽子上的动物和昆虫图案，当为蛊虫；飞龙和飞虎则是她收服的天蛊和地蛊。在白族地区的传说中，后宫娘娘曾经养蛊害人，但也爱子如命。经观音教育改邪归正之后，负责管理养鬼养蛊婆。[1] 在巍山，娃娃肚子疼，撞到邋遢的东西，就要和飞龙飞虎马子做一套，在门前烧化；情况严重的，要杀一只白公鸡，到东岳宫或县城桥旁的衍阳庙烧。

1　杨郁生《云南甲马》，云南人民出版社 2002 年版，第 227 页。

二、蛊灵

在"万物有灵"的观念中，蛊也是灵。无论是动物蛊、植物蛊，还是器物蛊，都为灵物，具有谋生（需要喂养或吸食人类精气）、谋财、谋事等能力，可以和人通灵，操控他者，甚至有与被蛊对象媾和的生理欲望和喜怒哀乐的感情。在老昆明人为中蛊之人以蛋"滚蛊"的咒词里，曾提及一长串蛊名，如金蛊、银蛊、长虫蛊（蛇蛊）、蝙蝠蛊、蝴蝶蛊、妈里儿蛊（蜻蜓蛊）、居家养的蛊以及五方五地的各种蛊。据悉，古籍记述或民间传说的蛊的种类，还有金蚕蛊、蛤蟆蛊、蜈蚣蛊、蜘蛛蛊、马蜂蛊、蚂蚁蛊、虱蛊、蝎子蛊、蜥蜴蛊、蜣螂蛊、大象蛊、羊蛊、鱼蛊、牛蛊、牛皮蛊、马蛊、骡子蛊、犬蛊、猪蛊、鸡蛊、鹅蛊、草蛊、菌蛊、鬼蛊、蜮蛊（水蛊）、鳖蛊、青蛙蛊、乌龟蛊、斑鸠蛊、麻雀蛊、稻田蛊、树蛊、挑生蛊、石头蛊、篾片蛊、疳蛊、肿蛊、犁头蛊等。还有很多未以"蛊"名之，但与蛊同类的东西，如傣族的"琵拍鬼"、羌族的"毒药猫"、纳西族的"小神子"、摩梭人的"笃"，等等。不仅种类多，而且善变化以至无穷，让人防不胜防，恰如晋代干宝在《搜神记》所说："蛊有怪物，若鬼，其妖形变化，杂类殊种，或为狗豕，或为虫蛇，其人皆自知其形状。行之于百姓，所中皆死。"[1]

一般而言，被谈论得较多的蛊灵有如下种类：

1　[晋]干宝原著，黄涤明注译《搜神记全译》，贵州人民出版社1991年版，第360页。

蛇蛊

明人王世懋《闽部疏》：

> 闽地颇蓄蛊。其神或作小蛇，毒人无有不能杀者。独泉之惠
> 安最多。[1]

清人甘雨撰《姚州志》：

> 彝人有养蛊者，其术秘，不与人知。或云，养大蛇而取其涎，
> 暴干为末，投食物中，人误食之，七八日即病，不治则死矣。[2]

云南剑川白族认为，养蛊人是祖传的，蛊药放在放蛊者的拇指指
甲缝内，在别人吃饭喝水时，趁人不备把药弹进碗里，吃到蛇蛊的人
总觉得肚子气鼓气胀的，吐出像蛇一样的吐沫。[3]摩梭人认为中蛇蛊者
腹胀，腹内不定位疼痛，当服驱蛊药时疼痛位置常转移。如果中蛊者
死亡，蛇蛊会从死者肛门窜出。[4]

蛇蛊又分几种：阴蛇蛊的害人是予人中毒的，不出三十日，必死。
初则吐、泻，继则肚胀、减食、口腥、额热、面红；重的，脸上、耳、
鼻、肚……有蛊行动翻转作声，大便秘结。加上癫肿药，更是没有

1　[明]王世懋《闽部疏》，中华书局 1985 年版，第 5 页。
2　[清]甘雨纂修，张海平校注《姚州志》，中国地方志集成·云南府县志辑 63，凤凰
　　出版社、上海书店、巴蜀书社 2010 年版。
3　张桥贵《剑川县马登区白族的民间信仰调查》，《云南民族学院学报》1988 年第 4 期。
4　李达珠、李耕冬《未解之谜》，第 150、151 页。

治好的希望。生蛇蛊害人中毒的情况，与阴蛇蛊害人相似，但也有些异点。即肿起物，长二三寸，能跳动，吃肉则止。入则成形，或为蛇，或为肉鳖，在身内各处乱咬，头也很痛，夜间更甚。又有外蛇随风入毛孔里来咬，内外交攻，无法求治。[1]

图 2-10 长虫（蛇）蛊神。云南昆明纸马

云南民间又称蛇为"长虫"，长虫蛊即蛇蛊（图 2-10）。

隋人巢元方等撰《诸病源候论》对"蛊毒病诸候"中的"蛊吐血候"如是诊断：

> 蛊是合聚虫蛇之类，以器皿盛之，任其相啖食，余一存者，名为蛊。能害人，食人腑脏。其状，心切痛，如被物啮，或鞭，面目青黄，病变无常，是先伤于膈上，则吐血也。不即治之，食脏腑尽则死。[2]

蜥蜴蛊

《诸病源候论》描述"蛊毒病诸候"中的"蜥蜴蛊"：

1　王世祯《中国民情风俗》，台北星光出版社 1988 年版，第 140 页。

2　[隋]巢元方等《诸病源候论》，人民军医出版社 2006 年版，第 270 页。

其面色赤黄者，是蜥蜴蛊，其脉浮滑而短。病发之时，腰背微满，手脚唇口，悉皆习习。而喉脉急，舌上生疮。二百日不治，啖人心肝尽烂，下脓血，羸瘦，颜色枯黑而死。[1]

蜂蛊

主要吞噬肺部，使其如同蜂窝状，吐血、能食、疲乏、心累，最后衰竭死亡，蜂蛊从死者口鼻飞出。[2]

蝴蝶蛊

心口窝痛，腹痛，食后呕吐。如果中蛊者死亡，蝴蝶蛊会从死者口鼻飞出。[3]

蛾蛊

飞蛾是最常见的蛊之一（图 2-11）。因其夜行，眼睛幽暗，有卷曲的吸管，民间传说它以吸食儿童精气和脑髓为生。

犬蛊

犬蛊，传说是以病犬唾液培养的一种毒蛊。晋人干宝《搜神记》"赵寿犬蛊"述：

鄱阳赵寿有犬蛊，时陈岑诣寿，忽有大黄犬六七，群出吠岑。

---

1 [隋]巢元方等《诸病源候论》，第 268 页。
2 李达珠、李耕冬《未解之谜》，第 150、151 页。
3 同上。

后余伯妇与寿妇食，吐血几
死，乃屑桔梗以饮之而愈。
蛊有怪物，若鬼，其妖形变
化，杂类殊种，或为狗豕，
或为虫蛇，其人皆自知其
形状。行之于百姓，所中
皆死。[1]

图 2-11　飞蛾蛊神。云南昆明纸马

公鸡蛊

流行于滇中某些民族地区。
据说中此蛊者，体内疼痛如鸡啄。

骡蛊

这也是以症状测定的蛊，据说中此蛊者，疼起来就像骡子踢。清
人杨琼《滇中琐记》：

> 又有名骡子蛊、牛马蛊者，能盗人家财谷。今农家露谷子于
> 场，必以铁刀或铁矛插谷堆中，防蛊盗也。[2]

虱蛊

吃着虱蛊的人全身奇痒，用手一抓便到处起泡，泡抓破就有三五
成群的虱子爬出来。

1　[晋] 干宝原著，黄涤明译注《搜神记全译》，第359—360页。
2　[清] 杨琼《滇中琐记》，见方国瑜主编《云南史料丛刊》第十一卷，第280页。

图2-12 五毒虫神，包括蜘蛛、蜈蚣、马蜂、蝎子等毒虫。云南昆明纸马

蜈蚣蛊

东晋陶潜《搜神后记》：

> 剡县有一家事蛊，人啖其食饮，无不吐血死。……主人下食，游依常咒愿，双蜈蚣，长丈余，便于盘中跳走。[1]

蜘蛛蚁蝼蛄蛊

据《太平御览》述：秦孝王杨俊病重时，通过口中含银而变色知道受了蛊毒，但一时不能明白是中了什么毒。至死后，文帝及皇后发现棺柩中爬出大蜘蛛和大蝼蛄，经过追究，才知道是崔妃下的蛊毒。[2]

蜘蛛、蜈蚣、马蜂等均被民间视为毒虫（图2-12）。

金蚕蛊

清人张泓《滇南新语》：

---

1 [晋]干宝、陶潜《搜神记 搜神后记》，曹光甫、王根林校点，上海古籍出版社2012年版，第175页。

2 [宋]李昉等《太平御览》，中华书局1960年影印本，第3260—3261页。

蜀中多畜蛊，以金蚕为最，能戕人之生，摄其魂而役以盗财帛，富则遣之，故有嫁金蚕之说。[1]

清人谈迁《枣林杂俎》：

蛊虫，北海所无。独西南方有之，闽、广、滇、贵、延绥、临洮俱有。闽字从虫，谓金蚕也。[2]

清人曾衍东《小豆棚》：

滇中有养蛊家，杀人渔利，利得亦自杀，名曰"金蚕"。大约以端午日，取蛇蝎蟆诸毒物，聚于一器，听其自咬。将尽死，独一物生，则毒之尤者矣。以时饲之，雏匹三年，杂以五色绫锦裂而饵之。此物最灵，奉之者凡一动一作，皆尊承而不敢稍狎于心，否将不利。暂将日变月化，形遂隐。俾其行毒，必先试一人，若无过客则以家人当之。中毒，绞毒吐逆，十指如墨，嚼豆不腥，含矾不涩，是其验也。夫而后祈求粮米银钱，无不如意。然按月必蛊一人以为飨蛊者。盖以其粪纳饮食中云。[3]

民间传说，金蚕蛊性喜洁净，凡养蛊人家家中尘埃绝无。据说，金蚕是有灵魂的，它能帮主人害死仇敌，又能使养蛊人发财致富。金

1　[清]张泓《滇南新语》，见方国瑜主编《云南史料丛刊》第十一卷，第402页。

2　[清]谈迁《枣林杂俎》，罗仲辉、胡明校点校，中华书局2006年版，第489页。

3　[清]曾衍东《小豆棚》，盛伟校点，齐鲁书社2004年版，第257页。

蚕的害人是能使人中毒，胸腹搅痛，肿腹如瓮，最后七孔流血而死。

鼠蛊

鼠蛊所见记述不多，清人张泓的《滇南新语》略有述及：

> 滇之东西两迤无金蚕（蛊），其鼠蛇虾蟆等蛊，害较烈。[1]

摩梭人认为中鼠蛊与蛇蛊情况相似，腹胀，腹内不定位疼痛，当服驱蛊药时疼痛位置常转移。如果中蛊者死亡，鼠蛊会从死者肛门窜出。[2]

虾（蛤）蟆蛊

清人袁枚著《子不语》卷十九：

> 朱生依仁，工书，广西庆远府陈太守希芳延为记室。方盛暑，太守招僚友饮。就席，各去冠。众见朱生顶上蹲一大虾蟆，拂之落地，忽失所在。饮至夜分，虾蟆又登朱顶，而朱不知。同人又为拂落，席间肴核，尽为所毁，复不见。
>
> 朱生归寝，觉顶间作痒。次日顶上发尽脱，当顶坟起如瘤，作红色。皮忽迸裂，一蟆自内伸头，瞪目而望。前二足踞顶，自腰以下，在头皮内。针刺不死，引出之，痛不可耐。医不能治。有老门役曰："此蛊也，以金簪刺之，当死。"试之果验，乃出其

1　[清]张泓《滇南新语》，见方国瑜主编《云南史料丛刊》第十一卷，第 402 页。
2　李达珠、李耕冬《未解之谜》，第 150、151 页。

蟆。而朱生无他恙，惟顶骨下陷，若仰盂然。[1]

中医《诸病源候论》对"蛊毒病诸候"中的"虾蟆蛊"如是诊断：

> 其面色青白，又云：其脉沉濡。病发时咽喉塞，不欲闻人语，
> 腹内鸣唤，或下或上，天阴雨转剧，皮内如虫行，手脚烦热，嗜
> 醋食，咳唾脓血，颜色乍白乍青，腹内胀满，状如虾蟆。若成
> 虫，吐出如科斗形，是虾蟆蛊。经年不治，啖人脾胃尽，唇口裂
> 而死。[2]

又说：中了虾（蛤）蟆蛊的，据说肚子鼓胀得十分厉害，吐沫出来
像虾蟆的一样（图 2-13、2-14）。

蜣螂蛊

中医《诸病源候论》对"蛊毒病诸候"中的"蜣螂蛊"如是诊断：

> 其脉缓而散者，病发之时，身体乍冷乍热，手脚烦疼，无时
> 节吐逆，小便赤黄，腹内闷，胸痛，颜色多青，毒或吐出，似蜣
> 螂有足翅，是蜣螂蛊。经年不治，啖人血脉，枯尽而死。[3]

---

1 [清]袁枚《子不语》，岳麓书社 1985 年版，第 419 页。
2 [隋]巢元方等《诸病源候论》，人民军医出版社 2006 年版，第 268—269 页。
3 同上，第 269 页。

图 2-13 蛤蟆（蟆）蛊神。云南昆明纸马

图 2-14 蛤蟆（蟆）三爷。云南昆明纸马

牛皮蛊、犁头蛊

清人刘崑纪行笔记《南中杂说》云：

> 世传神咒能于四十九日咒牛皮如芥子，号曰牛皮蛊；咒犁头铁亦大如芥子，号曰犁头蛊。[1]

疳蛊

又称放蛋、放疳、放蜂。在端午节时捕各种蛇虫，加头发晒干研粉，供在瘟神前，日久成蛊。疳蛊的害人是将蛇虫末放入肉、菜、饭内与人吃；也有放在路上，踏着即入身。入身后，药末粘肠脏之上，弄出肚胀、叫、肚痛、欲泻、上下冲动的症状来。

1　[清]刘崑《南中杂说》，见方国瑜主编《云南史料丛刊》第十一卷，第358页。

蔑片蛊

蔑片蛊的害人是将竹蔑一片，长约四五寸，悄悄地把它放在路上，行人过之，蔑跳上脚腿，痛得很厉害。久而久之，蔑又跳入膝盖去，由是脚小如鹤膝，其人不出四五年，便要一命呜呼了。

石头蛊

石头蛊的害人而是将石头一块放在路上，结茅标为记，但不要给他人知道。行人过之，石跳上人身或肚内，初则硬实。三四月后，更能够行动、鸣啼，人渐大便秘结而瘦弱，又能飞入两手两脚，不出三五年，其人必死。

泥鳅蛊

泥鳅蛊的害人是煮泥鳅与客吃，食罢，肚内似有泥鳅三五个在走动，有时冲上喉头，有时走下肛门。如不知治，必死无疑。……中蛊后，额焦、口腥、神昏、性躁，目闻邪鬼声，如犯大罪，如遇恶敌，尝思自尽。

肿蛊

肿蛊的害人在僮俗之放肿，中毒后，腹大，肚鸣，大便结实，其者，一耳常塞。

癫蛊

癫蛊的害人是取菌毒人后，心昏、头眩，笑骂无常。饮酒时，药毒辄发，忿怒凶狠，俨同癫子。[1]

飞蛊

宋人李昉《太平广记》卷第二百二十转述唐张鷟《朝野佥载》：

> 江岭之间有飞蛊，其来也有声，不见形。如鸟鸣啾啾唧唧然。中人即为痢，便血，医药多不差，旬日间必不救。[2]（图 2-15、2-16）

医生的说法是：

> 飞蛊来，入攻啖心脏便死。飞蛊，白色，如韭叶大，长四五寸，初着腹胁，肿痛如刺，即破鸡擒之，尽出食鸡，或得三四数过，与取尽乃止，兼取麝香、犀角护其内，作此治可瘥。勿谓小小，不速治，则杀人。
>
> 溪病不歇，仍飞蛊来入，或皮肤腹胁间突起，如烧痛，如刺，登破生鸡擒上，辄得白虫，状似蛆，长四五六七寸，或三四六八枚无定。此即应是所云虫啖食五脏及下部之事。[3]

稻田蛊

明人王士性著《广志绎》卷三"江北四省"云：

---

1 以上"疳蛊"至"癫蛊"引自王世祯《中国民情风俗》，台北星光出版社 1981 年版，第 140 页。

2 [宋] 李昉等《太平广记》，哈尔滨出版社 1995 年版，第 1823 页。

3 [隋] 巢元方等《诸病源候论》，第 273—275 页。

图 2-15　飞天虫神。云南昆明纸马

图 2-16　飞虫。云南大理纸马

（甘肃）庆阳缘边人善蛊术，有为稻田蛊者，能使其人腹中有土一块，中出稻芒，穿肠而死。[1]

树蛊

树蛊者，则出树枝撑肠，是亦桃（挑）生之类。然则是术不独粤中有之。[2]

挑生蛊

此蛊甚怪，中者体内会长出动物或植物。宋人洪迈《夷坚志》述：

1　王世祯《中国民情风俗》，第140页。

2　同上。

莆田人陈可大知肇庆府，肋下忽肿起，如生痈疖状，顷刻间大如杯。识者云："此中挑生毒也，俟五更以绿豆嚼试，若香甘则是已。"果然。……雷州民康财妻，为蛮巫林公荣用鸡肉挑生，值商人杨一者善医疗，与药服之，食顷，吐积肉一块，剖开，筋膜中有生肉存，已成鸡形，头尾嘴翅悉肖似。康诉于州，州捕林置狱，而呼杨生令具疾证及所用药。其略云："凡吃鱼肉、瓜果、汤茶，皆可挑。初中毒，觉胸腹稍痛，明日渐加搅刺，满十日则物生能动，腾上则胸痛，沉下则腹痛，积以瘦悴，此其候也。"

从事郎陈遹为德庆府理官，鞫一巫师狱。巫善挑气，其始与人有仇隙，欲加害，则中夜扣门呼之，俟其在内应答，语言相闻，乃以气挑过。是人腹肚渐涨，日久，腹皮薄如纸，窥见心肺呼吸喘息，病根牢结，药不可治。狱未成而死。江璙鸣三作守，以事涉诞怪，不敢置于典宪，但杖脊配海南。此妖术盖有数种，或咒人使腹中生鳖者，或削树皮咒之，候树复生皮合而死者，然不得所以治法。[1]

元无名氏撰《湖海新闻夷坚续志》述及的"挑生蛊"（桃生蛊），曾经官方实验：

广南桃生杀人，以鱼肉延客，对之行厌胜法，鱼肉能反生于人腹中，而人以死。相传人死，阴役于其家中。有一名士尝为雷州推官，亲勘此事，置肉盘，以死囚作法，以验其术。有顷发视，

1　[宋]洪迈《夷坚志》，第541—542页。

肉果生毛，何物淫鬼乃能尔也！[1]

明人王士性《广志绎》卷五"西南诸省"中亦云：

> 蛊毒，广右草有断肠，物有蛇、蜘蛛、蜥蜴、蜣螂，食而中之，绞痛吐逆，面目青黄，十指俱黑。又有挑生蛊，食鱼则腹生活鱼，食鸡则腹生活鸡。验蛊法，吐于水，沉不浮，与嚼豆不腥、含矾不苦皆是。[2]

另外，清代也有谈到"挑生蛊"的。另有一些蛊虽未以"蛊"名之，但性质相同。如：

氐羌毒
氐羌毒纳入《诸病源候论》卷二十五"蛊毒病诸候"系列：

> 氐羌毒者，犹是蛊毒之类。于氐羌界域得之，故名焉。然其发病之状，犹如中蛊毒，心腹刺痛，食人五脏，吐血利血，故是蛊之类也。

猫鬼
> 猫鬼者，云是老狸野物之精，变为鬼蜮，而依附于人。人畜

1　[金]元好问、[元]无名氏撰《续夷坚志·湖海新闻夷坚续志》，中华书局1986年版，第87—88页。
2　[明]王士性《广志绎》，吕景琳点校，中华书局1981年版，第119—120页。

事之，犹如事蛊，以毒害人。其病状，心腹刺痛。食人腑脏，吐血利血而死。

野道

野道者，是无主之蛊也。人有畜事蛊，以毒害人，为恶既积，乃至死灭绝，其蛊则无所依止，浮游田野道路之间，有犯害人者。其病发，犹是蛊之状。但以其于田野道路得之，故以谓之野道。[1]

天蛊

在民间信仰中，人们认为小孩是最容易中蛊的，"因为娃娃腥气，蛊喜欢来吃"。所以，但凡孩子有病，不少人往往会把原因归咎到蛊那儿去。例如，在云南某些农村，如果婴儿腹泻，会被认为是天蛊作祟。传说后宫娘娘（又称天后、天妃）养有天蛊（又叫飞龙，图2-17、2-18），专吸婴儿血。有的人家养蛊，放出来吃娃娃。娃娃撞着飞龙，肚子疼、腹泻、邋遢，这就是天蛊作祟。病孩家备香火、花果、黄钱祭祀后宫娘娘，求她不要放出天蛊来害婴儿；取飞龙纸马和三炷香捆在扫帚上，熏扫房梁房柱屋檐和墙角，然后烧化，烧的时候要在每张飞龙纸马里夹五到七张黄钱。另备一碗油炒饭，燃香熏屋，然后将蛊鬼爱吃的油炒饭撒在屋檐下，焚烧黄钱和天蛊（或飞龙）纸马。"非虎"纸马（图2-19）也被用来治蛊。当小孩耳疼流脓时，备油炒饭，在太阳落山时把"非虎"纸马用棍子夹住，点燃后在室内、檐下燎几遍，送出大门，把油炒饭撒在大门外。[2]

1　以上"氐羌毒"至"野道"引自[隋]巢元方等《诸病源候论》，第271页。
2　高金龙《云南纸马民俗资料汇辑》，《云南民族学院学报》1993年第1期。

图 2–17　龙（天蛊）。云南大理
纸马

图 2–18　五方飞龙。云南大理
纸马

图 2–19　非（飞）虎（天蛊）。
云南弥渡纸马

传说养蛊者每天黄昏时分偷偷用鸡蛋炒饭，"咪咪咪"呼唤蛊回来，喂食蛊，所以投其所好，也需备一碗蛋炒饭，祭献后把蛋炒饭撒在屋檐下。除蛊用烧红的铁链放油锅里，念雪山咒。

飞丝

惹着高处飞的，看不见的东西，眼睛疼，小娃娃痢痢不止，就是惹着飞丝了（图2-20）。高处惹的，要在高处办（祭献）。搞一些粑粑、香茶，拿筛子摆起献；再拿一个簸箕，用稀饭糊起簸箕眼；请一位寡妇，一边拿竹刷敲打，一边转动簸箕，嘴里念："天蛊地蛊、泥鳅蛊黄鳝蛊，莫吃妹妹（小娃娃）的屁股，屁股臭，吃粑粑，粑粑香。"转一下，挑丢一点稀饭。如被物缠绕，百事纠缠不清，被"魇着了"，就要献献"飞土"（图2-21）。

五方龙土祸秽

在云南昆明有一种幅面很大的纸符"五方龙土祸秽"（图2-22），

图2-20 飞丝。云南腾冲纸马

图2-21 飞土。云南腾冲纸马

图2-22 五方龙土祸秽属于地方性邪灵，多与蛊对应，称呼不同，性质一样。云南昆明纸马

上面印满了各种蛊灵邪神，如飞蛾蛊神、长虫蛊神、五毒虫神、蛤蟆（蟆）蛊神等，都是当地民间熟悉的蛊灵。在另外的纸符上，它们的称呼有所不同，但从造型来看均属同类。还有一些被指为祸秽邪灵的，有的人们比较熟悉，如五方龙神、巡海夜叉、风伯雨师之类，有些属于地方性邪灵，如虎头将军、梦梦河、九子娘娘、感应树王、金花银花、五方天子、当事保官、二位老祖、阿姑老祖、侯白天子之类，还有一些可能是淫祀小庙的邪神，如太平寺、永全寺之类。五方龙土与各种祸秽邪灵裹绞在一起，所以要在禳祛仪式中加以安抚和驱赶。

甲马

还有一种蛊灵，是在云南巍山、楚雄、腾冲、梁河、畹町等地，被称为"甲马"的纸符。它们专用于巫蛊、诅咒、仇杀等黑巫术。着蛊的，魂不在了，用甲马云马纸，五方五地摆上纸钱，在外面烧。一边烧一边念："某某某回来了！"

甲马纸除了信得过的道人，一般不轻易出售给人。

2009 年的一天傍晚，我在巍山彝族回族自治县古城纸扎店调查这类雕版木刻作品时，向文华北街 81 号纸扎店刘大妈买一些纸马。她见我要得多，索性关了门，带我进院，从家里纸箱中翻出一堆纸马。我向她请教纸马的用法，俩夫妇停了手中的活计，一张张不厌其烦地说给我听。说到"厉害"的（一幅标明"甲马"字样的纸符），刘大妈一开始不愿卖给我，说："一块钱一张都不会卖。也不是不卖，而是要卖给懂得跳神的神家。"他们反复问我要拿它做什么用，直到明白我是民俗学研究者，收藏研究用的，她才愿意给我，还一再交待："这个马子太无聊，不能乱用，用错了对人对己都不好。"她告诉我，做这个行当，要上了40岁才能做，不然"背过失"。她是婆婆教的，年轻时不让学，婆婆说："年纪轻轻的不能做，背过失，好事做成坏事。"[1]

在云南腾冲和顺侨乡，纸马店老板寸守尊先生向我介绍甲马纸符的作用："人遇到家里东西常丢失，拿甲马供起，别人知道就不敢去偷了，再偷会被'咬'着。打烂架（械斗）也一样，互相整蛊，就会用这个马子。拿一张供起。别人晓得（供了甲马），就不敢再去拿去偷。因为你家里供着甲马，会被咬着。抬犁头的，烧了（甲马）他就抬不起来。"[2]

云南梁河县青木寨乡水箐村村民李仲然告诉我："甲马是专门在争吵、诅咒、作歹（类似放蛊的黑巫术）时候用的。谁的东西丢了，怀疑是某人偷的，某人说自己没有做过，又拿不到证据。这个时候就买来甲马纸，当事人双方一起到寺庙里，磕头祭献，诅咒说：'某某如果拿着某某的东西，当时就死，骗你也会着（倒霉）；如果没有拿，虚来过往乱诅咒人，就要着。'作歹的人也用这个甲马纸。歹婆是阴传的，会三代。"[3]

由此推测，这类被称为"甲马"的纸符（图2-23至2-27），在当地可能兼有做黑巫术法事和神判裁决的功能。民间认为，每张甲马纸要用在合适的地方，不同的甲马纸有不同的用法，不能随便混用，乱烧乱用。若用错了甲马纸，当然就不会有效果。这种"用"的观念实

<hr>

1　访谈对象：纸火店老板娘刘大妈，访谈地点：云南大理巍山古镇，访谈时间：2009，
　　访谈人：邓启耀。
2　访谈对象：纸马店老板寸守尊，访谈地点：云南腾冲和顺侨乡，访谈时间：2001，
　　访谈人：邓启耀。
3　访谈对象：村民李仲然，访谈地点：云南梁河县青木寨乡水箐村，访谈时间：2001，
　　访谈人：邓启耀。

图 2-23　甲马。云南腾冲纸马　　图 2-24　甲马神。云南大理纸马　　图 2-25　甲马。云南保山纸马

图 2-26　甲马。云南大理纸马　　图 2-27　甲马之神。云南大理纸马

图 2-28　顺甲马。云南巍山纸马　　图 2-29　倒甲马。云南巍山纸马

际上为甲马纸的使用提供了一种规范。如过关甲马，整套三十六张，便是在小孩过关仪式中使用的。此外，人们手疼、脚疼就用"独脚五郎"，家里常吵架就用"口舌"，有客人来家里哭过，家人做事不顺利，就用"哭神"，祈祷六畜兴旺用"水草圈神"，身体弱用"瘟神""白虎""枭神""太岁"等等。每张甲马纸都有固定的用法，若用得不对不仅不灵验，还会有灾难。

甲马还有"顺甲马"和"倒甲马"。人在马之后的是顺甲马（图2-28），其作用是迎神，使用时必须同时用五张顺甲马来表示东西南北中五个方位；人在马之前则为倒甲马（图2-29），专用于驱鬼捉祟，厉害无比。[1]

三、蛊者

尽管据历史记载，蛊者也有帝王、后妃和官宦（最著名者如隋炀帝及其权贵杨素等），但习惯上一般把蛊者视为社会边缘群体中居于底层的弱势群体，或被主流文化放逐的亚文化群体。

蛊者的指认具有族群差异。比如历史上一直被朝廷排挤，处于流徙状态的某些少数民族，即被认为是蛊事最盛的民族。民间多有这样的刻板印象：某族最会放蛊，到某族中要特别小心等等，以至于有些涉及民族身份的词都和放蛊联系在了一起，如"缅婆""苗女"之类。而这些民族，不仅不对此有所解释，反而在自己的文化习俗和传说中刻意渲染蛊事。蛊，似乎成为弱势群体面对强势外部力量时，进行自我

1　高金龙《云南纸马》，黑龙江美术出版社 1999 年版，第 1 页。

保护的一种恐吓性武器。

　　蛊者的指认具有性别差异。一个世界性的习惯成见，是认为女性不洁。而这所谓"不洁"，还往往指向精神信仰层面，如欧洲中世纪对女巫的迫害。历史上很多地区把女性用种种清规戒律约束起来，使其不能享受平等的教育、工作和社交机会。这就使得女性在这种社会中成为弱势群体中的更弱势群体。根据大量历史文献和实地调查资料，我们看到，绝大多数被指控制蛊、蓄蛊、放蛊的人，都为女性。在很多情况下，女性有异常行为，甚至就是容貌出众，被指控为蛊女的概率都很高。传统中国社会的家族血脉认定、权力垄断、财产继承等，都以男性为中心；而施蛊、淫乱，甚至误国等罪名，则只能由女性背负。对女性的污名化和妖魔化，从家延至国。自古以来有关"红颜祸水""女巫""蛊女"的指控，大都出于男权社会泛化的刻板印象（图2-30）。

　　另外，一些有特殊技能的人，如巫师、匠人、风水师，甚至医生等，也会被认为具有魇镇能力。传说中他们可以像蛊者一样用咒符邪术施法害人；可以在现实的营造过程中加入幻化的巫技以影响业主福祸；可以通过堪舆术调节当事人的命相，甚至改变几代人的命运；可以用医术治蛊；也可以拿药物致魅或解魅。对他们这种能力的传言，一方面来自人们对特殊技能和未知力量的敬畏，一方面也来自他们自己神化其技以谋取利益最大化的行业秘密（如工匠，详见第四章）。

图 2-30　被认为身上有邪灵的壮族女人。云南文山，1995，孙敏摄

第三节　蛊的传承与转移

在民间信仰中，蛊是会传承、传染与转移的。民间有关蛊的传承或传播，有血传、灵传、师传等几种，而且，多在女性中传承和传播。如欲舍弃，需经特定仪式进行转移，将蛊"嫁"出去（如"嫁金蚕"），以此转祸于人。

一、血传

通过世袭或血缘关系传承下来，如父传子、母传女等，此为真性血传。还有一种或可称为"假性血传"或婚配传习的，即通过姻缘关系而"得蛊"，如彝族婚忌中，无蛊的"清水人"与有蛊的"浑水人"婚配，便有可能变成"浑水人"。民间信仰认为，得了蛊很难甩脱，会传宗接代，世世代代为蛊。所以，彝族、羌族、摩梭人等民族对"血"是否"浑"了，"根根"是否"干净"，十分重视。如有嫁娶，首先要查对方几代，看有没有做"养药人""毒药猫""笃"的经历，如有，恐"染浑"自己家族的血，就万不可结亲。

清人袁枚《子不语》述：

> 黎女有禁魇婆……婆中有年少者，不及笄，便能作法，盖祖传也。其咒语甚秘，虽杖杀之，不肯告人。有禁魇婆，无禁魇公，其术传女不传男。[1]

1　[清]袁枚《子不语》，第479页。

关于蛊的来源，各族民间也有一些自己的说法。苗族传说：很早以前，有个妇女生了五个女儿。当她每生一个女孩时，同时还生了一个"蛊"。女儿长大，母亲就把这些蛊拿出来分给她们带走。这些蛊的种类有蛇、蛤蟆、斑鸠、麻雀等。大姐二姐对母亲分给她们的蛊感到满意，就带走了。其他几位妹妹不满意，"蛊"一气之下，跳到火里烧死了，这三人就没有得蛊。从此，在苗族中就产生了一部分人有蛊而另一部分人没有的传说。[1]

湘西苗族也认为蛊术只在女性中相传。如某蛊妇有女儿三人，其中必有一女习蛊。蛊妇设有蛊坛，或在家中隐蔽处，或在山洞中。蛊妇眼红，如不放蛊，自己要生病，脸变黄色。放蛊中一人，蛊妇自己可保无病三年；中一牛，可保一年；中一树，可保三个月。猪亦可放，狗则不能，故蛊妇怕狗，不吃狗肉。[2]

对有蛊人家的回避和忌讳，集中地体现在婚俗上。在许多民族中，过去婚姻关系的确定，不在男女双方的感情，甚至也不在有无家产财富，而在于对方"干净不干净"："这家人干不干净？"人们往往悄悄这样问。这是一句用词暧昧然而语义明确的隐语，在许多民族中都很流行。在笔者调查过的数例"蛊女"事件中，当事人无一例外地被乡亲们拒之门外，哪怕她长得再漂亮、人再能干贤惠，只要她属于"不干净"的家庭，便无人问津。这一历史成见，造成许多有情人终不得成双，甚至屡屡发生逃婚、殉情等悲惨事件。

一位长期在彝区工作的民俗研究者，在距昆明仅百余公里的禄丰县西北某乡做调查，了解到许多因躲避有"蛊"人家的"传染"，导致

1　杨文金《镇宁县革利苗族地区"蛊鬼"问题调查》，《民族调查研究》1985年第3期。
2　凌纯声、芮逸夫《湘西苗族调查报告》(上册)，汉荣书局有限公司1947年版，第200页。

婚姻悲剧和家庭悲剧的实例。这里的人认为："人被下了药（蛊药）医得好，地主富农帽子摘得掉，犯罪判刑有期限，人穷会变富，万一不慎和养药人结亲沾边是钉万年桩，世世代代都是浑水人。村民用隐语称养药的人家为'浑水'，娶这样人家的姑娘为妻，则称为'端辣子碗''端花椒碗'。清水浑水两分清是××乡及其周围彝村最重要的婚姻界线。"据他调查，这个乡某村88户人，有11户被说成是"浑水"家庭，占全村户数的1/8。这11户人家的年轻人找对象十分艰难。"一个谁也看不上眼的'清水'男人宁愿打光棍也不会娶一个如花似玉的'浑水'姑娘……浑水人的后代永远是'浑水'，'清水'却会变成'浑水'。'清水'变'浑水'主要是不慎血液相混变'浑'的。××村的×××因家贫找不到媳妇，后托人到××村找了个老姑娘，吃了定酒才知其家是'浑水'，要反悔，姑娘的弟弟是国民党的区长，说：反悔也可以，但要赔偿名誉损失。×××就是卖了整个家当也凑不足赔偿的零头，被逼无奈，只好结亲，从此变成了'浑水'。……浑水人嫁娶艰难，清水人嫁娶也不易。×××现年57岁，曾读过四年私塾，他家是清水人。他说他当公社书记时请社长到家吃饭，饭后，腹痛难忍，久治不愈，巫医看后说被人下了药。一了解，吓了一跳，原来社长家是浑水。后来，请巫医治好。他有三个女儿。大女儿17岁开始，有人来说亲。第一个来提亲的是县里的，家中也富裕，双方老的小的都喜欢。第二天就喝了定酒。事后一打听，男家不干净，马上赔了定礼。第二个来提亲的是×××，小伙子各方面也不错，说成后就吃定酒。事后到男方村里一了解，他家也不干净，又退了定礼。这样一连退了三次。二女儿也退过一次亲，原因与大女儿一样。"这个村，还发生过一起恋人双双自杀，以抗议"清水浑水不能相混"的传统成见的事件，据说，"清水"虽然为此死了人，但由于避免了因"蛊合"而败坏家族血缘纯洁的危险，而竟使其父母感到"但可安慰的是 × 家没有被'浑水'染浑！"[1]

另一位苗族作者，也披露了本民族传统习俗中的这一忌讳：他们将此称为"清针线"。所谓"针线"，就是蛊鬼的意思，"针线"干净与否是区别有无蛊鬼的标志。"苗族青年有传统的社交活动，有谈情说爱的自由，但是，婚姻自主的少，父母包办的多。其主要原因是'清针线'。父母在给自己的儿子订婚以前，必须要对讨的这个姑娘进行一次'清针线'。所谓'远的访，近的想'，也就是怕讨着有'蛊鬼'的姑娘。传说'蛊鬼'有遗传性，所以在'清针线'时，要查清母系五代。直到目前，不管是谁给自己的儿子讨媳妇，先要找几个老年妇女来座谈，对要去讨的姑娘家的'针线'进行'清'，通过'清针线'才能定婚约。传说蛊鬼也会间接传染，因此，苗族妇女对针线问题是十分讲究的，妇女之间的东西谁也不送谁，谁也不要谁的。从古至今，革利地区苗族妇女的衣裙从来没有被偷盗的情况，如果失落在路上，过路的看见了也是不会捡的，生怕自己染上'蛊鬼'。"[2]

在贵州广顺流传着一个老婆婆放蛊的故事。老婆婆有二女二子，一女早年死去，二子娶媳，犹无人过问此女。乡人都传说此女得了母亲遗传，会放蛊。不久，此女与一男结婚，但男家不要女家一针一线之物，送女衣裳，接女于半坡归家，后来果然不见此女有放蛊的事。[3]

1　唐楚臣《蛊药与婚忌》，《山茶》1995 年第 2 期。

2　杨文金《镇宁县革利苗族地区"蛊鬼"问题调查》，《民族调查研究》1985 年第 3 期。

3　李植人《苗族放蛊的故事》，《社会研究》1941 年第 23 期，见吴泽霖、陈国钧等《贵州苗夷社会研究》，民族出版社 2004 年版，第 212 页。

而在云南景颇族中，一家人只要被寨子里认定带有"阿匹鬼"，那么这家人的后代便注定了男的难娶、女的难嫁。男的如果能娶上不带"阿匹鬼"的女子为妻，其后代会稍好一些。如果连着三代都能娶上不带"阿匹鬼"的女子，就可以和"阿匹鬼"脱去干系，成为和别人一样的正常人。但女性如带"阿匹鬼"，则无论嫁到任何人家，她生育的后代都带"阿匹鬼"。[1] 而在更多的地方，被认为"不干净"的人不仅会遗传，还会传染，"染浑了自己家族的血"。所以，万不能与有蛊的人家结亲，以免蛊鬼进入自己家族，那才是永世难以解脱呢。人们对此的恐惧，犹如今天对艾滋病的恐惧。

为避免"蛊合"，保证家族血缘纯洁而"查浑水""清针线"，为此拆散了多少有情人，乃至导致婚恋悲剧。这虽是荒唐可悲的臆想，但导致的后果是很实在的：除了折姻（另一方面是强合）、逃婚、殉情，甚至导致近亲婚配——既然不放心别人家，只好相信"藤根树根根连根，稀饭泡汤清（亲）上清（亲）。""清家族""清针线"的结果，是造成了大量姑舅表、姨表亲互相结亲。据调查，这个问题导致的人口素质下降，后果极为严重。正是，躲了这方邪，又闯了那方鬼。

二、灵传

灵传的主要方式是制蛊养蛊后，蛊灵与蛊者合为一体，一荣俱荣，一辱俱辱。

不慎接触到即染上（如苗女用扁挑尖戳蛊虫，蛊便随之潜入苗女

1　展宏《边寨人精神世界的侧影》，《山茶》1995 年第 2 期。

血液）；通过灵媒偶得（如"嫁金蚕"，人拾到放有蛊的财物，蛊就跟上了新主人）；或是大病一场后被蛊灵选中，等等。

苗族传说，蛊来自两个途径：一是直接遗传，由母亲秘密传给女儿，并指定代表的东西，如斑鸠蛊、麻雀蛊等。女儿接受蛊之后，秘密喂养，常常连丈夫都不知道，自己终生喂养。另一则是间接传染。如果不慎向有蛊的妇女讨了东西，如衣服、针线之类，蛊就会跟随而来，让人染上蛊。[1]

蛊灵与蛊者合为一体后，不仅荣辱同担，甚至生死与共。古籍和民间传说里，都记叙了许多杀死蛊灵，蛊者（通常是蛊女）也随之身亡的故事。《乾州厅志》曾述：蛊女养蛊用瓦罐，如果"人得其瓦罐焚之，放蛊之人亦必死矣"。[2]

晋人荀氏《灵鬼志》亦记：

> 荥阳郡有一家姓廖，其家累世为蛊以致富，子女丰悦。后取新妇，不以此语之。家人悉行，妇独守家，见屋中一大缸，试发，见一大蛇，便作沸汤，悉灌杀之。家人还，妇具说焉，举家惊惋。无几，其家疾病，死亡略尽。[3]

湘西苗族传闻有一蛊妇设坛在家，一日早饭后，俟寨中人上山工作之时，妇即关门在家烧温水为神偶沐浴，不意为小儿所见。翌日，

1 杨文金《镇宁县革利苗族地区"蛊鬼"问题调查》，《民族调查研究》1985年第3期。
2 [清]蒋琦溥原本，林书勋续修，张先达纂《乾州厅志》光绪三年（1877）增修同治十一年刻本，第71页。
3 [宋]李昉等《太平御览》，第3292页。

蛊妇上山工作，小儿仿效之，烧沸水为神偶沐浴，将蛊偶烫死。中有一偶即为蛊妇自己之魂所附。妇在山工作，即已自觉，返家换衣后，即气绝身死。[1]

三、师传

通过秘密的仪式得到师父认可后，主要通过口传身授的方式进行传授，其中包括蛊的制作、咒语、施放或喂养、仪式等等。传授方式隐秘而恶毒。如湘西苗族传蛊，也不一定要传亲生之女，普通女子，亦得相传。如有一女子向蛊妇学习女红与唱歌，蛊妇见此女可以传授蛊术，即在无意之中，对那女说"你得了！"女即生病。如欲病好，非向其学习蛊术不可。传授的仪式与咒语，无从究得其详。[2]

"作歹"，是云南腾冲一带指称会巫蛊之术的蛊师。据当地人说，会作歹的人都是女性，长得好看，嘴甜，家里悄悄地供着蛊师。作歹人姑娘（女儿）结婚的时候，她要传给她这一手艺。如果碰到有人"作歹"，便准备小鸡小鸭，拿三个碗，碗下压两块钱，祭献"口供"纸马（图 2-31），献完后请师娘瞧。师娘是神灵附体得的法术，得的时候要疯一段时间，乱飞乱跑，从树上跳下来、钻刺棵不会受伤。她心好，晓得是哪个作的歹了，就把献过的小鸡丢去作歹的人家，让那人领受去。

也有特定行业内秘传的法术，如木匠、石匠、巫师、风水师之类。这类秘术有的被写成教本，如《鲁班书》"黑书"等。记述这类邪术的

1　凌纯声、芮逸夫《湘西苗族调查报告》，第 200 页。
2　同上。

图2-31 口供。云南腾冲纸马

书籍本身，也成了魔魅的工具，具有魔魅的法力。据说，如果读到或接触到这种书，就会"感应"上身。这种方式传授的范围一般十分有限，隐秘有如黑社会团伙。

我曾向贵州苗族木匠请教过《鲁班书》传承的问题，他们告诉我，如果师父要传给徒弟，需要举行专门的传法仪式，由师父念咒、烧纸。师父拿一张纸，写个"得"字，其余纸空着。揉成团，让徒弟抓阄。谁抓到"得"了，就可以传了，否则不行。对抓到"得"的徒弟，师父再念咒，将纸烧了，把纸灰放在水碗里，让徒弟喝下去。[1] 但据德国学者艾伯华对中国民间故事中工匠魔魅绝招类型的研究，得木匠师父之传的徒弟也不能完全照搬师父的法术，如果徒弟施师父的法术，会得到相反的效果。[2]

水族有一种黑巫术用书，被称为"黑书"。据调查，"'黑书'至今所见不多，且所藏者不轻易示人。黑书象形描写颇多，供'放鬼''退

1　访谈对象：龙安泮（苗族，48岁）、吴作清（苗族，40岁），访谈地点：贵州省凯里市三棵树附近一废弃工厂，访谈时间：2006年10月10日，访谈人：邓启耀。

2　[德]艾伯华《中国民间故事类型》，王燕生、周祖生译，商务印书馆1999年版，第172页。

鬼''收鬼'时用，多系秘密记号，非经行家传授，难明其义。'放鬼'之由，多为社会上人与人之间互相仇恨，欲谋害对方。其法是先取得敌方使用过的足履一只及敌方之生辰年月，巫师查阅秘藏之水书，择定利于放鬼的时间和方向。届时备蛇壳一条，干螺壳一只，鸡、狗肉、鱼及猪肉若干，将鱼、猪、狗三种肉置于案上，敌方足履及蛇壳等置于案下，由鬼师念咒作法，咒语大意云：今具狗肉三牲，敬请某鬼降临。兹因甲方被乙方无理欺凌，甲方家境清寒，欲诉诸法律，又乏金钱；欲诉诸武力，又因乙方凶暴，难以对付。迫得恭请某鬼降临，主持公道，请某鬼于某时某刻到某方，将生于某年某月某日某时之乙方杀害……咒毕，鬼师以蛇壳紧围敌方的足履，又将干螺壳击碎，表示杀害敌方。然后，持鸡一只，割其咽喉，放地让它自走，观其倒毙时头部之方向，与欲害之敌方方向是否相同，来确定放鬼之能否生效。或将鸡脱毛煮熟，观鸡眼之开闭，若鸡眼紧闭，表示放鬼确实伤害了敌方，否则无效，还须再举行。"[1]

这类记载或传授邪术的书，我在滇西调查时，听说也有，但未曾得见。有人告诉我，这类书一般都是手抄本，悄悄传抄，秘不示人。由于传说这类书"有毒"，所以，旧时藏书楼馆总要千方百计弄来一册，放在书柜中，据说可保虫不蛀、火不来。

四、转蛊嫁祸

转蛊嫁祸有两种，一是被蛊者为摆脱蛊害而转嫁他人，二是放蛊

1　陈国安《水族的宗教信仰》，见宋恩常编《中国少数民族宗教·初编》，云南人民出版社1985年版，第358页。

者想摆脱蛊惑而转嫁他人。

在老昆明话中，有句骂人的话叫"撒烂药"，意为背地里说人坏话或暗坏人事。何为"烂药"且怎样"撒"呢？这话来源于这样一种民俗：如自己或家人久病不愈，怀疑有阴邪缠身，便要将病人所服中药的药渣当路撒下，让人踏车碾，据信便可将病魔带走。

此俗在内地也有，据说河南偃师在1930年代还有此俗。谁家有人得疟疾，就写一个帖子，上书"我有一头牛，情愿送朋友，谁要拾起来，你就跟他走"，然后将帖子包好置于大路上。病人则藏在附近，见谁捡得，疟疾就转嫁给谁了。"疟"字上古本写作"虐"，意为虐鬼作祟，转嫁虐鬼也是嫁蛊术的一种。《说文》云："枭磔死之鬼亦为蛊。"卜辞云："疾唯蛊虐。"凡此都反映了一种观念，即认为疟疾与蛊害很有关系。[1]

嫁病于人的事，虽是被害者（病人及其家属）所为，但本质上其实也是一种相当自私的黑巫术行为。每当我路过这样的地方，见药渣被无知的儿童踏过，心中不免顿生憎恶：如此心术不正之人，其病如何能好？

蛊者如欲转蛊，通常方式是将自己的衣物或财物经过祭送仪式后抛弃在路口，谁拾取，蛊即转随其人。清人杨琼《滇中琐记》有述：

> 闻养蛊之家，姑死则贻蛊于妇，妇不能养，则贻之外人，多因拾得巾帼或腰带而遂偕来也。养蛊者，月必两祭之。及夜，具酒肉香楮祭而自食之。蛊夜出，妇招之，夜半闻呼猫作谜谜声，

---

1 邵燕祥《送瘟神》，《解放日报》1988年4月3日；詹鄞鑫《古代毒蛊术》，《文史知识》1988年第10期。

知为招蛊者。[1]

放蛊者如不胜蛊惑之烦扰，也有将所畜之蛊"嫁"出去的做法。古代所谓"嫁金蛊"或"嫁金蚕"者，即指畜蛊者所养的金蚕蛊，此蛊"善食小儿脑，为鬼盗"，当"摄其魂而役以盗则帛"，发财致富之后，"富则遣之，故有嫁金蛊之说"。[2]"遣"的办法，是取若干财物，念咒祝之，然后放在路口，谁贪小便宜拾去了，谁就"娶"走了金蚕蛊，这便是"嫁金蛊"或"嫁金蚕"。另有一些"送蛊"之法，均大同小异：扎个毛人（或纸人或象征蛊的物形）和一些新的衣帛财物包在一起，放在大路上，谁拾去，这蛊就传给谁。

宋人蔡絛《铁围山丛谈》述：

金蚕毒始蜀中，近及湖、广、闽、粤寖多。有人或舍此去，则谓之"嫁金蚕"。率以黄金、钗器、锦段置道左，俾他人得焉。[3]

明人曹学佺《蜀中广记》亦述：

《本草》：金蚕始于蜀中，状如蚕，金色，日食蜀锦四寸。《寰宇记》：成都圣寿寺有青衣神祠，神即蚕丛氏也，相传蚕丛氏始教人养蚕时，家给一金蚕。后聚而弗给，瘗之江上为蚕墓。宋鲁应龙《闲窗括异》云：金蚕色如金，食以蜀锦，取其遗粪置饮食中，

---

1 [清]杨琼《滇中琐记》，见方国瑜主编《云南史料丛刊》第十一卷，第280页。

2 [明]曹学佺《蜀中广记》，杨世文点校，上海古籍出版社2020年版，第640页。

3 [宋]蔡絛《铁围山丛谈》，冯惠民、沈锡麟点校，中华书局1983年版，第104页。

毒人必死。善能致他财，使人暴富。遣之极难，虽水火兵刃不能害，多以金银藏箧置其中，投之路隅，人或收之以去，谓之嫁金蚕也。[1]

清人谈迁《枣林杂俎》也谈及福建一带的金蚕及"嫁金蚕"：

闽人云："蚕所在，有金焉。或过而拾其金，蚕必与俱之家。若不令与俱，辄营营然缘足而上。扑之复起，旋扑旋起，延及身手，胶手掣足，聩耳窒鼻，两目眄眩，颊无色泽，四肢百骸，惝恍若失，而死迫矣。即不与俱而还其金，亦由首企踵，迥然下地。而不然者，果死矣。既已之家，必倍其金以嫁于道路乃出，否则不出也。而所居家日杀一人，亡论亲疏怨德，触之必死，死必其日所首触者。其毒盖寓于盘飧饮食间。故闽人有不知而偶拾其金以归，及已知而苦无金倍送者，或虽知且有金而性贪以忍者，往往育是蚕云。"[2]

在滇川交界的摩梭人地区，传说蛊是从丽江引进以攻外敌的，用了无效，想送还却还不了，被蛊缠牢。这叫欲"嫁"祸给人，反自"娶"其祸。所以，至今此地有蛊者良多，稍不小心就"拾"得一蛊回家。试举翁乃群的一例民族志调查材料：

笔者第三次去田野考察期间，在所住的两个木里纳日（即摩

---

1 ［明］曹学佺《蜀中广记》，第640页。
2 ［清］谈迁《枣林杂俎》，第489页。

梭）村子里就曾先后听说永宁一村子里有一村户不久前刚染上"蛊"，变成了有蛊户。据说该户中有一赶大车的，一天他赶大车路过另一纳日村子时见到路边有一小纸包，他捡起来打开一看，里面是金首饰，于是便将这一包首饰带回家去并留存在家中，不久他家便有了蛊。

几位不同村的纳日村民对笔者说，其实那户的赶车男子捡到的小纸包是他经过的那个纳日村子的一户人家的女当家人故意扔出来的。原来是那位女当家人女儿新交的"阿夏"送她了金首饰。她将此事告诉了她妈妈，当女当家人了解到她女儿交的"阿夏"的家户是有蛊的，她感到非常害怕。于是将他送给女儿的金首饰用纸包起来扔到村外的路上，希望有人尽快将它捡走。由于女当家人及时地将金首饰扔掉，她家户未染上蛊，扔出去的小纸包也很快被那位赶大车的男子捡走并带回家去。结果原来没有蛊的赶大车男子的家户很快就染上了蛊。

从此，赶大车男子的村子和邻村的无蛊家户，包括其家户的老屋头对其家户及其成员在许多场合都采取了规避的态度。该家户的老屋头也从此在各项生产活动中终止了与该户的合作关系。虽然，该家户的村子离上述木里的两个纳日村子分别为四个小时和七个小时的山路，但该家户染上蛊的消息却很快在两个村子里传开。两个村子的无蛊村户和村民在一些场合上也会采取规避行为。

一位纳日村民告诉笔者，盐源县前所乡有一村子的一户纳日人家在搬到现户址前是没有蛊的。在民改前，该户址原先是一有蛊村户所有。后来邻村的一户彝族指控有蛊村户放蛊害死其一成员。于是，有蛊村户被该彝族村户及其亲戚各户人家从村子里撵出去逼到木里的大喇嘛寺附近的村子里住。数年后，现在的纳日住户在原先有蛊的纳日住户搬走后留下来的院址上盖建院房，在盖建新院房时，他们从旧院址的地底下挖到一对银碗。该纳日村户将银碗收到家中，从此该户人家便被认为染上了蛊。据村民们说那一对银碗是原先有蛊人家搬家前埋在地底下的。[1]

我们常常陶醉于"路不拾遗"的淳朴民风，然而，可曾想到，所谓"路不拾遗"，在某些地方，却是因畏"蛊祸"而生的呢！

第四节　蛊的制作

"蛊"既多为人工畜养的害人之物，那养蛊或造蛊的情形（即"人工畜养"），自然为人们所关注。

殷墟甲骨文和纳西族东巴图画—象形文字，已对蛊的制作，作了象形的"图示"，即坛中有毒虫（复数）。蛊病不仅危及一般人，也会危及王酋，所以成为政治和宗教关注的内容，至周代已有专职人员"掌除毒蛊"。

至于"造蛊之法"，各代典籍均有揭露，做法大致相似。如明人刘文泰等《本草品汇精要》卷三十述陶弘景、陈藏器诸家之说云："古人愚质，造蛊图富，皆取百虫瓮中盛，经年间开之，必有一虫尽食诸虫，

1　翁乃群《蛊、性和社会性别》，见拉他咪·达石主编《摩梭社会文化研究论文集（1960—2005）》上册，第321—346页。

即此名为蛊，能隐形，似鬼神，与人作祸。"[1]

宋人洪迈《夷坚志》有专文详述蛊的制作、施术仪式、中蛊症状及有关辨识禳解及惩治的实例：

> 福建诸州大抵皆有蛊毒，而福之古田、长溪为最。其种有四：一曰蛇蛊，二曰金蚕蛊，三曰蜈蚣蛊，四曰虾蟆蛊，皆能变化，隐见不常。皆有雌雄，其交合皆有定日，近者数月，远者二年。至期，主家备礼迎降，设盆水于前，雌雄遂出于水中，交则毒浮其上，乃以针眼刺取，必于是日毒一人，盖阴阳化生之气，纳诸人腹，而托以孕育，越宿则不能生。故当日客至，不暇恤亲戚宗党，必施之，凡饮食药饵皆可入，特不置热羹中，过热则消烂。或无外人至，则推本家一人承之。药初入腹，若无所觉。积久则蛊生，借人气血以活。益久则滋长，乃食五脏，晓夕病楚不可忍，惟啜百沸汤，可暂息须臾。甚则叫呼宛转，爬刮床席。临绝之日，眼耳鼻口涌出虫数百，形状如一。渍于水暴干，久而得水复活。人魂为虫，祟所拘，不能托化，翻受驱役于家，如虎食伥鬼然。死者之尸虽火化，而心肺独存，殆若蜂窠。[2]

西南许多民族普遍认为蛊能幻形，如财物会变成蛇，蛇会变成绑腿带等等。南方和东南汉族制作金蚕蛊，选择蛇、蜈蚣等十二种有毒动物，埋在十字路口，四十九天后取出来，贮存在香炉内，即会变成

1　[明] 刘文泰等《御制本草品汇精要》，陈仁寿、杭爱武点校，上海科学技术出版社2005年版，第1002页。

2　[宋] 洪迈《夷坚志》，第1761—1762页。

金蚕蛊。

而疳蛊的制作，则是用端午节捉的蜈蚣、小蛇、蚰蜒、蚂蚁、蝉、蜂、蚯蚓等，外加头发，晒干研末，供在瘟神前一段时间，即成蛊药；广西靖西壮族和苗族称放蛊为下药，用大毛虫粉末及其他毒药配制（也有用草乌等有毒植物配制的）。[1]

这类记载，在反映边疆少数民族的古文献或方志中，更为常见。清人王筠《说文句读》云：

> 苗人行蛊者，聚诸毒虫于一器中，互相啖食，所余一虫即蛊矣。[2]

《乾州厅志》所述更详：

> 苗妇能巫蛊杀人，名曰放草鬼。遇有仇怨嫌隙者放之，放于外则虫蛇食五体，放于内则食五脏。被放之人，或痛楚难堪，或形神肃索，或风鸣烂皮肤，或气胀于胸膛，皆致人于死之术也。将死前一月，必见放蛊人之生魂背面而来送物，谓之催药。病家如不能治，不一月即死矣。闻其法不论男妇皆可学。必秘设一坛，以小瓦罐注水，养细虾数枚，或置暗室床下土中，或置远山僻径石下。……放蛊时有能伸一指放者，能戟二指放者，能骈三指四指放者。一二指尚属易治，三指则难治，四指则不

1　宋兆麟《巫与巫术》，四川民族出版社 1989 年版，第 230 页。

2　[清]王筠《说文句读》第四册，中国书店 1983 年版，第 4 页。

易治矣。[1]

如此放养的蛊，或研为药粉，用于毒人；或幻为有形无形之物，前往害人。

在滇南，人们传闻女巫们用土罐子养蛊，炒鸡蛋饭喂它们。传闻她们为了学这邪术，黎明时分便起身出门，爬上高山，选择僻静无人处，朝向东方，当太阳升起，便可学到那摄人心魂的邪术。她们把一根红绿线、一条毛毛虫用红布包起藏在墙洞里，或埋在地下，害人时则放出去。会放还要会收，只放不收，会把人害死，引起的纠纷太大，只收不放，反会害自家眼睛娃娃死。要藏精怪时又需时时用大红公鸡祭献，否则法术不灵，毛毛虫还会害自己。[2]

20世纪初，一位学者"因厚赠巫师"，获悉一些"造蛊之法"：

> 民国五年（1916）夏天假期，我因避暑至龙溪、南汉两界之深山旅行。有供服役之潘姓者，数日间，猝血不华色，肌肉消瘦。山中人谓蛊毒。果如《西溪丛话》所言，嚼豆不腥。急延一巫师治之，数日而愈。我因厚赠巫师，其乃言造蛊之法。巫言只知其一种，法以古历五月五日午时，随意取一生毒虫，放于瓦制小香炉内，以辰砂蘸笔，画符于黄纸上，将炉密封，不令透风。乘人不觉，埋于十字路口。至四十九日之后，密挖视之，若封符破，则术不灵；若封符如故，则密取归，置卧床下，晨夕以清茶馨香

1 [清]蒋琦溥原本，林书勋续修，张先达纂《乾州厅志》光绪三年（1877）增修同治十一年刻本，第71页。

2 孙敏、王明富《邪魔之灵》，《女声》1989年第8期。

供奉。取香灰少许，置过客饮料或食品之中（造此蛊者，皆开旅馆之人）。客受其毒，久必病发身死，其魂则依于施术者之家。能使施术者心灵中，预知求利之法。但未施术之先，当自承结果于'孤''贫''夭'三者，必居其一，其术乃验。知其法者，亦不敢妄用云云。其言是否可信，无从悬决；且其符不肯示人，亦无实物可以根据。[1]

在现实生活中，蛊的制作是真还是假，至今还很难说得清。

我调查过普米、纳西、白、傣、怒、汉、彝、傈僳等民族，许多人都知道"蛊"是怎样制作出来的，且说得头头是道。但一问："亲眼见过没有？"却又全部摇头，而且责难地反问："做这东西，能让你看么？"话虽如此，在巫蛊传说流行最盛的湘西地区，我竟然见过制蛊的坛子。坛子有盖，用符咒封住，置于阴暗的地方。坛子上方墙壁有文字说明："放蛊即蛊毒，是女子的原始防范本领。它分为情蛊、怕蛊、恨蛊，历来传女不传子，以惩治拈花惹草的男人。"这是放在旅游景点的展览品，当然不能确认其是来自蛊事现场，还是根据传言仿制的（图2-32）。

宁蒗县某普米村寨外的一个小山坡上，刚刚举行完送鬼仪式的一位普米族"韩归"（巫师）（图2-33），对我这样解说"蛊"的制作：

　　端午节那天，想养蛊的人上山捉来七十二种动物；蛇、青蛙、马蜂、蝎子和各种爬虫，用大坛子装起藏好，让它们互相捕食，

1　王世祯《中国风情民俗》，第134—135页。

图 2-32　蛊坛。湖南张家界土司城九重吊脚楼展品，2017，笔者摄

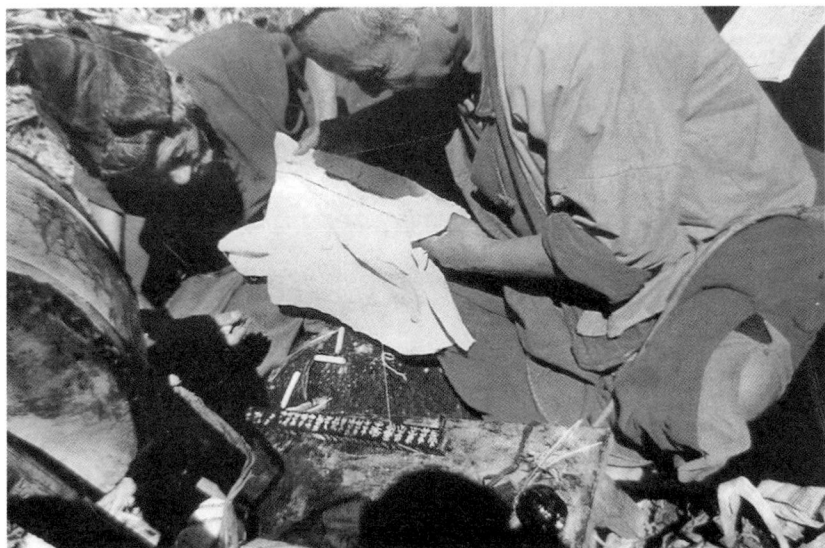

图 2-33　正在野外举行"送鬼仪式"的普米族"韩归"。云南宁蒗，1992，笔者摄

直到剩下最后一个，便是"蛊"。剩下蛇就是蛇蛊，剩下马蜂就是马蜂蛊。从此后，这坛子便有了毒。养蛊人只要用手一抹，擦在别人碗边，别人吃了碗里的东西，即中了蛊毒，七天后死亡。据说，傣族过去也要选端午节放蛊，称"放歹"。[1]

为什么要在端午节呢？苗族的例子，大致作了解答：端午节的正午，苗族相传是五毒百虫现身之时（汉族也有此传说），苗妇到高山上去捕捉各种五毒百虫，放在一个小坛内，置于暗处，经年不揭坛盖。坛内的虫互相残杀，直到最后只剩一虫，这虫便是"蛊"。一旦苗妇揭开坛盖，吸入一种难闻的气息，这气息日后便常在苗妇身上作蛊，使她急于放出为快。同时，苗妇等那坛内的虫死了，将那死虫和那虫所遗的粪，取出研成粉末，逢到苗妇身中那股气息造蛊时，便将这种细末放入吃食饮料之中，人若误食，便会中毒，日久不治将死亡。[2]

于端午节捉虫作蛊的风俗，来源甚早，《隋书·地理志》已有详细的记述：

> [新安等] 数郡，往往畜蛊，而宜春偏甚。其法以五月五日置百种虫，大者至蛇，小者至虱，合置器中，令自相啖，余一种存者留之，蛇则曰蛇蛊，虱则曰虱蛊，行以杀人。因食入人腹内，食其五脏，死则其产移入 [畜] 蛊之家。三年不杀他人，则畜者自

1　访谈对象："韩归"（普米族），访谈地点：云南宁蒗某山上，访谈时间：1992 年 8 月，访谈人：邓启耀。

2　陈国均《苗族的放蛊》，《贵阳晨报·社会旬刊》第 15 期，1938 年 9 月 9 日，收入吴泽霖、陈国均等《贵州苗夷社会研究》，民族出版社 2004 年版，第 206—207 页。

锤其弊。[1]

有趣的是，中国民间对于端午节所取的百虫或百草，无论是蛊是药，不知怎地总有一种近乎迷信的偏爱。端午上山采药（当然包括偷偷摸摸的捕虫者），成为许多民族至今风行不衰的习俗。不能采药者，亦相信这天买的草药比一般的更灵验，许多地方的"端午药市"即由此而盛。"端午"这日子（农历五月五日），蛊者重它，医者也重之，何也？

据中国传统历法和天人观念，人们认为农历五月五日正午，是太阳一年里在天空最当中的时候，人登高以得正阳之气，百草也因此而有奇异疗效。但阳之盛极自要转阴，乃为天地阴阳运行之理。这是阴阳交接的关键时刻，黑道白道都可以从中找到自己想要得到的东西。正气进则为医，邪气入则为蛊，皆是百虫百草，只看谁来用它。

第五节　蛊的种类

中国各民族都有"蛊"或类似"蛊"的东西，称谓上有的音近于"蛊"（见前节所举之例），有的则完全不同，如汉族称"蛊"，壮族称"五海""拍献"，瑶族称"尔点"，傣族称"琵拍"，哈尼族称"变猫鬼"，羌族称"毒药猫"，拉祜族称"扑死鬼"和"气迫"，景颇族称"阿匹鬼"，彝族称"使鬼""放歹""养药"，纳西族称"养小神子"，

1　[唐]魏征等《隋书》，《二十五史》影印本第五册，第 3361—3362 页。

白族、傈僳族叫"杀魂"或"养药"，瑶、黎等族称"禁"或"禁咒"，等等。

不仅称谓各有不同，在"为害"的形式上，蛊也有诸多区别。例如，被指控为畜养毒物、配制蛊药的，属于以"物"为害（如放蛊等）；被认为供奉某种精灵治人谋财者，属于以"灵"为害（如养"小神子"等）；因行为异常而被视为祸根，属于以"行"（行为）为害（如生双胞胎等）；以巫术魔咒杀魂夺命，属于以"术"为害（如"杀魂"、毒咒等）；还有一类，不养异物，不祈恶灵，不懂邪术，也无行为异常，但同样被疑为害人者，这大概要归到以"感应"为害吧（如"琵拍"等）。

当然，以黑巫术为害的方式，在实际运用时并无严格的界限，例如，为害的蛊毒之物一般也具有灵异的特性，施放时大都同时要作法布咒，术到感应到。

为了便于观察，我们先暂把那些被动性的类型——那些自己无法控制的生理行为，诸如生双胞胎之类——暂时排开，将习惯中的黑巫术大致分为蛊毒、蛊术、蛊惑三类。蛊毒托物，蛊惑入心，蛊术涉及巫术、风水术等诸多法术。

一、蛊毒

蛊药、蛊毒的制作，一般需要物质的依托，如毒虫之类。但因此物特殊，并非常规方法就能制作，所以还需要加入一些非物质因素，如制作时间（在阴阳交会的时刻，如端午节，采集毒物并制作最为有效）、制作人资质（巫师、蛊女、木匠等）、制作物的功能或象征性（如魅药制作需要寻找一些具有阴阳交合特点的物料）等。

盅毒，指以神秘方式配制的巫化了的毒物。盅毒的制作，正如象形文字"蠱"所直观描述的，是一些毒虫的合成之物。但毒虫的合成物就是盅毒吗？蛇毒、蜂毒、蝎毒、蟾酥等的药理作用被析出并安全地用于临床医学，泡了蛇蝎等毒物的药酒被作为治风湿良药大行于市，说明毒虫的合成物不一定是盅毒。

盅毒是一种很难界定的东西。它有动物、植物、矿物或器物的"物料"配方，却很难找到确切的物证；它的制作似乎都是有形的（如"皿虫为盅"），它的施放却是无形的（如"毒眼"）；它既是物质的，又是精神的。

战国简书及其他刻辞似乎强调了盅这一"皿中之物"的毒性或争斗性，写作"𥁑"（战国盟书一〇五二）。[1]黑色的箭头（或虫头），在纳西族东巴图画—象形文字里亦表示"有毒"或"争战"，至于"放盅"，则写作"🐾"或"🐾🐾"，"🐾"为毒花，引申为"盅"，音"dvˊ"，与前述"瘟神"（dərˊ）的读音接近。"🐾"和"🐾"为"放"或"施"，像一张大的嘴吐出毒物，意为将毒盅施放于人（图2-34）。[2]藏族传统医书描绘的配毒师（图2-35），那个具有恶毒面相、正向锅里添加毒物的人，应该是这类盅者的具体刻画。

《左传·昭公元年》孔颖达疏"盅"亦言："以毒药药人，令人不自知者，今律谓之盅毒。"[3]其玄秘之处即在"令人不自知"这个"黑道"上。《目耕贴》引司马光《潜虚》："百毒之聚，胜者为主，惟物

1　高明编《古文字类编》，第319页。

2　方国瑜编撰、和志武参订《纳西象形文字谱》，第357页。

3　[清]阮元校刻《十三经注疏》影印本《左传》，第2025页。

图2-34 纳西族东巴图画—象形文字谚语"往好亲戚上结仇,往好五谷里放毒蛊"

图2-35 藏族传统医书中认为不可与之交流医术的不良分子——心术不正的配毒师。采自王镭、强巴赤列编译注释《四部医典系列挂图全集》,西藏人民出版社1982年版

之蛊。"

中国古代医家,甚至把一些疑难杂症谓之"蛊毒",所谓氐羌毒、猫鬼、野道、射工、沙虱、水毒乃至某些毒药如钩吻、鸩毒等,都列为"蛊毒"。《诸病源候论·蛊毒病诸候》述:

> 凡蛊毒有数种,皆是变惑之气。人有故造作之,多取虫蛇之类,以器皿盛贮,任其自相啖食,唯有一物独在者,即谓之为蛊。便能变惑,随逐酒食,为人患祸。患祸于他,则蛊主吉利,所以不羁之徒而畜事之。又有飞蛊,去来无由,渐状如鬼气者,得之卒重。凡中蛊病,多趋于死。以其毒害势甚,故云蛊毒。
>
> 着蛊毒,面色青黄者,是蛇蛊,其脉洪壮。病发之时,腹内热闷,胸胁支满,舌本胀强,不喜言语,身体恒痛;又心腹似如虫

行，颜色赤，唇口干燥。经年不治，肝膈烂而死。[1]

中毒者出现心腹刺痛，胸胁支满，吐血下血，寒热闷乱，面色青黄或枯黑等危象。"以其毒害势甚，故云蛊毒。"其间杂夹着对未知症象的畏惧。当病理的症象与心理的症象合而为一时，"蛊惑"便成为中其毒而不自知者心性迷乱的一种象征化表述。

中蛊毒的症状，清人杨琼《滇中琐记》"蛊毒"有述：

> 滇中夷妇有养蛊者，小儿多中其毒。始由脏腑，达于头面，渐渍剥蚀溃烂，不可救药。及其中未久，延蛊医诊之，以水洗患处，盛水铜壶中，紧塞壶口而引绳悬之屋梁，积薪燃火其下，肆烧煮之，集众围火而坐。烧一时之久，蛊在壶中不胜烧，乃鼓荡其壶，向空四击，众不敢近。忽壶塞喷脱，水则跃出为五色霞光，夺门飞去。水着人头目，冷于冰雪，竟不温也。烧后，儿患稍愈可救，不则难救。蛊被烧时，蛊妇在其家自觉烦热，则出门径向烧蛊家屋后逡巡招蛊。招之不得，热极，则跃入湖池中，澡其身而后安。人见之，知为蛊妇，就厮打之，则长跪哀鸣。[2]

这个记述，与我听老人的讲述，大致相似。蛊毒是什么？传说很多，也有人自称见过制作蛊毒的坛子，但至今我没能亲睹。

1992年夏末，我参与拍摄一部反映少数民族妇女生活的纪录片，住在云南宁蒗永宁乡，记得十二年前也住过这里，似乎没有什么变化。

1　[隋]巢元方等《诸病源候论》，第268页。

2　[清]杨琼《滇中琐记》，见方国瑜主编《云南史料丛刊》第十一卷，第279—280页。

一天晚上，我们借宿永宁乡政府招待所，没有卫生间，风高月黑，谁要出恭，不约而同便有人随行，去野地里解决。下得楼来，路过一屋，房门半开，昏黄灯光下，见一不古不今打扮的人，椎髻束巾，长得獐头鼠脸，正在折腾什么。词作家老蒋评论："咋个住些雀神怪鸟的人！"方便回来，我们忍不住好奇心，鬼使神差地进了那屋，趋近一看，那人折腾的竟是满满一桶毒物：蝎子、蛤蟆、蜈蚣、马蜂、五六种毒蛇和形态丑陋的一些虫类，加上不少古古怪怪的植物，约有近百种吧，都泡在酒里，看得我们心惊肉跳，再不敢小视那人。那人自称是得了峨眉山秘传的江湖中人，此百毒之汤乃治风湿的秘方，可药到病除。老蒋刚才还讥讽那人，此刻却鬼迷心窍般要求一试。那人从桶里倒出小半碗黑糊糊的液体，抹在他身上，然后又刮又掐，在腋下、胯侧等柔弱部位，鹰爪般掐得几乎对穿，掐得一大条汉子嗷嗷怪叫。因不敢再试下去，最终效果如何，无法评论，但那一桶不知该归为巫方还是医方的毒虫怪草，却让人永远难忘。联想那养畜五毒百虫的蛊坛子，大约也是这般模样罢（如果能见得到的话）。

　　以蛇、蝎、蜈蚣等毒虫入药治风湿、麻痹等症，在中医里本不奇怪，奇怪的是将如此数量的一桶毒物全泡在一起，便总有点让人犯疑。《本草纲目·虫部四》"蛊虫"李时珍集解引陈藏器云："古人愚质，造蛊图富，皆取百虫入瓮中，经年开之，必有一虫尽食诸虫，即此名为蛊。"[1] 显而易见，中国传统的医家，是慎用毒物并将自己与巫家区别开的。也有民族医药学把蛊毒列入特殊疾患的，如在《壮族医学史》中，"蛊"被定义为"一个古代法律和医书中记载的最使人迷惑的'毒物'"，

1　[明]李时珍著，张志斌、李经纬等校注《本草纲目校注》，辽海出版社 2001 年版，第 1162 页。

"蛊毒……从发病症状看是属于中毒的一种"。[1] 至于前面述及的那位江湖之人，若巫若医，或许是原始"巫医合体"的奇异产物吧。

据王明珂在四川的调查，羌族称有蛊者为"毒药猫"，发音为 du 或 der，原意是"毒人"。人们认为她们会变成动物害人，或以指甲施毒害人，主要方法是把毒藏在指甲里，趁人不注意弹到对方食物中，而毒药猫要解除自身的毒药，需要到九条大河去洗。"在此所谓'毒药猫'的毒，似乎又是一种具体的毒药，其毒性或污染性可以借河水洗净。"最奇的是毒药猫能解其他毒，羌族老人说："没毒药猫，寨子里的水都要闹（毒）人，水都不能吃。""有一种瘟神，鬼，只有毒药猫镇压他。……毒药猫也是一种毒；无毒不成寨，以毒攻毒，一个克一个。"[2]

也有一种蛊毒，出于自然界，而非人力所为。如南方某些地方的河泉和虫类，传说有毒，可致蛊。清人屈大均在《广东新语》中记述：

> 粤西有三江，而左江之水尤毒，其源自交趾而来，皆蚺蛇、孔雀之粪所渍，夏间尤忌之，流至端州始平淡。然五六月西水涨溢，往往令人腹疾。又恩平水中多蚯蚓屯结，每水一升，可得蚯蚓数十许，色黄浊，饮之立蛊。又罗旁之水，多有枸木叶、木犀花叶浸其中，饮之亦辄胀满以死，是皆水之蛊，不因人力者也。[3]

中医医典《诸病源候论》也谈及江南生于水中可致"蛊毒病诸候"

1　黄汉儒等《壮族医学史》，广西科学技术出版社 1998 年版，第 548 页。

2　王明珂《羌在汉藏之间》，第 108—119 页。

3　[清] 屈大均著，李育中等注，《广东新语注》，广东人民出版社 1991 年版，第 528—529 页。

的毒虫：

> 江南有射工毒虫，一名短狐，一名蜮，常在山涧水内。此虫口内有横骨，状如角弓，其虫形正黑，状如大蜚，生齿发，而有雌雄，雄者口边两角，角端有丫，能屈伸。冬月并在土内蛰，其上气蒸休休，冬月有雪，落其上不凝。夏月在水内，人行水上，及以水洗浴，或因大雨潦时，仍逐水，便流入人家，或遇道上牛马等迹内即停住，其含沙射人影，便病。
>
> 初得时，或如伤寒，或似中恶，或口不能语，或身体苦强，或恶寒壮热，四肢拘急，头痛……剧者不过三日，则齿间有血出，不即治，杀人。[1]

> 山内水间有沙虱，其虫甚细，不可见。人入水浴及汲水澡浴，此虫着身，及阴雨日行草间亦着人，便钻入皮里。其诊法，初得时，皮上正赤，如小豆黍粟，以手摩赤上，痛如刺。
>
> 过三日之后，令百节强，疼痛，寒热，赤上发疮。此虫渐入至骨，则杀人。[2]

除了水生，还有一种叫"木蠹"的东西，也可为蛊：

> 高、雷间，木之所为者，皆有蝎蠹。善啮木心，其声入夜尤甚。木既穿穴，雨后化为天牛，飞满室中，角两而黑，背有黄白

1　[隋]巢元方等《诸病源候论》，第271—272页。
2　同上，第272—273页。

点，盖木之蛊也。凡器久不用而虫生谓之蛊，故凡物皆有蛊，蛊者虫之所为。虫，风族，风郁而不舒则为蛊。于文，三虫食皿为"蛊"，二虫（通作"昆"）食蒿为蠹。[1]

尽管可能因水毒虫毒而致蛊，但在中国传统文化观念中，物事与人事均具有同构互动关系，物我同一，天人感应，所以《广东新语》要说："然蠹之为患在物，而蛊之为患在人。人为天地之皿，物为天地之蒿。蒿而蠹焉，物不能全归于天地矣，人而蛊焉，人不能全归于天地矣。故圣人必务致中和以顺天地之风，风顺，而二虫、三虫乃不为害。"[2]不仅物人互动，物灵也可相感。故蜮、蠹之类不仅伤人，也伤魂。《楚辞·大招》云："魂乎无南，蜮伤躬只。"马王堆汉代帛画下部水中小虫，或为蜮蛊，故亦画白犬以镇"水蛊"，也是一种交感巫术。

二、蛊术

巫蛊语境中的"术"，主要是黑巫术性质的法术，包括偶像伤害术、异质同构伤害术、命相风水折损术、毒咒秘符伤害术、制造灾害术等。中国文化传统中心物交感、物我合一的观念，在此表现突出。而具有施术技能的专业人士——巫师、蛊女等，也因之被人敬畏或惧畏。

蛊术，一般指各种假托鬼神迷信以害人的邪祟行为，如魇镇、魇胜、魇魅、毒咒之类。

以魇咒为基本方法的蛊术在古代十分流行。直到现在，在某些迷

---

1 [清]屈大均著，李育中等注《广东新语注》，第 529 页。
2 同上。

信者的观念中仍有部分保留。这类邪术所依据的巫术法则，是同类同态感应的法则，也就是说，施术者在甲地对乙地某人的某种替代物进行攻击，即可伤害到乙地某人的本身。

魇咒之术常用的方式一般有这几种：

1. 偶像伤害术

用纸人、草人、木偶、泥俑、铜像乃至玉人作被施术者的替身，刻写其姓名或生辰八字，或取得被施术者身上的一点毛发、指甲乃至衣物，作法诅咒后或埋入土中，或以针钉相刺，据说，被施术者就会产生同样的反应：刺偶像的哪个部位，真人的哪个部位就会受到感应性伤害。为了折磨仇家，施术者往往在偶像上遍钉铁钉并合魇以魔鬼偶像，最后才以巨钉钉心，弄死对方。这种以偶像作为黑巫术施术替身的做法，在世界各地都可见到，被称为"偶像伤害术"。这种邪术，中国古代也十分流行，《史记》《汉书》等严肃的史学著作，均有对这类事件的记述，如《史记》中秦王指控宋王"为木人以象寡人，射其面"；巫祝苌弘为周灵王设射"狸首"——即以偶人为箭靶；《汉书·江充传》和《戾太子传》记述的祸及万人的"巫蛊案"；《宋书》记刘邵"以玉人为上形像"魇之；《梁书》载湘东王命方士为敌手画像下铁符钉肢体；《隋书》详述杨广"阴作偶人"诬陷蜀王杨秀；《陈书》亦云陈叔坚对后主"刻木人为偶人"进行祝诅；《北齐书》说陆媪令萱"求左道厌蛊之术"立穆氏除胡氏；《旧唐书》言高骈被人以铜人"身被桎梏，钉其心"设害等等。事件的诱因，皆为偶像伤害术所引发，成为政治斗争的一种工具。

古代小说、笔记、杂述或类书，亦多此类描述。如《折狱龟鉴》

所述梓州白彦欢假托鬼神作法术诅咒杀人命案等。试举《封神演义》姜子牙、陆压用偶像伤害术杀死赵公明一段：

陆压笑吟吟揭开花篮，取出小小一张桑枝弓，三只桃枝箭，递与子牙："今日午时初刻，用此箭射之。"子牙曰："领命。"二人在帐中等到午时，不觉阴阳官来报："午时牌！"子牙净手，拈弓，搭箭。陆压曰："先中左目。"子牙依命，先中左目。——这西岐山发箭射草人，成汤营里赵公明大叫一声，把左眼闭了。闻太师心如刀割，一把抱住公明，泪流满面，哭声甚惨。——子牙在岐山，二箭射右目，三箭劈心一箭，三箭射了草人。——公明死于成汤营里。[1]

《红楼梦》中马道婆剪纸人纸鬼魇魅贾宝玉和王熙凤，使其差点送了命。《红楼梦》不仅记述了偶像伤害术施术方式，而且通过被害者的口，描绘了民间信仰中受蛊害的"感觉"。第二十五回"魇魔法叔嫂逢五鬼，通灵玉蒙蔽遇双真"讲，赵姨娘收买巫婆马道婆，施巫术陷害凤姐和贾宝玉，欲"把他两人绝了"。马道婆收了银子后，"向赵姨娘要了张纸，拿剪子铰了两个纸人儿，问了他二人年庚，写在上面；又找了一张蓝纸，铰了五个青面鬼，叫他并在一处，拿针钉了：'回去我再作法，自有效验的。'"果然，没多久，宝玉突然大喊头疼，乱跳乱嚷，尽是胡话，甚至拿刀弄杖，寻死觅活的；凤姐则持刀乱砍，瞪着眼要杀人，第二日叔嫂二人"一发糊涂，不省人事，身热如火，在床上

---

1 [明] 许仲琳《封神演义》，舒芜点校，人民文学出版社 1973 年版，第 367 页。

乱说，到夜里更甚"。到第三日，他们"连气息都微了"。幸而癞和尚跛道人用咒诵过，悬于卧室槛上镇邪，才救了二人性命。[1]事后，宝玉回忆："我记得得病的时候儿，好好的站着，倒像背地里有人把我拦头一棍，疼得眼睛前头漆黑，看见满屋子里都是些青面獠牙、拿刀举棒的恶鬼。躺在炕上，觉得脑袋上加了几个脑箍似的。以后便疼得任什么不知道了。"后来，巫婆终于露了馅。"这一天急要回去，掉了一个绢包儿，当铺里人捡起来一看，里头有许多纸人，还见四丸子很香的香。正诧异着呢，那老东西倒回来找这绢包儿。这里的人就把他拿住。身边一搜，搜出一个匣子，里面有象牙刻

图 2-36 被用来施"杀魂"之术的木偶。笔者绘

的一男一女，不穿衣裳，光着身子的两个魔王，还有七根朱红绣花针。立时送到锦衣府去，问出许多官员家大户太太姑娘们的隐情事来，所以知会了营里，把他家中一抄。抄出好些泥塑的煞神，几匣子闷香。炕背后空屋子里挂着一盏七星灯，灯下有几个草人，有头上戴着脑箍的，有胸前穿着钉子的，有项上拴着锁子的。柜子里无数纸人儿。底下几篇小帐，上面记着某家验过，应找银若干。得人家油钱香分也不计其数。"[2]

这便是古书中常提到的巫蛊中的"魇胜"或"魇魅"之术。即在

---

1 [清]曹雪芹《红楼梦》，程伟元、高鹗整理，广西师范大学出版社 2017 年版，第382—385 页。

2 同上，第 1256—1257 页。

图 2-37　祭坛剪纸。沐正戈据笔者
调查资料作

图 2-38　被丢弃在村寨岔路口的替身剪纸图
形，该纸人被粘贴在小木棍上，下设祭坛，放
有供品。云南沧源佤族自治县，1990，笔者摄

这类偶像上写上仇家姓名和生辰八字，施术念咒，并用针或钉子刺钉偶像，刺在哪里，被施术者哪里就痛；如叠加魔鬼偶像，则会被鬼所缠，直至失魂而死。我曾见过这样的木偶，雕刻粗陋，身上钉满锈蚀的铁钉，贝壳镶的眼睛白翻着，盯死一不可知处，让人看得毛骨悚然（图 2-36）。

　　在云南，我也见过一些不知是否用于此道的纸人，或捆在树上，或弃于岔道，或悬在一些不干不净的地方，让人看了疑心犯嫌的（图 2-37、2-38）。

　　在民俗中，偶像伤害术也常有应用，如西双版纳傣族，据说 1960 年代还继续流传着一些巫术活动，其中有一种叫"头发诅咒"的，即为偶像伤害术："一般由诅咒者自己搞。办法是设法弄来一根被咒者的头发和他的脚印，再用纸剪一个人形，放在被咒者楼下。据说被咒者

123

即会如针刺心，甚至致死。"[1]

类似的，还有贵州侗族的"放阴箭""埋布人"，云南白族的"压魂"等。

2. 异质同构伤害术

所谓"异质同构"伤害术，意与外表"同形同构"的偶像伤害术略作区别。这种邪术不要求制作象征被施术者人形的纸人木偶之类，只需标示出被咒者的指称符号（如姓名、生辰八字等），配以可能导致恶果的事物或行为，即可发生感应，致伤于被咒者。

较典型的例子，是云南西双版纳傣族曾有过的"铜片诅咒"：

> 用一片铜片，刻上被咒者的名字，再刻上一段咒语，把它拴在一尾活鱼身上，然后把鱼放回水塘里，鱼为了挣脱拴着的铜片，因而跳跃不停。据说这时被诅咒的人就会出现心跳、坐卧不安。又说如果这条鱼被拴死了，那么被咒的人也会痛苦的死去。因此有人就用这种方法来诅咒仇人。据说这种方法，目前只有曼养的大佛爷会搞，搞一次要索取报酬百元左右。[2]

同类魇魅术，还有贵州侗族的"放飞刀"（刀在水中经咒后变鱼，再使水变红，导致仇人呛血而死）、"埋狗头"（选恶时，杀雄狗，将刻上仇人名字的狗头施术后埋之）、"扎鸡头"（把扎了钢针的鸡头封于瓦

1　邱宣充《介绍几种傣族的巫术活动》，见云南省历史研究所编印《西双版纳傣族小乘佛教及原始宗教的调查材料》，第29页。

2　同上。

罐，咒之，并置于险恶之处，仇人即可产生相应恶症），瑶族的"放禁"（以青菜等为供物念咒施术），白族的"偷开"（偷取仇家留过身影的泥土或小草，连上仇家衣物，施术后用刀箭砍射），等等。

另外，基于一种交感巫术心理，即弗雷泽所谓"同类相生"的"相似律"，[1] 人们认为借助某种形态或性质相似之物施法，即可对被施法者产生"交感"。而人身体的某些部分，如头发、胡须、指甲等，与人体及心智形成同构关系，最容易"感应"。所以，发、须、爪（指甲），是借巫蛊之术作用于人的最好材料。[2] 出于这种信仰，古人比较忌讳自己的头发、指甲等落入他人之手。唐人陈藏器《本草拾遗》记录了以头发施术，惑乱私奔或逃跑的奴仆的做法："人逃走，取其发于纬车上，却转之，则迷乱不知所适矣。"[3]

3. 命相风水折损术

这是一种更为高深的异质同构感应术，融合了中国传统阴阳五行观、天人感应学说以及卜筮术、风水术、命相术等。命相风水折损术的要害在"折损"，也就是说，通过此类邪术，使原处于良性结构关系中的"天"与"人"，产生失调甚至恶性解构，打乱乃至破坏原有秩序，使其乱套，从而达到损毁被害者的目的。

"命相"在中国传统观念中，被认为关乎一个人的福祸安危，故素为术家所重。命相的形成，照其理应为天成，但经术家调治，亦可有

---

1 ［英］詹·乔·弗雷泽《金枝》，徐育新、汪培基、张泽石译，中国民间文艺出版社 1987 年版，第 20 页。

2 江绍原《发须爪：关于它们的迷信》，中华书局 2007 年版。

3 ［唐］陈藏器《本草拾遗》，尚志钧辑释，安徽科学技术出版社 2004 年版，第 396 页。

所改变。例如，纳西族东巴经《病因卜》以原始五行观为依据，认为人之生病，是由于其所属五行之象受到干扰，甚至衣服颜色穿得不对也是致病原因。例如，木干支降生的女人，忌穿黑、红、白、黄衣，火干支降生的忌穿白、黑衣，土干支降生的忌穿黑、黄、绿衣，铁干支降生的人忌穿黑、黄、绿衣，水干支降生的忌穿黄衣，否则有凶。另外，属相中，属蛇、属马的人不宜穿黑，属猴、属鸡的不宜穿白和黄，等等。还有，命名、走动方位、生病时刻等，也是影响其安危及命运的因素，例如，"东方发白的属兔时分生病，男子生病，像细针戳一样的疼痛。这是两个牵着山羊和绵羊的男子，手里拿着白色之物，杵鬼附着在白色之物上来作的祟。要做一尊面偶，到太阳出方祭送。早晨太阳光刚照射的属龙时分生病，是属狗的妇人手中带着一件绿色之物，去交换、买卖麻布时，杵鬼附在所交换之物上来作的祟。要做一尊面偶，到太阳落下方向祭送……"[1] 如此一一罗列，极为详尽。《病因卜》从人的五行命相与天地万物的五行运始之象的相互关系里去寻究人病的原因，认为色相与命相会产生感应，人的命名、走动方位、活动时刻及相关物象（山川、动植物、器物等），均是影响其安危及命运的因素，调整得好则安，搭配不当则危，而这种调整或搭配，皆可由人而为，看遇到谁来定吉凶了。善者化解不适，恶者火上浇油。故民间将能卜因行术的巫师"东巴"，又分为白东巴、黑东巴两种。"黑东巴"专与鬼打交道，是心不善者，会使黑巫术，他精通五行之道，懂得如何使其乱套，特别对于那些"命相"已有缺损不调者，只需稍加用力，即可"顺势"成蛊。

1　李国文《纳西族象形文字东巴经〈病因卜〉译稿》，《哲学与文化》1992 年第 4 期至 1993 年第 2 期。

这方面的例子，可以举出贵州侗族过去流行的"封八字"。侗家人认为，人的生辰八字与人的生死存亡关系最为密切，如被仇人弄去，便会被"封八字"。其做法多种多样，一般是请算命先生推算出仇人一生中所犯的关煞，随后将其八字用黄纸封成包，献祭给某一恶煞；或推知仇人命中五行缺水或缺火，也可以设法加以破坏；缺水的置于火边烧烤，缺火的放在水中浸泡，使其阴阳更加失调，多灾多病，不得安生。[1]

"风水"在中国传统观念中，被认为关乎家道族运甚至某一地方人们的丰歉吉凶，不仅术家看重，世人也很崇信。风水术讲究宅居（所谓"阳宅"）、祖坟（所谓"阴宅"）以及地方乡土的坐向、山形水势、天岁地相等，人们认为风水好可发家，反之则招祸。因此，在仇家的宅居或祖坟上动手脚，自然成为黑巫术斗法的手段之一。

例如，民俗认为宅东有杏主败，宅西有李主淫，或东杏西桃，北枣南李，栽植失宜，即为邪淫。又如，建房修墓忌犯"囚字禁"，俗云："四面水周流，其名唤作囚，运旺之时才一发，运衰之日万般休。吊角挨边犹自可，居中作穴更堪愁。时师莫说棋盘上，下着将军祸到头。"以棋喻运，忌讳囚居之势。相传袁世凯笃信囚字诀，听风水先生说袁氏祖坟因墓穴前后左右遍筑墙垣，龙身受制，气脉阻塞，不能发旺，有"犯囚"之嫌，忙命工匠拆除围墙，但无济于事，他当了八十一天皇帝就一命呜呼了。这类叙述，颇有点"斗风水"的味道，虽是传闻，却可折光地看到，笃信风水术的人，无论损毁也罢、调适也罢，皆是以"风水"可感应人生运相为前提的。正是基于这种"道理"，古代已

---

1 《中国各民族宗教与神话大词典》侗族部分"封八字"，龙跃宏撰有关词条，第110页。

专列刑律，对"挟嫌私用桃桩钉在他人祖坟，图破风水"的罪行，"比照魇魅书符咒诅欲令疾苦"的谋杀罪判决。直到现当代，中国一些农村还有因涉嫌损人家宅风水而引发群众闹事的"新闻"（详见本书第十章）发生，说明魇魅巫术心理在一部分人中仍存在。此种迷信，更待清理。

4. 毒咒秘符伤害术

咒术是巫术中最具精神性的法术，源于古老的语言崇拜。在民间禁忌里，早有诸多种类的语言禁忌，甚至毫不相关的话语，只要与不吉之词沾点边（如谐音之类），皆在禁忌之列。民事纠纷中，有些找不到证据而又怀疑对方是嫌疑人的，就会怀疑是被人诅咒了。遇有争吵，有的人逞口舌之快，诅咒他人，这是特别犯忌的事。因为在一种巫术化的文化语境中，诅咒和反诅咒都是会发生作用的。

无意说出的话语"威力"尚且如此，有心放出的毒咒，危害自然不可估量。

民间信仰认为，毒咒是一种感应性极强的有害信息，它产生的效应，不仅是心理的或精神的，甚至可以转化为物质的或心物混杂的，让人不知所措。例如，瑶族认为"五海"（施黑巫术者）的咒术可以使石头飞出去，附在人体中较虚弱的部位。最恶毒的咒术是让乱发堵在体内，即使是法术最高的师傅也难以使之解除。甚至某种近乎意念的默咒，也可使庄稼枯萎、家畜不昌，使人突生奇病、久治不愈，逐渐萎靡而死。"传得最神的是有一个瑶族女人跟别人学唱歌，无意中被别人教会了五海的咒语，一想什么便有什么结果。她不想害人，但一旦与谁发生争执，心中一恨，便会使对方受害。而这邪术一经学会就得放出去才行，否则，会反被自己的五海所害。她请了最老的师傅来杀牲祭献，用狗血淋遍全身，都没有隔除五海，最终还是死于自己没有放出去的邪术。"[1]

如果确有其事，这位女巫就算是民间传闻中最善良的一位了。在更多的情况下，人们相信有这类邪术的人，到发作起来，是连自己的儿子都要谋害的。有关毒咒杀人的种种传闻和活动，反映了人们对它由来已久的恐惧心理。

据调查，在许多少数民族中，巫师常常身兼黑白二职，既能诅咒救人，也能诅咒杀人：纳西族的黑"东巴"、摩梭人的"达巴"、傈僳族的"香通"、白族的"朵觋"、独龙族的"囊撒"、勒墨人（白族）的"斗西波"、彝族的"毕摩"、拉祜族的"魔巴"等，都有"杀魂"或"咒杀"的本事。如白族"朵觋"善于施咒"压魂"和"咒希"，其中，"咒希"就是利用语言的魔力，用朗诵或歌唱的形式诅咒对方，从而达到危害或杀死对方的目的。[2]

"放咒验"是拉祜族互相有仇时的一种报复方式。请魔巴做一个小木头人，然后和一只大红公鸡一起拿到山上石岩边，找来盐酸果树的树皮和果子放好，魔巴杀鸡念咒，大意为："给他脚手断，上山滚陡坡死，过水被水淌，用斧被斧砍死，用刀被刀砍死……"骂得越毒越好。念完用鸡血淋在小木人上，然后用火烧。再把鸡的头、爪、翅膀、肠肚等，各取一点放进竹笼里，扔到石岩下的刺丛中。据说，被放咒验

1 孙敏、王明富《邪魔之灵》，《女声》1989年第8期。
2 章虹宇《鹤庆西山区白族的"朵兮"教》、余仁澍《云南高原上的原始巫》，《边疆文化论丛》1991年第3辑；李生庄《云南边地问题研究》卷上，《怒江文史资料选辑》1985年第4辑。

的人非病即死。如果知道是谁放了咒验，也请魔巴以同样的方式放回去。[1]

福建两广一带宋元时曾流行一种被称为"挑生"的蛊术。其中，名为"挑气"的蛊术是："中夜扣门呼之，俟其在内应答，语言相闻，乃以气挑过。"[2]记得小时候常被告诫，夜晚听人呼名，不得应答，以免被魔。这种语言名号禁忌，或许即因于此。

佛教密宗也有以咒魔胜的方式：

> 又法，若有恶人恶（怨）仇欺凌者，画此人形状，用细柴着火，诵咒一遍，取此形像，拍（剥）取一片，此中烧满八百遍，其恶人即因病。若解法：用乳蜜，着干柴火同前满八百遍即损。又取法骨灰一把，抄此恶人姓名，同哀诵咒一遍，并此姓名脚踏一下，满八百遍，此恶人即困病。若不解，终不得损。若欲得作上种种事者，须阐结界，结界咒曰：怛侄他，闷瑟宅，盛线助，无他江伽喇，悉底莎诃。已上此咒诵七遍，即组成结界。[3]

古代用写在纸面上的秘符来魔人也很常见，如《夷坚志》乙志卷第六的"猪足符"：

> 聂景言居衡阳，有细民欲举债，买猪蹄来献，聂受之，付厨

---

1 雷波、刘劲荣主编《拉祜族文化大观》，云南民族出版社1999年版，第129页。

2 [宋]洪迈《夷坚志》，第541—542页。

3 敦煌唐代佛教神咒伯三八七四《观世音及世尊符印十二通及神咒》，转引自高国藩《敦煌巫术与巫术流变》，第251页。

图2-39 咒神。云南腾冲纸马　　图2-40 鸣冤咒盟神。云南大理　　图2-41 瘟司诅咒。云南大理
　　　　　　　　　　　　　　　　纸马　　　　　　　　　　　　纸马

作羹。庖婢举刀，破爪间，见小纸书符在其内，亟出告。使呼其
人还之。人曰："适从屠机买来，方有求于君家，岂敢以符为厌
咒？"复持与屠者，责谯之。屠者曰："今旦方刲豕，安得有是？"
取元直畀民，而自携归煮食之，一家四人皆死。[1]

　　腾冲"咒神"纸符描绘两个人手持牲畜，正当堂对质。堂上有一
官员、一文书，桌上备有笔、笔架、砚台和茶杯，准备录供（图2-39）。
对此，腾冲纸火铺老人解释说："你我两个，你骂我，或者搞过我什么，
比如你把我姑娘偷去卖，我问，你说没有，就咒你，买咒神纸来烧。"
大理的"鸣冤咒盟神"（图2-40）与此相似，而"瘟司诅咒"（图2-41）
似专涉瘟疫之事的诅咒，与"瘟司圣众"纸符造型类同。

1　[宋]洪迈《夷坚志》，第234页。

这类符箓多与咒语相配而用，是巫术的另一主要形式，相当于书面化的咒语，故常连称"符咒"。符箓有书符、图符、牒文等类，形制有纸符、布符、铁符诸种，民间多用纸符、布符之类，官家若逢强敌而欲施魔魅，则用铁符，如《太平御览》引《梁书》所载湘东王对萧纪"亲下铁符"。

5. 灾害制造术

1977 年，我到云南藏区写生时，曾听有人谈及当地的一种法术，懂这种法术的人叫"冰雹喇嘛"，据说他能呼风唤雨，平时司掌地方风调雨顺，如遇乡民侍候不周，则会唤来冰雹，制造灾害。

1996 年，我率一个考察队对滇藏文化带作综合考察，收集到一些有关藏文化的资料，其中，有涉及藏医方面的图册。在从医条件的图解中，谈及"不允许与以下几种人交流医术"的人中，有"咒杀他人者""咒降冰雹者""放咒者""配毒者"等，多为会黑巫术的人。其中"咒降冰雹者"，以骨角号施术，能致豆大的冰雹降下（图2-42）。方式为：咒师用黄色的稻米面做成罗睺罗的俑像，然后挥舞用黑色的喜心（木做的橛）将罗睺罗的"心"移入俑像之内。假如这一仪式进行得正确，过不多久就会降下冰雹。[1] 罗睺罗即罗睺星（图 2-43），为列曜十一星之一。在天上因与日、月、星运动方向相反，掩袭了其他星辰，因而被称为"蚀星"。民间有"天犯罗睺日月无光，地犯罗睺寸草不生，人犯罗睺九死一生"的说法，可见其厉。人若命中带罗睺，或哪个时辰冲撞了罗睺，就会生病。请师娘或先

---

1 [奥] 勒内·德·内贝斯基·沃杰科维茨《西藏的神灵和鬼怪》，谢继胜译，西藏人民出版社 1993 年版。

图 2-42 咒降冰雹者。采自王镭、强巴赤列编译注释 **图 2-43** 罗睺。云南腾冲纸马
《四部医典系列挂图全集》

生看看，当晚供斋，将罗睺纸三对，纸火包元宝，外加九节黄钱，
在院子里供献，把魂叫回来。[1]

　　青藏高原，特别是藏北高海拔地区，自然环境恶劣，灾害频繁，
仅藏文献记述的灾异档案就卷帙浩繁。灾异涉及雪灾、雹灾、霜灾、
水灾、旱灾、虫灾等，藏族将灾害的原因归结于天，亦归结为神鬼或
恶人作祟，所以，才有邪僧作法导致冰雹的说法。

三、蛊惑

　　在中国传统的心物二元观中，涉心之事，最为难说。传统文化所
谓之"心"，涉心理感受、精神状态、文化认知、宗教信仰等方面。如

1　贾志伟《腾冲神马调研报告》，冯骥才主编《年画》2003 年秋季号，中国戏剧出版
　　社 2013 年版，第 66 页。

"毒眼""毒咒"之害人不能实证，梦里"杀魂"、命相风水折损更是渺然，但却都可以作为指控的依据。无论是语言还是行为，蛊惑之力，均可直达人心（故有"蛊惑人心"之说）。蛊灵千奇百怪，却多为心造之物，或可视为不同症状反应的拟物化象征。

1. 妖言

《周易正义》卷三引褚氏云："蛊者，惑也。"[1] 故"蛊惑"成词。在古代，除魇魅之外的各种假托鬼神迷信以惑人视听、动乱人心、扰乱社会秩序的行为，皆为"妖言妖书"蛊惑罪，与蛊毒魇魅同被列为恶逆不道的重罪。

古人云："夫左道怪民，幻挟罔诞，足以动众，而未足以济功。今以谚观之，左道可以动众者，信矣。故王者禁焉。"[2] 为何要禁，就在于所谓"左道怪民"可以用谣谚之言，蛊惑"动众"造反：陈胜吴广躲在驻地附近的丛祠中学狐狸叫，传谣曰："大楚兴，陈胜王。"故意制造一种神神秘秘的气氛，让人们不知不觉便跟着他们"反了"。这就是很好地利用了当时人迷信心理的例子，算得是一种假托鬼神、鼓动造反的"惑众"行为吧。

借用禁书妖言造谣用谶，在社会政局不稳、政权纷争的年代，尤为突出。为蛊惑人心，制造"君权神授"或"替天行道"的假象，各流人等纷纷制谶造谣，利用它争权夺利，相互倾轧，或诡为隐语，惑众谋反。当政者深知其"蛊惑"之力，所以又要用、又要禁，用时说是"天意真言"，禁时斥为"妖言惑众"。如隋代帝王，当初借助谶言

1　[清]阮元校刻《十三经注疏》影印本《周易正义》，第35页。

2　[唐]赵蕤《长短经》，中华书局2017年版，第407页。

发了，后看别的野心家也以其人之道还之，深知其妙的他们当然要强力禁毁谶谣妖言。查古史，听信谶谣或制造谶谣"动众"造反或争权夺位之事屡屡可见，无论悲剧喜剧，还是闹剧丑剧，均搅得人心惶惶，社会动乱，所以"王者"不得不禁之——哪怕他为王之前用的也是这类"伪方异伎、巫蛊左道"，外加"不祥之言"得以"幻惑良民"，争到了位子。

在封建社会，语言，特别是脍炙"众口"的谣谚，对于社会的"蛊惑"作用，历来为当朝者和在野者所看重。《国语·晋语》云：

风听胪言于市，辨祅祥于谣。[1]

有一种普遍流行的观点，认为是天上的"荧惑星"落到地上，化为儿童传播的预兆吉凶灾祥的谣谚。其实，从大量史实可以看出，有不少谣谚的制造，或出于欺世盗名，或本为阴谋手段，它们往往成为政客野心家们篡位夺权、中伤政敌的巫化语言，甚至成为借刀杀人的蛊惑话语。例如，《宋书》载，刘宋明帝为使幼子日后不被权臣篡位，先杀将帅，又"自为谣言"，借机杀掉可能成为宰相的外戚；唐代宰相李逢吉为了中伤对手裴度，唆使手下人散布影射裴度的谶谣，然后上疏说裴度"名应图谶"，其心难测，企图以此影响皇帝对裴度的信任……这类例子多不胜举，一般很不易察觉其奸，其实，在它们后面隐伏着的，常常是血腥味很浓的社会危机。

与血淋淋的政治性蛊惑相对而存在的，是另一类情绵绵的恋爱蛊惑。这类"蛊惑"一般不通过谶谣来完成，而是通过对歌等形式来达

1　上海师范大学古籍整理研究所点校《国语》，上海古籍出版社 1978 年版，第 410 页。

到目的，如再配以迷药，则可产生魅合或拆姻的作用。关于此，因本书有专章述及，故此从略（详见第六章）。

2. 毒眼

认为有蛊的人看别人甚至他物一眼就可以传毒及放出祸祟，使人中毒或致惑，是一种主观性很强的说辞，很难确证。但在民俗中，被人看了一眼后甚至看到蛊者就会中蛊，却有不少传说"有言为证"，甚至"有事为证"。由于这种现象很普遍，人类学和民俗学研究把它称为"毒眼""魔眼"或"邪恶眼"（Evil Eye），将其视为一种巫术感应现象。[1]看到毒眼、毒面孔也能被魇，最典型的是希腊神话中美杜莎长满毒蛇的头，她使所有见到她的人和动物化为石头，因此而无敌。但大英雄珀耳修斯靠盾牌镜面折射的镜像，看清了那个不可以直视的头，并将其斩首。

清人杨琼《滇中琐记》"蛊毒"述及遇蛊妇可"见而中毒"的民间信仰：

> 蛊妇性多泼悍，目大而睛碧如猫，众目之为不祥，而不敢明指之。其来人家，人则急匿小儿，惧其见而中毒焉。[2]

民国年间，广西融水县县长刘介徒步元宝山南麓的小东江等地考察，写了《苗荒小记》。他在书中谈及苗蛊：

1　[英]菲奥纳·鲍伊《宗教人类学导论》，金泽、何其敏译，中国人民大学出版社2004年版。

2　[清]杨琼《滇中琐记》，见方国瑜主编《云南史料丛刊》第十一卷，第280页。

> 苗之蛊毒，至为可畏，其放蛊也，不必专用食物，凡嘘之以气，视之以目，皆能传其毒于人；用食物者，蛊之下乘者也。[1]

"毒眼"的嫌疑人，一般是被指认为有蛊的人。如羌族的"毒药猫"，大多是女人，特别是年轻貌美的女人。传说她们常常在夜里变成猫害人，其猫眼具有特别的魔力，"毒药猫女子的眼睛特别迷人，有时她们能透过眼睛放毒"。[2]

滇川交界处的摩梭人认为，在施蛊的方式上，并不仅仅是将有形的蛊毒放在食物中，才会让对方中蛊，而是认为，人们在吃东西、饮水、喂奶时等，只要面对有蛊者，有蛊者就会将她身上看不见的蛊灵气，通过目光、意念或非意念的方式传入对方体内，使其中蛊。[3] 所以，摩梭人十分忌讳在有蛊者面前吃东西。我们在泸沽湖调查时，常被好心告知，不要吃谁谁家的东西，不能喝她们给的水，更不能抽她们递来的烟（烟进体内，无孔不入，十分致命），甚至在自己吃东西时，如果遇到她们过来，也要赶快把嘴里的食物吐掉，以免她们施放的毒物随饭菜进入体内。如果一时躲不开，至少也要赶快侧身，避开有蛊者的目光。

毒眼的"发射"，一般人看不见，但没经污染的儿童或具有特异功能的人，可以看到蛊妇"发射"出的异物。一位纳西族老人告诉我：

> 12 岁以下的小娃娃，眼尖，看得见。小娃娃说，一伙人在一

1　刘介《苗荒小记》，上海商务印书馆 1928 年版，第 26 页。

2　王明珂《羌在汉藏之间》，第 118—125 页。

3　李达珠、李耕冬《未解之谜》，第 149 页。

起吃饭，有人抓痒一样地抓脸，脸上会射出一些五彩颜色的东西飞进别人的碗里，这就是放蛊人在放蛊了。一般人是看不见的。

中甸三坝乡的一个老奶也会看蛊。要是谁有蛊，她看见就会流泪。唉唉，以前大东巴和有神异的人看得见养蛊的人，"萨怕"（巫师）也晓得。现在我们是看不见了。[1]

这似乎又有点和传统观念中儿童有天眼、能听到天籁之声的说法不谋而合了。

与"毒眼"的直视形式不同但性质相似的，是通过镜像的反观使人惑乱。唐人张鷟《朝野佥载》述：

韦庶人之全盛日，好魇祷，并将昏镜以照人，令其速乱。与崇仁坊邪俗师婆阿来专行魇魅，平王诛之。后往往于殿上掘得巫蛊，皆逆韦之辈为之也。[2]

韦庶人行巫蛊之魇时使用的"昏镜"，和《红楼梦》里跛足道人的"风月宝鉴"一样，都是通过观看致魇。物质的"昏镜"和"风月宝鉴"，经法术注入了精神性的致"昏"魇魅之力和以淫邪镜像惑乱情志的"风月"幻境，就成为施蛊者"毒眼"的一个媒介，一看即可致蛊。

"毒眼"之力，甚至可以和毒咒一样具有魇镇作用。哈佛大学美术史与建筑史系汪悦进先生说他研究汉代铜镜纹饰时，发现与常见的升

---

1 访谈对象：和东巴（纳西族，84 岁），访谈地点：云南丽江，访谈时间：1993 年 10 月，访谈人：邓启耀。

2 [唐]张鷟《朝野佥载》，中华书局 1979 年版，第 62 页。

仙、吉祥纹饰不同的是，绍兴一带出土的东汉铜镜，十分异常地出现伍子胥持剑自杀、双眼怒睁的图像。这个图像源于吴王不听伍子胥忠谏，反要赐他死的历史。伍子胥说，我死后，把我的双眼挂于吴国城头，我要看越军怎么把吴国给打掉。越王勾践果然灭了吴国。[1]这个故事呈现了双重视像：一重是伍子胥挂在吴国城头的双眼，类似诅咒吴国将亡的"毒眼"；另外一重是伍子胥双眼怒睁形象的铜镜，以此作为不纳忠言而亡国的镜鉴。

民间普遍认为，镜子可以惑人或杀人，也可以通过镜子这个间接的毒眼来"反射"未知事件和邪灵。在道教和民间信仰中，镜子是一种法器，电母闪电用镜子，诸神像前放置镜子或在胸甲上镶护心镜。在中国一些乡村，会被告诫种种和镜子或镜像相关的禁忌：婴儿不能照镜，以免吓到孩子，更不能照相，因为孩子魂魄尚弱，容易被不明之物"摄取"；卧室不宜摆放正对床铺的镜子，否则有吸魂之虞。在田野考察中，我们常常看到许多人家的门头都会悬挂一面镜子，特别是那些认为家宅时运被道路、医院、邻屋墙柱的锐角等"冲煞"了的，会有风水师告诫以镜反射煞气（图 2-44）。现在民间还有这样的习俗：悬镜或佩镜辟邪。云南大理白族婚礼上一个重要的仪式，就是在新娘胸前用红线挂一面镜子，镜面朝外（图 2-45）。这样，新娘离家，随迎亲队伍进入陌生环境的时候，不会被邪灵纠缠。新娘进入用火和辣椒熏过的新房，把胸前的镜子取下，挂在衣帽架的长明灯旁，镜面朝房

1　据笔者 2016 年 8 月 27 日在西班牙马德里参加加拿大英属哥伦比亚大学亚洲研究系与西班牙马德里自治大学东亚研究中心主办的"当喜马拉雅山与阿尔卑斯山相遇：佛教艺术暨佛教在欧洲的传播国际高峰论坛"期间对汪悦进先生的访谈，后整理成文《以"观"入"想"的镜像与镜殿》（未刊稿）。

图 2-44　居家门头悬挂的镜子和手绘骑虎神灵。广东东莞塘尾村，2017，笔者摄

图 2-45　新娘脚踏装有粮食和油灯的升斗，亲友为她佩戴镜子和凤冠。云南大理，
2018，笔者摄

门，意为驱走邪秽之物。这面日常的普通镜子，经由仪式具有了一些非日常的神圣意义。

在认识发生初级阶段，人们眼中的镜像，是一种"异己"的存在。他们要认知这个异己者和自己的关系，很不容易。前人类学时代人们对自我和他者的认知困惑，如同动物、婴儿和原始人第一次照镜。第一次接触他人或异文化的人，就像第一次照镜或看照片的人。一方面，他们把同为人类的另一个"我"视为"他者"，通过种族、族群、阶级甚至家族这些自定的标尺，隔离、对抗甚至毁灭这些被界定为"他者"的人们，巫蛊即是其中之一；另一方面，他们又通过对自我和他人的镜观，在"我与他人""我与非我"等精神性的障碍里不断纠结。法国著名精神分析学家和思想家雅克·拉康（Jacques Lacan）等，从认知和精神分析的角度，对镜像进行了有趣的探讨。[1] 他们认为，镜子不仅能辅助鉴明身份和自我再现，而且能征显出严重的精神问题，如那喀索斯（Narcissus）式自恋和妖魔化他者的习俗。[2]

---

1 [法]雅克·拉康《镜像阶段：精神分析经验中揭示的"我"的功能构型》，吴琼译，见吴琼编译《视觉文化奇观：视觉文化总论》，中国人民大学出版社 2005 年版。

2 [法]萨比娜·梅尔基奥尔-博奈《镜像的历史》，周行译，广西师范大学出版社 2005 年版，第 4 页。

第三章

害命谋财

　　几乎所有的记录，都把黑巫术视为用阴谋夺命杀魂的邪术。对它的恐惧，或许可以看作对社会中罪恶勾当及其秘密恶势力忧惧心理的信仰化折射。与鬼神迷信不同的是，巫蛊迷信是人鬼（神）混一的。它之害人，是药方与巫方，物理、心理与文化诸因素同时作用的结果。与鬼神迷信相似的是，它们都是很难确定的。但在民间信仰中，"蛊女"的罪证就和鬼神的存在一样毫无商榷余地。

　　于是，被指控为夺命杀魂的人，有的是心术不正的恶徒，但有的却是莫名其妙的无辜者。

第一节　杀魂夺命

　　我不止一次地听到关于"杀魂"的恐怖故事，而且几乎每个讲述者，都把它们说成是"真的"，并由此衍生出诸多"凶煞"（图 3-1、3-2）。

图 3-1 雌雄煞神，云南保山纸马

图 3-2 （七）杀。云南腾冲纸马

在滇西那些炎热的、孳蚊滋生的山谷里，偶尔会见到个别行动迟缓、目光呆滞的人，有的是先天性痴呆症患者，有的不是。有人悄悄告诉我，这是被"埋杀"掉魂的人，他们因为得罪了某些有能耐的人，被施术埋掉了魂，从此变成没有灵魂的行尸走肉。

从滇西往北走，是峡谷和高海拔的山区，这里依然悄悄地流传着一些关于埋魂、关魂和杀魂的秘闻。一位通晓本民族文化传统的纳西族老者（图 3-3），在我的笔记本上用古老的象形文字，写下这样两组符号：乃/尺 和 乃入。

他说，前者读作"heflal"，意为"杀魂"，后者读作"heftər"，意为"关魂"或"打魂"。我的两位纳西族同事，也谈及此俗[1]：

---

1 一位是丽江东巴文化研究所研究员和力民，一位是云南省社会科学院民族学研究所研究员杨福泉，下引文字，即由杨福泉提供。

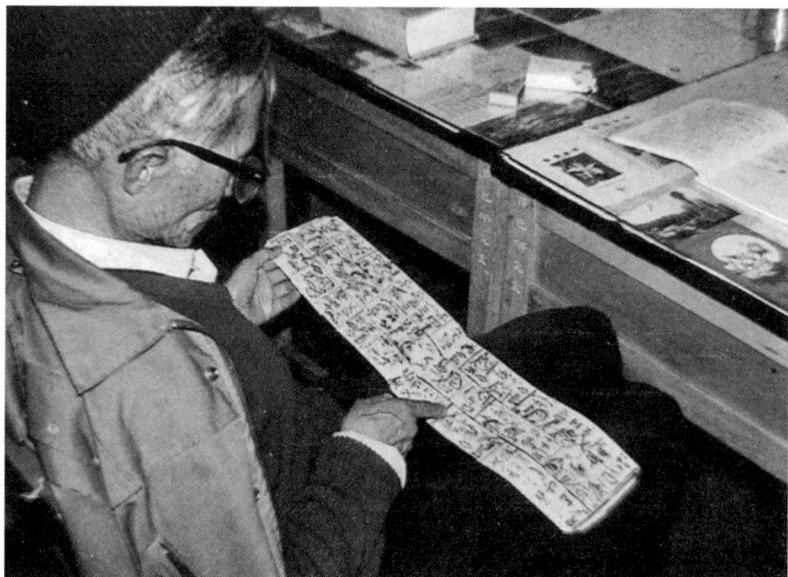

图3-3 纳西族老"东巴"为年轻村民讲解"东巴图画—象形文字"。云南丽江，2000，笔者摄

纳西族东巴教有一种用来进行报复、复仇、伤害对手的黑巫术仪式，这种仪式被称为"亨腊"或"亨绪"，意为"打魂"或"杀魂"，以打死仇敌之魂的巫术手段来使某人生病或至之于死地。这种"杀魂"仪式一般在下列情况下进行：某人有仇家或宿怨甚深的对头，或者，碰到诸如某人家被盗，后来知道偷盗者是谁等情况，当事者就会去请求东巴举行"杀魂"仪式。在该仪式上要念一本名为《杀魂》的经书。在该经书中写明：举行"杀魂"仪式需要下列物件：火药、黑鹤肠、麝香、菖蒲、黑冷杉树枝。然后，画上要杀魂的那个对头之像，把上述这些东西供给他吃。主持该仪

式的东巴事先编一个稻草人，代表将要被"杀魂"的人。东巴再把一个老鹰胆放在稻草人的心脏部位前，然后，开始念诵《杀魂》经书中的巫术咒语，连续念七天。同时，在稻草人的嘴部塞进食物。到第七天，东巴用一把弓射稻草人面前的老鹰胆。人们认为老鹰会复仇，把稻草人所代表的那个人的灵魂抓走，那个人在七天之后会生病或死亡。类似这种杀替身物代替本人的顺势巫术也见于其他东巴教仪式中，在为去世的东巴举行的超度仪式"祭什罗"中有一个小仪式，叫"卡梭麻布"（送卡梭麻），"卡梭麻"即神话中所说的东巴教祖师丁巴什罗所降伏的女鬼王。丁巴什罗先诱其与他同居，然后作法镇压。东巴认为"祭什罗"这个仪式最早是为死去的丁巴什罗举行的，因此该仪式中的很多内容都与丁巴什罗有关。东巴做一个与人一般大小的稻草人，穿上用纸做的女性衣服，象征女鬼卡梭麻，把它放在椅子上，身边放上神话中所描述的她的武器铁锅、铁链、绳子等，在腹部部位的里面放一个盛着猪血的口袋或羊肚。当仪式举行到"杀卡梭麻"时，东巴拉弓搭箭，射稻草人的腹部，使其"鲜血"迸溅而出，表示杀死了女鬼"卡梭麻"。（图 3-4）

在云南，过去还有一类"杀魂"的法术，让人感到十分迷惑：一个咒语，甚至只是一个梦，有时就会牵扯到一个人的安危乃至一条人命。例如，怒江一带傈僳族和怒族中，有一种叫"尼扒"的巫师，据说这种人能用肉眼看见鬼，其巫术既能祭所有鬼，又能"杀魂"或治"杀魂"。当然，虽说尼扒均会"杀魂"，但是杀魂者不一定都是尼扒。他们称杀魂者为"扣扒"，意为"迷人的人"。他们认为扣扒的灵魂和一

图 3-4　纳西族巫师"东巴"持刀剑、铜铃等法器，煨桑做驱邪道场。云南丽江，2006，笔者摄

般人不同，他的灵魂是鹰鬼。又说："扣扒不是神授也不是祖传，而是因为他的祖宗曾经有人是扣扒，所以成为扣扒。扣扒杀魂不一定和被杀魂者有仇恨，正如狗并非和人有仇恨，而狗还是会咬人一样。"他们还认为，要是晚上梦到了鹰，同时又梦到某人，继而生病，那么，自己便是被这个梦到的人杀了魂；或者外出时遇到某人，心里犯疑，回家后正巧得了病，那遇到的这个人就是杀魂的扣扒。

被指为扣扒的人，必须按习惯法让他当众捞热锅，即在沸水里捞出一块没被人踩过、没被牛羊粪污过的神石。三天后，以被告之手是否烫出水泡来判断他是否杀了魂。如果被认为是杀魂者，轻则驱逐出寨，重则处死；如果碰巧他的手没起泡，便可获得原告用于打赌的财物。这类荒诞的"神判"，1950 年代尚有多起发生，引起家庭纠纷乃至武装械斗。[1]

"蛊婆"易形以"食小儿脑"的传说，在古代方志和笔记中也有记述：

乾隆二十年，京师人家生儿，辄患惊风，不周岁便亡。儿病时，有一黑物如鸺鹠，盘旋灯下。飞愈疾，则小儿喘声愈急。待儿气绝，黑物乃去。未几，某家儿又惊风。有侍卫鄂某者，素勇，闻之怒，挟弓矢相待。见黑物至，射之，中弦而飞，有呼痛声，血涔涔洒地。追之，逾两重墙，至李大司马家之灶下乃灭。

鄂挟矢之灶下，李府惊，争来问讯。鄂与李素有戚，道其故。大司马命往灶下觅之，见旁屋内一绿眼妪，插箭于腰，血犹淋漓，形若猕猴，乃大司马官云南时带归苗女，最笃老，自云不记年岁。疑其为妖，拷问之，云有咒语念之，便能身化异鸟，专待二更后出食小儿脑，所伤者不下数百矣。

李公大怒，捆缚置薪活焚之。嗣后长安小儿病惊风者竟绝。[2]

袁枚另记有"道士作祟自毙"。不法道士因一念之嗔，行法唬人的勾魂害命之术，亦是魇镇巫术的一种流行样式：

1　田家祺等调查整理《碧江县五区色德乡德一登村傈僳族社会经济调查》，见《傈僳族社会历史调查》，云南人民出版社 1981 年版；云南民族调查组怒江分组《碧江县一区老母登、普乐、知子乐三乡怒族族源和民族关系调查》，见《怒族社会历史调查》，云南人民出版社 1981 年版。

2　[清] 袁枚《子不语》，第 118 页。

杭州赵清尧好弈，闻落子声，必与对枰。偶游二圣庵，见道人貌陋，与客方弈，而棋甚劣，自称炼师。赵意薄之，不与交言，随即辞出。

是夕上床就寝，有鬼火二团，绕其帐上。赵不为动。俄有青面锯齿鬼持刀揭帐，赵厉声呵之，旋即消灭。次夕，满床作啾啾声，如童子学语。初不甚分明，细听之，乃云："我棋劣自称炼师，与汝何干？而敢轻我。"赵方知是道士为祟，愈加不恐。旋又闻低声云："汝大胆，刀剑不畏。我将以勾魂法取汝性命。"遂咒云："天灵灵，地灵灵，当门顶心下一针。"赵闻之，觉满身肉跃跃然，如欲颤者。乃强制其心，总不一动，兼以手自塞其耳。然临卧，则咒声出于枕中。

赵坚忍月馀，忽见道士涕泣跪于床前，曰："我以一念之嗔，来行法怖汝，要汝央求，好取些财帛。不料汝总不动心，我悔之无及。我法不行于人者，反殃其身。故我昨日已死，魂无所归，愿来服役，作君家樟柳神，以赎前愆。"赵卒不答。

明日，遣人往二圣庵视之，道士果自到。嗣后，赵君一日前之事必知之，或云道士为服役也。[1]

这个故事有意思的地方在于，在道士的邪术面前，如强制其心，总不一动，坚忍下去，竟可反制其术，让作恶者自食其果。

在北京和云南大理巍山等地，配合杀魂夺魄行为的，有特别的神灵专司勾魂（拘魂）、惊魂（惊骇之神）、迷魂（迷神）等邪灵（图3-5

1　同上，第195—196页。

图3–5 勾魂。清末北京纸马
采自萧沉博客《俗神》

图3–6 惊骇之神。云南巍山
纸马

图3–7 迷神。云南大理纸马

至3–7）。各地也都有类似邪神，如云南巍山、大理一带的黑煞三老总
爷、黑煞三郎、掌兵太子和白莺太子，都是土主的勾魂捉魂差使（图
3–8至3–11）。不慎冲撞到它们，或它们被坏人役使，都容易导致人丧
魂落魄。

　　在民俗雕版木刻中，勾魂的大神满脸刺一样的胡须，一手抓着
一个人的头发，一手牵着系住人的一根线，这些都应该是他勾住的
魂魄。黑煞三老总爷长着一脸铁鬃样的冲天毛发，右手持剑，左手
挽刀，骑马披甲，威风凛凛。民间说他"凶神恶煞，怪喊辣叫的"。
黑煞三郎的样子没有那么吓人，但头边却飞着两个奇异的东西，像
是类似"鬼蝴蝶"的蛊灵。人们认为，人出门在外，撞着黑煞祸祟，
魂被捉走，就会生病，需要在十字路口，和掌兵太子、白莺太子纸
马一起祭献。白莺太子供养在云南巍山大小寺下来的土主庙里右边

149

图 3-8　黑煞三老总爷。云南巍山纸马

图 3-9　黑煞三郎。云南大理纸马

图 3-10　掌兵太子。云南巍山纸马

图 3-11　白莺太子。云南巍山纸马

上方，骑马捉魂。土主庙门前是牛王马王，冲撞到了要和黑煞三郎、掌兵太子纸马一起祭献。他们旁边所飞之奇物和鸟（白莺），或许也是一种蛊灵。

第二节　关魂禁魇

古代笔记小说中，有不少关魂禁魇的记录，如清人袁枚在《子不语》中所述之"藏魂坛""老妪为妖"及黎人的"禁魇婆"等，均为当时流传的"关魂禁魇"传说：

> 云贵妖符、邪术最盛。贵州臬使费元龙赴滇，家奴张姓骑马上，忽大呼坠马，左腿失矣。费知妖人所为，张示云："能补张某腿者，赏若干。"随有老人至，曰："是某所为。张姓昔时倚主人势，威福太过，故与为恶戏。"张亦哀求。老人解荷包出一腿，小若虾蟆，呵气持咒，向张掷之，两足如初，竟领赏去。
>
> 或问费公："何不威以法？"曰：无益也。在黔时，有恶棍某，案如山积。官杖杀之，投尸于河。三日还魂，五日作恶，如是者数次。诉之抚军，抚军怒，请王命斩之，身首异处。三日后又活，身首交合，颈边隐隐然红丝一条，作恶如初。后殴其母，母来控官，手一坛曰："此逆子藏魂坛也。逆子自知罪大恶极，故居家先将魂提出炼藏坛内。官府所刑杀者，其血肉之体，非其魂也。以久炼之魂，治新伤之体，三日即能平复。今恶贯满盈，殴及老妇，老妇不能容。求官府先毁其坛，取风轮扇扇散其魂，再加刑于其

体，庶几恶子乃真死矣。"官如其言，杖毙之，而验其尸，不浃旬已臭腐。[1]

易腿藏魂之术，在清代滇行笔记中流传较广，这段记录描述得更活灵活现一些。老百姓对勾魂普遍的恐惧，在清代曾经演化为震惊朝野的公共事件。这事被美国学者孔飞力在其著《叫魂》里详细叙述了。[2]与此相似的，还有造成滇中恐慌的纸人剪发案：

> 滇中于丙戌之夏，有纸人夜间飞空入人家，抵窗隙入室，剪人发辫及鸡尾。人被剪者不自觉，睡起视发忽不见，为之惊讶。其始自迤东起，渐至迤西，举国若狂。因言用红布束发及白土画门为十字可以厌之，小儿群恐，竞以红巾缠头，一时市中皆赤，人家门户皆画白十字。……或云：此乃白莲教所为。白莲教能以符箓禁咒作为纸人，役使鬼物。[3]

另有禁魇之术，则与女巫或蛊女夜晚聚会施术的传说相似，不过更绝，是"禁魇婆"夜间裸体仰卧山顶，对星月施符诵咒：

> 粤东崖州，居民半属黎人，有生黎、熟黎之分。生黎居五指山中，不服王化。熟黎尊官长，来见则膝行而入。

---

1 [清]袁枚《子不语》，第117—118页。
2 [美]孔飞力《叫魂：1768年中国妖术大恐慌》，陈兼、刘昶译，生活·读书·新知三联书店2014年版。
3 [清]杨琼《滇中琐记》，见方国瑜主编《云南史料丛刊》第十一卷，第265页。

> 黎女有禁魇婆，能禁咒人致死。其术：取所咒之人，或须发，或吐余槟榔，纳竹筒中。夜间赤身仰卧山顶，对星月施符诵咒。至七日，其人必死，遍体无伤，而其软如绵。但能魇黎人，不能害汉人。
>
> 受其害者，擒之鸣官，必先用长竹筒穿索扣其颈项下，曳之而行。否则近其身，必为所禁魇矣。
>
> 据婆云："不禁魇人，则过期己身必死。"[1]

"禁魇婆"，黎族今称"禁母"，直到近代，这种信仰仍然存在。

原以为以上记述不过是以讹传讹的"怪力乱神"传说，但查民俗资料，这类邪术在民间竟然不少。元人周致中《异域志》卷下云："洞蛮，有土官掌之，其人皆与广西人同。食蛇鼠为上等之馔，以猴肉为鲊，其人皆能下蛊杀人。"[2]据侗族民俗学工作者调查，仅贵州侗族民间过去流传的黑巫术，就有"埋狗头""扎鸡头""放阴箭""放飞刀""埋布人"等方式，总称"厾厦"（即所谓"魇胜"或"魇魅"）。

埋狗头。选一凶恶的时辰，将一条雄犬杀死，割下狗头，附上仇人的名字和生辰，再施以有关的黑法符咒，掘一深坑埋之。不久仇人便会生病，若不设法挖出，病者必死。

扎鸡头。用一只未开叫的白公鸡，在仇人生日那天作法念咒把鸡杀死，砍下鸡头，施以符咒，用十二颗钢针扎在鸡头上，置一瓦罐内封好，然后将瓦罐置于房梁或树尖上，仇人则终日头昏目眩；若置于深水潭底，仇人则终日昏昏沉沉；若置于碓臼底下，在别人舂碓时仇人便

---

1 [清]袁枚《子不语》，第478—479页。

2 [元]周致中《异域志》，中华书局1981年版，第72页。

感到头痛难忍。

放阴箭。某人与他人有仇，不能了结，就请法师作法念咒，放阴箭伤人，即把大雷蜂或黄蜂施术后放出，让它们飞去仇家伤人。有的是用碎布扎一小人，将仇人的生辰八字写上，再作法施术。用一支小箭插在小人身上，仇家即胸口剧痛似箭穿心，若不能解除，则疼痛身亡。

放飞刀。专对大恶人才用的法术：用一木盆盛满水，放一对磨得锋利的杀猪刀在内，法师作法念咒施术，这对刀子在水中自会摆动，慢慢变成一对鱼，水渐变成血色，漫出地面。这时恶人就会呛血而死，此法必须掌握对方的生辰八字。

埋布人。用碎布扎一小布人，把对方的名字及生辰八字包在布人肚内，用钢针扎在头上或胸口，用瓦罐封好，埋在土里。据传，被整治之人，慢慢地会生病，头痛胸口痛，若不及时请人解除，病情会越来越重，甚至死亡。[1]

其他民族也有相似的做法，如彝族的"孜克觉""撮日"（咒人）"吉觉"（反咒）"放禁"，瑶族的"五海""放禁"，白族的"压魂""偷开"，拉祜族的"放咒验"等。

孜克觉。请巫师"毕摩"将一只病死的牲畜的腿骨和草人放在一起，指明仇家姓名，集合全家进行诅咒，然后将此骨与草人抛弃在仇家附近的路上或田野里，仇人便会患病，慢慢死去。或者扎一草人，或用一条狗，施术后乘夜吊挂在仇家附近树上，让他看到，他即会中邪死亡。还有一种方法是用栗树根砍削成仇人模样，画上咒符，喷上

---

1 《中国各民族宗教与神话大词典》，侗族部分"侗族法术活动"等，龙玉成、龙跃宏等撰，第109—110页。

狗血，念过咒语，将木偶埋藏在仇家附近地下。据说此种巫术极为凶险，将使仇家世代遭殃，使其灵魂永世不能超脱。

撮日。凡被偷盗而无法找到窃者，或有冤家而又无力制胜对方时，便请巫师"毕摩"念经咒之。彝族的咒人，需进行简单仪式：需用山羊三四只、鸡蛋五六十个（如是咒偷窃者，只要一只鸡便可，山羊则不用），三尺长的柳条二十对。作法是将柳条插在山坡上，将一把草和一只鸡捆在一起，把羊、鸡放在树枝旁，巫师把和草捆在一起的鸡（表示缚住偷窃者）拿在手中，念"咒人经"，意思是要被咒的人像鸡一样死去。念完经后，让家人把羊、鸡打死，煮熟食之。然后由巫师做一草人用刀砍碎，以示砍死了被咒的人。最后，一面念着经，一面把鸡头、翅膀、腿捆在一根竹竿上，插在咒人的地方。[1]

吉觉。意为回敬仇人，属反咒性质的黑巫术，其术与前法类似：杀一只公绵羊、一只鸡，扎一草人像，涂以鸡血，并贴上一些鸡毛，呈恶鬼状。主人家全体成员颈上挂一根麻线。巫师"毕摩"边诵咒经，边举起草人像，分别在主人家每人头上顺时针方向转七次，再逆时针方向转七次。诵咒毕，一一取下挂于主人家颈上的麻线，一并挂于草人像上。接着，"毕摩"一声狂吼，手持草人像，奔向门外，将草人像弃于田野。如草人像及鸡毛飞向别人家，即认为别人施术驱咒来的鬼怪邪魔，已被反咒回去。[2]这是典型的以邪对邪，用黑巫术反治施术者。

放禁。瑶族师公查知仇人生辰后，即备一些青菜之类的供物，至屋外隐蔽处，念咒施术，可致仇人生病或遭难。被放禁者亦可请师公

1　宋兆麟《中国巫术》，三联书店上海分店 1990 年版，第 64 页。

2　杨学政《小凉山彝族宗教》，云南省社会科学院宗教研究所编《宗教调查与研究》第一期，1986 年内部印行，第 165 页。

"破禁"或"翻禁",把灾难反嫁给对方。[1]

压魂。白族巫师"朵兮"受人之托,把委托者仇人的像画在一条红布上,知道生辰年月的,还要将其写上。"朵兮"对画像作过法后,点上鸡血,将它埋在十字路口,让来往行人踩踏。据说,不用一年,这个被"压魂"的仇人就会死去。

偷开。偷开为白族话,是偷取对方的影子,对其施术而致对方死的一种巫术。他们认为,人的身影上仍有人的灵魂。为了杀死自己的敌人,就要把对方身影待留过的地方的泥土或小草树叶之类拿一点,再想法偷一件对方穿过的衣服。将这些东西交给巫师"朵兮",请"朵兮"对其诅咒过后,用刀箭砍射其物,就能置对方于死地。[2]

放咒验。拉祜语称"音"。是在寨人互相有仇恨的情况下,借用黑巫术报复对方的方式。如果甲乙两方有仇,甲方要报复乙方,便请来"磨八"放"咒验"。放咒验要用一只大红公鸡,还要做一个小木人到山上石岩边,找来盐酸果树;用刀削些盐酸果树皮及果子放好后,"磨八"杀鸡念咒,念的是专门咒对方的话;"给他脚手断,上山滚陡坡死,过水给河水淌,用斧斧砍死,用刀刀上死……"骂得越多越恶毒越好。念完后杀鸡用鸡血淋在小木人上,尔后用火烧。将鸡头、鸡脚、鸡翅膀、鸡屁股、鸡肠肚,一样取一点放在小竹笼中,将竹笼送到石岩下的刺丛中。一放咒验后,被放的人就如"咒验"所诅咒的那样病倒在家里,疼痛难忍。此时,若是知道有人放"咒验",只须请"磨八"用同样的方法放还就无事了,病就会自然地一天比一天好起来。如不知

---

1 《中国各民族宗教与神话大词典》,瑶族部分"放禁",刘小春撰,第 649 页。
2 章虹宇《鹤庆西山区白族的"朵兮"教》,《边疆文化论丛》1991 年第 3 辑。

道是被人放"咒验"，病情就会加重，哪怕杀鸡看卦也是无济于事的。[1]

在东北地区，还有埋泥人的咒人的作法，做小泥人埋入地中，或进行捶打，意味着被咒的对方死掉或身染重病。还有的做木人，以钢针刺木人的眼睛或心，以使仇方失明或心痛而死。有狠心的婆婆或黑心的后母，为了置媳妇或前生子于死地，也常用此法。

凉山彝族有一种称为"子克觉"的诅咒仇敌的巫术，即是请巫师"毕摩"或"苏业"将一只病死的牲畜腿骨和用麦秆或草扎成的草人一起，指明仇敌的姓名，集合全家来进行诅咒，然后将此骨与草人抛弃在仇敌附近的路上或田野，他们相信仇敌即将患病慢慢死去。另一诅咒的巫术是扎一草人或用一狗，施术后乘夜吊挂在仇敌附近的树上，让仇敌见到。以为这样，对方必遭死亡。[2]

奥地利学者沃杰科维茨在《西藏的神灵和鬼怪》一书中，花了不少篇幅介绍西藏的毁敌巫术，作者认为：致死敌人的比较复杂的方法最初据说由黑苯波巫师施行，但现今宁玛派的僧人也知其法，这就是恶咒法。首先，设法悄悄地获得被害人的指甲或穿过的衣服的碎片，假若这些东西都无法取得，至少应该获得一些对方的脚印土。然后在一片纸上画一圆圈，用十字线分成四个相等的部分。在圆圈的中央画上代表被害者的男人或女人俑像，俑像的手脚画上厚重的铁链锁住。在圆圈的周围写上各种咒语，如"断命""掏心""裂体""断精力""断子系"等。"断子系"这一名称还表示伤害被害者亲眷的意思。写好咒语后，用妓女的几滴经血涂抹每条咒语，将被害者的头发、指甲等物

---

1 思茅地区群众艺术馆、澜沧县拉祜族自治县文化馆编印《猎虎的民族：拉祜族风情》，1983年；雷波、刘劲荣主编《拉祜族文化大观》，云南民族出版社1999年版，第129页。

2 本书编写组编《凉山彝族奴隶社会》，人民出版社1982年版，第176页。

摆在先前画好的俑像周围，把纸片折叠起来，用一块布裹好，然后用妓女的经血弄污，接着把包裹塞到野牦牛的右角中，并添置下列物品：少量的男人、女人、山羊和狗的血，十字路口取来的土，从黑铁匠那里取来的铜铁碎屑，一节上吊绳或其他自杀者用过的东西，分娩时死亡的妇女的骨头、皮肤或头发，乌头碱，寡妇内衣的碎片，地下暗泉水，最后还要在牦牛角中填进一两只活的黑蜘蛛。牛角的开口要用死尸头发制成的堵头堵死，再用黑线捆紧堵头，在黑线上嵌上用有毒灌木制成的两端尖的一些小楔子。这样处置的牛角叫"施恶咒"。在整个施咒过程中，巫师必须特别小心，他放进牛角的各种东西绝不能和自己的身体有接触，否则恶咒也将会对巫师本人起作用。因此在牛角装好之前，巫师总用一块布包住自己的双手。

在上面所描述的程序完成之后，巫师就要在深夜举行"召请众护法神"的仪式。他摆好三块从墓地或十字路口抱来的石块，排列成三角形，在最上的石块上置一铁盘，内盛贱民的骨头，一些从斗殴死人之地取来的土和从鬼魅出没的荒山上取来的土。在铁盘的中央放好牦牛角"恶咒"。在石块和铁盘的周围用土堆成九个同心圆的土岗，象征九条山脉；在土岗之间倒上一些水，代表被这些山脉分割的九座海洋。

接着，巫师召唤所有的怒相护法神来帮助他毁灭敌人、并给护法神供奉血甘露。用作这种供品的液体是绵羊血或牦牛血，最好是母鸡血。以前也常用人血来配制这种甘露。

天破晓时——这段时间被认为是施行黑巫术最好的时间——巫师小心翼翼地走近被害者的家宅，目的是把恶咒放到这家的基石内。最好是将恶咒牛角放在这家的大柱之下，如若不行，可将牛角埋在该宅的一个角落下面。埋牛角的小土坑要挖成三角形，三角形的底边朝向巫师自家房屋所在的方向，底边所对的角朝向被祟者家宅的中央。然后在坑内放入三块石头，象征三面巨大的屏障，并往坑中倒一些水象征湖泊。最后，用一个火把伸入坑内"驱走饿鬼，不然在洞口被封之后会禁锢在咒坑内"——这真是为了整个黑巫术而进行的一个奇怪的、但考虑周全的步骤。在把牛角放在两块石头之间以后，要把坑口立即封上，用脚把封口的土尽可能踩坚实，并在上面放置一块石头，用火把在上方燃照片刻，再把一些炒青稞面撒在石头的上面。

巫术仪式举行之后，施行所有法术的巫师和施投恶咒的主顾，必须绝对断绝和被害者的任何接触，甚至不能和他讲话，更不能进到他家里。三个月之后，据说黑巫术开始初次显效。最初是各种灾难降临被害人之家，接着是他和他的家人死亡。

也会出现如下的情形：当第一次不吉之兆出现之后，受巫术所祟的人就会怀疑是否有人在他家的宅基放置了恶咒牛角。他首先用各种占卜方法来找出牛角所在，或者咨请代言神巫看是否有恶咒，恶咒牛角藏在什么地方。假若此人顺利地找到了恶咒所在，就把牛角挖出来扔进河流，这样就禳除了恶咒牛角的所有魔法。相反，如果占卜没有取得预想的结果，那就必须延请喇嘛，为生命处于危险之中的人扔出一个替身。替身和朵玛必须埋在家宅墙基的底下，用以禳除由恶咒牛角施放出的魔力。这种禳除供品被称作"蚀咒"。

为了伤害仇敌，西藏巫师也经常使用下面的方法：

为了致病于人，要画一座新月形的红色坛城。巫师必须把他想要伤害的人的生辰八字写在一块从死于瘟疫的人尸体上得到的布片上。所用的墨水是黑肤婆罗门少女的经血。将这块布置于黑色烟雾中，同时祈请怒相护法神，此后再将布片铺于坛城之上。巫师挥舞着用死于瘟疫的人的骨头做成的短剑，他必须念诵一万遍相应的咒语，然后用魔法对布片进行"加持"，最后将它藏在被害者寝处所在的地方。

为了使别人暴病，就要用白芦荟汁制成的墨水把被害者的名字和族系写在一块布或一片树皮上，然后把它挂在毒雾中。巫师念诵必须的咒语，手持用花椒木或姜黄木制成的短剑，最后将布片放置在据说是穷保魔无形鬼居住的地方。

要致使仇敌发疯，就要在一座大森林的中央画一个黄白两色的四方形坛城。用树叶和草扎成一个仇敌俑像，将其置于燃烧曼陀罗属植物放出的烟雾中，念诵一万遍必须的咒语，在诵咒过程中，巫师必须手持用婆罗门的人骨制成的短剑，频频用草叶俑像的舌头碰触短剑。最后，将俑像埋在野兽习惯聚集的地方。

致使某人迅速发疯的方法据说是这样的：巫师在一座山的山顶上画一座白色的圆形坛城，在坛城上放置一个用毒树的毒叶制成的仇敌俑像。将仇敌的姓名和家族传承谱用旃檀木汁写在俑像上，然后将俑像置于焚烧人油燃放的烟雾中，同时，右手持名叫"王族上概"的魔剑，一边念诵相应的咒语，一边以剑触俑像的头部。最后，将俑像弃于据认为是玛姆女魔居住的地方。

致使某人成为白痴，就要用因呆傻死亡的人的脑浆血，把仇敌的名字和家谱写在一片纸或一块树皮上。此后的程序与上面描述的相同，即制作仇敌俑像，一边念诵恶咒，一边用旃檀木或名叫"夹"的茅草制成的普巴魔剑触俑像的舌头。俑像和纸片、树皮最后要放置在土地神居住的地方。

致使某人成为残疾的魔法如下：在一处生有独干树——恰如一根拐杖——的地方，画一座三角形的黑坛城。在猫头鹰的皮上写上仇敌的名字和希望致残情景的描述，所用的墨汁是秃鹰的血。巫师要念诵一万遍相应的咒语，挥舞一种名叫"戍陀罗上橛"的普巴短剑。最后，将这些东西放入口袋内系好，挂在墓地生长的树上，如果当时恰好有强劲的风吹过，刮走了这个口袋，那就象征着被害之仇敌不久就会变成残废。

要使仇敌的家畜致病，巫师用血把要致病的那种家畜的名字写在从死后的良马尸身上剥下来的马皮上。写字用的血应该是死于畜疫的绵羊或母牛等的血。此后，巫师念诵相应的愿文，挥舞用婆罗门人人骨做成的普巴橛。最后，把马皮投到仇敌的马厩里去。[1]

在滇中，一位会"关魂"的巫婆的收入，半个世纪前就列入了著名社会学家费孝通教授的调查表。1993 年，他的后继者继续到这个滇中小村调查时，这位会"关魂"的巫婆顾师娘的名头，仍然如此之响，"甚至远播邻近的几个县"。传说，顾师娘来自江川一带的浪广，刚到村里，就摆起了香案供桌，开始了她的巫婆生活。由于她无亲无戚，一来就摆弄这鬼鬼神神的营生，引起了一些人的反感，想把她赶出去：

> 在她摆香案开张的第一天，来了四个小伙子，年轻气盛，火气很旺。一进门就大声吆喝，说要"关魂"，叫她到阴间找一个他们想见的人，若是找不到，说不准，定要砸烂她的香炉，把她撵出村子。不准她在禄村骗人。顾师娘问了他们想见的人的名字，他们说叫李宝。听完她就烧香叩头，作起法来。不一会她似乎就

1　[奥] 勒内·德·内贝斯基·沃杰科维茨《西藏的神灵和鬼怪》，第 572—575 页。

入了境，浑身发抖，手上的香火抖得四处乱溅，一副人事不知的样子。好容易才醒转来，四个小伙子相对诡秘一笑，朗声问：

"咯找着了？"

"找到了，你们真要他来？"

"当然啦。"

"当真？"

"当真。"

"你们真要他来，我也可以把他带来，只是我把他的魂带来见你们，你们今后就没有这个人了。你们想清楚。"

四个小伙子吓了一大跳，大出乎他们的意料之外。其中一个精灵的赶紧问：

"你见着他的魂了？他在干什么？"

"他的魂不在阴间，他的命还长呢！现在他正坐在他家的厨房门口抽烟喝茶。你们定要他来，我就把他的魂带走，今后这个人死了，与我无关。"

四个小伙子越听越奇，听完后跳起来就往李宝家跑。一推院门，李宝果然坐在厨房门口抽烟，旁边放一盅茶。一见四个小伙子，就站起来让烟。四人又惊又吓，也不接烟，返身回去，对顾师娘说不想见了。从此，顾师娘在禄村站稳了脚根，名气越来越大。今天，绿村人讲起这件事还笑破肚皮，说："那回，四个背时鬼试顾师娘的能耐，喊她'关魂'，关着个活人，是小卖部对面三狗他爹。"[1]

1　朱霞《冥土访客：与一位加拿大学者在禄村的调查散记》，《山茶》1994 年第 1 期。

上引黑巫术，一般都要以偶像或动物作为模拟攻击对象，至少也要以对方的姓名或生辰八字等作为感应的符号。信仰这类巫术的人们认为，天地万物皆处在一种互可感应的神秘关系中，特别是人的姓名、生辰八字等符号，是他命相的代表性信息，如果对与此产生同构关系的别一事物（如偶像、动物等）发动攻击，影响必然会波及这个人。黑巫术便是建立在这种"同构感应"的信仰基础上的。基于这种观念，中国许多民族都忌讳随便透露自己的生辰八字，忌讳自己的毛发、指甲等被仇人所得。毛南族甚至把人的贴身内衣、内裤称为人的"本身"，认为它代表人的灵魂。如果这类衣物被人拿走，哪怕抽走一根棉线，都意味着被带走了灵魂。丧失"本身"的人将会变成一个魂不附体的人，随时都有丧命的危险。在这样的信念基础上，以一个与事实毫无必然因果关系的梦来指控某人的"杀魂"罪行，并举行同样玄乎的"神明裁判"，也就算不得什么奇怪的事了。

这类杀魂夺魄之术，虽然玄乎，却都是秘密进行，是不敢让外人，特别是仇人知晓的。当然也有例外，即借着某种名目，把这杀魂夺魄的黑巫术，公开化为一种民俗或全民仪式。例如流行于香港、澳门、广东等地区的"打小人"仪式（详见第九章）。

第三节　役魂盗财

养蛊或小神子之类借以发财之事，在民间传得很普遍，古籍里也时有记述。查民俗资料，始知这种转移财物或福气的"特异功能"原是暗藏着杀机的。

居住在西藏喜马拉雅山区的一些民族中个别妇女有迷信习俗，将自制毒剂暗中置于酒茶中待客，使饮用者不知不觉中毒身亡，并认为死者生前的"福气"（如健康、长寿、富有等）以此便可转移到投毒者身上。此俗仅传其女。投毒范围不包括官员、喇嘛等有权势者，除此则不分亲疏。中毒后也可用自制土药及时解毒。有的也借此毒害仇人。一般人对此行此恶习者深恶痛绝，一旦发现即驱逐出村。民主改革后此俗已基本破除。[1]

清人袁枚在其著《子不语》卷十四中述：

> 云南人家家畜蛊。蛊能粪金银以获利。每晚即放蛊出，火光如电，东西散流。聚众噪之，可令堕地。或蛇或虾蟆，类亦不一。人家争藏小儿，虑为所食。养蛊者，别为密室，命妇人喂之；一见男子便败，盖纯阴所聚也。食男子者粪金，食女子者粪银。——此云南总兵华封为予言之。[2]

清人张泓撰《滇南新语》云：

> 蜀中多蓄蛊，以金蚕（蛊）为最，能戕人之生，摄其魂而役以盗财帛，富则遣之，故有嫁金蚕之说。[3]

清人陆次云《峒溪纤志》亦言：

1 陈永龄主编《民族词典》，上海辞书出版社 1987 年版，第 988 页。
2 [清]袁枚《子不语》，第 310 页。
3 [清]张泓《滇南新语》，见方国瑜主编《云南史料丛刊》第十一卷，第 402 页。

凡蛊夜出有光，熠如曳彗，是名飞蛊。光积生影，状如生人，是名桃生；影积生形，能与人交，是名金蚕。于是任意所之，流毒乡邑，杀人多者家益富。[1]

有的则善幻术，将人变为猪羊，逼人"以钱赎之"，类乎"绑票"：

相传其人多幻术，能以木换人手足，人初不觉，久之行远，痛不能胜。有不信其说者，死之日，剖股视之，则果木也。又能置污秽于涂，人触之者，变为羊豕，以钱赎之，复变为人。[2]

清人张泓《滇南新语》亦述及这种魔术：

更闻元江郡外，以木易客腿，索财既足，始复其胫，否则木脱蹩立矣。[3]

《乾州厅志》在述及苗地蛊害之后，接叙道：

苗人畏蛊不学其法，惟苗妇暗习之。嘉庆以前，苗得放蛊之妇则杀之。嘉庆以后，苗不敢杀妇，则卖于民间，民间亦渐得其

---

1 [清]陆次云《峒溪纤志》，见胡朴安《中华全国风俗志·苗族·峒溪诸苗奇俗纤志》上册，上海科学技术文献出版社 2011 年版，第716—724页。
2 同上。
3 [清]张泓《滇南新语》，见方国瑜主编《云南史料丛刊》第十一卷，第402页。

法。黠者遂挟术以取利。[1]

《黔书·蛊毒》亦云：

> 苗狆欲致富者，多蓄蚺虺蜈蟆诸毒物于瓮缶中，滴其涎沫于
> 酒食以饲人，中之者绞肠吐逆，十指皆黑，吐水不沉，嚼豆不腥，
> 含蘗不苦，是其症也。[2]

由此可见，养蛊者之所以富，是因其有"役魂盗财"的邪术。所役者，或为不幸中蛊者之魂。或为某种超自然之灵（如"小神子"），养蛊者靠它们发取不义之财（"挟术取利"）。据老人说，每年大年三十，养蛊的（特别是养金蚕蛊的）人家，便要对蛊算账："今年进是进了点财，但亏得更多，希望来年更好。"千万不能说真话，富了也要说欠债多少多少，否则蛊就会作祟。由于他们相信养久的蛊有灵魂，怕时间长了事情败露而祸及自身，所以养蛊发财发得差不多时，便要"嫁金蚕"，拿点金银财物、花粉香灰之类，包在布包里，放在路口，谁拾走谁就算"娶"走了蛊。老人常告诫我们，不要贪小便宜拾路上的东西，以免沾上蛊，甩都甩不脱。

有的地方，养蛊人家在"结算"时，甚至夫妻裸体拜祝，冒充穷得没衣穿。清东轩主人《述异记》述及此等瞒神骗鬼的勾当，其中，"虾蟆蛊"篇说：

---

1 [清]蒋琦溥原本，林书勋续修，张先达纂《乾州厅志》，光绪三年（1877）增修同
治十一年刻本，第71页。
2 [清]田雯《黔书》，第95页。

闽有虾蟆蛊，与金蚕蛊大略相同，事之者辄富。其来也，人或于路侧见金帛甚多，知是送蛊，贪昧者遂奉以归，其蛊亦随至。送者遗一册，书事蛊之法及行蛊之术甚备。奉之者家庭洒扫清洁，止奉蛊神，至二氏之教及一应神祇俱不复奉。每至金日，则蛊神下粪如白鸟矢，刮取以毒人。非庚辛申酉日则不下蛊。中其毒者，必先一嚏，则虫入百节五脏矣。其始也昏愦胀满，至虫食骨脏俱尽，则死矣。其毒或入饮食中，或弹衣领上，或鸡鹅鱼肉果蔬之中皆可下蛊。活鸡有蛊，则两腿中皆虫，而行止鸣啄自若，肉有蛊则煮之不熟。凡蛊入食物，隔宿即虫出，故官于此地者受馈饮食，必宿而用之，无虫者非蛊也。事蛊之家，蛊死之人皆为役使，凡耕织之事，鬼皆任之，故不用人力而粟满庚，帛盈箱。至除夕，则以鸡子祀之，夫妇裸拜。且与算帐，每蛊一衙役算银五钱，秀才算银四两，官长算银五十两。蛊多者获利必厚，少则薄。如或厌恶之者，必倍其来之数以送之，又有贪昧者奉之而去。[1]

"畜蛊"篇说：

凡畜蛊之家，必盟于蛊神曰：愿此生得富，甘世世勿复为人。其用蛊也，其人既死，死者之家赀器物悉运来蛊家，其受蛊之鬼即为蛊家役使。凡男耕女织，起居伏侍，有命即赴，无不如意，若虎之役伥然。中斯毒者，唯自投粪窖中稍或可解。闽之尤溪、永安、沙县诸邑皆有蛊。近有尤溪王令，买瓜一担，次日瓜中皆

---

1 [清]东轩主人《述异记》，文物出版社 2020 年版，第 76—77 页。

蛊虫，责买办者，以某家所买对，遂拘卖瓜之人问之，云某家从不造蛊。刑讯之，其人云：有造蛊者，与某有仇，必是人也。即拘造蛊者至，其人不讳，遂夹三夹棍打一百板，并无痛楚，收禁图圄，半夜失其人所在。至其家追捕之，则已举室遁矣。近岁有异人传治法，凡至蛊者之家，须挟一鸡入门，蛊家解意，即付药一服，彼此不交言而退，服之无患矣。[1]

清人李绂纂、曾日瑛修《汀州府志》卷四十五"杂记丛谈"亦揭露：

赖子俊、廖高蒲，皆上杭人翁婿也。子俊传其妇翁张德之术，于每年端午探取百虫封贮瓦罐，自相残食，逾年起视，独存一虫，形如蚕色。用金三四片，茶叶、枫香养之，择日占断，一年当用几次，依占取出虫粪，秘置饮食中，使人腹痛，死后魂魄为之力作，坐是致富。翁婿递相承受，逢朔望日，夫妇赤身拜祝云："金蚕公，金蚕娘，我家夫妇没衣裳"等语。万历三十一年（1603），本乡曾莲峰、廖永祥等连遭毙命，事发到官验尸，黑虫群飞，搜其室，金蚕在罐，用炭火烧绝，二恶并服上刑。大凡蓄蛊之家，久必为祸，须以银物伴送密封或置道旁，谓之"嫁金蚕"。万历四十六年（1618），归化人杨兴、严孝孙、冯昆山、温三元、邓苟先等互相传授，乡民罗守仁、罗瑞等遭之惨毙，临葬棺内如水动，及开视，尸皆成血水，骨节皆有虫眼，事发供吐请神咒语，称："茅山一郎，茅山二郎，金花小姐，梅香小娘，早到炉前，存留形迹"

1 [清]东轩主人《述异记》，文物出版社 2020 年版，第 76—77 页。

等语。其被害魂魄，或午后，或夜间，有冷风一阵，即能见形，令其耕田插稻，无往不可。[1]

除了役魂（或役蛊灵）盗财，以得现世的财富之外，还有传说，认为放蛊害人者亦为谋取来生之利。我在滇西北某些少数民族中调查时，当地人对我说，有蛊的人家遭人嫌遭人恨，过去一经发现出的人命与她们有关，还要被撵被杀，但为什么禁不止呢？一是沾上蛊的人，想甩也甩不脱，像吸毒上瘾一样，毒性已经渗到她们的血里了；二是她放蛊害死了人，这些恶死的鬼魂来世只能投生到放蛊人家当"叭[2]子"，也就是当娃子（奴隶），供她使役。所以，她这辈子再受气，下辈子可以当使唤"叭子"的人，当然也就忍了。宋人文献也有述："人魂为虫，祟所拘，不能托化，翻受驱役于家，如虎食伥鬼然。"[3]

听了他们介绍的这个情况，我不明白，笃信佛教的当地人，又怎么解释这种"恶有善报"的奇怪因果报应呢（此生放蛊害人，来世当奴隶主）？

当然，也有施巫蛊术役人反被智者所役的，虽是民间传说，却反映了当时人们的心态，特录以笑之。此故事见于《太平广记》卷二百八十六引《河东记》：

　　唐汴州西有板桥店，店娃三娘子者，不知从何来，寡居，年

1　[清]曾曰瑛修，李绂纂《汀州府志》，王光明、陈立点校，方志出版社2004年版，第1041—1042页。

2　音 pia。

3　[宋]洪迈《夷坚志》，第1762页。

三十余，无男女，亦无亲属。有舍数间，以鬻餐为业，然而家甚富贵，多有驴畜，往来公私车乘，有不逮者，辄贱其估以济之。人皆谓之有道，故远近行旅多归之。

元和中（801—818），许州客赵季和，将诣东都，过是宿焉。客有先至者六七人，皆据便榻，季和后至，最得深处一榻，榻邻比主人房壁。既而三娘子供给诸客甚厚，夜深致酒，与诸客会饮极欢，季和素不饮酒，亦预言笑。至二更许，诸客醉倦，各就寝。三娘子归室，闭关息烛，人皆熟睡，独季和转展不寐，隔壁闻三娘子窸窣，若动物之声，偶于隙中窥之，即见三娘子向覆器下，取烛挑明之。后于巾箱中，取一副耒耜，并一木牛，一木偶人，各大六七寸，置于灶前，含水噀之，二物便行走。小人则牵牛驾耒耜，遂耕床前一席地，来去数出。

又于箱中，取出一裹荞麦子，受于小人种之。须臾生，花发麦熟，令小人收割持践，可行六七升。又安置小磨子，砲磨面讫，却收木人子于厢中，即取面作麦饼数枚。有顷鸡鸣，诸客欲发。三娘子先起点灯，置新作烧饼于食床上，与客点心。季和心动遽辞，开门而去，即潜于户外窥之。乃见诸客围床，食烧饼未尽，忽一时踣地，作驴鸣，须臾皆变驴矣。三娘子尽驱入店后，而尽没其货财。

季和亦不告于人，私有慕其术者。后月余日，季和自东都回，将至板桥店，预作荞麦烧饼，大小如前。既至，复寓宿焉。三娘子欢悦如初，其夕更无他客，主人供待愈厚。夜深，殷勤问所欲。季和曰："明晨发，请随事点心。"三娘子曰："此事无疑，但请稳睡。"半夜后，季和窥见之，一依前所为。

天明，三娘子具盘食，果实烧饼数枚于盘讫，更取他物。

季和乘间走下，以先有者易其一枚，彼不知觉也。季和将发，就食，谓三娘子曰："适会某自有烧饼，请撤去主人者，留待他宾。"即取己者食之。方饮次，三娘子送茶出来，季和曰："请主人尝客一片烧饼。"乃拣所易者与啖之，才入口，三娘子据地作驴声，即立变成驴，甚壮健。季和即乘之发，兼尽收木人木牛子等，然不得其术，试之不成，季和乘策所变驴，周游他处，未尝阻失，日行百里。

后四年，乘入关，至华岳庙东五六里，路傍忽见一老人，拍手大笑曰："板桥三娘子，何得作此形骸？"因捉驴谓季和曰："彼虽有过，然遭君亦甚矣，可怜许，请从此放之。"老人乃从驴口鼻边，以两手擘开，三娘子自皮中跳出，宛复旧身，向老人拜讫，走去，更不知所之。[1]

在云南丽江县，只要上了点年纪的，都会提到20世纪三四十年代丽江发生的一件怪事。一位纳西族老人，对我绘声绘色地讲了这段他"亲眼见"的怪事：

这事发生在1939年至1941年间。丽江有一家很有钱的人，姓奈。奈家闹小神子（纳西话叫"里吃夕"，意思是"养小神子"），屋里会打石头，哪个打出来的不晓得，只见石头从房内一个洞子里打出来。这些石头是采石场的新石头，采石场在离这儿很远的那边山头上，要不就是河底的鹅卵石，水扎扎（淋淋）的一打出

1　[宋]李昉等《太平广记》，第2527—2529页。

来就是三个，"叭、叭、叭"满屋子飞。看热闹的人成千上万，连日昼夜地去看，看了几个月。我也去看了。有个英国人安牧师，要照相，屁股上一下就着了几下，相机也掉了。有个独立营的营长说："我不信！有胆量出来打！"十响枪抽出来，啪啪啪朝天打了一梭。小神子马上回报，劈里叭啦！屁股上着了几下。有个道士做了杏黄旗子，旗子画了符，写着"姜太公在此，诸邪回避"。大红字写着，插在那门楼上。插上去才一会，劈叭劈叭便被打掉，那石头会转弯，一下就把杏黄旗给打了。

我们一放晚学就去看热闹，足足看了三个月。这家人为什么会闹小神子呢？原来是他家得过意外财。有一年，号称万里长江第一桥的子里江桥被龙卷风刮断，桥边的山神庙也毁了。拆修时，奈家的人挖到一些金银财宝，带回乡，盖了房子，发了家。他曾发誓，说要是以后发了家，一定重修山神庙和江桥。后来发了，他却没履行诺言，家里就开始闹小神子了。

小神子会恶作剧呢！不仅会打石子，会把好端端一甑馒头变成狗屎，夜半鬼叫，还会弄神弄鬼，作弄主人。这家人养了小神子，发是发了，在楼上供着祖牌神位。每天一大早，女主人洗漱干净，上楼点烛燃香。上去时好好的，下来时哪知一楼梯都撒满豌豆，把女主人摔得七仰八叉。

早上蒸时放的面团，揭开时却变了狗屎！要烧香磕头，求拜一下，才又变回馒头。有天黄昏，一只小猪吊在他家屋檐，只一根稻草吊着，嗷嗷地乱叫，就是掉不下来。最毒的一次，在他家楼上祖先牌位下边，放着一具女尸。吓得他们又烧香又磕头，说我要好好待你呢，好话一大堆，那女尸才又不见了。

172

闹得无法，只好请了我家下面的两个人，一个姓周，一个姓李，还请了永胜楼门水会念咒的一个，三人一齐请去守夜。他们进了屋，鸦片摊摊摆起，两个才靠下去，那烟灯突然变得绿荧荧的了，互相看看，脸都照成绿的了。三人一个看一个，汗毛竖了起来。那烟灯又幽幽地飘了起来，不高不低悬在半空。三人吓坏了，扑通一下就跪下去。头碰得楼板乒乒响："我们是他家请来守夜的，请你莫为难我们。求你饶恕饶恕，不要和我们开玩笑！"

这家人被闹得实在无法，就请了些巫师，在家里念咒作法，然后，扎一顶轿子，把山神的名号写在牌位上，供祭在轿里，再把他从山神庙得到的财宝加倍奉上，请人抬着这顶轿送到毁弃的山神庙前，照样埋好藏实。同时，他们承头，集资修桥盖庙。从此以后，这家人就清静了，人口兴旺，生意做到印度呢！

养小神子，就象养蛊一样。养的人家财大利大。如果不想养了，就要花钱把它送走。要是谁贪小便宜拾到这些钱物，那么，小神子便跟上了这个人。

这类例子还很多，就拿和氏两兄弟来说，他俩毕业于北京一所政治大学，分别在景东、宾川、鹤庆等县做过几任县长。后来，他俩告老还乡，从白沙束河骑马，路过一座用 12 块木板搭斗的桥——板桥江。正要过桥，忽见一条红色黑斑的蛇，一弯一扭钻到桥下。他们有些奇怪，叫警卫下去看看。警卫钻下桥，不见蛇，却见一些金戒指、耳环、玉镯头等，放在那儿。警卫如实报告，问这些东西拿不拿。和氏兄弟说："怕什么，拿！"拿了揣到怀里，回到家，在大门口下马，就见桥头遇着的红蛇摇头摆尾地钻进他家去了。他们这才吓着了：噢！这些财宝是它的！

第二三天，他家门口就有东西了：一片瓦，装点热灶灰、松柏枝、几个辣子、还有几个面捏的猫猫（老虎）、蟒蛇等等，放在他家大门口。这是我们地方的风俗，说明村里人已经晓得你养鬼了。你家好了，别家就要遭殃，这东西就是这样。大家怕着蛊，怕它作祟，就用瓦片抬面偶到他家大门，孝敬那蛊，求它不要弄我们。

和氏兄弟出门一看到这些东西，又吓了一跳：不好不好！我是干了一台蠢事了。人家送出去的鬼，我捡回来了！尽管这几个月他家做什么都顺利，很是发财，他们还是把那些拾到的财物又送回去了，哪点来送哪点去，原物归原处。送的时候，什么也不见。怪！把东西放回去之后，突地又见那小红蛇，摇头摆尾钻回去了。这蛇就是蛊的化身，它是这些财物的主主！[1]

"既能引财，为什么不留着呢？"我问。

"我说过了嘛！有鬼或有蛊的人家，他发财了，别人就得破财；他好了，别人就遭殃。哪家不怕？于是，天天都有人送瓦片来，让他看着难过，心里虩觫嘛！硬着头皮熬了几个月，还是耐不住，只有把它送回去才安得下心。"

1　访谈对象：和东巴（纳西族，84岁），访谈地点：云南丽江，访谈时间：1993年10月，访谈人：邓启耀。

第四章

魇镇之术

魇镇之术，是一种以诅咒、破坏风水格局、秘投招邪之物，影响被魇镇对象祸福的法术，其方式都较"黑"。古代为了实现某些目的，甚至以人牲魇土（如"下童丁"之类）。无论是公开祭祀还是秘密操作，都具有浓重的黑巫术色彩。

第一节　营造魇镇

建筑营造是耗财耗力最多的工程，小至起房盖屋、修桥建墓，大至皇宫陵园、城市规划，均有不少玄机。虽为物事，却都人为，加之堪舆观念的影响，斗法、斗术、斗风水，成为古代建筑营造中血腥味最浓的"文化"之一。

一、人牲魇土

在重要祭祀仪式上，以人作为献祭的牺牲（血祭），曾经是古代合法的一种巫术与宗教仪式行为。而在建桥、筑城、造祭坛等大型土木工程中，埋入活人用以魇土，竟是中国和世界不少国家通行的办法。

考古学家和研究古代建筑的一些学者，已经发现在建筑下以人牲魇土的大量事实。

半坡聚落遗址在房址西部的居住面下，被发现建房时有意埋入的带盖粗陶罐和人头骨。河南永城王油坊遗址中龙山文化时期的房基下层，房基内被发现有三具儿童和三具相压的青壮年男性骨架，中层和上层遗迹中，也发现了一些在室内地基中的多具儿童骨骸，这些都可能是筑墙之时有意埋入的人牲。汤阴白营河河南龙山文化村落遗址和房基居住面下的填土中和外墙下，被发现有小孩罐葬。河南登封王城岗龙山文化二期遗址内发现的十三个夯土坑内，有层层夯打的建筑祭祀残骸，各层内发掘的成人和儿童骨架从一至七个不等。郑州商代遗址发掘过程中，一座房基下被发现埋有两个儿童和一只狗的遗骸，另一座房基下埋有和房基方向一致的三个儿童和三个成人的遗骸。河南洛阳偃师二里头早商宫殿遗址发掘过程中，在宫殿台基上面被发现有墓葬十座，按遗骸的特征，其中一些有被捆绑的倾向，填土的时候经过夯打。河南安阳殷代建筑遗存中，在夯土围墙房子周围被发现埋着许多小孩陶棺和儿童的头骨。郑州商代城遗址上层房基叠压商代城墙的房基中部发现了完整的人骨架和人头，据推测，死者的身份是奴隶，似被捆绑而埋；另外，房基下埋有猪骨架、大量殉狗坑和人骨。河南柘城孟庄商代遗址夯土中发现了一具17—18岁的人类女性骨架，有被绳

176

子捆绑的痕迹，据估计，死者是建房时被用来奠基的牺牲。河北藁城台西村商代遗址一些房屋的四周、门侧、地基内以及柱础下发现了用牲畜、人头和幼儿作为牺牲的遗骸残存物。1976年春小屯北地的发掘中发现了一名站立在室内柱洞中的幼童，头向上，脚朝下。据《中国文物报》1990年2月22日报道，新挖掘出的殷墟宫室遗址中的北排房中间门道西侧埋着两个东西排列的大陶罐；一道门的西侧发现有三具被砍头的人骨架，头朝东方，还配有陪葬品。"诸迹象表明，前者可能与宫室建造仪式中的正位或置础有关，后者祭祀坑可能属之安宅魇胜的遗迹。"

安阳后岗遗址的发掘报告大致分析了以人魇土的过程：根据发掘情况，已知其龙山文化时期的灰土或房址垫土中有二十七座儿童墓葬，死者多为1—5岁的幼童，被埋的位置有房基、散水下、墙基下、泥墙中或室外堆积。一般情况下，室外堆积或埋在散水中的孩童头朝向房屋，埋在墙基下或泥墙中的孩童的墓圹一般与墙平行。埋在柱洞中的孩童是为立柱仪式而埋葬的，由于立柱时的重压，导致孩童的残骸中凹而下肢上翘。埋在墙基下的孩童皆为女童，头向南，墓口皆在墙基垫土下，坑底则挖在房基垫土中。埋在泥墙中的三名幼童有的配有葬具，是在建房的过程中被埋葬的，其埋葬次序是：先垫房基土，接着埋入两名幼童，然后筑墙，筑墙过程中又埋入另一名幼童。埋葬西墙和北墙外的四个幼童的顺序是：首先，在建房地面的生土上埋上三名幼童，在坑口上垫一层房基土，又埋入一个幼童，再在坑口垫上一层房基土，最后再垒墙。报告的作者指出："在这次发掘中，共发现十五座房址下或其附近埋有儿童骨架，这些儿童是在建房过程中埋入的，最多的一座房址下埋有四个儿童。显然这些儿童是非正常死亡的，而且应是在建房过程中进行某种宗教迷信活动时的牺牲。用人或牲畜作为祭祀活动的牺牲，过去曾在一些龙山文化遗迹中有所发现。但是在房基下大量用幼童作为奠基的牺牲现象，在我国原始社会遗址中还是首次发现。它反映了作为原始宗教活动的重要形式——祭祀，在龙山文化时期已经盛行。不过它和奴隶社会时期大量使用成年战俘或奴隶作为牺牲不同，其牺牲对象主要是幼童。"[1]

现代人很难想象在自己住宅下埋有死人的事实，但在古代，以"下童丁"（即在重要建筑的柱下活埋童男童女）的方术解困，曾经是施工遇到异常现象时，主事者以术制术的手段之一。这种"术"，因其惨无人道，其实和邪术没有什么区别。

1980 年和 1994 年，我到云南通海兴蒙蒙古族乡做调查时，曾听到这样一个传说：

> 七百年前，十万蒙古大军随忽必烈南征云南，灭了大理国。百年后元朝灭亡，驻守云南的蒙古族将士北归无路，落籍云南，其中较大一支在通海凤凰山脚住下来，靠打渔帮工为生，日子过得很艰难，却还得向附近河西官绅交租。
>
> 有个汉官因与河西官绅有矛盾，被罢官后到江湖上学了风水术，复官后回到通海看地脉。准备毁坏河西官绅占势的"风水"。他经多方勘察，看出凤凰山山势如同一只母凤凰，卧在河西，母凤凰成天劳碌，皆为抬食回窝喂养小凤凰；从地脉上看，当地有股"龙脉"，到河西后一股直往通海秀山，一股直通河西城并联其后山"龙巴岛"。看准"风水"后，他便去找凤凰山下受难的蒙古

1　李世武《中国工匠建房民俗考论》，中国社会科学出版社 2016 年版，第 24—27 页。

族，说："你们蒙族一年到头抬食喂城里的小儿，精血都被吸干了。要使你们日子好过，就要叫凤凰不要抬食。"他请善建筑的蒙族在河西城四周造了四个牌坊，如同猎人支的四个扣子，使凤凰不敢再抬食回城。他又叫人在通往河西城的"龙脉"处挖地沟，好把地脉斩断，同时还在河西后山"龙巴岛"上造了一座石塔，压住"龙"气，使其不得抬头。

在挖地脉时，他遇到了麻烦事。那条地沟怎么挖也挖不下去。头天挖掉的土，第二天又长满了，连挖三月，地沟还没挖出来。他只好口含一点米，装死人躺到地沟里。半夜，他听到有人说话，一个说："这儿怎么会有个人？"另一个说"是死人，嘴里白花花都生蛆了。"头个声音说："只要他们不下'童丁'，永远别想挑断地脉。"说完哈哈大笑，地沟一阵动。

他一动不动躺着，直到天亮才爬起来，一看地沟，果然又满了。他立刻找了一对童男童女，埋在地沟正中，还在上面盖了一个小亭子。从此，地沟里的土挖一点少一点，不再还原了。挖到最后，露出一个大洞，洞里咕嘟咕嘟直往外冒水，他挖断"地脉"后，怕地脉有一天又合拢过来，就在大沟上造了一座桥，像把弯弓，撑开了地沟，使地脉再也无法合拢了。据说，河西城中官绅们的家道，便由此衰落了。

这类败人"风水"的邪术，影响延及一方乡土和子孙后代，故为迷信"天人感应"之说的中国人所深恶痛绝，一经查出，必将施术者置于死地。这个"斗风水"的汉官，后来终被人用毒箭射死。[1]

1　访谈对象：华忠喜（蒙古族）、沐家镒（蒙古族，68岁），访谈地点：云南玉溪市通海县兴蒙乡，访谈时间：1980年2月20日，访谈人：邓启耀等。

更大规模的国家化魇胜之术，当为秦始皇令万民修筑长城，把筑城民工筑入城墙的事。据顾颉刚先生的研究，孟姜女丈夫的死亡和魇胜巫术习俗紧密相连，他是被筑在城墙中作为魇胜牺牲品的：

清宣统二年（1910），上海推广马路，开至老北门城脚，得一石棺，中卧三尺余石像，当胸镌篆书"万杞梁"三字。上海的城是嘉靖三十二年（1553）筑的，这像当是筑城时所凿。筑城时何以要筑这一个像，这不得不取《孟姜仙女宝卷》的话作解答。宝卷上说秦始皇筑长城，太白星降童谣，说："姑苏有个万喜良，一人能抵万民亡；后封长城做大王，万里长城永坚强"；于是秦始皇下令捉他，筑在城内。这是江苏的传说，为的是太湖一带"范"和"万"的音不分，范姓转而为万，又加上了厌胜的信仰，以为造长城要伤一万生民，只有用了姓万的人葬在城墙内才可替代。上海既在这个传说的区域之内，筑城的年代又正值这件故事风靡一世，各处都造像立庙的时候，所以就凿了石像埋在城底，以求城墙的坚固。[1]

其实，这不仅是传说，也是历史的事实。关于女人在城下哭夫的记录，最早始于春秋战国时期。公元前550年，有位名叫杞梁殖的将军阵亡，他的妻子在郊外的尸体旁哭泣并拒绝王侯的吊唁，认为不合礼节。[2]此后有若干传说，都是妇女为亡夫哭泣并自杀的版本。到汉代

1　顾颉刚编著《孟姜女故事研究集》，上海古籍出版社1984年版，第34—35页。转引自李世武《中国工匠建房民俗考论》，第30页。

2　［清］阮元校刻《十三经注疏》影印本《春秋左传正义》，第1978页。

图 4-1、4-2　带着雨伞等物、长途跋涉到城墙下痛哭的女人，被民间奉为哭神。她身后的小人，或许就是那个被筑入城墙的夫君。云南大理纸马

出现了妇女哭倒长城的传说，并与"建筑的献祭"传说混合，这类传说在全中国以不同的文本出现。[1]

　　孟姜女哭夫哭倒长城的传说，其实也基于同类魇胜心理。在古代，被界定为神圣空间的地方是不允许女人进入的，到别人家哭泣也为习俗所忌讳。但孟姜女不仅到了那个"死人骸骨相撑拄"的骇世工程，还在长城下大哭，哭塌了一段。从魇胜术士的角度看，孟姜女的行为是犯忌的，她也因此被视为以哭施魇的邪灵（图 4-1、4-2）。民间比较忌讳来自己家里哭诉的女人，认为会带来哭神，让自家家道不顺，冤冤孽孽。祥林嫂之所以犯忌讳，就是出于国民的这种心态。不得已听人哭诉了，就会在哭诉者走后，悄悄买来哭神纸马，在她坐处绕绕，祭献后送出焚烧。

1　[德]艾伯华《中国民间故事类型》（修订版），王燕生、周祖生译，商务印书馆 2017 年版，第 271—272 页。

二、阴损家宅

在中国民间信仰中，对人家宅施魔法，以达到戏弄或恐吓被报复者的目的，算是黑巫术中设害较轻的形式，但因涉及居家安宁，由此产生的纠纷也比较多。

曾听老人说，居家宅户，千万不要得罪走江串湖的手艺人，若请他们起梁盖屋，尤要好酒好肉，以礼相待，否则，他若嫌伺候不周，玩点手脚，那你的房子就别想清净了，像有鬼祟一样，这房里会发出些古怪的声响，让人心里发毛，居住不宁。一般而言，干这勾当的，是手艺精湛的木匠。据说，这些木匠作孽的手法大同小异，"先削一个似人似鬼的小木偶，然后画上符咒，施以魔法，再把它安在一个谁人也不知晓的榫头中间。到了晚上，这些木偶便作孽捣乱，或发出如人上楼梯的'咚、咚、咚'的声音，或如外人来拍门发出'啪、啪、啪'声，或如鬼打壁板窗户发出'嘭、嘭、嘭'响，总之，让人不得安宁，而往往胆大者深夜出门探究时，外面又一无所有，声响也全息，一旦回到床上睡下，鬼又来了。有的木匠作恶甚者，还在床下施魔法，让鬼怪于半夜发出吓人的'咳、咳'声。"[1]

这类勾当，被称为魇胜巫术，使人至少在心理上受到伤害。如遇怨隙较深者，还可施术使这家遭受火焚等预谋之灾。例如，清代《香草谈荟》记述了这样一个"预设火灾"的邪术遭破解的传说：

> 相传人家造屋，每为工匠魇害，谓由待之刻薄，挟怨隙而为

1　雨民编《揭穿神秘的魔法：民间邪术大破解》，黄山书社 1993 年版。

之也。中州某姓筑一室，有小儿见匠人以木片结成房屋就火焚之，纸裹其灰藏诸梁间，奔告其父；其父默然不语，上梁日，匠方梯而升，其父以盆水泼之，大声曰：救火！匠即跌踣不省人事。魇之由人，解之亦由人，信乎否乎？[1]

工匠的魇胜术与房主人的破解法，其实都源于上文所提过古老的交感巫术，即：局部（木片房的焚烧）可以作用于整体（真房屋的焚烧），现在的灾异将导致将来的灾祸，而房主人"此刻"的一盆水，不仅泼灭了"彼时"的火，而且"克"住了施术的工匠，让他像所有施蛊被治的人一样产生感应性连锁反应。这类似弗雷泽在《金枝》中所分析的交感巫术赖以建立的思想原则，即："第一是'同类相生'或果必同因；第二是'物体一经相互接触，在中断实体接触后还会继续远距离相互作用'。前者称为'相似律'，后者称为'接触律'或'触染律'。"[2]

工匠魇魅的故事，在中国十分流行。民国年间，浙江曹松叶在其发表于《民俗》第108期（1930年）上的《泥水木匠故事探讨》一文中，即有许多这方面的例子。日本学者泽田瑞穗在其著《中国的咒法》一书中，更搜集了有关工匠魇魅的大量材料，据他摘引，仅古籍中有此类记载的，便有宋洪迈《夷坚志》丙志卷十之"常熟圬者"、明杨穆《西墅杂记》之"梓人魇镇"、钱希言《狯园》第十四之"宅魇"、谢在杭《五杂组》卷六、长谷真逸《农田余话》、徐光启《农政全书》卷四十二之"解魇魅"、清杨式傅《果报闻见录》之"工匠魇魅"、王凝

---

1 [清] 见南山老人《香草谈荟》，沈世荣标点，大达图书供应社1936年版。

2 [英] 詹·乔·弗雷泽《金枝》，第19页。

斋《秋灯夜话》、褚人获《坚瓠余集》卷一之"木工厌胜"、慵讷居士《咫闻录》卷三之"木匠魇咒"、徐承烈《听雨轩笔记》卷二之"工匠魇咒"、纪晓岚《阅微草堂笔记》卷六、袁枚《续子不语》卷七之"勒勒"、程趾祥《此中人语》卷三之"匠人"、诸联《明斋小识》卷六之"魇人自毙"和"木龙"、东轩主人《述异记》、毛对山《对山书屋墨余录》、鸥乡老人《老人梦语》、俞樾《右台仙馆笔记》、民国柴萼《梵天庐丛录》、郑逸梅《梅瓣集》、海上漱石生《退醒庐笔记》、汪大侠《奇闻怪见录》等。魇魅方式不外这样几种:做木人或纸人藏匿于新宅内,施咒作法,使其行魅,让房主人遭致祸祟。如施放恶鬼偶像,则有恶鬼袭人;藏匿女人裸像,则有美人夜夜陪睡,使被魅者精力枯耗;如刻数人淫乱,则房主家会有相应的淫乱甚至乱伦;如女子蹲踞状,则女主人夜夜起夜便溺;或魇人发狂,或致人病痛,或书家道破败的凶兆,或写若干年后破产的恶咒,或画枷锁使主人吃官司,或放骰子让新房沦为赌场……[1]

宋人洪迈《夷坚志》丙志卷十《常熟圬者》记载:

> 中大夫吴温彦,德州人,累为郡守,后居平江之常熟县。建第方成,每夕必梦七人,衣白衣,自屋脊而下。以告家人,莫晓何祥也。未几,得疾不起。其子欲验物怪,命役夫升屋,撤瓦遍观,得纸人七枚于其中,乃圬者(泥瓦匠)以佣直不满志,故为厌胜之术,以祸主人。时王显道唤为郡守,闻之,尽捕群匠送狱,皆杖脊配远州。吴人之俗,每覆瓦时,虽盛暑,亦遣子弟亲登其

1　[日]泽田瑞穗《中国的咒法》,日本株式会社平河出版社1990年修订版。

上临视，盖惧此也。吴君北人，不知此，故堕此邪计。[1]

总之，既然从砍树、动土到起梁盖瓦都藏诸多玄机，那么，善用恶用似乎皆在人为了。

事实上，这类魇胜巫术的破解，不一定有那么多的玄机——那多半是当事人用来增加神秘感的心理战，对于这类被民间传说弄得玄乎乎的邪术，遇有偏不信邪的，也会把"魔法"给破解的。以下叙述或可为例：

> 笔者曾与几个知青伙伴探究过其中奥秘（即前述"鬼敲门"和"床下鬼咳"），得知此类怪事实有之，只不过没民间传说中那样过分恐怖，试举两例为证。
> 一次是插队两年后，新的知青房落成，我们几个便邀那据说工艺神奇，魔法高超的秦久富一试身手。他果然应诺。于是，他认为有鬼敲门的当晚，我们都不敢睡熟，并备有木棍，刀子，甚至铜钱，随时准备开门打鬼。果然，那天半夜三更，几个房门同时出现"啪、啪"的拍击声，颇似有人敲门，我们便同时开门查看，结果一无所有。如此几次，大家都有些心虚了，我不服这口气，一手拿手电筒，一手握木棍，待到再一次出现"鬼敲门"时，我不开门了，而是从窗子爬出去，再绕到门外，将电筒一照射，原来是几只蝙蝠作祟！它们在"啪、啪"扑打着门板。手电一照，便惊得它们四处乱飞。解开这个谜之后，我们又追问秦久富是怎

1　[宋]洪迈《夷坚志》，第452页。

样把蝙蝠勾引来的？他闭口否认是蝙蝠作案，并拒绝透露原委。后来笔者向一位生物教师请教，方破解了其中奥秘。这蝙蝠，俗名叫盐巴老鼠，它对黄鳝鱼有很特殊的爱好与敏感，在很远就能闻到黄鳝鱼的腥气味。大凡"魔法师"们都利用了这一特性吓唬人，他们先把黄鳝血悄悄地涂在门板上，到了夜深人静时，蝙蝠便成群外出寻食，闻到了黄鳝血的气味，便扑上来觅食之。它往往一只接一只冲一下门板，便啄一口血腥，接着抖翅拍击又飞去，再一只又如此仿效，因而门板上就发出"笃笃，啪、啪啪"的类似敲门音，有如鬼在敲门。而当人们开门时，它们又飞跑了，敲门声自然又停息下来。门一关上，它们又出现，让你摸不着头脑，干瞪眼而吓破了胆子。

那从床底下发出的鬼叫声又是怎么一回事呢？笔者一个同伴后来亲身体验夜半鬼叫后，把它的奥秘也破了出来。这是工匠们施的又一手法，他们多在床铺下方的角落里，塞入一只竹筒，那竹筒里装有一只癞哈蟆，这鬼叫声，就从癞哈蟆口中发出。具体手法是，捉一只癞哈蟆，塞入它口中几粒胡椒，再用针线缝上它的嘴，让它口中含的胡椒吞不下，又吐不出，然后，将它装入一只竹筒里，把竹筒密封起来，仅留下几个透气的洞孔。塞放在床下一个不易发觉的地方，到了半夜时分，癞哈蟆便象半死不活的老人一样，发出一阵阵令人毛骨悚然的"咳、咳、咳"声。当你开灯寻找时，它又不咳叫了，一关上灯，它又开始叫，你不得不以为撞上鬼！[1]

1　雨民《揭穿神秘的魔法》，181—182 页。

如果木匠拿鬼惊木装修在房子里，房子里的木头会叫。鬼惊木就是被雷劈到的木头。懂的人，就拿点红木去压着。

正是"魇之由人，解之亦由人"。

近年报纸、网络还不时爆出类似的巫蛊魇镇纠纷，如"新浪微博"曾有人贴出一张照片并留言请教，说家里装修时，在厕所下水管道的墙内发现一柄贴着黄符的剑，剑柄是木头的，剑身是竹的，年头至少十年了。中国社会科学院施爱东研究员回复：这是工匠魇镇之术，湖北叫嫁术，会此法术的人，叫嫁匠。过去只看过传说，如果是真的，这是我第一次看到实物照片。原来的房主人肯定是得罪装修工了，有些缺德工匠把这些东西埋在房主家的梁上，或者砌进墙里，魇镇诅咒房主。

德国学者艾伯华在《中国民间故事类型》中论及工匠建房巫术类型的传说，提炼出了"工匠的绝招"这一类传说的基本情节模式：（1）泥瓦匠或者木匠认为，他受到了业主的亏待。（2）他在建筑中添加了一种有魔力的东西。（3）这个东西起作用了，业主受了损失。（4）这个东西被清除了，工匠受到损失。他从全国各地流传的大量民间传说整理出若干工匠恶行母题：

> 业主虐待工匠；
>
> 业主不是有意虐待他们；
>
> 业主善待工匠，但是他们误解了他；
>
> 工匠搞恶作剧；
>
> 偶然发生坏的影响；
>
> ……

工匠的恶行及效果包括：

把团子或面条砌在墙里或镶进去；夜里到处有嘈杂声和笃笃的响声，好像和尚在念经。

把一条船或一条大船船头向外和一条小船船头向里，砌在墙里或镶进去；家庭变穷。

砌入骰子，点数小的向上；通过赌博，家庭变穷。

画上一只手，手打使用小椅子或马桶的人。

砌入一个碗和一双筷子，据说这家人成了乞丐；无意中砌入了两个碗，这家人变富了，并受人尊敬。

砌入或嵌入一个木偶，通常以鬼的形象出现。

砌入一个纸人，通常以鬼的形象出现。

画上眼睛，这家人变成瞎子。

砌入一把刀，招致死亡。

砌入一个稻草人，以鬼的形象出现。

砌入一块木头或一枚钱币，导致夜里争吵。

砌入一条猪尾巴或水车，砌错砖，据说会变穷。

砌入木屑或一只鞋、一根墨线、一双筷子、一把扫帚，或滴上血，据说会受到损失。

砌入一个老虎形象，据说会把这家人吃掉。

砌入一只猫的形象，夜里会闹鬼。

写上一个"狮"字，据说会被杀害。

转动主要的柱子，带来灾难。

往床上放虱子，遭受虱子的祸害或者闹鬼。

放一个符咒，通过它会突然起火。

钉子钉进了他画的（形象）手上，使他手疼，或者使他的手
出毛病。

......[1]

通过这些传说，可以一窥民间传说描述的工匠魔魅术的部分内容。
老百姓认为，木匠最不能得罪。请他们建房，一定要小心伺候。如果
得罪了他们，他们会根据秘传的《鲁班书》或《鲁班经》，作蛊使法
害你。

三、鲁班书

《鲁班书》或《鲁班经》是木匠营造用的工具书，融技术、术数、
巫术等为一体。凡建房，木匠师傅除了熟稔建造工艺，还要会占卜择
日，布局房屋风水；遇动土取木，还要懂忌宜，能够举行相关仪式。比
如，据《新刊京版工师雕斫正式鲁班经匠家镜》述：如果在不吉之日动
土，会导致人生病，甚至招来盗贼。犯土皇会得疯痨、水蛊，等等。[2]

贵州省东南部清水江流域下游姚百万的故事，在当地是一个传奇。
两百多年前，一个叫姚继周的难民逃到黔东南，白手起家，以做小买
卖维生。由于他通苗话和汉话，在苗疆汉地的木材贩运中渐渐如鱼得
水，坐守瑶光河口，贩木致富，人称"姚百万"。他成为一方巨富之后，

1　[德] 艾伯华《中国民间故事类型》（修订版），第148—149、154—156 页。

2　[明] 午荣编《新刊京版工师雕斫正式鲁班经匠家镜》，李峰整理，海南出版社 2003
　　年版，第21—23 页。

即大兴土木，修建近乎奢华的住宅群。这一宏大的建筑工程，由来自湖南宝庆府的能工巧匠花了整整十年时间才完成，是那一带苗族吊脚楼式样建筑的经典版。苗族学者张应强教授在他 2006 年出版的关于清水江一带木材贩运的研究论著中，有详细记述。[1]

历史人类学学者的文字尚未印出，他所记述的对象却已不复存在。

2004 年前后，清水江一带要修建大坝，沿江许多村寨面临拆迁，姚百万的那幢著名的吊脚楼也在其中。我的台湾朋友黄英峰先生有一次无意中到了那里，碰巧见到这幢吊脚楼，立刻被它精妙的建筑工艺所吸引。他是搞建筑规划设计的，长年在贵州做文化保育工作，为民族服饰、民间建筑及历史乡村养护做了很多实事，是贵州省特聘的村寨保护与规划专家，还是中国民族文化国际推介的年度人物。我可以想见他看到这幢清代建筑精品时的狂喜。他围着它一口气拍了两百多张照片，听说要拆，即打听屋主是谁，却因当时所遇之人语言不通而暂时作罢。两年后，他知道房子已经被拆，正遗憾，在网上搜得相关信息，立刻寻来，找到了屋主。屋主说，拆房子时，已经有很多人来买拆下的雕花门窗，被他拒绝了。屋主得知英峰买下整幢老屋的目的，是为了使其整体恢复原状，复原后捐赠给有关博物馆，受此精神感动，就卖给了他——10 万元，一堆老屋的残骸。而英峰将以更麻烦的方式，把这些残肢重新拼装起来。

有此机缘，我得以和一座老房子发生关系。如果说，应强教授从历史人类学角度，记述了它的诞生与辉煌的过去，那么，我则通过视觉人类学的透镜，见证了它的死亡、"复活"，以及无奈的现状。

---

1 张应强《木材的流动：清代清水江下游地区的市场、权力与社会》，生活·读书·新知三联书店 2006 年版，第 159—173 页。

英峰买下的从老屋拆卸的木料，其实并不完整。房子拆了以后，由屋主的三个儿子分了，木料有的拉回各自新家，有的就地卖了。抢救到手的吊脚楼"残肢"不足三分之二。吊脚楼的雕花石柱础，能搬的都搬了。石阶等较大的材料，因已沉入水中，无法再动。

更麻烦的是吊脚楼的复原工程。找回已经被卖掉的那部分木料成为不可能之后，补足构件和复原成为关键，这需要审批、采购新的木料，还需要请当地内行的工匠原样搭建复原，极其费神。幸得英峰在贵州做民族文化考察与保护工作已有十余年，和各方关系不错，毕竟又是专业搞建筑的，从不同角度拍摄过这幢老房子的大量图片，在调动这些巨量人脉物料方面具有经验。经过一番折腾，居然买到了木料，请到了当初拆这幢房子的工匠，开始复原工程。

2006 年，我带来自中山大学新闻学、艺术设计学和广东工业大学建筑学三个专业的学生[1]学生参与了复原测绘，全过程影像记录工作。工作期间，我常在工场上看木匠师傅干活，抽空向他们请教。负责木工全盘工作的苗族木匠龙安泮师傅 48 岁，是贵州锦屏县河口乡韶霭村人，与房主人姚百万家仅隔六里地，进城干什么的常路过他家。这老房子就是他领头拆的，现在他又负责老屋的还原，指挥从凯里、雷山等地招募来的木匠安装（图 4-4 至 4-7）。

看他们娴熟地改料和拼装，我问龙师傅："那么复杂的工程，你们有没有图纸？"

龙师傅说："不用，心记就行。"

"有关于木匠的书吗？"

1 参加这个工作的学生有：中山大学传播与设计学院 2003 级新闻学周银海、唐培业，2003 级艺术设计张月娣、吴丽艳、罗志华、张昊，广东工业大学建筑学李凤珍。

图 4-4、4-5　木匠师傅在新补的木料上雕花和加工巨大的斗榫。贵州凯里，2006，笔者摄

图 4-6、4-7　正在清洁和拼装的吊脚楼框架结构。贵州凯里，2006，笔者摄

"有，《鲁班书》。"

"那不是使法的书吗？"

"是的，他（指吴作清师傅，苗族，贵州锦屏县河口乡韶霭村人）
爸爸就有鲁班书。"

我转向吴师傅问："您见过吗？"

吴师傅答："见过。"

"是什么字？"

"汉字。"

"什么内容？"

"教人使法术的。"

"怎么使？"

"我要上房了，要是被仇家咒了，就会从梁上跌下，出人命，所以要给他怼过去。"

"要是房东招待不周，木匠会不会做点手脚，让房子不干净呢？"

吴师傅笑了："当然啦！尺在我手里，长点短点，运就不一样了。"

"您会吗？"

"我爸还没有传给我。"

"怎么传？"

"要师傅念咒、烧纸。拿一张纸，写个'得'字，其余的空白。揉成团抓阄，抓到'得'的，就可以传了，否则不行。抓到'得'，再念咒，将纸烧了，纸灰放在水碗里，喝下去。"[1]

从对他们的观察和访谈中，你可以明显感觉到，在同样的工作现场，他们和我的那些学生其实置身于完全不同的情境之中。学生看木料就是建材，而他们看这些木料，特别是看那些旧料，眼中常常透着一种难于言说的光，温柔，惋惜，如在追忆什么。他们满是茧子的手抚在木头上，轻轻擦去一些尘埃，就像抚摸孩子的身子。他们看到的不仅仅是一堆需要斧削榫接的木头，而是一种经由他们之手诞生，具有灵性的生命体。说起这老房子的时候，他们如同说熟人朋友那样亲切。他们如数家珍地讲述老房子的故事，在喝醉酒的时候悄悄告诉我一些隐藏在木头里的秘密。面对一般人眼中的"旧木料"，他们的眼里和言行中却含着一丝局外人不易觉察的敬畏。他们在开工前、上梁时，

1 访谈对象：龙安泮（苗族，48岁）、吴作清（苗族，40岁），访谈地点：贵州凯里市三棵树附近一废弃工厂，访谈时间：2006年10月10日，访谈人：邓启耀。

对这些木头以及它们立足的土地举行仪式，谢土敬神，祭祀木匠祖师鲁班和依附在木头上的灵物，解读通过方位、数量、结构和尺寸暗设的密语，以及掌握对房子和房主人命运产生影响的"风水"。他们手中的工具不仅仅是工具，还是"法器"。比如木匠尺，除了标刻尺寸，还有两行只有他们才懂的符号，一行用于家宅建房起屋，一行用于寺庙立柱盖殿，使用不同的标尺数据就会产生不同的感应，导致不同的吉凶祸福。这种数据是与他们在同一现场使用电脑和现代测绘工具的工程师们"量"不出来的。他们奉为经典的《鲁班书》不仅仅是技术导读，同时也是法术秘籍。在民间，流传有许多木匠作祟的传说。据说，如果房主人对木匠师傅不好，他们就会在梁柱间做些手脚，让房主人不得安宁；或者偷偷改变一些重要的数据和朝向，让房屋的风水和房主人的运程受损。这类法术，据说就藏在《鲁班书》里。[1]

《鲁班书》记述各种邪术，秘不示人。有不慎读到，甚至只是触摸到此书的人，神不知鬼不觉就"得了"，像得了蛊一样甩都甩不脱，会了那种害人的法术。我有一位调查过黑巫术的同事，云南民间文艺家学会的孙敏大约听这类"信息感染"的故事太多，听得毛了，以致在滇南真寻到了这样的邪书，竟不敢读，更不敢摸碰一下，生怕真有什么"传染"或"感应"能力："当心我拿捏着的那几行正是不好的文字呢！当地人说，有人就是无意间摸到了那几行教人放五海的字，就变成了五海，后悔都来不及啦。"

《鲁班经·灵驱解法洞明真言秘书》列出了供工匠们使用的巫术灵物。一类可以召福，另一类则用于邪恶的阴谋陷害，是致祸之法，比如：

---

1 邓启耀《民俗影像拍摄的现场语境：以贵州苗族传统村落拆迁吊脚楼的复原测绘和拍摄为例》，《民族艺术》2016 年第 4 期。

画披头散发之鬼形，四角各书写一个鬼字，每个鬼字旁依次书写金、木、水、火，制作成披头五鬼，藏于中柱内，主人会因此死亡；

一口小棺材，藏于堂屋内的枋内，如果主人家招惹上刑罚之祸，大则伤及大口，小则有小丁死亡；

书有"日"字的圆形、花边物件，藏于大门枋内，主人家运不兴，诸事不顺，疟疾缠身；

刻一个木人藏在铁锁中，上面装饰五彩人形，深藏在井底或直接筑在墙壁内，那么这家人一年之内就会死五个人，三年五载之后就会全家死绝，关门闭户；

在门口架梁内藏一块碗片和一只筷子，房主的后代就将成为乞丐，遭受饥寒交迫的折磨，只能变卖房产，苟且偷生，住在桥下或寺庙中；

埋一只倒翻的小船在房屋北首的地中，这家主人出门经商，将翻船而死于江中，儿女溺死于井中或河中，妻儿则会因难产而死；

在白纸上画两把刀，藏于门前白虎首枋内，宅内人将杀人放火、谋财害命，最终招来牢狱之灾，死于秋后问斩；

将一个系有一根绳子的柴头埋在地下任意一处，住宅内的夫妻父子之间将争吵不休，最终有人将用绳子上吊而死；

画一个单枪匹马的形象藏匿，宅主将荣居武官之职，名声显赫，但却不免最终战死沙场；

白虎像藏在梁楣内头，宅内有口舌之祸，争吵不休；

在一块破瓦上写上冰消二字，加上一截断锯，藏在梁头合缝之处，其巫术效果是"夫丧妻嫁子抛离，奴仆逃亡无处置"；

包七个钉头，藏于柱内孔中，只能保证宅中居七口人，如果家中添人或者是娶媳，增加一口人就必然会失去一口人；

在木上镶缝中画上鬼符，家中将常有妖魔作怪，妻女儿郎经常生病；

将一锭好墨和一只笔藏在枋内，主家将荣登宰相之职，如果笔头蛀坏则退官；

大门上枋中书写一个口字，家中将横祸不断，财耗人损，直至变卖房屋；

门槛合缝中书写一个囚字，房主有祸上头则入狱不得出，成死囚；

用头发裹一把刀，藏在门槛下的地中，儿孙出家落发、有子无夫的鳏寡之苦就会发生；

牛骨埋在屋中间，则虽终日忙碌，老死之死连棺材都没有，后代儿孙也是劳累之命；

墙内、合缝内画一个葫芦，主人将频繁招惹医卜星相之类的异术。[1]

当然，《鲁班经》既有祟法，也有解方：

凡造房屋，木石泥木匠作诸色人等蛊毒魔魅，殃害主人，上梁之日，须用三牲礼福，攒扁一架，祭告诸神将、鲁班仙师，秘符一道念咒云：恶匠无知，蛊毒魔魅，自作自当主人无妨。暗诵七

---

1 [明]午荣编《新刊京版工师雕斫正式鲁班经匠家镜》，第316—323页。

图 4-8 张鲁二班之神。云南大理纸马　　图 4-9 张鲁二班先生之神。云南大理纸马　　图 4-10 张鲁二班先师。云南祥云纸马

遍，本匠遭殃，吾奉太上老君敕令，他作吾无妨，百物化为吉祥，急急律令。

即将符焚于无人处，不可四眼见，取黄黑，狗血，暗藏酒内，上梁时将此酒连递匠头三杯，余分饮众匠。凡有魔魅，自受其殃，诸事皆祥。[1]

为防止起房动土工匠作祟或无意冲撞了某方神灵，民间凡盖房修屋，大都要施术设祭防御之，其中，焚化纸马属其中之一。仅以云南为例：云南大理剑川白族木匠过去也有类似《鲁班经》的《木经》，亦是黑白两道兼容。在重大工程开工时，都要立张班（地方木匠之神）和鲁班的灵位祭奠，烧送张鲁二班纸马（图 4-8 至 4-10）。祭献张鲁先师时，打一升米，把墨斗和横子（尺子）插在升筒里，点一盏灯，

1　同上。

备一些纸钱，把张鲁先师马子贴在横子上。献完后，连同纸钱、解冤经、五方五地等一起烧化。挖地基要动土，备香火、黄钱、酒、茶，在破土第一镐处烧祭土神纸马，意在破土不被土犯，保家人平安；盖房竖柱的前一天晚12点钟左右，备十八份香火、黄钱、三牲祭品在盖房子的地盘上，祭献建房可能冒犯的诸神：伐木祭木神，空间方位纠偏祭白虎，时间选择失当祭太岁，防止动刀伤人祭五路刀兵，避免疾病侵扰祭瘟司众神，然后用筛盘端着这些纸马送出村外，意在驱邪请吉（图 4-11 至 4-16）。[1] 木活做完了，也要举行送木神的仪式。送木神要择日而行，一般由大师傅择定。仪式要在夜深人静时举行，仪式开始，先在家里用鸡、饭、蛋、鱼、酒、茶等祭奠鲁班灵牌，然后，由主人和木匠手拿祭品、木马、木屑、刨花等，一齐送出村外，放火将所带的东西烧掉，并手拿扫帚以驱邪，边舞边迅速离开。仪式在暗夜举行，这在某种程度上，反映了人们对附着于木匠身上神秘力量的敬畏。

在滇南，手抄的《鲁班书》即为教人种种法术的书，其中不少便是黑巫术。在当地人心目中，鲁班既是木匠，也是蛊师，故建房需祭祀"张鲁二班"。

这类文字文献，与前述有关人牲魇土的考古发掘材料，以及工匠魇魅的民间传说，提供了中国传统建筑营造在魇镇方面的多重证据。它们说明，中国传统建筑，不仅仅是物质的建材营造，也是精神的文化建构；不仅仅是建筑空间，也叠加进了文化空间和心理空间。

1　高金龙《云南纸马民俗资料汇辑》，《云南民族学院学报》1993 年第 1 期。

图 4-11　土神。云南大理纸马

图 4-12　木神。清代，云南腾冲纸马

图 4-13　白虎。云南腾冲纸马

图 4-14　太岁。云南保山纸马

图 4-15　五路刀兵。云南巍山纸马

图 4-16　瘟司圣众。云南巍山纸马

第二节　风水魇镇

在中国民间传统信仰中，大至宇宙，小至山川乡宅，都感应、影响着人的"运道"。所以，"斗风水"的巫术也由此盛行。如按性质分，建塔修庙之类"扶正风水"的举措当属吉巫术范围，而毁地脉、钉祖坟之类行为，则属黑巫术了。

2006 年秋，我在参加拼装复原贵州清水江流域著名富商姚百万吊脚楼的工作中，闲暇时，来自锦屏县河口乡韶霭村的苗族木匠师傅照例要吹那个著名的关于姚百万吊脚楼的风水传说，但他们的口述，与相关出版物上的叙述略有不同：

> 我们是听老人讲的。
>
> 姚家老人过世，选地方，请了个湖南的风水先生。风水先生说，要是选准了，我要到你家住。他选的地方龙脉好，老人埋那里，姚家果然发了。因为他选得准，泄露天机，所以眼睛瞎了。
>
> 姚家发了，又依风水先生的话在水边一虎形山的好地上建房。
>
> 风水先生在姚家住了一久，姚家的人就嫌烦他了，说他又老又瞎，天天要他们端饭。其实姚家的佣人是很多的，他们主要是嫌弃老先生。他们叫他春米，天天春。
>
> 有一天，来了另外一位风水先生，借宿姚家。老先生知道了，说，你来的正好，求你帮我一个忙。
>
> 晚上，他让那人带他到姚家的祖坟上，他睡在那里。半夜，天上垂下一根线到祖坟上，老先生请那人用剪刀将线剪断，下面用酒杯接着。线落到杯里变成水，他用那水洗眼睛，眼睛又看得

见了。他教那个风水先生一些事，自己就跑了。

那个风水先生回到姚家，说风水可以更好。他把一条街改成两条，台阶像叉子一样叉住虎头，从此姚家就衰了。[1]

问起姚家现在的情况，龙师傅说，他家其实没有衰，几个后代还是有出息的，都出去做事了。钱呢，怕也有好几万呢。

在清人的笔记小说中，也录下了以黑巫术破坏别人风水的传说。袁枚《子不语》载：

> 安溪相公坟，在闽之某山。有道士李姓者，利其风水。其女病瘵将危，道士谓曰："汝为我所生，而病已无全理。今将取汝身一物，以利吾门。"女愕然曰："惟翁命。"曰："我欲占李氏风水久矣，必得亲生儿女之骨埋之，方能有应。但死者不甚灵，生者不忍杀，惟汝将死未死之人，才有用耳。"女未及答，道士即以刀划取其指骨，置羊角中，私埋李氏坟旁。
>
> 自后，李氏门中死一科甲，则道士族中增一科甲；李氏田中减收十斛，则道士田中增收十斛。人疑之，亦不解其故。
>
> 值清明节，村人迎张大帝像，为赛神会，彩旗导从甚盛。行至李家坟，神像忽止，数十人舁之不可动。中一男子大呼曰："速归庙，速归庙！"众从之。舁至庙中，男子上坐曰："我大帝神也，李家坟有妖，须往擒治之。"命其徒某执锹，某执锄，某执绳索。部署定，又大呼曰："速至李家坟，速至李家坟！"

1 访谈对象：龙安泮（苗族，48岁）、吴作清（苗族，40岁），访谈地点：贵州凯里市三棵树附近一个废弃工厂，访谈时间：2006年10月10日，访谈人：邓启耀。

众如其言。神像疾趋如风。至坟所，命执锹锄者搜坟旁。良久，得一羊角金色，中有小赤蛇，蜿蜿奋动。其角旁有字，皆道人合族姓名也。乃命持绳索者往缚道士，鸣之官。讯得其情，置之法。李氏自此大盛，而奉张大帝甚虔。[1]

据查，清代刑律，确实是将这类"斗风水"的行为，视为"欲令疾苦减谋杀已行未伤"罪制裁的。光绪十五年纂《增修大清律例·刑律·人命》卷的"刑案汇览"载，嘉庆二十二年浙江有人犯此案："挟嫌私用桃桩钉在他人祖坟，图破风水。比照魇魅书符咒诅欲令疾苦减谋杀已行未伤二等律，徒二年。"[2] 说明在中国民间传统观念乃至"国法"里，对于断地脉、钉祖坟之类"图破风水"的法术，是"比照魇魅书符咒诅"之类的黑巫术来看待的。上举浙江案例因才"挟嫌"，便要"徒二年"，如真干了，不知该服何等刑！

但如果为了地方安宁或国家（朝廷）利益，魇镇之术也会用到城市规划或外交上。

汉代正史有述："元寿二年，单于来朝，上以太岁厌胜所在，舍之上林苑蒲陶宫。"[3] 北方民族也会这一套："塞上有一山，形势雄伟，金人望气者，谓此山有王气，非我之利。金人谋欲厌胜之……乃大发卒凿掘，辇运至幽州城北，积累成山。"[4]

---

1 [清]袁枚《子不语》，第229页。

2 《增修大清律例》汇纂集成，云南省社会科学院图书资料中心藏。

3 [汉]班固《汉书》，《二十五史》影印本第一册，第718页。

4 [明]陶宗仪《万岁山》，见徐永明、杨光辉整理《陶宗仪集》，浙江人民出版社2005年版，第109页。

图4-17 《吐蕃镇魔图》。被发现于罗布林卡，约为清代作品。西藏博物馆藏，宋卫红摄

    唐代文成公主和亲吐蕃，促进了汉藏文化交流，其中有使中土和西藏的堪舆营造观念有机结合的实践。据此观念，雪域西藏的地形被看作罗刹女魔仰卧的形状，拉萨平地卧塘湖为女魔心血聚集之地，三山乃女魔的心窍脉络。布达拉红山上已经修建了的王宫镇住了女魔的心骨，大昭寺镇压了女魔的心胸，为了进一步镇压女魔的四肢关节，文成公主又提议在女魔的四肢关节部位修建十二座镇肢寺、镇节寺、镇翼寺等（图4-17）。[1] 这些建筑，均有魇镇性质。

    方志是记述地方历史、地理、物产和社会人文的综合性文献，一般由官修或地方名士编纂，因时代和意识形态导向不同而有不同的表述。清人蒋旭纂《康熙蒙化府志》这样述及蒙化（今云南巍山）地理

---

1 宋卫红《藏文化的空间句法》，《民族艺术》2016年第1期。笔者引述时对个别词句有改动。

形势："两江天堑，四塞墉崇。东枕文华，南倚巍宝。六韶峙其西，点苍耸其北。群峰如带以回环，一川若掌而平衍。昆仑扼要，虎视诸彝。蒙舍恢疆，雄先六诏。固南服之奥区，西迤之重地也。"[1] 既是自然地理的描述，又是政治地理的提要（"蒙舍恢疆，雄先六诏""虎视诸彝"之类），大有站在国家立场指点江山的气度。

巍山古城的基本格局是明代形成的，而且照例有一些关于风水的玄秘和勘舆传奇。比如，为什么巍山古城建在坝子最南端而不是中间？为什么古城方位不是正南正北，而是向西北偏 15 度？为什么东南西三面的城楼矮而北城楼（即拱辰楼）独高，而且独环子城（月城）？

明太祖朱元璋拿下中原后，任傅友德、沐英、蓝玉为大将，征平云南。坐镇云南的沐英经略云南的想法之一，就是主要城镇的城市建设。明太祖览奏后，派了当时全国最有名的大地师、大勘舆家汪湛海来云南，修建了昆明城和蒙化府城。蒙化府城建设的原则是：府城位置必须具备万山朝拱，溪水环流，控扼缅夷，虎视白蛮的南疆特点，并兼备"地灵人杰""灵秀所钟"的风水气脉。

明洪武年间，汪湛海先派他的高徒踏勘蒙化坝子的地形地势，最初拟定在"唐阳瓜州"旧城基址上（今古城村）建城，后来发觉其地水源短小，不利将来发展，才又改选到现在巍山县城的基址上建城，方位正南。高徒的设计方案报到昆明，沐英和汪湛海研究后，汪湛海亲自来到蒙化坝子实地踏勘。经踏勘，汪湛海认为，此设计方案中文华山山脉脉气过旺，其正气旺脉引入城中，将来会出"反王"，不利于朝廷；十字街火气过旺，把府城中心建在十字街位置，全城易发生火

1　[清]蒋旭《康熙蒙化府志》，巍山彝族回族自治县地方志办公室编，德宏民族出版社 1998 年，第 36 页。

灾；府城坐向如为磁针正南、正北，则北门正对白雪皑皑的点苍山，有丧亡象征。将来城中易发生严重瘟疫，导致城中百姓相继死亡。

为此，汪湛海先亲自设计了第二个建城方案。方案内容是：府城位置向南后移，把文华山的"正脉"隔于北门外，将府城周长缩小为四里三；把府城中心点的星拱楼由十字街向南移至现在星拱楼的位置；把府城的座向往西北偏移十五度，避免正迎苍山。同时把北门城楼建得特别高大，遮掩素色挂孝不吉利的苍山；为消城中"火气过旺"，在北门外增建月城，以移城中火灾于月城中（其后事有巧合，在历代岁月中，小月城曾多次发生火灾；店铺全部烧毁）；为了压制其他"脉气过旺"的地方，在城东北角建玉皇阁以镇压隆城邑，在上水坝街建"养济所"（俗称"大房子"，是收容乞丐的地方）和"养生所"（俗称"接生房"，收容被习俗视为不洁的外来产妇）以魇镇之；为了压制现在十字街位置的"火气过旺"，又在现在十字街下面的关圣街建立了供奉火神的火神庙和供奉雷神的雷祖庙（图4-18）。汪湛海在巍山城址方位的选择和结构布局上，起了决定性作用。[1]

汪湛海还发现，县城东面的蜈蚣山、蛤蟆山、翠蚆山（即传说中女娲补天留下的五色石）三山相接，势如游龙，脉气很旺，而且三山气脉，正好落在翠蚆山嘴的小山包上。他找附近村里的人攀谈，知道这里夜间会发光，便认定了这里必然有着一穴吉地。根据他自己的判断，这小山包山面是石头，是蛇头的外壳，如果下面有疏松的红土，那就是蛇脑，这一穴地，一定是"蛇头穴"，根据堪舆学所说，"蛇头穴"是大吉大利的墓穴，只有福气很大的人才会碰得上。后来，一个

---

1 芮增祥《蒙化府古城始建时的地理选择》，政协巍山彝族回族自治县学习文史委员会编《巍山文史资料》，1990年第4辑，第54—59页。

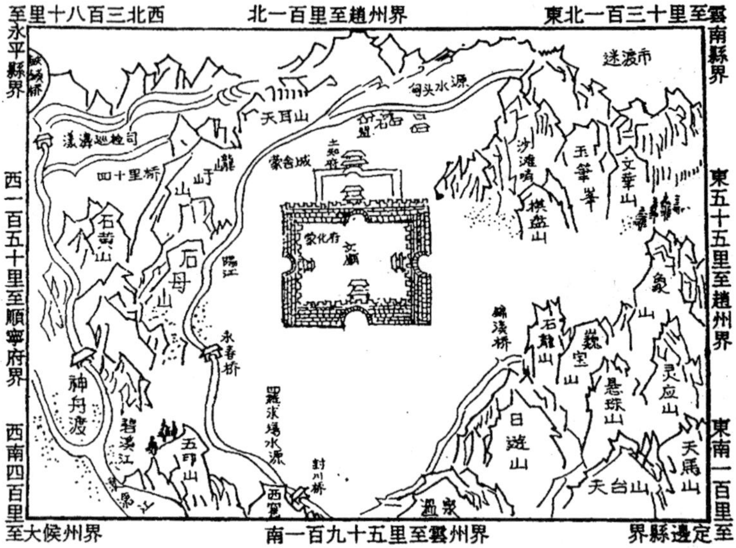

西北三百八十里至永平縣界　北一百里至趙州界　東北一百三十里至雲南縣界

西一百五十里至順寧府界

東五十五里至趙州界

西南四百里至大候州界　南一百九十五里至蒙州界　至定邊縣界　東南一百里至

图 4-18　巍山古城地舆图。采自 [清] 蒋旭《康熙蒙化府志》

黄姓武官得知消息，就在那里立了生基，死后修了"黄家坟"。

到了清朝康熙年间，蒙化府来了一位同知，也很信风水之说，当他知道翠屴山咀的"蛇头穴"以及有关"黄家坟"的传说后，就和左右的人说："蛇头穴脉气太旺了，他家又姓黄，说不定将来会出一个'黄巢'一样的王，对朝廷不利。即使不出王，如果这个地方真的出了很多七品官，我这个七品官也就当不下去了。"这时，有位师爷出了一个主意，他说："按照大清的法律，挖人家的祖坟是犯罪的。最好和地方上的士绅商量一下，因为地方常遭干旱，需要在翠屴山嘴盖一间龙神庙，便于祭奠龙神，祛除旱灾，这样就可以截断地脉，解除后患。"

图 4-19　白族凤凰帽。云南省大理白族自治州，2006，刘建明摄

同知大人依计办了。[1]

　　类似传说，在云南大理等地也有流传。据说，由于大理地区唐宋时出现南诏国、大理国，清代出现杜文秀政权，有术士堪舆，认为此地的凤凰山王气太旺，不利于中央朝廷。朝廷便派人破坏了凤凰山风水。为纪念凤凰山，当地老百姓便流行起了一种凤凰帽（图 4-19）。

1　赵堪同《龙王庙和蛇头穴》，巍山县民间文学集成办公室编《巍山彝族回族自治县民间故事集成》，1988 年（内部印行），第 282—286 页。详见邓启耀《古道遗城：茶马古道滇藏线巍山古城考察》，广西人民出版社 2004 年版，第 29—30 页。

第五章
巫术与权术

以巫蛊之术作为战争、权争或阶级斗争工具，在传统的中国社会十分普遍。下至民间，上至宫廷，都有许多这一类的记述。特别在中国古代，素重权术，部族战争、王者征伐、宫廷政变、权臣斗法、后妃邀宠，常会以巫蛊为契机、为法宝，斗个你死我活。巫术渗入到权术之中，差不多也算是中国古代政治的一个特色了。

第一节 "诅军"

在古代，巫术是一种运用广泛的法术。传说时代的黄帝蚩尤大战，双方都使用了巫术：

> 蚩尤作兵伐黄帝，黄帝使应龙攻之冀州之野。应龙畜水。蚩尤请风伯雨师，纵大风雨。黄帝乃下天女曰魃，雨止，遂杀蚩尤。[1]

---

1 马昌仪《古本山海经图说》，第 612 页。

用旱魃对付蚩尤部属夔龙发的大水等，都可类同于巫术。

> 黄帝与蚩尤战于涿鹿之野，蚩尤作大雾弥三日，军人皆惑，黄帝乃令风后法斗机作指南车，以别四方，遂擒蚩尤。[1]

> 蚩尤铜头啖石，飞空走险。（黄帝）以夔牛皮为鼓，九击而止之，尤不能飞走，遂杀之。[2]

黄帝怕蚩尤魂魄不死，以蚩尤族崇拜的神树枫木为枷，方困住法力强大的蚩尤，让其身首异处。这是一种以其崇拜的灵木桎梏其灵的双重侮辱，也是一种破解对手力量的巫术行为，类似苗族古歌中那种砍枫树砍不倒，反披蓑衣才把枫树砍倒的做法。蚩尤死后枷锁化为枫木之林，其墓"民常十月祀之。有赤气出亘天，如匹绛帛，民名为'蚩尤旗'"。[3]当时人做事，既靠巫术，亦靠技术（指南车），巫术和技术、医术等多是合一的。

殷商时巫术盛行，除考古发现的大量血术实例（参见第四章第一节），民间口传文化也对那个时代的猎猎巫风印象深刻。在《封神演义》及相关小说笔记里，两军对垒的战斗多成了斗法。使用巫蛊之术"暗器"伤人的事也屡屡发生。

《太平御览》引《六韬》记载了一种偶像伤害巫术。书中称：

---

1 [宋] 李昉等《太平御览》，转引自袁珂《古神话选释》，人民文学出版社 1979 年版，第 133 页。

2 《山海经·大荒北经》吴任臣注引"广成子传"，同上，第 129 页。

3 孙冯翼辑《皇览·冢墓记》，同上，第 134 页。

武王伐殷，丁侯不朝，太公乃画丁侯于策，三箭射之，丁侯病困。卜者占祟在周。（丁侯）恐惧，乃请举国为臣。太公使人甲乙日拔丁侯着头箭，丙丁日拔着口箭，戊己日拔着腹箭。丁侯病稍愈，四夷闻各以来贡。[1]

《史记·封禅书》记述巫祝苌弘也以同样的方术事周灵王，凡不来朝周的诸侯，即被他做木偶像箭靶，作法射之。如此明目张胆地借用权势滥行黑巫术，施术者终致被杀：

及后陪臣执政，季氏旅于泰山，仲尼讥之。是时，苌弘以方事周灵王，诸侯莫朝周，周力少，苌弘乃明鬼神事，设射狸首。狸首者，诸侯之不来者，依物怪欲以致诸侯。诸侯不从，而晋人执杀苌弘。[2]

又，《史记·苏秦列传》述："秦欲攻安邑，恐齐救之，则以宋委于齐，曰：'宋王无道，为木人，以写寡人，射其面。'"[3]借口说宋王施黑巫术谋害自己，所以要齐国代为攻打宋国，以避免齐国去援救魏国安邑。

在汉代，来自西域的"胡巫"（北方萨满）大量流入汉地，甚至被权贵邀入宫廷，为妃后争宠、权臣宫斗提供巫术支持，因此引发了闻名史册的"巫蛊之祸"。

胡巫擅巫术，能用黑巫术"诅军"。《汉书·西域传》述：

1 [宋]李昉等《太平御览》，第3267—3268页。
2 [汉]司马迁《史记》，《二十五史》影印本第一册，第173页。
3 同上，第259页。

闻汉军当来，匈奴使巫埋羊牛所出诸道及水上以诅军。单于遗天子马裘，常使巫祝之，缚马者诅军事也。又卜汉军一将不吉。匈奴常言，汉极大然不耐饥渴。失一狼，走千羊，乃者贰师败，军士死略离散。[1]

这种巫术的"诅军"方法之一，是将疫马、牛、羊或排泄物分泌物（即"诅""蛊"）埋到汉军经过的道路及水头水源上，或将染有烈性病毒的疫马施放给汉军，使汉军人畜染疫。这实际上是古代匈奴"生物战"的一种方式。借助巫术的"诅""蛊"之咒，在疫病的自然因素之上，加进了超自然的灵力，从而增强了非武力杀伤力带来的恐惧。

唐天宝年间（742—756），唐朝发动了两次进攻南诏国的战争，皆全军覆没。有关这个事件的野史称，唐兵大败的原因是南诏启用巫术，以"阿吒力"僧及密宗法术在阵前施法：

是役乃白妃妖术展帕，（拍）手而笑，韩陀僧用钵法，王师乃溃。……自是唐兵屡败，王遂与唐绝，遣弟阁皮和尚结好土番。阁皮有神术，人马十八骑，往来不过朝夕。……唐兵三至三败，乃其术也。……时高真寺有僧，名崇模，有神术，景庄（南诏第十一代王世隆）以为师。唐太和九年，景庄攻蜀乏粮，又遇年节，士卒思归。僧咒水成酒，咒石成米，各醉饱。征伐随行，则用兵

1　[汉]班固《汉书》，《二十五史》影印本第一册，第727页。

如神。[1]

南诏与吐蕃及五诏的战争，也有"阿吒力"僧施咒：

> 莫残溪，在圣应、佛顶二峰之间。相传五诏结吐蕃，征南诏。
> 南诏请阿古（吒）梨杨施苏和尚咒此溪水洪流没马。吐蕃遂遁。
> 蛮咒莫残溪莫流也，故因此名。[2]

在南诏进攻唐安南都护府的战争中，南诏也用"阿吒力"僧在攻城前临阵施法，但法术被守城唐将的一箭给毁了。随军幕僚樊绰的记述，对"阿吒力"僧攻城前施法的装束、法器和仪式动作有具体描述，颇有现场感，当为亲睹：

> 咸通四年（863）正月六日寅时，有一胡僧，裸形，手持一杖，束白绢，进退为步，在安南罗城南面。本使蔡袭当时以弓飞箭当胸，中此设法胡僧，众蛮扶异归营幕。城内将士，无不鼓噪。[3]

在中国古典文学中，"诅军"或阵前斗法的描写比比皆是，如《封神演义》《三国演义》《水浒传》等，从侧面说明了巫蛊术在军事中的运用，虚虚实实，虽然无法评估它的实际效用，但作为一种心理战，

---

1 《荡山志略》，转引自李东红《白族佛教密宗阿吒力教派研究》，云南民族出版社 2000 年版，第 27 页。
2 [唐] 樊绰《云南志》，见方国瑜主编《云南史料丛刊》第二卷，云南大学出版社 1998 年版，第 80 页。
3 同上。

至少在古代是影响颇大的。

清代北方俗曲"快书"也有类似描述，如"阴魂阵"：

> 但见此阵阴风笼罩，一股黑气直冲霄汉，四面八方，旗幡招
> 展，绣带飘扬，在那阵前悬挂。引魂幡、勾魂幡、追魂夺命，七
> 星皂刁旗，有凶神恶煞保护……进了阴魂阵，修行二目看四方，
> 但则见正东正西，正南正北，东南东北，西南西北，四面八方按
> 方位，里边厢、又请来了二十八宿、九曜星官、朱雀玄武、青龙
> 白虎、黄幡豹尾、勾阵腾蛇、丧门吊客气昂昂。正东方、甲乙木、
> 太岁杨任，手持七星五火龙髻扇。正西方、庚辛金、丧门大师，
> 手拄哭丧棒，棒遍体透白光。正南方、丙丁火、火龙火雷、火燕
> 生风，执掌火部闻元帅。正北方、壬癸水、黑虎玄坛，手提钢鞭
> 怒胸膛。正中央、戊己土、托塔天王、带领天兵天将扎住位。看
> 方向，按那乾坎艮震、巽离坤兑、休生伤杜、景死惊开，阴阳八
> 卦不寻常。还有那杀害生灵无其数，又有那黑牛白牛、黑马白马、
> 黑鸡白鸡、黑狗白狗、杀生孕妇、童男童女、丈八阴人、丈八阳
> 人。按一方、又则见电光照彻奇形异相、相貌狰狞、蓬头赤足、
> 血气难闻真罕见。黑咚咚愁云密布怎辨四方，惨凄凄鬼哭神嚎真
> 可怕。又听得、牛声吼、马咆哮、鸡声唱、狗汪汪，还有那男男
> 女女无数，冤魂哭哭啼啼、口诉三爷（孙膑）乳讳把命伤、梢乌
> 扬沙遮住阵，冷飕飕阴风滚滚不透光。[1]

快书描述的"阴魂阵"，尚有多种。其阵请到的阴魂、神灵，使用

1　陈锦钊《快书研究》，1982年自印书，第276—277页。

的法器、方术等，均为黑巫术的习惯套路，生动呈现了"阴魂阵"的恐怖阵状。这当然不是真实战场的情境，不过，或可视为道教信仰浸淫下，人们对"诅军"或阵前斗法的想象。

下为"阴魂阵"中召唤的部分邪灵（图5-1至5-8）：

图5-1　青龙白虎。云南腾冲纸马

图5-2　玄武朱雀。云南腾冲纸马

图5-3　丧门吊客。云南保山纸马

图5-4　丧门。云南腾冲纸马

图 5-5　太岁。云南保山纸马

图 5-6　火龙太子。云南巍山纸马

图 5-7　玄坛赵元帅。云南腾冲纸马

图 5-8　追魂。云南腾冲纸马

第二节　权争与巫蛊之祸

查史料，把巫术作为一种政治工具的事，数不胜数，商周时的巫蛊政治、汉武帝时的"巫蛊之祸"、隋炀帝以巫蛊之术弄权，都是有史可征的典型案例。试列几例：

《汉书·衡山王赐传》云：

> 厥姬乃恶王后徐于太子曰："徐来使婢，蛊道杀太子母。"[1]

《汉书·霍去病传附公孙敖传》：

> 下吏，当斩，诈死，亡居民间。五六岁后觉，复系坐。妻为巫蛊，族。[2]

《汉书·霍去病传附赵破奴传》：

> 居匈奴中十岁，复与其太子安国亡如汉。后坐巫蛊，族。[3]

《后汉书·清河王庆传》：

> 因诬言欲作蛊道祝诅，以菟为魇胜之术，日夜毁谮。[4]

《汉书·江充传》和《戾太子传》所记载的"巫蛊案"，是一件震惊朝野的大案，死者数万人：

---

1 [汉] 班固《汉书》，《二十五史》影印本第一册，第 568 页。

2 同上，第 597 页。

3 同上，第 598 页。

4 [南朝] 范晔《后汉书》，《二十五史》影印本第二册，第 960 页。

朱安世告丞相公孙贺、子太仆敬声为巫蛊，事连及阳石诸邑公主。贺父子皆坐诛……后上幸甘泉，疾病，充见上年老，恐晏驾后为太子所诛，因是为奸，奏言上疾祟在巫蛊。于是上以充为使者治巫蛊。充将胡巫掘地求偶人，捕蛊及夜祠，视鬼，染污另有处，辄收捕验治，烧铁钳灼，强服之。民转相诬以巫蛊，吏辄劾以大逆亡道，坐而死者前后数万人。是时，上春秋高，疑左右皆为蛊祝诅，有与亡，莫敢诉其冤者。充既知上意，因言宫中有蛊气，先治后宫希幸夫人，以次及皇后，遂掘蛊于太子宫，得桐木人。太子惧，不能自明，收充，自临斩之。骂曰：'赵虏！前乱乃（汝）国王父子不足邪！乃复乱吾父子也！'太子繇是遂败。语在《戾园传》。后武帝知充有诈，夷充三族。[1]

《资治通鉴》卷二十二亦述及此事，据载，汉武帝宠信方士神巫，这些人以变幻邪术惑众。其间，"女巫往来宫中，教美人度厄，每屋辄埋木人祭祀之；因妒忌恚詈，更相告讦，以为咒诅上无道。上怒，所杀后宫延及大臣，死者数百人。"先是丞相公孙贺因夫人是卫皇后姊的裙带关系得宠，其子也得一官，骄奢不奉法，擅用军费，被捕下狱。公孙贺为赎儿子的罪，自请逐捕阳陵大侠朱安世。后果然抓到朱安世，大侠却笑道："我只死一人，你丞相将祸及全宗族！"遂从狱中上书，告丞相的儿子与阳石公主私通，更严重的是，他知道武帝要去甘泉宫，"使巫当驰道埋偶人，祝诅上，有恶言。"公孙贺被逮捕下狱，经调查罪名属实，父子二人都死于狱中，并被灭族。"上心既以为疑，尝昼寝，

1 [汉]班固《汉书》，《二十五史》影印本第一册，第570页。

梦木人数千持杖欲击上，上惊寤，因是体不平，遂苦忽忽善忘。江充自以为与太子及卫氏有隙，见上年老，恐晏驾后为太子所诛，因是为奸，言上疾祟在巫蛊。于是，上以充为使者，治巫蛊狱。充将胡巫掘地求偶人，捕蛊及夜祠、视鬼，染污令有处，辄收捕验治，烧铁钳灼，强服之。民转相诬以巫蛊，吏辄劾以为大逆无道。自京师、三辅连及郡国，坐而死者前后数万人。"[1] 包括"诸邑公主阳石公主皆坐巫蛊死"。江充兴巫蛊狱的矛头实在太子，他借治巫蛊狱把火煽起来之后，便唆使胡巫上奏，说："宫中有蛊气；不除之，上终不差。"武帝年老昏聩，既信巫言且疑心病重，便让江充带人在后宫、太子宫到处掘地，地面被掘得稀烂，连太子和皇后搁床的地方都没有了。江充称："于太子宫得木人尤多，又有帛书，所言不道。"太子自知受诬，有口难辩，杀了江充及胡巫。武帝命丞相刘屈氂发兵击太子，太子兵败自杀（《汉书·武帝纪》又言"太子亡，皇后自杀"，太子逃亡后"自杀于湖"）。后来，发兵击太子的丞相刘屈氂"下狱腰斩，妻子枭首"，据说也祸因巫蛊。郑氏注曰："妻作巫蛊，夫从坐但腰斩也。"[2] 可见当时巫蛊之风如何盛行，因巫蛊而引发的祸事如何之多，到了人人自危的地步。民众互相诬以巫蛊，官吏更是动不动以大逆不道的罪名捕人杀人，甚至连皇族和两任丞相皆无可幸免。有人考证认为，司马迁亦死于此案。

魏晋以来，社会动荡，群雄并起，政治愈发无常，玄学盛行，巫风亦烈，运用巫蛊之术争权夺势的记载竟不绝于书。

《北史》记陆媪令萱为了立穆氏除胡氏，"乃求左道行厌蛊之术。

---

1 [宋]司马光编撰，沈志华、张宏儒主编《资治通鉴：传世经典文白对照》，中华书局 2012 年版，第 846—848 页。。

2 [汉]班固《汉书》，《二十五史》影印本第一册，第 386 页。

旬朔之间，胡氏遂即精神恍惚，言笑无恒"。齐主渐畏恶之，于是立穆氏。[1]

《宋书·元凶邵传》述，宋文帝长子劭多过失，担心被皇上知道，于是在女巫严道育的帮助下，"遂为巫蛊，刻玉为上（文帝）形像，埋于含章殿前。"后此事败露，文帝令人搜查，"得劭、濬手书，皆咒诅巫蛊之言；得所埋上形像于宫内。道育叛亡，捕之不得。道育变服为尼，逃匿东宫。"但该女巫最终还是被"鞭杀于石头四望山，焚其尸，扬灰于江"。[2]

《梁书》载："萧纪举岷蜀之众由外水而下，湘东王命方士伯人于长洲苑板上画纪形象，亲下铁符，钉于支体，以厌之。"[3]据说，"铁符"大约是铁板书写的符箓，既是钉刺偶像的刑具，又兼有咒辞的功能。

《陈书·长沙王叔坚传》云："后主阴令人告长沙王叔坚，厌魅刻木人为偶人，衣以道士衣，施机关，能拜跪，昼夜于星月下醮之，祝诅于上。其年冬，有人上书告其事，案验令实，后主召叔坚，因于西省。后赦之，免所居官。"[4]

因巫蛊而成为政治牺牲品的，不仅仅是政客巫人。隋三十七年而亡国，政治腐败无道固是根本原因，巫蛊之祸亦在其中起了重要的催化作用。据《隋书》载，仅出于皇室的大案要案，就不可胜数，皇族权客惑于蛊、用于蛊、毁于蛊的比比皆是，演出了一幕幕惨烈的丑剧、闹剧和悲剧。

先是外戚滥行蛊术。《隋书》卷七十九"外戚传"述隋炀帝的舅舅独孤陁以"猫鬼"谋不义之财：

1　[唐]李延寿《北史》，《二十五史》影印本第四册，第3216页。

2　[宋]李昉等《太平御览》，第3260页。

3　同上。

4　同上。

独孤陀字黎邪。仕周胥附上士，坐父徙蜀郡十余年。宇文护被诛，始归长安。高祖受禅，拜上开府、右领左右将军。久之，出为郢州刺史，进位上大将军，累转延州刺史。好左道。其妻母先事猫鬼，因转入其家。上微闻而不之信也。会献皇后及杨素妻郑氏俱有疾，召医者视之，皆曰："此猫鬼疾也。"上以陀后之异母弟，陀妻杨素之异母妹，由是意陀所为，阴令其兄穆以情喻之。上又避左右讽陀，陀言无有。上不悦，左转迁州刺史。出怨言。上令左仆射高颎纳言苏威、大理正皇甫孝绪、大理丞相杨远等杂治之。陀婢徐阿尼言，本从陀母家来，常事猫鬼。每以子日夜祀之。言子者鼠也。其猫鬼每杀人者，所死家财潜移于畜猫鬼家。陀尝从家中索酒，其妻曰："无钱可酤。"陀因谓阿尼曰："可令猫鬼向越公家，使我足钱也。"阿尼便咒之归。数日，猫鬼向素家。十一年，上初从并州还，陀于园中谓阿尼曰："可令猫鬼向皇后所，使多赐吾物。"阿尼复咒之，遂入宫中。杨远乃于门下外省遣阿尼呼猫鬼。阿尼于是夜中置香粥一盆，以匙扣而呼之曰："猫女可来，无住宫中。"久之，阿尼色正青，若被牵曳者，云猫鬼已至。上以其事下公卿，奇章公牛弘曰："妖由人兴，杀其人可以绝矣。"上令以犊车载陀夫妻，将赐死于其家。陀弟司勋侍中整诣阙求哀，于是免陀死，除名为民，以其妻杨氏为尼。[1]

为搞巫蛊阴谋者说情的还有受害者文献独孤皇后。《隋书》卷三十六"后妃"载：

---

1 [唐]魏征等《隋书》，《二十五史》影印本第五册，第3462页。

文献独孤皇后，后异母弟陁以猫鬼巫蛊，咒诅于后，坐当死。后三日不食，为之请命曰："陁若蠹政害民者，妾不敢言。今坐为妾身，敢请其命。"陁于是减死一等。[1]

在发生独孤陁"猫鬼"案之前，已有类似案件发生，隋高祖斥其为"妖妄"之说，到陁案事发，则又偏听偏信，"诏诛被讼行猫鬼家"：

先是，有人讼其母为人猫鬼所杀者，上以为妖妄，怒而遣之。及此，诏诛被讼行猫鬼家。[2]

隋代的巫蛊之祸当然远不只于此。事实上，如果我们将《隋书》中有关巫蛊的事件串起来看看，即可看到一系列倾轧权斗远甚于汉代"巫蛊之祸"的政治丑剧。可以说，整个杨氏皇族都卷入了因巫蛊而致的空前灾难中：

隋高祖杨坚共有五子。老大杨勇（太子），老二杨广（晋王），老三杨俊（秦王），老四杨秀（蜀王），老五杨谅（汉王），皆分握兵权。

长子杨勇，"颇好学，解属词赋，性宽仁和厚，率意任情，无矫饰之行"[3]。立为皇太子后，因体谅民情、劝谏其父的徙民政策而深得高祖喜爱，凡事皆交给他处理。后似有点飘飘然，于冬至节张罗受百官朝贺，犯了高祖的忌；又专宠昭训云氏，而把原配元氏冷落一边，恰在此时元氏暴亡，皇后疑是他放的毒，对他大为不满。

---

1 [唐]魏征等《隋书》，《二十五史》影印本第五册，第3381页。

2 同上，第3462页。

3 同上，第3395页。

老二杨广知道后，"弥自矫饰"，在他哥哥失手之处表现异常（"生活俭素""唯共萧妃居处""敬接朝臣""礼极卑屈"等），与太子形成鲜明比照，使皇后等"由是薄勇，愈称晋王德行"。杨广亲信杨素等，"既知意，因盛言太子不才，皇后遂遗素金，始有废立之意"。[1]一时间，上上下下都形成了对杨勇不利的局面。

出现政治危机的太子杨勇如何应付局面呢？他选择了巫蛊之术。《隋书》卷四十五"房陵王勇"记：

> 勇颇知其谋，忧惧，计无所出。闻新丰人王辅贤能占候，召而问之。辅贤曰："白虹贯东宫门，太白袭月，皇太子废退之象也。以铜铁五兵造诸厌胜。"[2]

王辅贤还教他在东宫后园做屋宇卑陋的"庶人村"，布衣草褥安歇，做出俭朴的样子。但杨勇内心实很焦躁。高祖派杨素去看看杨勇，杨勇"束带待之"，杨素却拖拖沓沓，"以激怒勇"，杨勇白准备一场，"衔之形于言色"，卧薪尝胆的做作毁于一旦，反落了话柄。"素还，言勇怨望，恐有他变。"加上皇后也"遣人伺觇，东宫纤介事皆闻奏，因加媒蘗，构成其罪"。杨广更用"财货"收买东宫幸臣姬威，"令取太子消息"……高祖被这些信息紧紧包围，生怕太子兵变，睡觉不敢脱衣，连起夜都"恐有警急"，不到后房厕所，"移就前殿"，如在战场般声东击西。"仁寿宫去此（东宫）不远，而令我每还京师，严备仗卫，如入敌国。"皇太子贴身幸臣姬威又火上浇油告太子非法，连做"庶人村"

1　[唐]魏征等《隋书》，《二十五史》影印本第五册，第3395页。
2　同上。

的韬晦之举也被说成"营起亭殿,朝造夕改",进而再来一句高祖最怕听的话,说太子"尝令师姥(女巫)卜吉凶,语臣曰:'至尊(高祖)忌在十八年,此期促矣。'"听到此言,"高祖泫然曰:'谁非父母生,乃至于此!'"[1]终于下了废太子的决心。同时,还将太子的亲信及为太子说话的朝臣杀了七人,其中三人,罪名均与巫蛊有关:

> 太子家令邹文腾,专行左道,偏被亲昵,心腹委付,钜细关知,占问国家,希觊灾祸;……典膳监元淹,谬陈爱憎,开示怨隙,恶起讪谤,潜行离阻,进引妖巫,营事厌祷。前主玺下士何竦,假托玄象,妄说妖怪,志图祸乱,心在速发,兼制奇器异服,皆竦规摹,增长骄奢,糜费百姓。凡此七人,为害乃甚,并处斩,妻妾子孙皆悉没官。[2]

杨勇被废,新立杨广为皇太子,高祖皆听之于人,杨勇连申辩的机会都没有,情急之下,爬上大树高叫以让高祖听到,又被杨素说成"为癫鬼所着":

> 时勇自以废非其罪,频请见上,面申冤屈。而皇太子(杨广)遏之,不得闻奏。勇于是升树大叫,声闻于上,冀得引见。素因奏言:"勇情志昏乱,为癫鬼所着,不可复收。"上以为然,卒不得见。素诬陷经营,构成其罪,类皆如此。[3]

1　[唐]魏征等《隋书》,《二十五史》影印本第五册,第 3396 页。

2　同上。

3　同上。

兄长被废，杨广虽升为太子，但怕坐不稳，目标渐渐移向自己的几个弟弟。

老三秦王杨俊最不足虑。此人先是"崇敬佛道，请为沙门"，高祖不许，后派他去领兵，他却"虑杀伤"；接着他又"下海"经商搞信贷，"出钱求息"。"太子党"经商，必然以权谋私，"违犯制度"，待到"民吏苦之"，皇帝只好派纪检部门去查，"连坐者百余人"（当然依旧是从者坐罪，主谋没事）；经商不成，杨俊便谈"文化"、搞装璜，以艺术家自居。"俊有巧思，每亲运斤斧，工巧之器饰，以珠玉为妃作七宝幕篱，又为水殿，香涂粉壁，玉砌金阶，梁柱楣栋之间，周以明镜，间以宝珠，极荣饰之美。每与宾客妓女弦歌于其上。"[1]

可惜"文化名流"没当多久，后院便因杨俊的风流行为闹起了巫蛊之事。杨俊也因此招惹杀身之祸：

> 俊颇好内，妃崔氏性妒，甚不平之，遂于瓜中进毒。俊由是遇疾笃，含银，银色异为遇蛊，未能白，遣使奉表陈谢，帝责以失德。薨，帝哭之数声而已，曰："晋王前送一鹿我，令作脯拟赐秦王，王亡，可置灵坐之前，心已许之，不可亏信。"帝及后往视，见大蜘蛛、大蚰蜒，从枢头出之，不见穷之，知妃所为也。[2]

此段主要部分记述不见今本《隋书》记载，查书，知杨俊死之前，由于高祖之责，心理压力已经很大，"俊惭怖，疾甚。"死后，"俊所为

1　[唐] 魏征等《隋书》，《二十五史》影印本第五册，第3396页。
2　[宋] 李昉等《太平御览》，第3260—3261页。

侈丽之物，悉命焚之……妃崔氏以毒王之故，下诏废绝，赐死于其家。"[1]

杨俊之死是否与杨广的朝廷权争有关，不得而知。但老四杨秀，却明明白白是被他二哥杨广用巫蛊陷害至死的。据《隋书》卷四十五"庶人秀"记述，蜀王杨秀，"有胆气，容貌瑰伟，美须髯，多武艺，甚为朝臣所惮。"自然也是阴谋家杨广的心腹之患。而此公偏恃势狂傲，授人把柄，杨广乘机"阴令杨素求其罪而谮之"，又"阴作偶人"，冒充杨秀所为，将巫蛊罪栽到弟弟头上，由此坑了自己的二号政敌——胞弟杨秀：

> 秀渐奢侈，违犯制度，车马被服，拟于天子。及太子勇以谗毁废，晋王广为太子，秀意甚不平。皇太子恐秀终为后变，阴令杨素求其罪而谮之。仁寿二年，征还京师。上见不与语……上曰："顷者秦王（俊）糜费财物，我以父道训之；今秀蠹害生民，当以君道绳之。"于是付执法者。开府庆整谏曰："庶人勇既废，秦王（俊）已薨，陛下儿子无多，何至如是？然蜀王（秀）性甚耿介，今被重责，恐不自全。"上大怒，欲断其舌，因谓群臣曰："当斩秀于市以谢百姓。"乃令杨素、苏威、牛弘、柳述、赵绰等推治之。太子（广）阴作偶人，书上及汉王姓字，缚手钉心，令人埋之华山下，令杨素发之。又作檄文曰："逆臣贼子，专弄威柄，陛下唯守虚器，一无所知。"陈甲兵之盛，云"指期问罪"。置秀集中，因以闻奏。上曰："天下宁有是耶！"于是废为庶人，幽内待省，不得与妻子相见，令给獠婢二人驱使。与相连坐者百余人。[2]

1　[唐] 魏征等《隋书》，《二十五史》影印本第五册，第3397页。
2　同上。

隋高祖为此还发布了一份诏书，历数其罪，是一份历史上罕见的有关巫蛊的官方文件：

汝地居臣子，情兼家国，庸、蜀要重，委以镇之。汝乃干纪乱常，怀恶乐祸，睥睨二宫，伫迟灾衅，容纳不逞，结构异端。我有不和，汝便觊觎，望我不起，便有异心。皇太子，汝兄也。次当建立，汝假托妖言，乃云不终其位。妄称鬼怪，又道不得入宫，自言骨相非人臣，德业堪承重器。妄道清城出圣，欲以己当之，诈称益州龙见，托言吉兆。重述木易之姓，更治成都之宫，妄说禾乃之名，以当八千之运。横生京师妖异，以证父兄之灾，妄造蜀地征祥，以符己身之箓。汝岂不欲得国家恶也，天下乱也？辄造白玉之珽，又为白羽之箭，文物服饰，岂似有君？鸠集左道，符书厌镇。汉王于汝，亲则弟也，乃画其形像，书其姓名，缚手钉心，枷锁杻械。仍云请西岳华山慈父圣母神兵九亿万骑，收杨谅魂神，闭在华山下，匆令散荡。我之于汝，亲则父也，复云请西岳华山慈父圣母，赐为开化杨坚夫妻，回心欢喜。又画我形像，缚手撮头，仍云请西岳神兵收杨坚魂神。如此形状，我今不知杨谅、杨坚是汝何亲也？

包藏凶慝，图谋不轨，逆臣之迹也。希父之灾，以为身幸，贼子之心也。怀非分之望，肆毒心于兄，悖弟之行也。嫉妒于弟，无恶不为，无孔怀之情也。违犯制度，坏乱之极也。多杀不辜，豺狼之暴也。剥削民庶，酷虐之甚也。唯求财货，市井之业也。专事妖邪玩嚚之性也。弗克负荷，不材之器也。凡此十者，灭天理，逆人伦，汝皆为之，不详之甚也，欲免祸患，长守富贵，其可得平！[1]

老五杨谅见众兄不保，自然明白。"太子（勇）谗废，（杨谅）居常怏怏，阴有异图，遂讽高祖云，突厥方强，太原即为重镇，宜修武备。"杨谅借口抵御突厥，在自己领地修建工事，屯兵自重，"谅自以所居天下精兵处。"以此不重蹈兄长们的覆辙。"及蜀王（秀）以罪废，谅愈不自安。会高祖崩，征之，不赴，遂发兵反。"然而此公却无实战经验，高祖在世时"甚宠爱之"，任命他当"行军元帅"时，不是"遇疾疫不利而还"，便是突厥犯塞而为"元帅"的他"竟不临戎"。如此纨绔子弟，一旦真造起反来，也犹犹豫豫，"不能专定"，终至贻误战机，被杨素俘，废为庶人，"竟以幽死"，还连累数万将士成为宫廷权术之争的殉葬品。[2]

杨广用阴谋篡权之事，后来高祖有所察觉，然已悔之晚矣，整个局面，乃至自己的性命，都被控制在新太子杨广手中了：

> 高祖寝疾于仁寿宫，征皇太子入侍医药。而奸乱宫闱事于高祖。高祖抵床曰："枉废我儿。"因遣追勇。未及发使，高祖暴崩。秘不发丧，遽收柳述、元岩系于大理狱，伪高祖敕书，赐庶人（杨勇）死，追封房陵王，不为立嗣。[3]

杨广还借高祖之口对杨勇杨秀作"盖棺论定"，使其永难翻案，对

1　[唐]魏征等《隋书》，《二十五史》影印本第五册，第3397页。

2　同上。

3　同上，第3396页。

自己则褒奖有加，骗取百姓放心：

> 古人有言，知臣莫若于君，知子莫若于父。若令勇、秀得志，共治国家，必当戮辱遍于公卿，酷毒流于人庶。今恶子孙已为百姓黜屏，好子孙足堪负荷大业……皇太子广，地居上嗣，仁孝著闻，以其行业，堪成朕志……[1]

"好子孙"杨广的政绩如何，已不必我们再说，"隋炀帝"一词，早成为史家口中"荒淫无道"的代名词，这里只补充一点与巫蛊有关的事例。

隋炀帝杨广将自己的父兄除尽之后，仍觉不过瘾，为绝后患，又将其兄杨勇的儿子杨俨以及其他可能构成威胁的人悉数杀害或流放。陷人的名目繁多，不胜枚举，以巫蛊陷人仍为其特长。可举滕嗣王杨纶之例：

> 纶以穆王之故，当高祖之世，每不自安。炀帝即位，尤被猜忌。纶忧惧不知所为，呼术者王琛而问之。琛答曰："王相禄不凡。"乃因曰："滕即腾也，此字足为善应。"有沙门惠恩、崛多等，颇解占候，纶每与交通，常令此三人为度星法。有人告纶怨望咒诅，帝命黄门侍郎王弘穷治之。弘见帝方怒，遂希指奏纶厌蛊恶逆，坐当死。帝令公卿议其事，司徒杨素等曰："纶希冀国灾，以为身幸，原其性恶之由，积自家世。……其先乃离阻大谋，弃同

1　[唐]魏征等《隋书》，《二十五史》影印本第五册，第3257页。

即异。父悖于前，子逆于后，非直觊觎朝廷，便是图危社稷，为恶有状，其罪莫大，刑兹无赦，抑有旧章，请依前律。"帝以公族不忍，除名为民，徙始安，诸弟散徙边郡。[1]

滕嗣王杨纶被顺杆爬的小人诬陷为魇蛊恶逆，炀帝杨广猫玩老鼠，走狗杨素则上纲上线，追查父子两代，君臣一个红脸一个白脸，被诬之人安有不翻船的！炀帝除了异己，还落个"不忍"的美名。

我们或已注意到，发此"巫蛊祸国"宏论的正人君子杨素，其实在每次阴谋活动中都是个关键人物。尤其是杨广"阴作偶人"埋下，又令专案组头目杨素"发之"，巧以巫蛊罪栽诬到杨秀身上一案，更是配合默契。

等到除尽政敌和异己，穷极无聊之时，杨广杨素君臣间还不时弄点巫蛊小术玩玩，诸如以蛊术求美女之类勾当。《太平御览》卷七三五"厌蛊"引《两京记》云：

> 杨素有美妾，姿色绝伦。时有千牛桑和，有妖蛊异术，常云"一见妇人，便即能致"。炀帝尝密使人窃之，素宅深邃，和朝奉诏，其夜便窃以匿。炀帝奇其能，便招素赐之。[2]

由此看来，隋代最大的巫蛊玩家，实乃炀帝和巫蛊专案组组长杨素自己！自古作孽者必自毙，炀帝被杀，隋三十七年即亡国。史官评点这段历史，有道是：

---

1 [唐]魏徵等《隋书》，《二十五史》影印本第五册，第3394页。
2 [宋]李昉等《太平御览》，第3261页。

天作孽，尤可违，自作孽，不可逭。

吉凶由人，袄不妄作。[1]

到唐代，巫蛊术仍为政治斗争的工具，政敌之间互相以蛊相攻或控蛊治罪。张鷟《朝野佥载》卷三述：

韦庶人之全盛日，好厌祷，并将昏镜以照人，令其速乱，与崇仁坊邪俗师婆阿来专行厌魅，平王诛之，后往往于殿上掘得巫蛊，皆逆韦之辈为之也。[2]

唐将高骈好求仙问道，属下亦多装神弄鬼者，其中有"世为商侩"，又学得"役鬼术"的吕用之等人。吕用之为了控制高骈，暗行蛊术：

毕师铎入城，吕用之、张守一出奔杨行密，诈言所居有金。行密入城掘其家，地下得铜人，长三尺余，身披桎梏，钉其心，刻高骈二字于肋盖，以魅道厌胜蛊惑其心，以至族灭。[3]

由于被小人施蛊，高骈屡不得志，终落旧毡包尸的下场，时人认为就是因身魂被人所制。《太平广记》卷二百八十三"高骈"云：

唐高骈尝诲诸子曰："汝曹善自为谋，吾必不学俗物，死入四

1　[唐]魏征等《隋书》，《二十五史》影印本第五册，第3262页。

2　赵庶洋《朝野佥载校证》，第285页。

3　[宋]李昉等《太平御览》，第3261页。

板片中，以累于汝矣。"及遭毕师铎之难，与诸甥侄同坎而瘗焉，唯骈以旧毡包之，果符所言。后吕用之伏诛，有军人发其中堂，得一石函，内有桐人一枚，长三尺许，身披桎，口贯长钉，背上疏骈乡贯、甲子、官品、姓名，为厌胜之事。以是骈每为用之所制，如有助焉。[1]

正因为有怕被人蛊惑而遭"制"的恐惧，当权者凡闻巫蛊，难免都有些神经过敏。

《新唐书》卷八十二"十一宗诸子"（棣王琰）云：

棣王琰，开元二年始王鄫，与鄂、鄅二王同封。后徙王棣，领太原牧、太原以北诸军节度大使。天宝初，为武威郡都督，经略节度河西、陇右。会妃韦以过置别室，而二孺人（此处指亲王媵妾）争宠不平，求巫者密置符琰履中以求媚。仇人告琰厌魅上，帝伺其朝，使人取履视之，信。帝怒责琰，琰顿首谢曰："臣罪宜死，然臣与妇不相见二年，有二孺人争长，臣恐此三人为之。"及推，果验。然帝犹疑琰，怒未置，太子以下皆为请，乃因于鹰狗坊，以忧薨。妃，绚之女，无子，还本宗。[2]

妻妾为争宠用巫术求媚，殃及丈夫的政治生命，固为冤枉，但制造冤狱的皇帝，宁可错罚别人，不能自己欠安。不是真相不明白，而是君王"疑"难释。

1　[宋]李昉等《太平广记》，第2502页。

2　[宋]宋祁《新唐书》，《二十五史》影印本第六册，第4189页。

前面详述之例，一为昏隋，二为强汉盛唐，在蛊的问题上，却难分彼此。由此观之，厚以万页计的一套《二十五史》，该有多少因蛊而毙的冤魂屈鬼呢？

除正史外，野史、笔记中也不乏这一类例子。清人刘崑在纪行笔记《南中杂说》中，记载了流行于沅江一带的毒蛊术：

> 世传南人能造蛊，……沅江土司世传此法，其药最毒而最奇。凡郡守新任，例必设宴迎风，药已入腹矣。（郡守）在任理事，药不即发也，但两目瞳子变黑而为蓝，面色淡黄，状类浮肿。至离任一月，则阖门并（丧）命矣。余同寅郡守潘一品，粮厅官素士父子、主仆、幕宾，皆死此药，无一人得脱者。[1]

沅江土司为何不分青红皂白，凡郡守新任皆对其下此毒手？究其源，大约与当时的"土流之争"有关。中央政府为强化其一统天下，派流官赴边疆多民族地区，取代土官（土司）。这一举措，必然会遭致地方势力的抵抗。沅江土司采用的办法为毒蛊术，目的是让到此任职的官员视此地为畏途禁区，从而使"以流制土"的政策流产。

第三节　蛊与阶级斗争

在社会发生激烈变动、政治利益矛盾尖锐的时候，巫术更是与权

---

1 [清] 刘崑《南中杂说》，见方国瑜主编《云南史料丛刊》第十一卷，第 358 页。

术融为一体，跨世纪演绎出种种形态。

例如，1950年代初，中国社会时值重大的转型和变革期，阶级矛盾再度浮上表面，并上升到一个新的高度。在这个形势下，各种极端的政治手段都会出现。黑巫术，自然也成了某些人利用的工具之一。只要查阅那个时期的档案或调查报告，就会发现，这样的例子，竟是不少呢！不妨摘录几例（为尊重历史，以下引述除人名有所省略外，其余尽量保留文献原样）。

云南西双版纳：

例一：1951年，贫农奎×被选为农民代表到昆明参观，恰巧当时地主叭××的孙子病死了。叭××就说："寨内有'琵琶鬼'了。"别人问他"鬼是谁？"他说："自奎×进寨后小孩就病，而且死了，鬼一定是他。"同时，地主的女婿（反革命分子）周××就煽动说："等他参观回来时就把他撵出寨子去吧，我们寨子不能让他在。"

于是，地主头人们就商量布置阴谋，并强迫外来户每人出一个鸡蛋，写上各人的名字用锅煮，看谁的鸡蛋不熟，谁就是"琵琶鬼"。同时，密谋先把奎×的鸡蛋藏下，等到要揭锅盖时才把它放进去。

然而奎×识破了此暗算，就亲自把鸡蛋放入锅中，并守候着验蛋，结果一锅鸡蛋没有一个是不熟的，这才粉碎了他们的诡计。

地主们一计未成，又生二计，扬言："因为被害的小孩太小了，不懂事，说不出谁是'琵琶鬼'来，要用菜籽撒在小孩的坟山上，等出菜秧时把它拔去擦佛寺里的大鼓，然后敲此大鼓，让'鬼'再去咬大人，这样大人就会说出谁是'鬼'来。"而地主们也确照此做了，把鼓擦好后，敲了一回，可巧奎×就在敲鼓后的几天病故。

于是，地主们就又趁此机会大肆造谣言说："这是奎×的'鬼'斗不过我们寨子里所供奉着的'全坝子里的大鬼'（丢拉法豪披勐），所以他才死去的。"

就这样，受害的贫农奎×，留下了不白之冤。

例二：1952年贫农奎××，在县上当机干队员时，贫农岩××的妻子病（扁桃腺发炎），地主叭××、叭××、周××等商量诬害是奎××这个"琵琶鬼"来害的。于是地主就在叭××的带领下，集合寨内群众，把奎××的房子拆了拿去烧掉（连篱笆、果树都不留），当时奎××不在家，他岳母和妻女，向头人苦苦哀求后，才把一些家具搬到佛寺里来暂时搁一下。随即该妻子衣×就和他离了婚，到芒乱和景德街等处流浪。

至今，奎××已不知去向，而衣×已于1962年从景德街跑往外国。

例三：1962年贫农玉××，生头一胎有点难产，而地主周××的老婆咩××和地主儿媳等就说："是玉××的爱人（民警队贫农出身的岩×）的'琵琶鬼'来害的"。

当时，岩×赶来看看玉××，见她产后已休克，就把她扶起叫醒。然而地主们还说："的确是岩×的鬼了，你看人未到鬼就先到了，若岩×本人迟来一步她就无救了。"以致影响到玉××要向岩×离婚。

例四：芒勉才来上门的贫农岩×（退伍兵），因不合地主的心意也被地主叭××的老婆说成是"琵琶鬼"。她说："唉！要不是家里没人手的话，也不要这种"琵琶鬼"女婿了。"[1]

例五：曼广瓦寨在社教运动转入对敌斗争阶段后，发现群众一方面仇恨地主，有斗争的要求，别方面又顾虑重重，缺乏信心。有些人说："斗是要斗争，不过像岩××那样的地主，是很难制服的，弄不好倒反着他整呢。"而地主富农却满不在乎，有的甚至对农民说："欢迎你们来斗争。"

为什么农民怕斗争地富呢，地主富农为什么那样嚣张呢？原来是群众害怕地主"放鬼报复"。他们说，地主岩××有"刀枪不入的"九本经书，其中一本传给了地主儿子岩×，并在一九六三年犁田时当众试验过，农民波××用枪对准书扣了三下扳机都没有打响，后来把枪口朝天，再扣扳机，这下却打响了，可见经书中有鬼，真能刀枪不入。此外，据说岩×的父亲康郎×（地主，已死）活着的时候会放鬼咬人，会放飞刀飞针杀人，还会放咒符在人家楼下把人咒死，如果岩×继承了他爹的巫道，必定会暗中报复和他作对的人。由于上述缘故，农民群众还不敢挺身出来斗争。

根据了解分析，曼广瓦在历史上是一个寺奴（领因）寨子，担负给宣慰街大佛寺送饭、修缮和迎佛、送佛等劳役，另外兼管曼么黑、曼播的"子鬼"（传说"父鬼"在曼广瓦）。并常年给戛

---

1 曼景兰乡工作组《"琵琶鬼"的真相》，见云南省历史研究所编印《西双版纳傣族小乘佛教及原始宗教的调查材料》。

洒佛寺负责敲鼓，以免路南山的九千九百大鬼下坝。本寨位于半山坡，制高点有一佛寺，因此得名"广瓦"（山坡寺庙之意）。这里一贯宗教活动特盛行，祭祀频繁。

为了彻底打垮地主阶级，挖除其对群众的政治上、思想上的反动影响，使群众从封建势力的压迫和封建迷信思想的束缚中解放出来，必须在群众中开展揭露宗教迷信的危害，划清宗教界线与阶级界线。

开始，在群众中进行了有鬼还是无鬼的辩论。少数人说没有鬼，多数人半信半疑，提到地主会"刀枪不入"和"放鬼"时，好些人都说亲眼见过，但无法解释。有的说"到底有鬼无鬼，只有鬼自己晓得，我们不会说了"，讲来讲去似乎鬼还是有的。工作组根据群众的思想情况作了正面讲解，并提出"信教做赕搞迷信给我们带来什么好处"的问题让大家讨论，摆事实，辩是非。群众发言活跃。如上中农咪××诉说富农鲊康郎××装鬼逼走他丈夫和强占他家产业的经过：二十年前她与丈夫在曼广瓦盖了一所房子，一家人勤劳耕种收得二百多挑谷子，鲊康郎×想霸占他们的家产，便在夜里装鬼去敲他的竹楼，并在村里村外散布咪×家养鬼的谣言，她丈夫因害怕罚款，逃到外国去了，鲊康郎×乘势以头人之名侵占了她家全部财产，只给了咪××十挑谷子。鲊康郎×本来并不富裕，自从夺得这份产业后，四处放债剥削，不几年工夫暴发成了富农，……经过诉苦，群众一致认为"宗教只对地富有利，坑死我们穷人"。

群众听过发言，真相大白，一致要求没收地主的反动经书。岩××只得承认"自己全是骗人"，交出八本"刀枪不入"的经书。民兵队长岩 × 还当众对这些反动经书连放三枪，打成了烂纸碎片，人心大快。[1]

云南红河：

在哈尼族的村寨中，解放前常闹变鬼（又称拿魂婆）事件。村里人生病，总是请背马（巫师）去看。背马往往把害病的原因，归结为村中某个妇女带来的，于是认定这个妇人是个"变鬼"。病人家的亲戚朋友弟兄等酝酿之后，就在夜里用石头、枪、木棍打那个被诬为变鬼的妇人，有的甚至被打伤、打死。被诬指变鬼的，多系与地主、背马有矛盾的贫苦农民妇女，所以在一定程度上反映了阶级压迫和对妇女的歧视。解放初期，还发生过某些地富诬指农民为变鬼，并借此屠杀农民的事件。如瓦渣土司区老博新寨下寨的贫农许 × × 一家六口，因 1951 年我独立团干部进村在他家开会，许 × × 积极找农民参加，这样村中的地主钱 × × 等就痛恨在心，诬指许 × × 家人为变鬼，并将许 × × 一家六口杀害四口，这彻底暴露了封建迷信的阶级实质。[2]

民主改革前的西藏，噶厦政府为了禳除鬼神对他们和佛教存在的威胁，要举行一种程式非常烦琐、仪轨细密罕见的仪式，这就是已经

---

1 颜思久据景洪县曼达乡杜教工作情况第七号改写《曼广瓦寨揭穿地主"刀枪不入"的骗局》，见云南省历史研究所编印《西双版纳傣族小乘佛教及原始宗教的调查材料》。
2 索文清、李健、严汝娴整理《红河县哈尼族社会历史调查》，见《哈尼族社会历史调查》，云南民族出版社 1982 年版。

有几个世纪经验的竖立"四洲赞垛"仪轨。

仪式开始时，要竖起四座复杂的十字网纹灵器"垛"。"垛"高 5.49 米。四个"垛"形制相同、但颜色各异，其各自的颜色与印度教—佛教宇宙观中的四大神话中洲的颜色相一致。例如，白色的"垛"与被认为与白色的东方胜身洲相联系；蓝色的"垛"与蓝色的南方赡部洲相联系，等等。四个"垛"要安置在寺院的四个主殿中，要立在一个巨大的四方形基座上，基座边长有九英尺，内里是空的。在仪式的主体部分开始之前，要往基座腹藏中装填如下物品：各种兽类鸟类尤其是猫头鹰和乌鸦的头骨、骨骼、肌肉和血液，此外至少还应有一些贵族血统的人的头骨或骨骼，最下层奴仆的头骨，在斗殴中丧身的强壮年轻男子的新鲜血，妓女特别是淫名在外的妓女的阴道，杀过人的器械或兵器，暴死亡人的耳垂、鼻尖、眉毛、心脏、嘴唇或舌头，死于恶性传染病的人的头骨或胫骨。此外，还要一百零八个不同的墓地取来的土、一百零八眼泉中取来的水、各种树上采集的树叶嫩枝、从国王的宝库中取来的种子、布匹和丝绢，后三种供品由噶厦政府库藏供给。还有地下水、头发、妓女的经血、不同金属的大块、厉鬼作祟之地取来的土、各种药物植物的根茎叶，以及八岁孩童的头骨、肌肉、血液和骨骼。最后，要将与表现和举行仪式一方相对立的敌党要人的俑像放入"垛"腹藏中。

完成上述准备工作，需要花费很长的时间，获取上面提到的各种用品经常是很困难的。在所有的准备工作完成之后，要邀请一位高僧来主持仪式的主体部分。他要闭关修习七天，祈请一位本尊神遣散与噶厦政府对抗的赞魔。作为补充，桑耶寺的僧众在这段时间内以不同的仪轨，夜以继日地诵读有关"四洲赞垛"仪式的特定经文。

在第二天，赞垛和基座都要被拆成几个部分，搬出主殿，然后竖立于寺外一处朝向仇敌所居方向的地方，最后根据占卜书确定的吉日将"垛"焚毁。

在十三世达赖喇嘛当政期间，据说为抵御尼泊尔人准备进行的军事入侵，作为噶厦政府的一种抵抗手段，在敏珠林寺堪布的主持下举行过一次"四洲赞垛"的仪式。据西藏人说，就在四个"垛"焚毁的那一天，尼泊尔谷地发生了强烈的地震，引起了尼泊尔人的极大恐慌。一周之后，尼泊尔军的总司令——他是俑像被放入"垛"基座的敌首领之一——突然死亡。

这次事件之后，尼泊尔人放弃了侵藏的计划。[1]

由此观之，巫术与权术，无论在哪个朝代，哪个地方，都一样管"用"。是政治如巫，还是巫术如政，又有谁说得清呢。

---

1 [奥] 勒内·德·内贝斯基·沃杰科维茨《西藏的神灵和鬼怪》，第582—584页。

第六章

魅合拆姻

比起放蛊夺命、画符杀魂、诅咒伤生或以巫化的阴谋动乱民心、篡权争势、灭族亡国等血淋淋的黑巫术来说，用迷药魅符求恋魅合或拆人婚姻的行为，恐怕算是最"温情"的一种邪术了。然而，在民俗信仰中，它毕竟仍是一种以秘密方式控制他人意志和情感，强制性、欺骗性地侵犯他人身体乃至生命的巫术行为，从性质上看，仍可归属到"让人受其害而不自知"的魔魅类黑巫术范围里。为此术者虽不犯大法，却也不得不偷偷摸摸进行，以免别人识破其淫邪之心。

第一节　"蛊女"之惑

在云南，要想深入到荒山野岭中去探访神奇故事，只有离开公路，跟着马帮，走许多奇奇怪怪的路。

过去听过不少有关"马大哥"的传闻。想象中的"马大哥"们，是些扛着土枪、押着稀奇货物走南闯北，留下一路浪漫故事的密林豪侠。后来跟他们走得多了，才知他们的生活，用"餐风宿露"来形容，都还嫌过于轻浮了一点。我跟马帮睡过几夜，晴天，蚊虫几乎能穿透棕蓑毯叮人，一巴掌拍去，硬硬的，像有骨头一样。小黑虫、蚂蟥、马鹿虱等，更让人望而生畏。雨天，把马驮子翻过来，几个连在一起，便是"床"。钻进去睡在驮子里，到处都是雨声水流声。赶马人生活的艰辛，实在是常人难以忍受的。在过去，除了看得见的土匪，还有看不见的"瘴气""蛊"等等。特别是"蛊瘴之气"这类"杀手"，最难捉摸，赶马人提起来，至今还心有余悸。难怪民谣说："要过××坝，先把老婆嫁。"这话的不同版本，在许多地方都很流行。所以，穿山过坝的赶马人不得不常有"一去不复返"的准备。"嫁"出自己的老婆，是为了不让她白白守寡。孑然一身漂泊四方的赶马人，只有在寂静的山月中，对着篝火唱一曲"赶马山歌"自嘲：

> 砍柴莫砍哟葡萄藤，
> 养囡莫嫁那个赶马人。
> 三十晚上讨媳妇哟，
> 初三早上要出门……

1995 年 6 月，中国探险协会山岳丛林专业委员会发起一次"穿越哈巴雪山"的活动，队员有来自云南的植物学家、自然保护专家、人类学家、记者、台湾的摄影家及跟着来体验的家庭主妇等，路上还"捡"了一个哲学家。人员庞杂，为了保障后勤，我们聘请了一队当地马帮。（图 6-1、6-2）到山上扎营的时候，我喜欢钻进赶马大哥的帐篷，和他们聊天。赶马大哥们是云南香格里拉市（时名中甸县）三坝

图 6-1　探险队在宿营地。哈巴雪山，1995，笔者摄

图 6-2　赶马大哥。哈巴雪山，1995，笔者摄

纳西族乡哈巴村公所阴山自然村的村民，带头的大哥50多岁，姓徐，祖上从四川迁来。闲聊间说起头晚的事：登山前夜，我们在白水台附近的波湾村住宿。半夜忽听台湾女士惊叫，一班好汉急忙穿衣提棍赶去救援，谁知到了门口，却听屋内柔声细语："请你出去，请你出去。"好汉们整不会了，站在门外进退两难，只好悄悄知趣而退。第二天才弄明白，是她们帐头跳下了一只老鼠。赶马大哥们狂笑，说："要是来的是老鼠蛊，你们就走不脱了。"我忙问蛊事，徐大哥说："还好你们没有在养蛊人家歇。"再问，他说："这是迷信，不好说。"不一会儿他喝高了，颤悠悠唱起"赶马调"：

> 清早起来去妹家，妹家稀饭煮南瓜。
> 阿妹心想留哥吃早饭，又怕筛子关门眼睛多。
>
> 山杂子尾巴长，我们不见也好长。
> 斑鸠飞起尾巴圆，今晚与妹来团圆。
>
> 地边地角长，不要跟着别人走。
> 天上白云飘成团，白云散了我们不会散。[1]

和赶马大哥们处熟了，彼此又都是正当年的男人，一歇下来，"荤"故事就特多，而且赤裸裸的说得很是露骨。我想他们长年无家可归，东村歇西村住的，野店风流故事一定很多。真追问起来，他们却大多

---

1 演唱者:徐新民,演唱地点:哈巴雪山湾海(海拔4160米),演唱时间:1995年6月6日,采录人:邓启耀。

"清白"得很，没多少风流韵事可讲。那些随口唱的赶马调和胡编的"荤"故事，大约是一种"过干瘾"似的意念满足吧。

但问题似乎不仅止于此。走了不少地方之后，我才发觉，他们尽管很善于打情骂俏，却很少动真格的。这种"洁身自好"的自制力，不一定来自所谓责任心或道德感，而是来自一种神秘的畏惧心理。特别是对异乡异族风流妖娆的女子，这些随口就可以开出许多粗俗玩笑的赶马汉子，每每显得过分"规矩"，甚至主动回避。

见多识广的"大锅头"悄悄告诉我，他们怕"蛊"。

许多赶马人都相信有关"蛊女"或"迷药"的传说。在西南，出远门"跑夷方"的人每每被提醒，注意被"放了蛊"或吃了"迷药"——一种谁也说不清的恐怖法术。放蛊施迷的方式很多，且多被说成是"蛮女"所为。被她们恨了，自然逃不脱，被她们爱了，也摆不掉干系。"勾魂"的蛊女，恨也要命，爱也要命。

赶马人常常提到一种叫"恋药"或"迷药"的东西。据说，要是蛊女看中了马帮里的哪位兄弟，就会将秘制的"恋药"藏在指甲里，趁给他倒茶时轻轻弹入杯中。他若喝了，就会勾魂销魄地迷恋上放药的女人，走再远都会赶回来。如果他不按蛊女之约准时回来，则茶饭不思，焦渴而死。如想得救，只有及时奔回蛊女怀抱，吃下解药，才会没事。像这样的"蛊女"或"蛊惑"之术，在每片山凹凹里，都有传得神乎乎的故事，而且指名道姓，说得出许多有鼻子有眼的人和事。

这类"蛊女惑人"之事，在古文献中也有记述，如清人张泓的《滇南新语》，即谈到了这种危险的"恋情"：

　　　　山中摆夷，剥全牛，能咒其皮如芥子。货客入山，不戒，或为夷女所悦，当货毕言归，即私投饮食以食客，女约来期。如约至，乃得解；逾期则蛊作，腹裂皮出，如新剥者。[1]

清人刘崐在纪行笔记《南中杂说》中亦谈到这类迷药：

滇中无世家，其俗重财好养女。女众年长，则以归寄客之流落者。然貌陋而才下，虑赋《谷风》，则密以此药投之，能变荡子之耳目，视奇丑之物美如西施，香如苏合，终身不解矣。又有恋药、媚药，饮之者则守其户而不忍去，虽赍本巨万，冶装客游，不出二站，即废然而还，号曰"留人洞"。吾乡数十万人，捐坟墓，弃父母妻子老死异域者，大抵皆中此物也。[2]

在两广行旅风俗中，也有此忌。清人屈大均《广东新语》云：

西粤土州，其妇人寡者曰"鬼妻"，土人弗取也。粤东之估客，多往赘焉。欲归则必与要约，三年返，则其妇下三年之蛊，五年则下五年之蛊，谓之"定年药"。愆期则蛊发，膨胀而死。如期返，其妇以药解之，辄得无恙。土州之妇，盖以得粤东夫婿为荣。故其谚曰："广西有一留人洞，广东有一望夫山。"以蛊留人，人亦以蛊而留。[3]

---

1 [清]张泓《滇南新语》，见方国瑜主编《云南史料丛刊》第十一卷，第402页。
2 [清]刘崐《南中杂说》，同上，第358页。
3 [清]屈大均著，李育中等注《广东新语注》，第528页。

对于这些因"悦"上"货客""商旅"（多为赶马易货者）的人才或财物而滥施巫蛊之术的"夷女"，该官员甚为痛恶，屡屡"设法告捕"，声称"安能得此辈而尽律以大辟，边荒妖毒，庶其息乎"。可见当时的云南，此类传闻或指控应是极多并引起地方政府严肃关注的。

明人刘文征撰《天启滇志》卷之三十"羁縻志"第十二"种人"所述之"僰夷"，也会搞这种迷药：

> 食中多置毒药，中之必不治。估客娶夷女者，欲出必问还期，或一二年，或三四年，女即以毒饵之。如期至，更以药解救，亦无他。若不尔，必毒发而死。其所许还期，即死日也。与外人交易，偿约失信及私窥其妻女者，必毒之；信实朴厚者，累出入亦无伤。[1]

这里有两重危险：一是与"夷女"有男女交往，如离家而不及时归者，即有性命之虞；一是与其进行"交易"时，如偿约失信或行为不轨者（如"私窥其妻女"），亦有被蛊毒的可能。这两种可能，对于走南闯北、到处贸易的马大哥们来说，是极易碰上的。

当然，也有另外的情况，这便要看"恋药"为谁所掌握。有一位白族作家告诉我，他曾放过了一次极好的采访机会："有位马锅头，70多岁了，人长得也不怎么，却曾拥有过九个漂亮的妻子。其中，第九位是他40多岁时找的。她当时才19岁，跟他跟得死心踏地。这里面肯定有戏。"可惜作家去晚一步，那老头便死了，没半年，他年轻的妻

1　[明]刘文征《天启滇志》，见方国瑜主编《云南史料丛刊》第七卷，云南大学出版社1998年版，第78页。

246

子也跟着他去了。有人说他会使迷药，迷得情人生不离，死相随。

不过，传得最多的，还是马大哥们被迷倒。

为避免被"蛊惑"，马帮里有许多帮规、禁忌和崇拜仪礼，以将出入陌土异情的危险减至最低限度，甚至连说话都得处处小心，把一切可能与灾祸有关的谐音字词，全给改成近乎黑话的特殊马帮行业语或禁忌语，如蛇叫"老梭"，狼叫"老灰"等。在男女交往上，马帮尤为忌讳。虽然马大哥们可能随意和沿途女子对唱山歌，谈天调情，但不准涉及下流之事，更严禁在山里与女人野合，因为这样会得罪山神。触怒了山神，不但犯事者有生命危险，整个马帮也晦气，出行不吉。所以，按帮规，对这类人须给予严惩，或打或罚，乃至撵出马帮，虽"大锅头"犯讳也照惩不误。1977 年 9 月，我和画友住在云南迪庆藏族自治州太子雪山垭口道班等雪山露脸，一住一个多星期。没事闲聊，一位藏族"马锅头"告诉我，他的一位朋友为这问题"犯了事"，又摆不脱爱的煎熬，"受不了啦"。最后，在一个寂寞的雪山垭口小屋里，用步枪枪口抵住咽喉，扣动扳机，自杀了。

马帮对出行期间男女性关系的严格禁忌和对山神等与行路有关的神灵的祭祀，可能来源于某种渊源古老的巫术或宗教心理。古代易卜之书曾有这样的释法（《周易》"蛊"之释）：

> 女惑男，风落山，谓之蛊。女惑男，男败；风落山，山败。亦以败坏说蛊。[1]

1　尚秉和《周易尚氏学》，中华书局 1980 年版，第 102 页。

以山野为家，行山路为业的马帮，之所以那么害怕"异域"女人并弄出许多关于蛊女的恐怖爱情传说，大约与这种害怕"男败""山败"的意识有关。

所谓"败"，自然的或生理的原因应是其一。前引释《周易》"蛊"卦之为一说："蛊，败也，坏也。……木内生蠹，蠹即蛊，皆以巽也，故坏。""风止山下，气郁不通，故蛊。蛊则不生育。"[1]山风木蛊之事，何以诛连到"不生育"呢？俗云："百里行房事者病，行房事百里者死。"民间多有出门不行房事的禁忌。赶马人每日餐风宿露，寒暑无定，性生活方面稍不注意，即可能大伤。另外，亦有认为蛊蜮之类孽物，是淫乱之气所生的。晋人干宝《搜神记》云：

> 汉中平中，有物处于江水，其名曰"蜮"，一曰"短狐"，能含沙射人，所中者，则身体筋急，头痛发热，剧者至死。江人以术方抑之，则得沙石于肉中。《诗》所谓"为鬼为蜮，则不可测"也，今俗谓之溪毒。先儒以为男女同川而浴，淫女为主，乱气所生也。[2]

把"蜮"的出现归结为男女同川而浴的淫乱之气所生，似有划入"巫蛊"之嫌。鲍照《代苦热行》诗，更将"蜮"与"蛊"联系在一起了："含沙射流影，吹蛊痛行晖。"

淫乱之气既能滋生此类孽物，此类孽物亦可扰乱阴阳人鬼之序。"先儒"的推断与民间信仰，在这一点上似乎走到了一起。邪淫之气伤

---

1 尚秉和《周易尚氏学》，中华书局 1980 年版，第 103 页。

2 [晋] 干宝原著，黄涤明译注《搜神记全译》，第 357 页。

人性命的观念，在中国传统观念中，确是相当流行的。《左传·昭公元年》云：

> 晋侯求医于秦。秦伯使医和视之，曰"疾不可为也。是谓：'近女室，疾如蛊。非鬼非食，惑以丧志。良臣将死，天命不佑。'"公曰："女不可近乎？"对曰："节之。先王之乐，所以节百事也，故有五节，迟速本末以相及，中声以降，五降之后，不容弹矣。于是有烦手淫声，慆堙心耳，乃忘平和，君子弗听也。物亦如之，至于烦，乃舍也已，无以生疾。君子之近琴瑟，以仪节也，非以慆心也。天有六气，降生五味，发为五色，徵为五声，淫生六疾。六气曰阴、阳、风、雨、晦、明也。分为四时，序为五节。过则为菑（灾），阴淫寒疾，阳淫热疾，风淫末疾，雨淫腹疾，晦淫惑疾，明淫心疾。女，阳物而晦时，淫则生内热惑蛊之疾。今君不节不时，能无及此乎？"……赵孟曰："何谓蛊？"对曰："淫溺惑乱之所生也。于文，皿虫为蛊，谷之飞亦为蛊；在《周易》，女惑男，风落山，谓之蛊。皆同物也。"[1]

萧兵释此当为一古典的性病。[2] 王公贵族纵欲而生"内热惑蛊之疾"，赶马人在外如不检点，亦可能染些怪病。所以，民俗以"蛊"戒色（就像现在以"艾滋病"戒色一样），让人因畏惧而自重，大约也是一种不得已的传统"心理战术"吧。

1　[清] 阮元校刻《十三经注疏》影印本《春秋左传正义》，第 2024—2025 页。
2　萧兵《傩蜡之风：长江流域宗教戏剧文化》，江苏人民出版社 1992 年版。

害怕"男败"或"山败",还有一种原因,是文化的原因。中国民间惯常认为,蛊为阴邪之物,故多与阴性的女人联系在一起。"女惑男"使男败和"风落山"使山败一样,都是邪阴胜正阳(男、山)的例子。为避这种"女惑男,风落山"的"蛊",除定规设禁、严加防范之外,还用种种象征的方式进行补救。例如,马帮在行进中,如果突遇狂风暴雨、山陷雪崩之事,他们往往归因于有人犯了禁,得罪了山神。为此,除赶快祭祀山神,还要检查所有人员的言行,看有无犯规越禁之举。一旦查出,则严惩不贷。如果认打,就把马料箩往犯事者头上一罩,按翻在地,用烧红的锅桩裹进浸足水的席子重打屁股。锅桩为神物,亦象征盛阳之具,以火(亦为阳)烧红并裹进浸水席子(或为阴的象征)责打犯事者,似乎是在借用幻化了的阴阳水火之气,来"克"邪晦之气或男女之惑。这莫不也是一种渊源古老的象征方式?

云南腾冲80%以上是山区和半山区,可耕地仅占土地面积的2.54%。[1]由于人多地少,男人们过去大多需要"走夷方"谋生,即到邻近缅甸、泰国等东南亚国家打工做生意,挣钱回来养家盖房子。由于人口流动,跨国婚姻、跨民族婚姻在中缅边境和商贸通道沿线都比较常见(图6-3)。"走夷方"的男人,如果久不能回家,为了立足,往往就娶个"缅婆""掸婆""藏婆""泰婆"或"摆夷婆",在那头安一个家。

1　王洪波、何真《百年绝唱:一部早年云南山里人的"出国必读"》,《山茶》(人文地理版)1999年第6期。

我曾在腾冲和顺乡图书馆
张孝仲先生家里，看到一本手
抄本歌谣《阳温墩[1]小引》。该
手抄本近 800 句，因有 120 句
为劝乡人在缅甸不要染上吹大
烟恶习的内容，故又叫《吹烟
书》。这是当年滇缅古道上民
间流传的"出国必读"歌谣，
叙述出国谋生者需要注意的各
种事项。其中，有守家女人提
点丈夫在外要防止被"缅婆"
放蛊的内容：

图 6-3　中缅夫妻。采自王洪波、何真《百年
绝唱》

第二件　为安家　重把婚媾

老缅婆　果真是　害人精猴

传烟筒　传芦叶　甜言哄透

到晚来　她魂魄　变猫变狗

用特门[2]盖着了　汉子的头……

找得钱　只够养　缅婆家口

父和母　妻与子　付之东流……[3]

1　和顺乡旧称。

2　缅语: 裙子。

3　尹文和《一部辛酸而风趣的华侨生活实录:〈阳温敦小引〉述略》,《腾冲文史资料选
　　辑》第 3 辑, 第 383—392 页。

"缅婆"行为颇似民间传说中的蛊女，平时传烟送水，甜言蜜语，晚上她的魂魄变猫变狗窜入"汉子"屋内，用裙子盖住他的头，被蛊女裙子盖住的"汉子"由此迷失神智，便会忘了家中妻儿，不再思归故里。

但也有与"蛊女"生死结缘的。"知妖：中国妖怪百集"网引述了一个来自《小豆棚》的故事：

（滇中）宜良章姓夫妇赤贫，三女一子，无以为生，遂蓄一蛊。蛊成，家巨富。尝置厮仆，多夭死。初人不知，后知为蛊，章虽多金，而门致可罗雀。乃设酒肆于通衢，渐亦有侦察之者，解豸人虽过门不入也。蛊之索食甚急，章于此时求之去而不得矣。章大女荷珠已适人，二女莲珠、三女露珠年皆及瓜，咸以蛊故，乡里评旦焉，遂一妁不至。后年馀，其大倩死蛊也。会有楚人毕路者，字蓝峰，贸于滇，为斫苓业，三十而鳏。章欲赘之次女，将以饲蛊。毕不知，遂婚焉。毕见莲珠美而岳多金，窃自喜。独女视毕则点首嗟呀。毕问之，辄不答，久而荷珠、露珠见之亦如是。毕曰："大姨、小姨，何觌面黯然而神伤也？"亦不答。一日，毕入室醉，女问谁与饮，毕曰："是大人强以酒。"女惊。逾时曰："万幸！"毕次日问女，女泣告以蛊故："今岁蛊将及我。父母爱我不忍割，乃以我为饵，将得汝以代牲也。"毕问计于女，女曰："盍去诸？"毕曰："我不去。我死则卿活，我去则卿死。卿既不忍我死，我遂竟去以听卿死，是为不情。不情必有天殃，反不如蛊死之为得也。无已，请就莝焉，我不之悔。"于是女为之百计防检，且若姊妹亦与有维持之力，故章父母不能行其毒。然女实忧之。女欲与之偕去，而父母亦如女之防其蛊之防其去。如是遂皆不安。而章又急思为蛊供。日者偶持笔椟，命毕作一札致人。毕呿笔而书，附之去。女拍案曰："郎休矣！"毕曰："无他。"女曰："含毫濡墨时，我何念不到此耶？"相与痛哭，移时而死，女悲怆甚。遂槁葬于野。夜女私往奠。欻见寒星一点，奕奕来前。女以为磷，近女身则毕也。女惊曰："汝鬼也？我欲与汝偕行。"毕曰："卿不必尔。向我死后抵冥司，稽我并非籍中数。我将返舍，又恐岩岩者不相容。姑俟至子日，有新官过境，汝诉之，自能救我。无悲啼也。"如期，昆明令朱某，直隶人，名进士，道遇女。案之其家，实遭金蚕之害，欲去之而不得。令示期往勘，携竹筴，笼两刺猬。入门，令见其屋瓦无纤毫尘土，曰："是也。"乃启笼，猬出，入其家周遭寻剔，凡榻下、墙孔，稍可匿之处，莫不闻嗅。后至其大厅左柱间，钻穴以下。约三时，两猬擒一虫出，如赤蛇一圈，无头，臂大可围，俗呼绊之绊蛊钏也。乃籍其家，章拘拷掠。其所掠骗毒杀，不可胜计，后死于狱。

令乃开毕棺验之，尸未损。以瓮莱汁并死蛊烹而灌之，遂苏。女掖之归，肠作痛，泻三日。视其秽，而死蛊大小纠结相缠，如锁子环。毕乃欲携女返楚。女，章之中女也。其大女孀，三女未字，章母悉以委毕，遂皆归里。毕归楚，有三妻焉。君子曰："终非毕生之幸也，得三妻亦蛊也。"[1]

1　知妖编辑整理《知妖词条》之"金蚕"，"知妖：中国妖怪百集"czhiyao.com，2021年9月5日。

章姓夫妇因赤贫且多子女，无以为生，不得已养蛊。蛊成家富，当地人知情，都躲得远远的。虽富，三个女儿却无人问津。蛊之谋财是有代价的，害不到别人就会害到自己。而蛊索食（人）甚急，章家想丢弃蛊却做不到。正巧有不知情的楚地毕姓商人到此，章父以次女莲珠为饵，招赘毕先生，准备拿他饲蛊。不料二人感情很好，莲珠处处防护，使其父无法放蛊。后来莲珠将实情告知丈夫，让他逃跑。毕先生知道蛊不能伤到自己，就会把目标转向她，拒绝逃跑："我不去。我死则卿活，我去则卿死。卿既不忍我死，我遂竟去以听卿死，是为不情。"可惜最后还是没躲过蛊，死了。葬后莲珠夜里偷偷去坟前祭奠，毕先生的魂飘了出来，莲珠还想与"鬼"私奔。毕先生告诉她自己阳寿未尽，让她去告官捉蛊。莲珠依言带官兵到家，用刺猬捉到蛊虫，把她父亲抓走。再打开毕先生的棺材，以瓮莱汁和死蛊煮了喂他，他竟复苏过来，再又大泻三天，排出蛊虫。毕先生回家，章母把三个女儿都托付给他，毕先生因此有了三个妻子。当然，还是有"君子"酸溜溜地说，三个妻子都是蛊女，终非幸事。

第二节　情死魅俗的"风流鬼"

长年浪迹四方的马帮之所以禁女色，如前所述，是怕"女惑男"使"男败"，并由此对应、诱发出"风落山"而使"山败"。人事天事（自然）皆败，对出门人、"串山人"自是极为不利的。古代将此视为"蛊"。

值得注意的是，古俗"磔狗止风"，似乎是强化其阳，用以克阴；纳西族也有"祭风"仪式，但所祭之风不是自然界的风，而是冥界（阴间）之风，主要的祭祀或超度对象，竟又是殉情死的男女。纳西族民间把"情死鬼"等凶死者看作无可归属的飘荡之风、冥界之风，亦有与"风流"联系在一起的意思，因为殉情的情节，常被描写得很浪漫；在纳西语中，"风"兼有"风流""风骚""浪荡"等意，如说谁"哈斯"——直译为"挟带着风"，则有斥人风骚放荡之意，而且这话多半用来批评女性。所以，殉情的主角是女性，祭风的主要对象也是女性，东巴教中所说东西南北中五方殉情鬼首领是女性，七个风鬼是女性，民间传说中渲染最多、最感人的殉情者也是女性。

殉情者死后，她们的精灵"随风一起漫游"，出没在幽静美丽的山林里，借山风唱歌呼唤同伴，随求爱的口弦撩拨人心。老乡们都说，在山高林深的地方，莫唱"骨泣"词，莫弹口弦，不然很容易被诱惑去情死。

1993 年 10 月，我再次到丽江调查纳西族殉情问题，同事们曾想组织拍摄一次祭风仪式，最终没有拍成，原因是"东巴（祭司）太老了，斗不赢风流鬼。上次做祭风，老东巴们都感觉不行了，难对付。后来他们大病了一场，直到现在元气还没恢复，不敢贸然行事"。在过去，一般东巴都不愿主持祭风仪式，只好抽签决定。而参加过祭风仪式的东巴，在一定时间内，不能再参加祭天仪式，以免秽气污染了圣洁的"天"。

84 岁的大东巴和 × × 正在养病。他指着用图画—象形文字书写的东巴经《祭风经》和祭风用的木牌画，对我们介绍了殉情与祭风的情况。

他的父亲也是殉情死的，那年他才 4 岁，父亲 26 岁，母亲还怀着个孩子，父亲就跟自己的意中人去情死了。因为是情死，死了变成风流鬼，怕鬼魂回来闹（作祟），就要做大祭风仪式，超度他们到他们该去的地方。情死的人抛弃现世的家庭，追求另一个世界，这世界与现实世界不一样，就在玉龙雪山上，是个理想的乐土，最初叫"陈尼久卡补"，意为"十二欢乐坡"，后来在民间流传的《游悲》等殉情调里，称它为"抚鲁尤翠郭"，意为"雪山上殉情者之地"，有人译作"玉龙第三国"（图6-4）。那里有两个情死鬼王以及无数情死鬼风流鬼，诱人情死。《游悲》里说：

> 尤翠郭那个地方，
>
> 马鹿当耕牛，老虎当坐骑，
>
> 播一次种子可以吃七年。
>
> 那地方没有苍蝇和蚊子，
>
> 没有苦和痛，没有泪和愁。
>
> 饿了吃肉，渴了喝奶……
>
> 我要约上心爱的人去那里……[1]

我是听纳西族女歌手李艳菊在寂静的松林和黝黑的殉情树下（图6-5），面对云遮日幻的玉龙雪山唱这《游悲》的。这歌的曲调很凄婉，有很多呜呜咽咽的颤音，被饱经风霜的女歌手唱得让人直想掉泪。听着听着，我突然明白：难怪，东巴举行祭风仪式时，要把涉及殉情的古歌放在半夜唱，就因为怕年轻人听到（尽管如此，还是有许多人，专门熬更守夜等着偷听）；难怪，整理发表"文学作品"《游悲》的文化

1　演唱人：李艳菊（纳西族，50岁），演唱地点：云南丽江城外松林，演唱时间：1993年10月，录音录像者：《高原女人》摄制组。歌词据丽江东巴文化研究所提供的油印本摘录。

图 6-4　被称为"抚鲁尤翠郭"的玉龙雪山下的草坪，是殉情者最常来的地方。云南丽江，1993，笔者摄

馆干部，"文化大革命"时要被"讨还血债"，就因为还有人继续殉情，而殉情的原因据说是读了《游悲》……古今有多少痴心男女，为了《游悲》里唱的那个光影迷朦的梦境，含笑赴死。这些痴心男女，也包括我大学同班的一位纳西族同学（他自杀于1980年代），他是一位对诗和情都很敏感、很专注的同学。

　　山风一样呜咽着的殉情调，勾魂地唱着。这歌是绝不轻易唱

图 6-5　在殉情者自缢的树下为我们演唱殉情调的纳西族歌手。云南丽江，1993，笔者摄

的，因为已经屡屡发生这样的事：每当东巴吟唱这部作品之后，便有一些听得痴痴迷迷的情侣殉情而死，甚至一些大东巴的独生子女也未能幸免，有的因之发誓一辈子不唱这惑心魅俗的殉情调。

纳西族民间认为，殉情调之所以能"勾魂"，是因为有"情死鬼"作祟，诱人自绝。自绝者死后，又变成诱人情死的鬼魂。如果不举行"祭风"仪式，将情死鬼超度到"玉龙第三国"的话，将如此恶性循环下去。

就像"蛊"的化身常常是蛇一样，惑人魅俗的"风流鬼"在祭风仪式超度之前，按惯例也会首先变成蛇。据说，鸣音乡有一户人家的三个儿子，都与自己的女伴自缢在"恒那游路居"（黑湖殉情者漫游之山）山上的一棵树上。他们的父亲想寻出究竟，便带刀来到这棵树下，模仿殉情者唱起悲凉的"骨泣"调，声称自己想死又找不到上吊的绳子。这时候，树上的鸟儿忽然唱起歌来："如果你想上吊而死，何必发愁没有绳子，树上缠着长长的青藤，青藤会把你带去美丽的地方。"这时，立有一条小蛇从树根蜿蜒而上。这位父亲知是它们诱死了他的三个儿子，大怒，举刀砍向那蛇，砍掉了蛇尾，蛇身却飞窜向"情死山"。而在此山，已不知有多少人殉情而死。[1]

在纳西族民间信仰中，风流鬼的势力令人担忧。除专有风流鬼首领达勒乌莎命、殉情鬼主（爱神）构土西公和游祖阿主、《鲁般鲁饶》等传说中最早殉情的开美久命金和朱古羽勒排，以及《东巴经》中的五方情死鬼（东方女情死鬼头目多格受尼玛骑一巨掌猛虎，南方女情死鬼头目考单芹楚玛骑一白胸脯黑熊，北方女情死鬼头目季土优居玛

1　杨福泉《神奇的殉情》，香港三联书店 1993 年版，第 21—22 页。

图 6-6 纳西族东巴经中所描绘的殉情者。上图右一为殉情悲剧长诗
《鲁般鲁饶》中的女主人公开美久命金；下图左一为在挤牦牛奶的首领
之女儿，左二为纺线女，她们两个都是殉情者

骑一绿松石青龙，西方女情死鬼头目塔拉朱金玛骑一花水獭，中央女
情死鬼头目巴堆哈利玛骑一独角兽）等邪灵之外，还有大量殉情而死
又未能超度的游魂，介于人鬼之间，在世间飘荡，随时都可能蛊惑动
情的男女去情死（图 6-6）[1]。民间对于它们的防范，就像对其他巫蛊的
防范一样，除有专门镇压它们的四头大神"卡冉"，还有诸多民间禁忌，
如，不让青年男女特别是热恋中的情侣听唱勾魂的殉情古歌《鲁般鲁
饶》《游悲》以及东巴祭仪中涉及情死的段落；不得随便拾取不属于自

1　同上，第 76 页。

图6-7 纳西族东巴祭风仪式用木牌画中所描绘的殉情者。采自杨福泉《殉情之都》，《山茶》（人文地理版）1999年第1期

己的东西，因为东巴经说，最早的殉情者开美久命金死后，其魂魄让她的恋人去掘取一些珠宝。恋人拿了情死者的珠宝后，她的阴魂刮风而来，作祟于他，他虽经巫师祭祀，仍未能身安魂安，终被勾魂而去。原因之一，就在于他拿了情死鬼的东西，便脱不了干系。

纳西族东巴图画—象形文字中的"情死鬼"，脖上均要画一根绳子，作悬吊状（图6-7），这或许是因为情死者多为双双自缢。普遍认为，吊死者可变为恶灵凶煞，能蛊能魅，不仅纳西族有此看法，各民族都有许多类似观点。《史记·封禅书》在谈及磔狗以御蛊灾的情况时，认为"枭磔之鬼亦为蛊……厉鬼为蛊，将出害人，旁磔于四方之门。"明确地把"枭磔之鬼"或厉鬼会转变为蛊的情况谈到了。《说文解字》卷乃引《春秋传》曰："'皿虫为蛊'，晦淫之所生也。枭桀死之鬼亦为蛊。"清段玉裁注改"枭"为"枭":"枭当作悬，断首倒悬；磔，辜也，杀人而申张之也。强死之鬼，其魂魄能凭依于人，以为淫厉，是亦以人为'皿'而害之也。"[1]纳西族将因情（所谓"淫"）而吊死（所谓"枭"）的殉情者视之如蛊，或许正暗合于此古俗。云南民俗雕版木刻有"枭神"纸马（图6-8至6-11）。枭是传说中一种食母的恶鸟，常被用来比喻忘恩负义、虐待父母的恶人逆子。[2]小孩子受惊，枭神则可作压惊神使用：将枭神折叠后缝在帽子里，戴在小孩头上，可以逢凶化吉。[3]另外，在家坐着心会乱，做什么事都没有心思，也是有枭神来冲撞了。

上面谈到人们对待情死鬼的态度，与对巫蛊的态度有些相似，但情死鬼之惑人魅俗，与我们所说的巫蛊之术不完全是一回事。之所以谈起殉情问题，还因为纳西族同事杨福泉陈述的几起殉情事件，让我看到另一种双重的悲剧——受累于巫蛊之祸而殉情，而且，为此而死的不单是所谓"被蛊惑"的男人，同时也有被指为会放蛊"惑人"的女子（且多是漂亮女子），他说：

> 在丽江纳西族地区，无论城乡，几乎每个村寨都有几个家庭或人被说为是"毒袭""搓铺袭"等（意为养"毒"鬼、"搓铺"鬼），类似汉族的"养蛊"之说。
>
> 1961年在丽江县拉市乡某晒粮场集体殉情的三对男女中，其中有一对即是因男子爱上了一个美貌的女子，而该女子家是被诬

---

1 [汉]许慎《说文解字》，[宋]徐铉校定，中华书局1963年版，第284页。

2 赵寅松、杨郁生主编《中国木版年画集成·云南甲马卷》，第213页。

3 杨郁生《云南甲马》，第124页。

图6-8 枭神。云南腾冲纸马

图6-9 枭神。云南保山纸马

图6-10 枭神。云南巍山纸马

图6-11 枭神。云南大理纸马

为"养毒鬼"的家庭，男方家不同意这门婚事，而相恋的双方难以割舍，因此，两人一起殉情。

丽江县黄山乡长水村有个叫瓦德的小伙子，和一个叫瓦海合的姑娘，两个人的家庭都是被指称为"养毒鬼"的家庭，他们一来到世上就背上了沉重的精神包袱。两个人都长得很出众，人才好而且能干，但因家庭有此"养鬼"的恶名而被社会歧视。他们两人在共同的命运中相爱了。他们不甘于在这种遭人冷眼的社会环境中屈辱地活着，于是双双自杀殉情。

在丽江，这种被指称为"养鬼"的家庭在每个村寨都有，因此，过去殉情的青年男女中，有相当多的一部分是这种家庭的子女，他们心灵所遭受到的痛苦要比别人更深一层，因此，殉情的倾向也更强。[1]

我曾听过见过许多不同民族的"蛊女"，忍受着巨大的屈辱乃至迫害，孤立无助地一直熬到暮年，身心憔悴，形影孑立，没有人同情，更难有那种人人渴慕的爱情。但在纳西族女子身上，她们却宁愿在生命最美好的时刻，用死将其"凝固"为一种永恒的幸福。她们没有"好死不如赖活"的贪生欲望，她们追求的似乎是一种更为精神性的境界。如果现实中的屈辱无法摆脱（如被指为"养毒鬼"），她们会毫不犹豫地自戕，哪怕变成风变成云，变成游魂孤鬼。

再没有什么会比自己从容赴死更让对手无法了。别处的"蛊女"是让情人死（精神上或肉体上），纳西族的"蛊女"却是自己和情人

---

1   杨福泉《神奇的殉情》，第 89—94 页。

一起死。从殉情前必有的歌舞狂欢、野炊野宿以及殉情者的坦然从容等情况看，她们几乎都是很清醒地自己结束一种生活，而开始另一种生活的。也许，正是这种不愿屈从任何东西（包括命运）的人格力量，使这种非正常死亡（殉情）具有了一种超常的魅力，使对抗它的东巴祭司们也不敢小瞧它。因为被它所"魅"者，不是个人，而是习俗；不是死，而是生。

第三节　鬼交神淫

与人悲壮地殉情相对比的，是黑巫术邪灵淫秽的偷情，而偷情的对象，往往是自己"主人"——养蛊者及其家眷。传说苗区的金蚕蛊"能与人交"，但其说不详。

清人张泓在《滇南新语》中描述暗夜习蛊邪术时，透露了这类鬼交神淫的轶闻：

> 每夜静云密，有物熠熠如流星，低度掠屋脊而遄飞，尾芒修烁寒焰，摇动心目。余甚诧之，询于同官，始知民家有放蛊事。并述蛊所止善食小儿脑，为鬼盗如金蚕，然豢蛊之家，其妇女咸为蛊所淫，稍拂欲，即转食蛊家小儿女，千计莫遣。必蛊家贫绝，始自去。人颇畏不敢蓄。[1]

1　[清] 张泓《滇南新语》，见方国瑜主编《云南史料丛刊》第十一卷，第 402 页。

清人东轩主人《述异记》讲福建一带也有"淫蛊"：

> 石门沈心涯守开化时，偶坐晚堂，见空中有流光如帚，似彗星之状。问之胥役，云："此名飞蛊，乃蛇蛊也。畜蛊之家，奉此蛊神能致富，但蛊家妻女，蛇必淫之。蛇每于晚间出游，其光如慧，遇人少处，下食人脑。故开化居民，时届黄昏，不敢露坐，恐遭其毒也。"[1]

这一记述的依据是什么，自是无从根究，仅从传闻文本分析，它至少透露了这样的信息：中国黑巫术化身的"蛊"，不仅有受人役使、谋财害命乃至魅合求姻的被动功能，而且有自己（"蛊"自己！）偷情乃至强淫的主动性欲求。也就是说，民间传统意识中的"蛊"这玩艺，不仅仅是一种黑巫术的工具，而且也是一种有着独立意志和欲望的邪灵，它在某些方面未必愿意受控于豢养者。

十分凑巧，我在滇西北纳西族中做调查时，也听到一起这类鬼交神淫的事。

"小神子"在云南丽江县纳西族中，常常和蛊鬼之类的事联系在一起。养了小神子的家庭会人旺财发，但此物很难待候，主人对它若招待不周，它便会胡闹一气，大发淫威。前述奈家因未践约而遭小神子大闹，家中莫名其妙飞石子、面团变成狗屎的事，已众所周知。讲述此事的纳西族老人说：

1　[清]东轩主人《述异记》，第67页。

小神子还跟女主人睡觉，不单晚上，白天也干！那主妇在街上摆摊摊，卖麻布，它跟了去，大庭广众之下就上了。别人看不见它，就只见那主妇变嘴变脸的，神情恍惚地哼哼。等事情完了，它就回去了，那主妇才又恢复正常。[1]

　　这类"神交"（或"鬼交""邪交"）的传闻，民间每每带着幸灾乐祸的态度传来传去，极尽挖苦揶揄，以得点"损人者必损及自己"的快慰。

　　另有一说是女巫们的养"药鬼"（蛊的另一种说法），就像"不正经女人"的养"野男人"一样。在云南怒江流域的一些少数民族中，"养药婆"多是些长得漂亮的女人，人们传说她们暗中用竹筒养有蛇、癞蛤蟆等有毒动物，用它们的脑浆或卵做"药"害人。被养的这些有毒动物，到晚上会变成一个被称为"药鬼"的美男子，经常同她们过鬼夫妻生活。如果她们不经常毒死他人，就浑身痛痒难受，甚至病死。所以"养药婆"被说成是不断以毒死他人的办法，来侍奉"药鬼"，并保持同"药鬼"的关系，有时，她们甚至不惜毒死自己的亲生孩子。

　　还有一类界限十分模糊的"梦交"，似乎也类似邪门的鬼淫之术。与一般的梦交意淫不一样，被淫者的受害亦是在一种不自觉的状态中被强加或是被施术的，而且是被置于死地，试举两例：

　　在云南西北端的神秘峡谷——独龙江峡谷里，独龙族的巫师"南木萨"，是亦人亦鬼的混一体：人鬼既可合一，又可分离，鬼支配巫师，巫师也可指使鬼。因此，独龙人既相信和需要他们，又怀疑、害怕和

1　访谈对象：和东巴（纳西族，84 岁），访谈地点：云南丽江，访谈时间：1993 年 10 月，访谈人：邓启耀。

反对他们。他们既能治病，又能制造灾祸，甚至暗中唆使自己的"南木"（以巫师身体为中介的天鬼）去祟害别人。即使他们不施术害人，独龙江峡谷中那些说不清附在什么上的鬼魂，也会常常出没，摄去人的灵魂"卜拉"。为此，失去灵魂的人不得不向"南木萨"交奉一些猪或鸡，托他带着猪鸡的灵魂上天去，与鬼们交涉，换回人的灵魂。在这人鬼混一的信仰世界里，有一种淫鬼让独龙人十分害怕，这种鬼会变成漂亮的少女，出现在青少年男子的睡梦中，同他们相爱做"鬼夫妻"。"梦交"若久，这些年轻人便渐渐消瘦衰弱下去，直至死亡。如想逃生，则需举行一种"以淫对淫"的仪式：让当事人坐在一群姑娘中间，彼此佯作调笑戏谑，让淫鬼吃醋而来，"南木萨"则伺机将其杀死。[1]

这个例子，使人想起《红楼梦》第十二回"王熙凤毒设相思局，贾天祥正照风月鉴"。贾瑞欲调戏凤姐，反被凤姐设计害得两次"冻恼奔波"，被人泼粪，但心却不甘，自不免有些"指头儿告了消乏"，"三五下里夹攻，不觉就得了一病——心内发膨胀，口内无滋味，脚下如绵，眼中似醋，黑夜作烧，白日常倦，下溺遗精，嗽痰带血，诸如此症，不上一年，都添全了。于是不能支持，一头躺倒，合上眼还只梦魂颠倒，满口胡话，惊怖异常。"后遇一个口称专治冤孽之症的跛足道人，借他一面正反皆可照人的镜子"风月宝鉴"。反面照时镜里现出骷髅，正面照时却是自己淫念邪思之人。"贾瑞心中一喜，荡悠悠觉得进了镜子，与凤姐云雨一番，凤姐仍送他出来。到了床上，'嗳哟'了一声，一睁眼，镜子从新又掉过来，仍是反面立着一个骷髅。贾瑞自

1　蔡家麒《论原始宗教》，云南民族出版社 1988 年版；蔡家麒《怒江州宗教问题考察报告》，《民族调查研究》1988 年第 1、2 期合刊。

觉汗津津的，底下已遗了一滩精。心中到底不足，又翻过正面来，只见凤姐还招手叫他，他又进去，如此三四次。到了这次，刚要出镜子来，只见两个走来，拿铁锁把他套住，拉了就走。贾瑞叫道：'让我拿了镜子再走……'只说这句便再不能说话了。"[1]

贾瑞不听招呼，照那邪门的风月镜子，产生幻觉，在极度衰弱的情况下仍纵欲、"幻交"，几番云雨之后，耗空精血，自要丧命。可疑的是那跛足道人，明知贾瑞病因，却要将那至少有一半可能会勾人"幻交"的魔镜交给本来就不自持的病人，且不在旁督导，其结果自是可想而知。这种行为，名曰救命，实为夺魂，所谓"风月宝鉴"，在这种场合下使用，无异于黑巫术法具，诱杀病人，不是"妖道"，谁会这样做呢！

第四节　迷咒恋符

1993年春节期间，我的一些朋友到怒江峡谷参加傈僳族澡塘会，回来曾谈及当地的恋药迷咒如何得了，男女间开玩笑，有时就借此开涮，跟沾了巫气似的。

第二年春节，我妻子到怒江搞民族民间音乐调查，带回许多有关怒族、傈僳族的音乐和民俗资料，其中竟也有涉及求恋巫术的，如傈僳族的《恋药祈歌》，怒族的《相思恋药歌》等等。

据当地傈僳族介绍，在怒江峡谷两侧雪山顶峰的岩石缝中，长有一种针叶草科植物，这便是制作恋药的主要药材。传说，制恋药的人

1　[清]曹雪芹、高鹗《红楼梦》，第166—167页。

要想采摘这种草，必须先放一点银币和物品（如男人供放弩弓，女人供放首饰、口弦或短笛），低声吟唱《恋药祈歌》：

翻越九座大山，

涉过七条大河，

我经历了艰辛，

我吃尽了苦难，

来到你眼前，

来到你身边。

我要向你诉说，

我要向你坦诚。

情人将离去，

恋人要分手。

我流尽了泪，

我哭红了鼻，

我的心已碎，

我的肺已炸！

相恋的人怎能离异？

相爱的人怎能抛弃？

为了能使心复活，

为了能使肺还原；

为了恋人能回心，

为了情人能转意，

圣明的恋神，

尊敬的爱神！

我向你祈祷，

我向你求援。

采上您的一片叶，

摘下您的一朵花，

莫使我中邪，

莫叫我痴狂。

把药涂给彩虹般的姑娘，

把药抹给鲜花样的妹子。

我涂她的衣裙，

让她的衣裙颤抖；

我抹她的项珠，

叫她的项珠跳动。

我要抹在她的额头上呀，

擦在她的乳头上，

我要抹在她的心头上呀，

擦在她的肺腑中！

她活着就应忠贞于我，

存在就该依恋我，

她死，死魂应属我的，

她亡，亡灵该是我的。

莫让她离开我呀！

莫让她恋别人呀！

喝酒莫要让她醉，

让她天天想着我，

使她时时挂着我。

采上你的一片叶，

摘下你的一朵花。

莫让我中邪，莫叫我痴狂。

我捧着希望的绿叶，

我拿着虔诚的小花，

去寻找心上的恋人，

去觅肺中的情人。

过江江要给我路，

渡河河要让我道；

走在山间山有路，

行在石上石有道。

头发花白遇好事，

牙齿脱落进宝财。

花消于吃饭，叶落于花，

花放在我砍柴的路上，

叶藏于打水的地方。

让恋人吃下，让情人抹去。

圣明的恋神，尊敬的爱神！

我没有采您的叶，

我没有摘您的花。

是雪兔采您的叶，

是山鼠摘您的花。[1]

我献上不疯的钱，

我奉上不痴的物。

让我痴情的魂回来吧！

让我醉恋的灵归来吧！

让情人飞燕般地冲向我。

醉在我腿上，醉在我怀中。[2]

这首恋药祈歌的曲调叫"又叶调"（谱例 6-1）[3]，在当地流传很广，男女老幼都能随口吟唱，旋律悠扬而朴素：

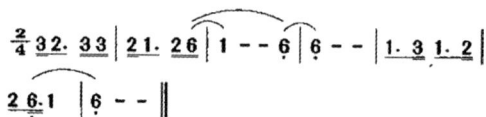

谱例 6-1 恋歌"又叶调"

直唱到岩石缝中的那种植物的一片叶子开始摇动，即可摘下。把摘下的叶子与山箐中一种会自然摇动的植物叶子，连上蛇卵、鸡血、鸡心、鸡油、地老虎等，合制成药，用小竹筒装了，随身携带。用时只要取下一丁点儿抹在对方身上，被抹者便会迷恋于抹药的人，轻则日日思念，重则茶饭不思，精神恍惚。据当地傈僳族说，上帕镇怒米

1　采药人担心采药时不慎中邪，以此嫁祸于雪兔和山鼠。

2　演唱人：开阿俄、墨阿加、此阿觉（均为傈僳族），流传地区：怒江傈僳族自治州福贡县上帕镇达友村，采集时间：1988 年 11 月，记录整理人：霜现月（傈僳族）、管云东、李向才、景山。

3　李卫才（怒族）复述，周凯模记谱，怒江地区，1993 年。

底村老人开阿俄年轻时被维西县罗吾村的姑娘上此药，回来后神不守舍，茶饭不思，目光呆滞。后来，是洗净了他的衣服，方解了迷恋之苦。[1]

所谓"恋药祈歌"，就是采摘巫术用药时对恋爱神灵及花精叶魄的祈祝之词。古代咒与祝通用。《尚书·无逸》云："厥口诅祝。"孔颖达疏："祝音咒，诅咒为告神明令加殃咎也。"[2] 上述采恋药者通过祝咒而使野草变为迷药，使被施术者"活着就应忠贞于我""她死，死魂应属我的"，生死皆被其所制，实为横生之殃咎。当地怒族中，也流传有一种"相思恋药歌"（谱例6-2）[3]，欲施术者反复吟唱，据说便可以达到类似恋药的作用：

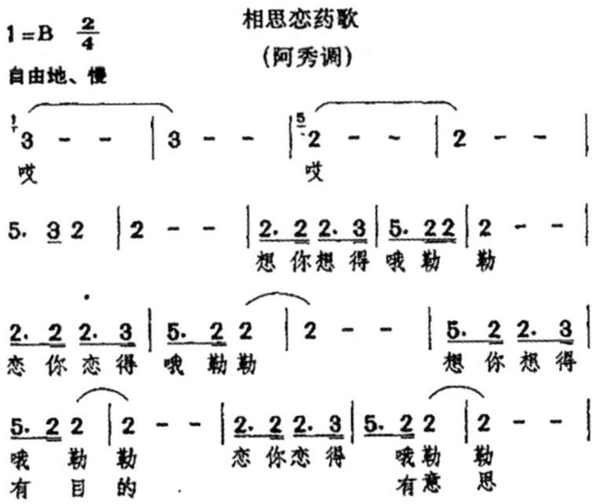

谱例6-2　相思恋药歌"阿秀调"

1　霜现月（傈僳族）、管云东主编《福贡县民间文学集成卷》，1992年（内部印行）。

2　[清]阮元校刻《十三经注疏》影印本《尚书正义》，第222页。

3　怒江福贡县老母登乡亚和演唱，霜现月（傈僳族）、邓六利（傈僳族）、和丽妞（傈僳族）搜录，福贡县文化局编油印本，1991年7月10日。图中"哦勒"为怒语，意为"不得了"。

湘西苗族是用山上的一种藤来制恋药，不过，仅有"物质"的配方还不行，还得加上相当数量的"精神配方"——这又牵扯到一个古老的传说：

> 古时候有个后生，因为家里穷，迟迟找不到婆娘，日子过得很清苦，神可怜他，托梦告诉他，说后山有个岩子，岩上有株仙藤，只要站在它下面唱上 999 首情歌，仙藤就会垂下来。把藤晒干研细，就是迷恋之药，能迷住任何一个女子的心。后生跑遍 99 座山寨，拜见了 99 位歌师，每位歌师教给了他 10 首情歌。学成后，他来到那个岩洞，对着仙藤唱完了 999 首情歌，那仙藤果然垂了下来，后来，他用这迷药，找到了一位天底下最好看最聪明的妻子。[1]

傈僳、怒、苗等族的祈恋咒歌，主要用于恋药的制作。看恋药的方子，都是现实中存在的某些植物和动物。但它们与传统中草药的不同之处，还在于要向各种物质的配方中，再添加上一种精神的配方，诸如咒歌祈调。只有加进了这类精神的配方，自然界中的植物或动物，才能被加工成一种能蛊惑或迷乱人的精神（情感、意志、理智等）的超自然"迷"药。十分显然，这种加进去的精神"配方"，便是巫术；而且，由于它的制作和施术方式都是秘密进行、强加于人的，所以又是一种黑巫术。

在有的地方，精神的作用被极端地强化了。它的直接成果便是语

1　吴雪恼《"翁翁"迷药与情歌》，《山茶》1994 年第 2 期。

言巫术和符号巫术。

语言巫术以咒语为较普遍。广西靖西县壮族的求爱咒语，只需一个象征性的媒介物，即可发挥作用。如果一个小伙子追求某一个姑娘，他便要借聚会的时机，把聚会处人家的水烟袋拿过来，对烟袋说几句咒语，大意是："吸着烟袋像抚摸着河水，吸着烟袋噜噜啦啦的响，像与烟水拉家常，河水给我爱的力量，烟水为我与情人作撮合，用手轻轻拍三下，用嘴温柔地吹三口气，把爱情的微笑带给情人。"咒完，把烟袋传给所要追求的姑娘。如果姑娘笑眯眯地接过烟袋，吸几口烟，据说必然被迷，壮族叫中"闷"；反之，如果姑娘接过烟袋不吸烟，而是用手把烟袋嘴抹一下，把烟水吹出来，"闷"术就失灵了。这种巫术多用于初恋，效力可维持一至五天。中闷的姑娘表现兴奋，任凭小伙子追逐。

如果不在聚会场合，相遇于途，小伙子想追求姑娘而对方无动于衷，他就从地上找一枚白色的小砾石，放在手心上，吹三口气，念动咒语："拾一枚小砾石，拾起一枚小砾石，它带着我的情意，抛向姑娘身上，让我洁白的爱情，像小砾石一样，击中姑娘纯真的心房，你接住象征爱情的小白石，就要接受我的爱意，美丽的姑娘，你回头给我一个笑脸。"念毕，再向小白砾石哈三口气，并轻轻抛到姑娘身上，如她回头一顾，就算中"闷"了，小伙子可以大胆追求。[1]

在民间，不少民族都忌讳姑娘走路回顾，出嫁回顾等，认为容易中邪，这种禁忌，或许也与害怕上述巫术有关。

如欲实现对所恋女人肉体的占有，必先实现对其灵魂的占有。于

1　宋兆麟《生育神与性巫术研究》，文物出版社1990年版，第119—120页。

是，黑巫术中的"勾魂术"，便被用在求爱行为中了。在滇川金沙江畔的傈僳族中，如有人很想得到某个女人的爱却不被她所爱时，他就去请巫师搞"勾魂术"。巫师制作一具男女搂抱交欢的木偶，在上面粘上一点所要勾摄女人的指甲或一缕头发，然后把木偶偷偷放在她家的房前或屋后，巫师在月光皎洁的夜晚，躲在她家附近的树林里念咒：

喔哦喔——
×× 漂亮女人的魂呀，
快快游来我身边吧。
我给你准备了五彩的珠串，
我给你准备了闪光的银器，
我给你准备了漂亮的衣服，
趁你爹妈熟睡，
快来伴我同眠。

如此连呼七夜，据说就可以把那女人的魂勾来，魂既勾来，她本人随即会来找勾她魂的男人。

川滇大小凉山的彝族巫师是用羊皮口袋勾魂。当巫师接受某男财物并按他的要求勾魂时，先对羊皮口袋念段咒语，往袋中吹七口气，然后伺机把羊皮袋口张开，对准所要勾摄女人的背影，连续按压羊皮口袋九次，那女人的魂就会被摄入进羊皮口袋。巫师把摄入女人灵魂的羊皮袋交给那男人，而他就把装有自己思恋的女人灵魂的羊皮袋压在胯下而眠，并默念："我胯下压的不是羊皮袋，而是 ×× 漂亮女人。"[1]
他们认为这样做过以后，被勾掉魂的女人就会像羊皮袋一样任他支配。

云南傣族也有一类支配异性的咒语：

> 翁
> 光色最亮的金子在拇指，
> 指向石头使它破碎，
> 指向姑娘把她吸过来，
> 把她贴在我怀中，
> 同米粒粘甑子，
> 翁沙海滴。

如果把这咒语吹在使用人的拇指上，然后对准姑娘一指，姑娘就
会得到感应，乖乖地跟上使用此咒的人。

> 翁
> 我的咒语能搬动九千田，
> 能打动九千个姑娘的心，
> 使她思念我坐立不安，
> 使她想见我心急如火，
> 使她想我心跳像摇篮，
> 日日夜夜想见我，

1　杨学政《衍生的秘律》，云南人民出版社 1992 年版，第 112—113 页。

见不到我心不畅，

翁沙海滴。

如果把这个咒语吹在食物上并送给姑娘吃，她们吃后，就会日日夜夜思念着使用此咒的人，见不到他就会坐立不安，得不到用此咒的人，就会心中不畅。[1]

我在傣族地区调查文身现象时，常见有小伙子或姑娘手臂上刺有人名，其中有一些刺的是恋人的名字。他们说，刺了自己所恋之人的名字，每天反复对着刺纹念，呼唤恋人，对方就会渐渐对自己钟情。这里，除了含有祝咒的意思，还有符的形式，算是"符咒并用"了。

说到"符"，大约应该归到符号巫术一类中去。中国古代道教法术里，最常用的便有符箓、八卦、术数等以图文符号为主要形式的法术，习用这类符号巫术的有汉、壮、瑶、藏等族。信奉佛教的傣族，也有使用巫符神箓的。其中涉及求恋符箓的，至少有以下几类：

一种是刺纹刻名。在自己身上或其他秘密地方，刺刻下所欲对象的名字，反复念诵或施以其他法术，即可"感应"对方。除前举文身的傣族俗家男女，我们甚至在某些年轻和尚的手臂上，也看到这样的"恋符"。

一种是印迹符咒，如"女人自来符"，写有"日急和合，寻凤成双"。施此符时，必须把要追求的女人的脚印找到，"随女人脚踏女人脚迹三步即返，取脚迹，不论土石一块，咒吐哈三次。"咒语云："脚搭脚，脚踏地，两边黑报麻，两边两坡山，两脚两河水，拍而啊，念我

---

1 岩温龙《从傣族现存咒语看巫术观念遗留物的作用》，《边疆文化论丛》1991 年第 3 辑，第 96—97 页。

图 6-12　恋符"阿索"图咒。王国祥收集

不许骂，见天你而即，见吓你而恶，见我而千般欢喜，准吾太上老君，急急如律令，画金字。""放在路上自来符"也靠接触感应，施术者把此符放在路上，被施对象踏上此符，就会对施术者产生爱慕之情。[1]

一种是放置符箓。云南省社会科学院王国祥先生是研究壮侗语族少数民族文化的专家，他在多年调查中，收集到一些恋符，称为"阿索"，纸本画有男女交欢或禽兽交合的图像，旁边有一些少数民族文字书写的密咒（图 6-12）。据说，苦恋而不得手的人，可以求懂得此法术的人画上一帖，施术后偷偷地把"阿索"恋符藏在对方的枕下或床下，此符即会发生作用，使对方主动送上门来。其他民族也有类似符咒，或给图画符，或写对方姓名及八字年庚，施术后悄悄放置到对方铺下、水缸底或家中隐秘之处，据说即可奏效。

一种是佩戴用符箓。男戴符多绘日月、男女结合状，符上写"同心同睡""同床同合""相交迷闷合好笑欢乐也""同床恩爱，和合交会"等；女戴符书写"迷闷""同心恩爱""交泰和合"等（图 6-13）。[2] 这类符如佩戴在自己身上，可达到诱惑对方的目的，如佩戴在被施者衣服上或藏于其枕下，则可使对方坠入情网。传说，旧时妓女为蛊惑嫖

1　宋兆麟《生育神与性巫术研究》，第 121 页。

2　同上，第 120 页。

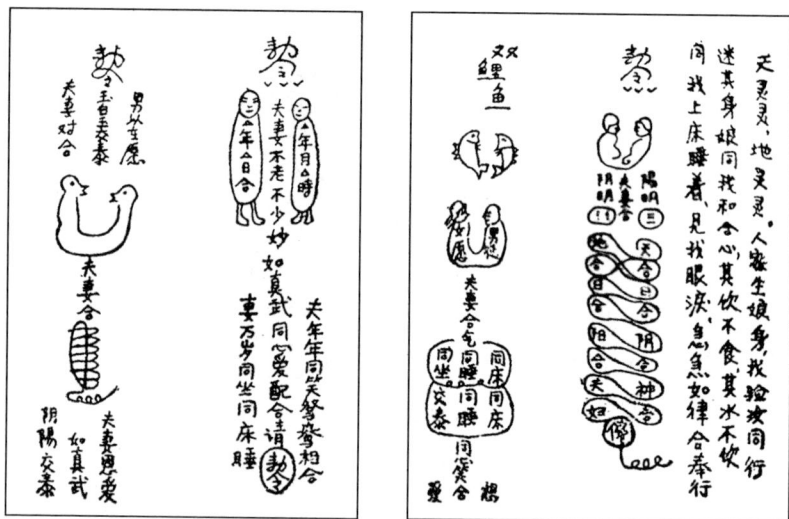

图 6-13、6-14 恋符

客，将月经布偷偷缝在嫖客冠帽之中，也可使其迷而忘返。

还有一种符箓，是要进入体内的。如壮族的"男爱女食符"，绘有一对男女，旁书"年年同笑，鸳鸯相合""同坐同床睡"等（图6-14），[1] 此符书好后，焚为灰烬，设法投放在姑娘饮的酒中，即能产生性爱效应。

黔桂苗族传说中会放蛊的女人多能使丈夫欢喜。贵州苗族说有"蛊鬼"的女人眼会发红，或脸上长着异样的毛，或额部格外有光，人长得漂亮。广西《归顺直隶州志》记："妇人不得其夫，则求符于巫，以取容悦，久而为蛊。"蛊妇苗语称 mpʻaltʻiʔ，因蛊而为夫所悦者叫 tʻioʔtʻiʔ，即蛊惑之意。[2]

---

1 宋兆麟《生育神与性巫术研究》，第 122 页。

2 陈国钧《苗族的放蛊》，《贵州晨报·社会旬刊》1938 年第 15 期，见吴泽霖、陈国钧等《贵州苗夷社会研究》，第 207 页。

《陈书·后主沈皇后》附《张贵妃》："又好厌魅之术，假鬼道以惑后主。"[1]

唐人孙光宪《北梦琐言》卷四"逸文"述："武陵山出媚草，无赖者以银换之，有因其术而男女发狂，罹祸非细也。"[2]据说，此草又称鹤子草，叶如柳而短，产于南方。另有称为淫羊藿的植物，传说也有类似功效。他在"刍灵祟"一则又述：

> 唐文德中，京官张，忘其名。寓苏台。子弟少年，时往友人陆评事院往来，为一美人所悦。来往多时，心疑之。寻病瘵，遇开元观吴道士守元，云"有不详之气"。授以一符。果一盟（冥）器婢子，背书红英字，在空舍柱穴中。因焚之，其妖乃绝。[3]

这个被藏于空舍柱穴中，背书"红英"字样的冥器婢子，即属惑人心智的恋符。

唐代歌舞升平，恋药的市场供需量似明显增加，各种记述不绝于耳。据高国藩先生述，唐人李淳风著、袁天罡补的《增补秘传万法归宗》记有许多这类秘方，其中，卷五"令妇想思章第十"云：

> 相思（豆）五个，妇人头发五钱，乳汁五钱，和成剂，作四十九丸，瓷器盛之；祭六甲坛下，脚踏"魅罡"二字，左手雷

---

1 [唐]姚思廉《陈书》，《二十五史》影印本第三册，第2129页。

2 [唐]孙光宪《北梦琐言》，见[宋]李昉等《太平广记》卷四百六十六八"草木三"，也述及媚草可做面靥，第3621页。

3 同上，第3179—3180页。

印，右手剑诀，取东方气一口，念"想思咒"七遍，焚符一道，剪药丸日尽服止为度。如遇交妬（媾），服之，如在自己腰中寄放相似（思），如前作用，从丹田中运药一粒在舌，令妇人咂舌吞药，从此爱恋浓密，千思万想，时刻不能下也。相思咒曰：精秉太阳，气秉太阴，汝受一粒，挂意系心。吾奉三九侯先生律令摄。（图 6-15）

这是对已认识的但不亲密的女子之催促相思法，但是，如若是在别处的女子，素不相识，唐代道士施出的恋爱巫术，也能将她唤来，召到男子的面前，这就讲得更玄乎了。《增补秘传万法归宗》卷二"和合法"中有更为复杂的巫术仪式描述：

要自己（女子）生辰，头发，姓名。先念"和合咒"后念"阴阳和合诀"。步罡看后生辰在何方，且如"寅"生辰，就"寅"上用，书"和合符"，将头安符上，左脚踏之，忽起"催神咒"，生神自然不安。三催不来，不可再催也，即念"退神咒"矣，今无退神咒。

当然，施行以上恋爱巫术并不是那么轻而易举的，还有四项繁杂仪式。

第一，念"和合咒"。《增补秘传万法归宗》卷二载"和合咒"云：
"天精地精，日月之精。天地合其精，日月合其明，神鬼合其形。你心
合我心，我心合你心，千心万心，万万心意合我心，太上老君，急急
如律令，敕。(此咒先念，立在乾上念之，念毕方步罡。)"这是通过语
言呼唤和合。

第二，施行"步罡"。所谓"步罡"是道士遣神召灵的神秘而复杂
之巫术，属交感巫术与施符反抗巫术之列。《增补秘传万法归宗》卷二
载"步罡秘诀"云："千和万合，与我心合。前秘诀念九遍，一口气念
之，念一句步一句，不可乱走。且看某某生辰，书符用摄魂石书，念
诀九遍，步正九步，不可大中声。"这是通过步法表示和合。

罡为一种神秘的巫术步法：


```
        和  玄  九
        合  女  天
    巽     离     坤
           六     七
    震五        三八兑
           四
    一     二
    艮     坎     乾
```


此罡仔细步之，念秘诀，结阴阳和合诀，印步毕，且看〇〇
生辰，书符处，将头发左脚踏，书符地上，念催神咒，书和合符
地上。

第三，念"催神咒"。《增补秘传万法归宗》卷二载"催神咒"，这是带有威逼性的咒语：

吾有玄女真言诀，敕令某氏合，若来顺吾神鬼可停诀；如造不顺，吾山石皆崩裂，念动真言诀，天罡速现形破军，闻吾鬼摄电形玄女，急急如律令。

第四，书"合和符"于地上：

此符书地上，用摄魔（魂）石书之〇鬼字，丙书〇〇年月生辰，摄电形在内。

如果施行了以上四项头发巫术仪式再不来的话，对此不相识的女子——

1. 就要念一种更特殊的"急催咒"了：

天精元元，地广用川；雷公击杖，电母制延；地精神女，天精贲然；风伯混跃，雨师沉研；早呼星宿，暮引神仙；神龟合德，使鬼万千；左辅右弼，立在坛前，随吾驱使禁闭魔绿神龟，急急如律令，敕。（不来再念）

这种急催咒与其说是咒语，不如说是用鬼神吓唬弱女子的一种表现，其目的是在精神上摧残对方，以达到驱使禁闭女子之目的。这是带点硬性的。

2. 还要念《和合咒秘法》：

> 贞观元年五月五，万回圣僧生下士。
>
> 不信佛法不信仙，专管人间和合事。
>
> 和合来时利市来，眼观梨园舞三台。
>
> 拍手呵呵常要笑，鼜鼜金鼓滚地来。
>
> 男女相逢心相爱，营谋买卖大招财。
>
> 时时刻刻心常态，万合千和万事谐。
>
> 吾奉万回歌，歌张圣僧律令敕。

3. 还要书以上的"和合符"。不同处在于：一要书张天师的名字，二要书四位古代喜淫的美女的名字。[1]

在《增补秘传万法归宗》中，记录了很多类似的求爱巫术。

卷四"陶朱公催花十锦术"：

> 取东方马蹄踏迹下土，二家井中清泥，贮合和十丸，相摩如粉，置卧人头上，一丸服下，传之不魔。

卷五"月老配偶章第八"：

> 凡取大丹，审时女子，真正洁白，及无疾病，年庚月日时生人的确，剪成纸女子一个，书女子姓名，亦剪男子一个，书自己

1　以上转引自高国藩《敦煌巫术与巫术流变》，第123—127页。

年庚姓名，用桃符一块，刻成方圆五寸二分纸人，上用印一颗，仰合抱定，以绒系之，祭六甲坛下，脚踏"姻缘和合"四字，左手雷文，右手和合剑诀，取东方炁一口，念咒七遍，焚符道，四十九日毕，将前纸人焚六甲坛下，但凡作用剪纸男女人，书年庚月日姓名，用印于上，左手雷文，右手五尤合珠诀，将二纸人用印系之，其女自来成就，系印自缓，忽一女子来了露圭角。

这项巫术里提到《和合咒》，咒语为四言韵文：

乾男坤女，
前世姻缘。
月老配偶，
百岁美全。
吾奉三山九侯先生律令摄。

卷五"佳人返步章第八"：

但于妇人行步去处脚踪者，最佳取其二足心中土二撮，立仿作之形一只，书妇人自己名一只，用剑诀一勾如此等样，祭六甲坛下，脚踏鬼罡元字，左手雷印、右手剑诀，取东方炁一口，念《返步咒》七遍，焚符一道。每呼妇名，如立日前应步相似，四十九日毕，将土和泥安自己脚足下，往返行步一时，去矣，佳人返步。

"返步咒"为：

佳人行处，步步踏迟。

吾今一剑，尔者自回。

结成一块，恋成一堆。

吾奉三山九侯先生律令摄。

还要焚《返步符》一道（图6-16）。

魏晋人多狂放不羁，文人名士"狎妓浪漫"，
自不足奇，但用巫蛊术以期引起所悦之人注意
的，倒不多见。张彦远《历代名画记》卷五引
古本《搜神记》，即录了一段有关名画家顾恺之
画像为魇"玩之"的轶闻：

顾恺之字长康，常悦一邻女。乃画女于壁，当心钉之。女患
心痛，告于长康，拔去钉，乃愈。[1]

伯三八七四《观世音及世尊符印十二通及神咒》甚至教人打龙女
的主意：

又法，若欲追龙女者，先须吃水及面食，用蜂窠泥作龙女形，
用香花供养，取牛乳诵八百遍，一切六道洒面形像，更取一白赤
色花，一诵一遍彼形像，即令龙女速疾而来。[2]

1　[晋]干宝原著，黄涤明译注《搜神记全译》，第557页。

2　高国藩《敦煌巫术与巫术流变》，第254页。

以上迷咒恋符，其基本特点都是在他人不知情的情况下，试图运用某些巫化的阴邪手段，通过迷惑和控制他人情志，达到占有他人身体的目的。其做法违背他人意愿，具有欺骗性和强迫性，性质类似诱奸或强奸，所以属于犯罪行为。这种行为在古代宫闱争宠中，一旦被发现，即有杀身之祸；在民间，也被视为道德败坏，遭人唾弃。而打小龙女主意的做法，则纯属意淫了。

第五节　爱药媚方

无论是语言巫术（迷咒）还是符号巫术（物象或符箓制作的恋符），总的特征都是更精神性的和难以验证的；无论是体外感应（踩脚印、佩戴或张贴、刺纹等）还是体内感应（吞服焚化的符箓），所依从的规律，也都是玄乎乎的交感巫术。

那么，我们能不能找到一点"物质"的证据呢？

一、魅药

魅药在古文献和民俗中有很多称呼，如合药、媚药、春药、要药等，在历史上和现实中好像都不是子虚乌有之物。近日翻书，见此物记载甚多，种类和称呼都各有不同。

汉代时，"合药"即已用到宫廷之中了。据载，汉武帝时，"长主求欲无厌，上患之，皇后宠遂衰，骄妒滋甚。女巫楚服自言有术，能令上意回。昼夜祭祀，合药服之，巫著男子衣冠帻带，素与皇后寝居，相爱若夫妇。上闻，穷治侍御，巫与后诸妖蛊咒咀，女而男淫，皆伏辜。废皇后，处长门宫。"

汉人刘安《淮南万毕术》记：

> 鹊脑令人相思。取雌雄鹊各一只，燔之四通道，丙寅日，与人共饮酒，置脑酒中则相思也。[1]

敦煌民俗学学者高国藩先生在其著《敦煌巫术与巫术流变》中，还列举了敦煌文献中有关恋药蛊方的许多例子，摘引如下：

伯二六一《禳女子婚人述秘法》：

> 凡欲令夫爱敬，妇人自取目下毛二七枚，烧作灰，和酒服之，验。
>
> 凡欲令夫爱敬，取夫大母指甲，烧作灰，和酒服之。
>
> 凡欲令妇人爱，取苦杨和目下毛，烧作灰，和酒自服，即得验。
>
> 凡男子欲求妇人私通，以庚子日，取自右腋下毛，和指甲，烧作灰，自口（验）。
>
> 凡男子欲令妇爱，取女头发二十茎，烧作灰，以酒和，和成服之，验。
>
> 凡男欲求女妇私通，以庚子日，书女姓名、封腹，不经旬日，必得。
>
> 凡欲令女爱，以庚子日，书女姓名，方圆□□，无主即得。
>
> 凡欲令妇人爱敬，子日最东西引桃枝则作木人，书（姓）名，安厕上，验。

1　上海古籍出版社编《续修四库全书》，上海古籍出版社2002年版，第407页。

伯二六六六背面：

男子欲得妇人爱，取男子鞋底土，和酒与妇人服，即相爱。

妇人别意，取白马蹄中土，安妇人枕下，物（勿）使人知，睡中召道姓名。

夫憎妇，取鼠尾烧作灰，和酒与夫服之，即怜服。

伯二六六一：

五月五日以未嫁女子发二七物作绳系脚，必有时人爱敬。[1]

唐人刘恂《岭表录异》云，有一种叫"庞降"的昆虫，"生于山野，多在橄榄树上，形如蜩蝉，腹青而薄，其声叶叶，其鸣自呼为庞降。但闻其声，采者鲜得名，以善价求之，以为媚药"。[2] 据说，同类的性药还有红蝙蝠之类。

宋人李昉等撰《太平御览》卷九百二引古本《博物志》（晋张华著，今本不载）云：

阴夷山有淫羊，一日百遍。脯不可食，但着床席间，已自惊人。又有作淫羊脯法：取羖（黑色公羊）羒各一，别系令栽相近而不使相接。食之以地黄、竹叶，饮以麦汁、米沈。百余日后，解放之，欲交未成，便牵两杀之。脯以为脯。男食羖，女食羒，则

1　高国藩《敦煌巫术与巫术流变》，第75—82页。
2　[唐]刘恂《岭表录异》，广东人民出版社1983年标点重印鲁迅校本，第84页。

并如狂，好丑亦无所避。其势数日乃歇。治之方，煮茱萸昌蒲汁饮之。又以水银宫脂涂阴，男子即痿。宫脂，鹿脂也。[1]

另《太平御览》卷九二一引《淮南万毕术》曰："鹊脑令人相思，取鹊一雌一雄，头中脑烧之，于道中以与人酒中饮，则相思。又云：赤布在户，妇人留连。取妇人月事布，七月七日烧为灰，置楣上，即不复去。勿令妇人知。"[2]

明代著名医生李时珍在《本草纲目》卷五十二引张华《博物志》"令妇不妒"的处方：

取妇人月水布，裹虾蟆，于厕前一尺入地五寸埋之。[3]

清人褚人获《坚瓠集》广集卷一引《博物志》：

月布在户，妇人留连。注谓"以月布埋户限下，妇女入户则自淹留不肯去"。[4]

清人张泓多年在滇为官，其著《滇南新语》曾提及"合和草"：

合和草生必相对，夷女采为末，暗置饮馔中，食所厚少年，

1　[宋]李昉等《太平御览》，第4003页。
2　同上，第4086页。
3　[明]李时珍著，张志斌、李经纬等校注《本草纲目校注》引张华《博物志》，第1406页。
4　[清]褚人获《坚瓠集》，李梦生校点，上海古籍出版社2012年版，第908页。

则眷慕如胶漆。效胜黄昏散，不更思归矣。反目者宜用之。多生夷地深山中。余戏谓友人曰，此氤氲使者也，合和云尔哉。而或则资以逞欲，谬矣。[1]

清代清凉道人在《听雨轩笔记》，也记述了一种媚蛊之药"怕老婆草"：

> 闻土人用此草，合他物为药以惑女人。凡有挑之而不从者，即以药弹其头面衣领间，复念咒咒之，则女人自相悦而与之狎，是亦妖淫之物云。[2]

看来，此等"爱药"倒真有些来头。

不仅有来头，而且在中国南方，至今还处处听到有关它的传说及"配方"。民间的方法较直率，或按传统观念"吃什么补什么"的办法交感，或以魔魅之术留女治妒。我妻子到怒江大峡谷中调查民俗和民间音乐。有身怀异功奇技的朋友告知，怒江那一带地气，"巫气重得很"，要我们小心。我虽不信巫，但深知怒江峡谷山高水险，不是个易去的地方。忐忑地捱到妻回来，果然有不少遇险故事。问及巫蛊传说，立刻举出许多，有"恋药歌"（参见前节），还有在当地传得神兮兮的恋药配方，例如，怒族取恋药，要到山上唱九百九十九首情歌，唱到有种藤本植物点头垂下来了，便是主药，加上十字路口捕捉的某种小虫、蟾蜍等等，制出药，欲试其灵验否，可先自试：取一把筷子，在

1　[清]张泓《滇南新语》，见方国瑜主编《云南史料丛刊》第十一卷，第384页。

2　[清]清凉道人《听雨轩笔记》，陈果、陶勇标点，重庆出版社1999年版，第102页。

两支筷上抹点药，做上记号，然后合在一起任意抓取，如每次拿到的都是这两支筷，则证明药灵；或抹点在门坎上，如每次进门都要绊脚，亦为验方。

据传怒江峡谷中的傈僳族制爱药的配方有：

1）两山阴坡阳坡上大致相对而生的独叶草；

2）两棵交搭在一起的树，取其交搭处的树皮，或树杈丫口上的树枝；

3）母猪的经血；

4）鸽子的肺；

5）被情歌唱得垂下来的藤。

我在云南澜沧拉祜族自治县拉祜族村寨考察时，听到一则独特的兄妹婚神话：人最初是从葫芦里长出的，是兄妹。大神厄莎想让兄妹成婚，繁衍人类，但兄妹害羞，不愿媾合。厄莎便用容易招蜂引蝶的钟情花、岩羊吃了就发情的浓情草、成双成对鸟雀筑巢垒窝的长相守树和雌雄联体的缠绵虫，配制成药，悄悄放进兄妹俩常喝的泉眼里，从而使兄妹相恋，生下后代。据说他们至今还有一种"耍药"，放入所恋之人的食物中，对方吃下，就会神魂颠倒，形影不离地跟着放药的人。

云南麻栗坡县瑶族制作恋药，用自己中指与大拇指的指甲（男左女右）、阴毛和腋下汗垢合在一起烧，然后吐上唾沫，放在对方食物中，默念"你要爱我"数遍，即可迷住所恋之人。

云南西畴县壮族的恋药叫"嫽嫽药"，做法很多，种类不一。如想获得所恋之人的爱恋，可用如下配药：

1）将树与藤相交处的皮刮一点下来，加含羞草混合制作，放于对方食物中。

2）将踩过对方脚印的土拿一点点放在对方筷筒里，对方一抬筷子就会想起来。

3）搓下身上的汗垢，悄悄放在所想之人的食物中，就会被对方思恋。

如两口子吵架，其中一方想改善关系，则开如下处方：

1）取跳舞草、含羞草、磨心各一点（用刀刮一下或三下，只能取单数），合剂，在对方不知的情况下投食。

2）在一只不常穿、未洗过的鞋（男左女右）里，放进一张写有两人名字的红纸，合好鞋口，用红线拴起，悄悄放在床底下，则两口子渐会和好。需放置120天，才可巩固疗效，其间如被对方发现，就会失灵，要重新做。

傣族的恋药用蛇的精水制作。[1]

拉祜族的恋药叫"耍药"，"放耍药"又叫"放歹"，传说是情妇怕情夫变心，就将"耍药"放入食物中，念咒语后让情夫不知不觉中吃下。吃了"耍药"，这个男的便会时时跟着那个女的，如有变心反悔，其药便在肚里发作，神志不清，如同一个痴人，重者翻爬打滚痛得要命。如知被人"放歹"，只有找到解药，方能解除蛊惑。[2]

白族的爱药叫"仓厥药"，是用一种叫"毛如如代"的藤本植物制作的，有的地方（如剑川）则用蛇的精液或交尾的蛇风干磨碎制成。

贵州的爱药用一种叫"嗯啊树"的树皮制作。据说，山中有一种交叉而长的树，两树树干相摩，风吹树动，发出"嗯啊嗯啊"的声音。取其树皮研制，即为爱药。

1　本节及前述麻栗坡、西畴等县相关资料，均为学友孙敏女士提供，谨此致谢。

2　雷波、刘劲荣主编《拉祜族文化大观》，云南民族出版社1999年版，第129—130页。

贵州天柱某地的侗族，则是用一种生长在路边的豆科野草，加工成粉状，再施符咒，表明自己的心愿，然后悄悄将爱药放给所恋而又无法亲近的人，被"魅"者即会对施药者产生好感，萌发恋情。此方切忌放时被对方知道，一旦察觉，药即无效。

湘西苗族的恋药，是用山上一种会对情歌有感应的藤子做成的，苗族人还为它起了个稀罕的名："觘觘药"。湖南一位作家，记述了他周围一些与此药有关的故事：

湘西凤凰县腊尔山乡有个50多岁的瞎子，可谓又老又丑又穷又无能。可是，他却拥有一个20多岁美貌聪明的老婆。在家时，百依百顺地服侍他吃喝拉撒；出门时，又不辞劳苦地紧紧相随，让他扶着肩膀作他的引路人。

据说，这是老瞎子的第五任老婆了。以前的四位，也都是这般年轻貌美聪明的女子，而每一位的离去，都是老瞎子执意"休"掉的，离去时个个都哭哭啼啼心如刀割，而老瞎子却心志如铁不为所动，硬是一一把她们踢出了门。

事过不久，又一位如花似玉的女子成了他的新娘。

这就奇了！一个如此之人，居然也有如此能耐，人家不嫌弃他，他倒有资格嫌弃别人，且还有如此魅力，使偌多姣好女子如此钟情趋之若鹜。

乡民们解释说，这老鬼有"药"。

这"觘"，任何一本字典里都是没有的，是一个根据地方土语造出来的字，读作niao，粘合之意，顾名思义，这药便是一种能把两个异性之身粘连起来的东西了。

据说这东西实在厉害，它是一种能迷人心窍的妙物。即使是两个素昧平生毫不般配的男女，男的只要将这迷药少许撒在女子衣上，这女子便中了魔法一般地对他心向神往，跟他走，由他支配了。不仅是女子一人，如果将这迷药撒一点在她家的水缸里，女子的父母兄弟喝了这水，也全都走火入魔、鬼迷心窍一般喜欢上他并认下他这个女婿姐夫了。[1]

广西靖西县壮族称爱药为"闷"。"闷"可以是咒语，也可以是药物。制"闷"的药一般用直观上与"情恋"相似的动植物做配方。例如，在五月五日砍来交缠的青藤，精心烘干，研成粉末，施以巫术，便可制成"闷"药。或某窝燕子孵了三个蛋，当三只幼燕刚刚脱壳，即把它们浸在水碗中溺死。溺死的幼燕如有两只互相缠在一起，则认为是一雌一雄，烘干研粉便是"闷"药；另一只幼燕也要烘干研粉，可以用来解"闷"药。这些爱药男女均可服用，施术者趁对方不备，托他人将"闷"放在对方食物或酒中，被施者情绪兴奋，行动固执，语言爽直，总以施闷者为追求的对象。因此，壮族民间认为两个迷恋者形影不离，是"中了闷"。[2]

婚后，如果感情不睦，民间也有巫方来"治"。毛南族有一种爱药，据说专治夫妻不睦。农历五月五日，老人到野外采集有相亲相爱行为（诸如交媾）的小动物（有毒者除外）。炕干后研成粉末备用。旧时，如子媳不睦，便请邻居一老人，乘夫妻俩不备，将少量爱药粉末撒在他们的饭碗里。民间认为，这样做了之后，失和的夫妻便会渐渐和睦。

1　吴雪恼《"勠勠"迷药与情歌》，《山茶》1994年第2期。
2　宋兆麟《生育神与性巫术研究》，第119页。

此药服一次有效期为一个月，连服三五次，即可恢复为恩爱夫妻。除了服用，还可以把药撒在媳妇垫被下面。民间又说，有的媳妇很精灵，不愿受人蛊惑，便在扒饭入口前，先用筷子挑出几粒饭丢在地上，或上床前先把垫被拍打几下，密投的爱药便会失灵。[1]

广西北部山区曾有一种药，叫迷魂香，向谁身上一吹，此人便会着魔般的跟着施药者走。这迷魂香能叫人昏死不醒，也能使人起死回生。据说，华佗可能以此为麻醉药，犯死罪者则以此逃过死刑（假死），我想，蛊女用来控制马帮大哥的，或许也是此类药物吧。

台湾高山族用衣物叠合的方式进行交感：巫师不仅可以为人消灾除病，而且还能教唆鬼神蛊惑人心，使人改变意志和感情。布农人的巫师神通广大，村里常有小伙子爱上某位姑娘，遭到冷遇后而求助巫术者。巫师挥动茅草，唱诵默祷以后，窃取男女二人的上衣，复叠在一起，接着，又拿水果和茅草放在叠合的衣物旁边，一边高声朗诵咒语，请神成全琴瑟之好。巫术之后，巫师托第三者想方设法拿水果给那位姑娘品尝，姑娘从此会一改冷若冰霜的态度，积极主动地去找那位小伙子，如同公主钟情于英雄，感情日笃。据说，巫术既可把素昧平生的男女撮合成一对鸳鸯，白头偕老，也可使形影相随的夫妻变成冤家，各分东西。巫师的神通可以说无所不能，因而，人人都十分敬畏。[2]

总之，这类药的功效，在民间被传得很神。甚至还有这样的奇闻："一个小伙子误将这种药给家中的老母猪吃了，结果老母猪紧跟着他，寸步不离，只得将老母猪宰了。"[3]

---

1 《中国各民族宗教与神话大词典》毛南族部分"爱药"，蒙国荣撰有关词条，第413页。

2 许良国、曾思奇《高山族风俗志》，中央民族学院出版社1988年版。

3 张桥贵《剑川县马登区白族的民间信仰调查》，《云南民族学院学报》1988年第4期。

二、试药

举了许多例子，却大多是道听途说或寻章摘句，我甚不甘心，定想亲自见识。别的放蛊之事源出于恨或谋财害命，因其鬼鬼祟祟，不让人拿到证据，这类为"爱"而行蛊惑之事的爱药，既有"药"，不管其中添加多少稀奇古怪的神秘"配方"，总有一些物质的依托，可以拿来自己验证一下。

我有个同事，自学草医，对某些病颇有验方，常独自配制一些古怪的草药。一日，他神秘兮兮地跑来说，自己已得一秘方，属古人说的"爱药"或"魅药"。为试此方是否灵验，他将此药藏在怀里，去找服务态度最为恶劣的销售员"试验"他的"科研成果"。

在他住的那条小街，有位操刀卖肉的女人，服务态度不敢恭维。他将那"药"置于胸前，然后去买肉。在他前面买肉的数人，照常被那卖肉女人冷眼辣嘴地打发，切肉的刀也像有眼睛似的，专往肥的次的部位飘。轮到他，情形大变——"到我了，我主动搭上话，说：'来两斤好的。那婆娘看了我一眼，立刻笑道：'我看你这师傅人蛮好的！你要哪块？你看，这块好。'手脚麻利地割了块好肉给我，还多称了一些。临走，那婆娘一再喊：'买着又来！'还朝我挤眼睛，我当然不会去啰。后来在路上遇到她，她还记得我，很热情地打招呼呢！你看我这药，灵不灵！"

他还说，研究所里的彝族小伙子失恋，借去一试，回来告诉他，那晚女朋友对他的态度大变。

我笑而不答，他急了："你不信？我还有一种药水，点在眼里，可以透过衣服看人……"

我看他越说越玄，就问："你那魅药，到底是拿什么配的？那么神！"他顾左右而言他，经不住我一再追问，才说："是老鼠的睾丸等几味。另外那两味，我就不告诉你了。这里有很多学问。还有一种魅药，叫做'阴取草，阳取石'，阴阳配足七对，就会成功了。"

他那些话，我本没放在心上，一个偶然机缘，我才"试用"了一次。

1994 年，我因策展"云南版画展"，受邀到德国主持该展，要办护照，需要频繁出入各种部门，接触不同的人。公务员办事态度，众所周知，我那又是第一次出国，免不了要看许多脸色。鬼使神差，忽然想起同事研制的这款"魅药"，何不看看它的效用？他曾表示可以让我试试他的"科研成果"，我当然不会放过这一"以身试法"机会。缠了几次，他才答应："你这人不会干坏事，可以借你试试。"将那药交到了我的手中（图 6-17）。

"魅药"用一小块红布包着，豌豆大的一粒。我偷偷拆开黄色丝线，里面包着一小截动物遗物，这可能便是他说的老鼠睾丸或生殖器之类（据说要趁老鼠不落地前剥除），另有一小撮研细的粉末，看得出至少是两种粉末的混合物。黑色粉末较细，不知是何物（一说是烧焦的狗骨）；灰色粉末像是某种植物研碎而成的。我闻了闻，无甚异味（也许

是因为用布包扎，易挥发吧）。这玩意，据说只要佩在胸前衣袋里，一搭上话，就可对异性发生作用。我想这种方式大约不致伤害他人（如会伤害，我离它最近），便决定一试。

半个月过去，搭过话的各部门各行业女性已不算少了，细细回忆，我本人和对方似乎都没什么异常反应。特别在机关里，得拖的事她们照样在拖，该看的脸色我照样得看，似乎并没有我那同事那样的运气。

还他这药的时候，我说这是假药，因为照常理，一种东西要对人发挥作用，或靠药理，或靠心理。如靠药理，那被蛊惑的应该是佩药者，因佩药者离药最近。如果说它能干扰人的心理，那为什么不干扰主人（佩药者）的心理呢？难道它有择主意识，或像天方夜谭中的神灯，谁拥有它，它就听命于谁吗？

同事很郁闷，让我再试第二种药，那是一小瓶粉状物，有异香，取一撮直接施放在被蛊者身上。同事说他曾经偷偷撒在一个女同事身上，对方立刻脸红心跳，有所反应。我怕有什么致幻影响或不良药性，请医学院的朋友帮忙化验一下。但朋友说样本量太少，不好做。我不敢试别人，只好还是自己试。请一女性悄悄撒在我身上，我静候其变。半晌，没什么感觉，再加倍试之，依然心平如镜，没有出现那同事预言的情绪躁动骚乱。

实验再次宣告失败。但同事仍坚持说，许多人试了，都很灵的。你或许属于那种顽固不化、干扰不了的家伙。

但这依然属无法证实、也无法证伪的判断。直到现在，还有小半瓶这样的药，静静地躺在我书桌的抽屉里呢。

第六节　解合拆姻

世上之事，皆有对立统一、相反相成之理。在民间信仰的法术世界里，既有能"惑男女"两身和合的恋药媚方，当然也会有能拆解两情的解药巫方。

一、公母药和斗阴阳

从事彝族文化研究的彝族同事李永祥告诉我，在他的家乡哀牢山里，有一种在高山阴阳两坡相对而生的植物，依其长势和方向分为公母，这种植物被当地人用来制作迷魂药。老辈人说，男人想娶某个女人，就偷偷把被称为"公药"的迷魂药给这个女人吃（混在食物或水里），她吃了这药，就会糊里糊涂嫁给那放药的男人。如果女人爱上男人，则用"母药"放给他吃，吃了迷魂药的男人，也会莫名其妙去娶那放药的女人。结了婚，必须给对方吃解药。给男人解用"公药"，给女人解用"母药"。不吃解药，一辈子这样昏下去，也不好，对身体有害处。李先生小时候，村里有个男人被放了迷药，后来人家给他吃解药时给错了药，又吃了一次"母药"，结果，两阴相扰，把他给弄废了，整天浑浑噩噩，像是丢了魂一样。据当地一位搞生物学的人说，哀牢山有许多不同种类的植物，迷幻人的程度不同，被人们偷采来做恋药或其他迷药，也可用来做解药。掌握和使用这类药，要十分小心，弄不好会出事，像前面那位吃错解药的男人一样，以为是促阴阳相谐的，谁知吃错药，阴上加阴，阳气大伤，把一个"阳性"的男人变成一个"阴性"的男人，男女错性，阴阳失常。

男与女，在中国古代宗教哲学中，是阳与阴的对应之象。按照这种思维方式，非正常情况（即非媒聘）的女惑男，是阴惑阳的外化形式，女惑而男败，阴盛而阳衰，可以看作"蛊"。要改变这种反常现象，就须调阴阳以正男女。哀牢山彝族"调阴阳"的方式，是以有性别的恋药（公药母药）去"交感"有性别的男女，通过不同的结构关系，产生不同的致蛊或解蛊效果。如按前例，我们可以得到如下公式：

母药＋男人＝男恋女（女施给男）

公药＋女人＝女恋男（男施给女）

母药＋男人＋公药或公药＋女人＋母药＝解除迷幻

母药＋男人＋母药或公药＋女人＋公药＝阴阳错乱

这与其说是药理的结构方式，不如说是心理的和文化的结构方式。药成为人的性别象征和意念象征，欲得男子欢心则以母药相求，欲得女子依恋则以公药相求，这叫"异性相和"；如助男人公药则两阳克一阴，可解阴惑，助女人母药则两阴克一阳，可解阳惑，反之，男人被两阴或女人被两阳夹攻，则会迷乱本性，逼伤元气，这都会成为易家所忌的"恶象"。

古代傩祭，也有很多"斗阴阳"的方术。

《史记·封禅书》云：

（秦德公）作伏祠。磔狗邑四门，以御蛊灾。[1]

1　[汉]司马迁《史记》，《二十五史》影印本第一册，第173页。

《史记·秦本纪》德公二年：

> "初伏，以狗御蛊。"正义："蛊者，热毒恶气为伤害人，故磔狗以御之。……按：磔，禳也。狗，阳畜也。以狗张磔于郭四门，禳却热毒气也。"[1]

让赶马人提之心惊的"蛊瘴之气"，便是这类"热毒恶气"。每当山谷坝子中低低地浮着一层紫浊之气，赶马人总要惊恐地悄声指给我看，说这就是"瘴蛊"。古人所谓"风止山下，气郁不通，故蛊"，或许正是指此。禳解的办法是"行傩"。自殷周祭礼，到现在西南许多少数民族中，傩祭醮礼，都有不同形式的表演。

《周礼·春官·大宗伯》贾疏：

> 磔狗止风者，狗属西方金，金制东方木之风，故用狗止风也。[2]

止什么风？当然是导致山败人灾物衰的邪风、阴风和滞郁之气。云南彝、哈尼等民族，到现在还有以狗血涂抹寨门，以驱逐邪魅祸祟之气的种种仪式；还有的民族（苗、壮等族），认为"蛊"生性畏狗，所以，他们用狗血浇淋被指控为"蛊女"的女人，并让她当众喝下腥热的狗血，以撵出隐藏在她身体内的巫蛊阴邪。有些邪术高强的"蛊妇"，已形成定时放蛊的习惯，无论人还是动植物，都可以被放蛊，唯有狗不能被施蛊，"故蛊妇怕狗，不吃狗肉"。

1 　同上，第 23 页。
2 　[清] 阮元校刻《十三经注疏》影印本《周礼注疏》，第 758 页。

狗之所以能克蛊，因其是"阳畜"，是镇魇螆蛊"阴灵"的克星。这里有一些阴阳五行的玄机在其中。汉人刘安《淮南子·时则训》认为磔犬羊可禳四方疾疫：

磔犬羊以禳四方之疾疫。[1]

汉人应劭《风俗通义》卷八"雄鸡"引《山海经》曰："祠鬼神皆以雄鸡。"认为"东门鸡头可以治蛊。"狗血也可以"御蛊蓄"，辟除不祥：

谨按《月令》："九门磔禳，以毕春气。"盖天子之城十有二门，东方三门，生气之门也。不欲使死物见于生门，故独于九门杀犬磔禳。犬者，金畜；禳者，却也。抑金使不害春之时所生，令万物遂成其性。火当受而长之，故曰："以毕春气。"功成而退，木行终也。《太史公记》："秦德公始杀狗磔邑四门，以御蛊蓄。"今人杀白犬以血题门户，正月白犬血辟除不祥，取法于此也。[2]

中医认为"术家以犬为地厌，能禳辟一切邪魅妖术"，故明人李时珍在《本草纲目》里，将狗列为一味可以"辟诸邪魅"的药：

热饮，治虚劳吐血，又解射罔毒。又治伤寒热病发狂见鬼及

1　[汉]刘安《淮南子》，上海古籍出版社编《二十二子》，上海古籍出版社1986年版。
2　[东汉]应劭撰，吴树平校释《风俗通义校释》，天津人民出版社1980年版，第314页。

鬼击病，辟诸邪魅。[1]

同是杀狗，含义却略有不同：一为以"阳畜"辟"阴邪"，是进攻型的；一为"抑金（犬）使不害春之生"，是被动型的。但都有阴阳五行的道理在其中。

民俗学材料也有类似的例子。例如，东北亚库雅克人当道磔狗，以祭恶灵；泰雅人（台湾高山族）杀狗于路，以御时疫的传入。[2]考火教之俗，有所谓"见狗"（Sagdid）者，人死时置两犬于其旁，一黄色四眼，一白色褐耳，谓如是形状，便可驱走企图钻入尸身之妖鬼。[3]

十分凑巧的是，长沙马王堆出土的帛画中，镇魔蚀蛊的穷奇神兽以白犬面目出现，跟傩仪"穷奇食蛊"暗合，而且也跟葬犬以驱妖鬼的丧俗相关。有学者为此而断言，随葬的"黄色四眼"之狗简直像方相氏"黄金四目"，象征阳火与光明；白犬崇拜与楚俗等暗合；入尸之妖鬼正是蛊虫。

传统信仰认为，生于晦淫之处的"皿虫"（蛊）一旦进入处于"阴司"的尸体中，两阴相合，产生的后果自是极邪，故须以盛阳之物克之（这盛阳之物可以是狗，是火，是锅庄，等等），以浩然正气御之（这浩然正气的代表自然多为男性巫师、祭司）。而且，两阴（蛊和尸）相合的结果或化形往往与女性有关，如放蛊者几乎全是女性，僵尸、吊死鬼等恐怖故事的主角，也多是女性。克蛊御鬼的代表，亦以男性、

1　[明]李时珍著，张志斌、李经纬等校注《本草纲目校注》，第1309—1310页。
2　凌纯声《中国的边疆民族与环太平洋文化·古代中国与太平洋区的犬祭》，台北联经出版公司1979年版，第664、685页。
3　岑仲勉《两周文史论丛·三伏日纪始》，商务印书馆1958年版，第177—178页。

阳物为主（怒族抵御阴性妖鬼的法具，即为一樱桃木刻制的男性生殖器）。

由此看来，古代祀礼及某些民族以"阳畜"（狗、公牛、公鸡等）、"阳物"（火、男性生殖器等）来克制"阴邪"的法术，和赶马人用象征盛阳之具的锅桩（加上火烧——阳的另一象征）责打犯事人屁股的习俗，纳西族东巴通过祭风以使"枭桀死之厉鬼"莫再惑人上吊情死的祭仪，应当是属同一性质的文化现象。为了不让"风落山"而使山（阳的象征）败，就"磔狗止风"或设坛祭风，为了不让"女惑男"而使男败，当然也会用盛阳之物来战胜阴邪的诱惑。

当然，斗阴阳以正男女的法术，毕竟太玄了一些。民间采用的方式，要直接得多。清人刘崑在他的纪行笔记《南中杂说》中，曾谈及滇中"留人洞"。这里的姑娘长得很丑，但无数客游于此的人，都迷了魂似的"守其户而不忍去""弃父母妻子老死异域"，这皆是因为中了她们的"恋药媚药"，而视丑为美，嗅臭为香，不能自拔。

那么，这些被"蛊惑"得迷乱了心智的男人们，有没有解药呢？丑女们当然是不会放弃自己的猎获物的。不过也有例外，据刘崑述，曾有一歪嘴老妇，透露过"解合"之法：

> 永平县一老妪，年五十许，号曰萧歪嘴者，亦有异术能解和合药（即恋药媚药）。或稍有身家之人，误饮狂药，而其父兄子弟必欲其弃丑物而归里者，则密与歪嘴计之，豫定一僧舍，绐狂人入其中，约壮健者数人制其手足，歪嘴以药物灌之，大吐二三日，毒尽乃止。其人即羸瘦异常，日以清粥素菜调之，一月而进粱肉，

百日而复旧。引之复视丑物，则弃之如粪土，翻然思归矣。[1]

当然，由于受蛊惑者众而能解者寡，而且要像萧歪嘴那样关注重心从男人转到钱财上的，并不多见，加上其他原因，被解救者终只寥寥。所以，记述者叹道：

嗟乎！滇中留人洞不下百万，安得数百萧歪嘴布满十八郡中，药此浪子也！然歪嘴甚珍其术，而索谢亦不少；恐破人和合，为同侪所忌也。又，年过五十则不可治，血气既衰，不任吐药也。[2]

折姻也可以通过种种黑巫术来实现，古今于此皆有不少巫方邪术。

毛南族的折姻药叫"凉药"，用竹叶青蛇炕干研成粉末制成。当夫妻之间感情不好，一方要求离婚，另一方不想离婚时，想离的一方趁对方不意之机，将"凉药"少许撒在对方饭碗里，即可促使早离早散。[3]

《太平御览》卷九〇五"兽部"一七引《淮南万毕术》也有载：

取马毛犬尾，置朋友夫妻衣中，自相憎矣。[4]

---

1 [清]刘崑《南中杂说》，见方国瑜主编《云南史料丛刊》第十一卷，第358—359页。
2 同上，第359页。
3 《中国各民族宗教与神话大词典》毛南族部分"凉药"，蒙国荣撰有关词条，第413—414页。
4 [宋]李昉等《太平御览》，第4012页。

因嫉妒或别的原因，在朋友夫妻间使邪离间，甚至对未能宠幸自己的丈夫下毒谋害，巫蛊邪术行使者们内心之阴暗，于此可见一斑。

傣族曾流行一种拆姻巫术，叫"放歹"，施术者以他企图拆姻的夫妻家坟地上，取来一两块木片或竹片，刻上咒词：

> 你们二人胸脯长了刺，
>
> 互相抱不得在一起。
>
> 你们二人互相看，
>
> 好像胸膛要爆炸。
>
> 你们二人互相看，
>
> 好像死鬼离了家。
>
> 你们二人互相看，
>
> 好像流水被阻挡。

然后，将刻字的竹片，偷偷放在被咒人的卧室下（一般在竹楼下），放三天，据说就会使被咒者夫妻感情破裂。这类活动一般由被称为"铁隔"的人来搞，懂的人也可以搞。据调查者言，这种活动实际起作用的还是那个出钱"放歹"想挑拨关系的人，他可以设法将有人准备"放歹"的消息，通过各种方式让被咒人知道。这时有些被咒者出于恐惧，或许真的可能导致离婚；但如果他们没发现竹牌，或发现后不信其惑，自然也就相安无事，不起作用。[1]

前举数例，反映了可以导致"解合拆姻"效果的两种可能：一是药

---

[1] 邱宣充《介绍几种傣族的巫术活动》，见云南省历史研究所编印《西双版纳傣族小乘佛教及原始宗教的调查材料》。

308

理方面的，一是心理方面的。

萧歪嘴为"留人洞"被丑女迷住的客子解毒的办法，是以某种吐药灌之，使其大吐数日，以将"和合药"之毒吐尽。这叫以药制药——丑女施放的"和合药"使客子中毒而情志迷乱，萧歪嘴的吐药异术则可解之——算得上是在药理上斗法的一种巫术和反巫术行为。

傣族旧时的"放歹"折姻之术，则明显是心理因素在起作用。首先，刻咒词的坟地竹片，即已制造了一种神秘的心理暗示，暗示此咒与阴魂或精灵有某种联系；其次，施咒者将其放在被咒人卧室底下，是希望此等文化符号与被咒人的生理和心理产生巫化的感应；第三，施咒者有意让被咒者知道此事，产生恐惧，让被干扰的情绪影响他们的判断。第四，如被咒者没看到或不相信这事，就无法对其产生心理暗示，正所谓"信则灵，不信则无"。

由此可见，所谓"放歹"之要产生作用，从始至终都要借助心理暗示以干扰情绪、感情或理智；从而影响其行为。心理暗示或干扰成功则"灵"，否则无效。至于"蛊女"的各种迷药之能制造痴迷如狂、视丑为美的效果，可能与某种容易造成精神损伤或神经损伤的致幻剂有关。这种致幻剂，至少可以造成在两性问题上的生理或心理变态。萧歪嘴的解毒方式，汇出内毒以解其"瘾"，使变态的生理和心理恢复正常。这种方式，与现代"戒毒所"之所为，或许还可找着点师承关系呢。

二、婚外恋与"勾绞星"

尽管道德和法律对婚外恋有诸多制约，但"小三"问题一直是困扰婚姻家庭的常见问题。于是，使用巫蛊之术，竟然也成为填补道德和法律管束空白的一种方式。

敦煌石室遗书中，记有关于这类问题的施术方式：

> 知妇人造事，有外夫者，取牛足下土，著饮食中，与妇人吃；
> 时令夜卧唤外夫名字，又道期会初，勿使人传之。（伯二六六六
> 背面）[1]

> 妇人别意，取白马蹄中土，安妇人枕下，物（勿）使人知，
> 睡中召道姓名。（伯二六六六背面）[2]

云南腾冲、大理一带认为，婚姻家庭遭到破坏是撞了"勾绞星"，云南保山则直接称为"邪祟勾绞"，十分明确地界定了勾绞者"邪祟"的性质。云南方言描述男女之间不正当关系，常用"勾勾搭搭、二五裹绞"来形容。民俗雕版木刻描绘的"勾绞星"或"邪祟勾绞"，男女长相怪异，手持钩状物，准备害人。"出轨"的现象，男女都有，但以男性为中心的传统社会，却多把责任推到女性那边。人们认为，风流女人"心怪"，善于勾搭纠缠，坏人家庭，当"小三"，在乡土社会中多被视为"灾星"，需要专门作法退扫。云南腾冲"勾绞"纸符上的女子，穿高跟鞋，提手提包，打扮时髦，胸部显眼（类似透视装），和一黑衣男子手挽手，两人之间还飘着一朵心形黑云（图6-18）。另外一幅"勾绞星"纸马，则是一个老太太指着少妇斥责的图像（图6-19）。而云南大理的"钩绞"纸符，则是两个披头散发的女人，似在纠斗（图

1　高国藩《敦煌巫术与巫术流变》，第180页。

2　同上，第185页。

图 6–18 勾绞。云南腾冲纸马

图 6–19 勾绞星局部。云南腾冲纸马

图 6–20 钩绞。云南大理纸马

图 6–21 邪祟勾绞。云南保山纸马

6-20）。云南保山的"邪祟勾绞"，更直接把"勾绞"视为"邪祟"（图6-21）。几地关于"勾绞"的不同描绘，反映了对这类"心怪"之事的不同描述。[1]

如遇第三者插足造成夫妻失和，可用巫术治之。云南西畴县壮族人告诉调查者："如果我老婆不跟我好，我要拿老婆屙的屎的尖尖，拿一点放在她情夫的饭里。她情夫就会无缘无故地打她，她就会想起我来，想了就哭。"

第三者插足，一般都是偷偷摸摸，而反制之法，竟然也用阴招损招。见不得人的事用见不得人的法术来克，其心态仍然在巫蛊层面。

1　图片采自赵寅松、杨郁生主编：《中国木版年画集成·云南甲马卷》，中华书局2007年版，第270页。

第七章

禳蛊解咒

世上之事，既有结法，必有解方。民俗文化中的许多仪式或活动，皆由此而生。

民间的解法千奇百怪，实的实到由医生开出药方，让中蛊者遵嘱而服，对症施治；虚的虚到臆断梦卜，借助神明之力制伏邪灵；甚至以毒攻毒，以蛊破蛊，用同样不太光明的巫术对付被认定为"黑"的巫术。物理的、心理的、文化的一齐上，只要能把那个隐秘的邪灵"克"住，便达到了目的。

第一节　巫蛊辨识

《搜神记》在谈及"妖形变化，杂类殊种"，让人防不胜防的黑巫术"蛊"之时，曾述及，无论蛊为狗豕还是虫蛇，"其人皆自知其形状"，一语道破千蛊万蛊的核心所在，这便是制造黑巫术的放蛊养蛊之人——其"形状"不过是其邪灵的寓体。

然而，黑巫术既被认为是种秘密邪术，施术害人者当然绝不会透露或承认自己之所为。人们也不敢当面议论，以免被"放蛊人"记恨而暗中施术加害。在云南、贵州等地，曾发生过许多起这样的事：有人被议论或被指控为放蛊人，他及其家人立刻找上门去，将一把锄头、一只撮箕扔到议论者面前，要他当众把"蛊"的根根挖出来，否则不依。这一招往往弄得对方狼狈不堪，只好认罚。在怒江等边远地区，还发生过几起"被告"（被指为放鬼杀魂者）把"原告"逼得几乎自杀的事件，就因为"原告"的确无法当众指证出"蛊"的存在来。

　　但尽管如此，一旦流言传开，普遍的心理仍是"宁可信其有"，而且会在暗地里，悄悄"指证"出"蛊"的存在。

　　中国各族民间，都流传着种种关于识别中蛊者或邪术制造者——养蛊放蛊者的方法。归纳一下，大约有这么几类：

一、看样子

　　一位有经验的长者对我说，民间有一种辨识蛊妇的方法，就是看她的坐相。老人说，要是看见坐时喜用一只手掌垫在臀下的女人，就要躲着些，十有八九是蛊女。

　　壮族认为会"五海"的人声音甜甜的、软软的，家里干干净净的。景颇族说带"阿匹鬼"的女人都特别聪明能干，漂亮可人。傣族认为，"琵拍鬼"不敢从晾衣服的绳下走过，因为一过就会现原形。所以，躲避晾衣绳的女子，就有"琵拍鬼"的嫌疑。苗族认为，有蛊的妇女眼睛发红，脸上生着异样的毛，或额部格外地亮。蛊发时如毒瘾发，脸上发红，浑身不畅，不断抓痒，遇见小孩喜摩擦其顶，遇见路人则有意去抓碰，被抚摸或被抓碰者皆会中蛊。她要不把蛊放出去，就会毒死自己。清《宣统永绥厅志》卷六甚至专有辨别真假"蛊妇"的记载：

> 真蛊妇目如朱砂，肚腹臂背均有红绿青黄纹路，无者即假。真蛊妇家无有毫厘蛛丝网，每日又须置水一盆于堂屋，将所放之蛊虫吐出，入水盆食水，无者即假。真蛊妇平日又必在山中，或放竹篙在云中为龙斗，或放斗篷在天上作鸟舞，无者即假。如有以上各异，杀之后剖开其腹必有蛊虫在内，则为真蛊。真蛊妇害人，百日必死；若病经年，即非受蛊。[1]

由于有放蛊者"放人才发人（指有子有孙），脸上有水色（脸色红润好看）"的说法，所以，有的地方的人认为，放蛊者多半是年轻美貌的少女，她们脸色红润，但红得不自然，指甲发黄并往上翻。

对于中蛊者来说，据说也会出现不同的症状，如面目肿黄，头发变黄脱落，身上出现红斑，脸上、颈上出现青条斑，神情迷惘痴傻，等等。如何断定是中蛊还是得其他病呢？古代医者是这样诊断的：

> 欲知是蛊与非，当令病患唾水内，沉者是蛊，浮者非蛊。
>
> 又云：旦起取井花水，未食前，当令病患唾水内，唾如柱脚，直下沉者，是蛊毒。沉散不至下者，草毒。
>
> 又云：含大豆，若是蛊，豆胀皮脱；若非蛊，豆不烂脱。
>
> 又云：以鹄皮置病患卧下，勿令病患知，若病剧者，是蛊也。

1　[清]董鸿勋纂修《宣统永绥厅志》，中国地方志集成·湖南府县志辑73，江苏古籍出版社、上海书店、巴蜀书社 2002 年版，第 121 页。

又云：取新生鸡子煮熟，去皮，留黄白，令完全，日晚口含，以齿微微唵之，勿令破。作两炊时，夜吐二瓦上，着霜露内，旦看大青，是蛊毒也。

昔有人食新变鲤鱼中毒，病心腹痛，心下鞕，发热烦冤，欲得水洗沃，身体摇动，如鱼得水状。有人诊云：是蛊。其家云：野间相承无此毒。不作蛊治，遂死。[1]

或让被验者嚼生黄豆，觉有腥味无蛊，觉无腥味则为中蛊；或让他在嘴里放一块煮熟的鸭蛋白，其上插一枚银针，如果鸭蛋白和银针变黑，则是蛊毒所致。在外人家吃饭时，如果发现主人以指甲或筷子敲碗边，然后敬酒盛饭，这有可能是放蛊的动作（为避嫌，有些民族为客人敬酒时主人必先喝一口，再敬给客人）。贵州镇远地区的苗族遇蛊生病时，巫师要在病人身边放一个穿孔的生鸡蛋，让蛊鬼来时吃蛋而不伤人，次日把鸡蛋煮熟，蛋壳丢在路边，这样蛊鬼一看就知道被人识破了，只好转移到其他人家里。[2]另外，客游异地，最好自带牙筷或银筷，进食前先以筷试之，如筷变黑，即为有毒。

二、听声音

在云南丽江，一纳西族老者偷偷指示于我，说他家巷子对面就是放蛊的。我问何以证明，他说："养蛊的人，每天要敲鸡蛋炒饭喂蛊，黄昏时分就'咪咪咪……'地唤蛊呢。"

1　[隋]巢元方等《诸病源候论》，第269页。
2　宋兆麟《巫与巫术》，第231页。

"也许是喂着猫呢？"我说。

"哪里！有人见过呢！"他坚持说，"这个人到他家串门子，见床下有个罐罐，以为是腌菜。这人多事，揭开来看，见是一条红蛇盘在里面，吓得叫：'喂，你家有一条红蛇！'主人来看见了，就说：'呸！你乱说，那是条绑腿带。'还揭开罐罐给他看，果然变成了一条红绑腿带，你想想，绑腿带放在罐罐里干什么？不是蛇蛊是什么！蛊是会千变万化的。"

一位来自贵州的苗族青年也告诉我，他家乡村子里有一家会放蛊。"时常听她'咪咪咪'地唤，母亲不让我们到那一家去串门，连路过都不许，要绕着走。有时我们端着碗在院门口吃饭，一见她家人来，急忙转过身去，把嘴里的饭菜吐出来，还要连连'呸'三下。要是我们被鱼刺卡了脖子，或是身子不舒服，母亲就要当街叫骂，点着名字地骂那有蛊的人家。据说，骂过以后，放蛊的人知道事情已经败露，就会悄悄把蛊收回去。"

三、臆断与梦卜

我的一位景颇族朋友，曾怀着深深的忧思忆及他在自己族人中的一段经历：

这是寨子边的一户人家，因为在寨子边上，也是寨子里我走访较晚的一家人。这天晚上我们去的时候天已黑定。寨里人晚饭都吃得很晚，进得屋来，他们刚好收拾完碗筷。在家里的是一位年近五十的母亲，两个女儿和一个从别寨来帮烧火地的汉族姑爷。

见我们来了，一家人都挺高兴，忙把我们让到火塘边坐下，两个女儿很快给我们一人冲了一碗白糖水。这让我好生奇怪，因为用白糖水待客是寨子里别的人家所没有的。在别的人家，一进门端上来的不是米酒就是水酒。以白糖水招待我们，说明家里并不象别的人家一样随时备有酒，同时也不是常有客人来串门走动。我们坐了半天，的确没有寨子里的人闻声而来。以往到别的人家走访，我们才进门，寨子里那些爱热闹的人就会不约而同很快聚拢来，大家围坐在火塘边，边喝酒边弹吉它唱歌，或静静地听老人讲过去的事情，于是这一家人便会像过节一样度过一个热闹的晚上。

老母亲一边往火塘里凑火，一边说家里没个扛枪的，没准备下酒菜，很对不起你们，早知道你们来了，也知道你们走了寨子里的别的人家，像我们这种人家本想着你们是不会来的，想不到你们还是来了，这是看得起我们，给我们脸面。言语间似有某种难言之隐，也带着对我们到来的由衷的感激，这颇使我感到不安，也很快使我联想到景颇人中某些人家家道不干净带"阿匹鬼"的说法。而这一点很快就被证实了。

在传统的景颇族观念中，认为世间万物有灵，各种鬼神多得不可胜数，不过皆无影无形，信则有，不信则无。但"阿匹鬼"则是附会到具体的人身上的，如果某家或某人被认定为带了"阿匹鬼"的话，寨子里一旦人畜有了灾疾无法可想，往往就会迁怒于这家人家或家里的某一个人，这样的家庭往往被敬而远之，他们也只好离群索居，住得离寨子远远的。在过去如果寨子里发生了什么灾祸，他们还有全家被赶出寨子或被追杀的可能。据后来了解，这家人的女主人，年轻时是很漂亮能干的，这从她年近五十依然风韵犹存，即可看出。后来她嫁给了别寨的一个小伙子，原先本也没有什么，但渐渐那个寨子里的人都说她带的"阿匹鬼"很厉害。某日她路过一户人家的猪圈旁，只往里看了一眼，当晚那家的小猪便死了。自她嫁来后，寨里的人常有腮巴肿大，大腿根溃烂的。有人便强迫让她去"木索高"。即让她在病人的患处，沾上自己的唾沫，涂抹之后据说就能"解"掉。有时碰巧好了，于是寨子里的人也就更加确认这一切都是因为她带的"阿匹鬼"所致，决定要赶她出寨。深爱着她的丈夫原本不肯，据说有一次他们夫妻双双到山里干活，午后吃完饭在一条小沟边的草堆上休息，由于干活太累，她不知不觉间睡着了。她的丈夫坐在她跟前，见一条小毛虫想过沟时无路可寻，便随手拾了根棍子搭在沟上，让小毛虫顺着棍子过了沟。不一会她醒来，向丈夫说她做了一个梦，梦中有一条河拦住了她的去路，是他搭了桥她才得以过河的。她丈夫听后联想到刚才帮毛虫过沟的事，心中颇疑惑。他回家后偷偷把这事向老人说了，老人告诉他睡着时，魂灵是四处游荡着的，梦里的事就是魂灵游荡中的事，带"阿匹鬼"的她睡着了，她的魂灵就会化作各种蛆虫。看来你这个媳妇是不能留了。于是她被迫带着女儿回到了原先的寨子，一直寡居，第二女儿和谁所生自然无从说起。她的两个女儿相貌都很不错，到了谈情说爱的年龄，却没有一个景颇族小伙子肯和她们交往。二女儿初中毕业后回来务农，县里糖厂榨季招临时工时她报名去当了临时工，在那里认识了一位同是临时工的汉族小伙子，还把小伙子带到家里看过。榨季过后因她能吃苦耐劳继续留下一段时间，那位汉族小伙子回家后，也常到寨里来帮着她家做点事，在与大女儿接触的过程中他们间产生了感情。母亲觉得小女儿还小又上过学要好办些，便也就认可了这门亲事。我们看见的就是这位已和大女儿结婚并生有一个孩子的汉族女婿。看得出来，她们一家对这位汉族姑爷挺满意，还按景颇族取名的习惯和他在家中的排行，给他取了个"玛都"（老四）的景颇名字。本来景颇族中盖房砍地历来有一家有事全寨相帮的"嘎索"传统，一家人的活在很多人的帮助下一二天就干完了，主人家无非备些酒肉，大家有说有笑，干活如玩一般的快乐。而这家人家却不能这样，我们虽感寒心，但也无可奈何，所能做的就是我每天带几个学生到她地里帮忙。她们一家特意买来了米酒，几乎每天杀一只鸡招待我们，这事略使我们心中不安，但见她们一家高兴，便也由着她们不说什么，多做些活也就心安理得。

离开寨子后，我一直在想，几年过去或许她们一家的境况会好些，但其实这是很难说的。记得我上初中时班里的一个景颇女同学，是她家五姊妹中最小的一个，由于她们家被认定带有"阿匹鬼"，她的母亲没法嫁人，只好跟了个在家有妻室的大理白族铁匠，生下她们五姊妹。她们五姊妹全都容貌姣好，且因读书用功，先后都参加了工作，但因为带"阿匹鬼"的说法，她们五姊妹后来嫁的全都是其他民族的小伙子；另有一受过高等教育的朋友，曾和一个受过中等专业教育的景颇姑娘相爱，那姑娘长得很漂亮，但因姑娘的母亲被认为是带"阿匹鬼"的，迫于来自家庭和周围的压力，只好忍痛分手。他们尚且如此，何况那个住在大山深处的人家！[1]

---

1 展宏《边寨人精神世界的侧影》,《山茶》1995 年第 2 期。

读完这个故事，我亦不由深深叹息。在大山深处，一个梦，一次巧合，就可能决定一个人乃至几代人的命运。

遗憾的是，这类"臆断梦卜"事件在生活中却不是"巧合"，不是偶然的个别例子，而是一种曾经盛行的"文化"。

海南毛道黎族相信一种被称为"禁"的巫术，可以使人生病甚至"禁死人命"。懂这巫术的叫"禁母"，均为妇女。人患病疑被禁后，即用土块一，以藤系之，悬于小竹竿上成丁字形；查者蹲于地上，俯首，双手持竹竿两端，地上放米一撮，口中念词："如毛枝洞人禁，请你（土块）动。"如其不摇动，即问毛道洞，旋即把各村名念出，如土块仍然不动，乃转来问亩内，一直问到家内各妇女，这种问法是从远到近，从外到亲。如是外洞人禁的——即土块动了——就杀鸡或小猪做鬼，不查禁母之名；如属本洞，则再查各村，最后再查到人名；如不是外村，则查本村，查的次序是先问亩外后问亩内；如土块仍不摇动，则问本家妇女。他们认为一定会查出，查出某人后，即决定她是禁母，但查者不敢公开说出禁母的名，因为害怕连累自己也被禁。但是他们暗地里可以细声相互谈及。确定是禁母害病后，即要做"禁鬼"。然而，如果病者自己梦见某人禁他，却不依上述的办法，直接肯定她是禁母，或在梦中只知有人禁，但不知是谁时，醒来在外向天鸣枪，如有妇女听枪后，吓得大叫一声，她也被认为是禁母。一向被人认为禁母的人，也是先被提名查问的。[1]

云南怒江大峡谷中的怒族和傈僳族判断"杀魂"者的主要依据也是梦。在怒语中，有一种被称为"衣苏"的人，即为会勾魂或杀魂、

---

[1] 全国人民代表大会民族事务委员会办公室编印《海南黎族苗族自治州保亭县毛道乡黎族合亩制调查》，1957年。

会使致病降灾邪术的人的专称。如果有谁突然得了病，晚上梦见某人，第二天又碰巧遇到此人，那么，这个被梦见的倒霉蛋便会被指控为施放邪术摄去病人魂魄的"衣苏"。如他不认，村民们便有权强迫他举行"神判"仪式，让他在沸水或沸油锅里赤手捞出一块石头，三天后看他的手起泡与否，以他是否被烫伤来裁定其是否有罪。这种"辨识"方式，与臆断一样，显而易见是十分荒谬的（详见第八章）。

四、暗察与明示

对于所谓有"蛊"的人家，当地人彼此都是很清楚的，大到"琵拍鬼寨"，小到一家一户，过去都有俗规标示，以示区别。民间还流行一些隐语暗号，提示人们不要误入"禁区"。

有的民族，习惯用"瓦猫"（图7-1）、"吞口"（图7-2）等物辟邪，按巫师的指点，哪方有邪祟，便把"瓦猫""吞口"等面对哪个方向。如果村里所有人家这类辟邪物的面孔，都集中向某家人的方位，那么，这家人十有八九是被指控为养蛊作祟的。

在滇南、滇西、滇中及滇西南一些民族中，如果家中常有人生病，人口牲畜不发，便认为是中了邪祟，要用虎头面具或"吞口"钉在门头，以此辟邪；如怀疑某方或某家养蛊蓄祟，则在房头立一"瓦猫"，面对有邪气的那个方向。这"瓦猫"原型实为虎。它永远大张着血盆之口，大有可以吞掉一切邪祟的架势。

在丽江纳西族村寨里，如果谁家大门口清晨摆着破瓦片，上放灶灰、松柏枝、辣子以及一些面捏的虎、蛇，那说明这家人已被村民疑为"养小神子"的了。这些东西，是村民悄悄放在这里的，称为

图7-1　瓦猫，又叫镇瓦兽，置于房顶瓦脊，以吞消邪灵。笔者绘

图7-2　哈尼族葬礼面具，用以破解冲克、抑阴壮阳、吞口舌是非、鬼魅瘟凶等。云南金平，1991，笔者摄

"送鬼"。

民间还传说，养金蚕蛊的人家，家里绝无灰尘，因为金蚕蛊性喜干净，见不得哪里落灰。所以，要想知道这家人养没养金蚕蛊，进他家后，只要故意把鞋底的尘土踏在门坎上就知道了：养蛊的人家，你前脚才踏了尘土，走过去再转身看，已是干干净净，了无尘迹。反之则无蛊。这一验方，古籍中有记述，各族民间亦有不同说法。如贵州贵定县苗族认为会放蛊的人家，板墙上阳尘发亮，屋中比较干净，因为被放蛊之后，别人要来放蛊人家找解的东西（如头发、破布、厕旁烂泥等），为不使他们得到，所以要收拾清爽，让那些中了蛊想来拿解药（只能暗拿）的人无处下手。又据清人陆次云《峒溪纤志》卷一"诸苗奇俗"载：

> 蛊祟有神，夜出摄死者之魂。光如拽彗，流入人家，当知防御。又下蛊之家，其居必洁，盖蛊死之鬼为之拂拭，故窗牖之上

纤尘不染也。觉之者，为女字坐，则其蛊不灵，又蓄蛊之家，鸡辄飞去。彼或蛊我，方食时，窃其少许，密埋十字街心，则蛊神反为彼祟。又蛊神畏猬，取猬入养蛊之家，其蛊立擒。数说皆有征验也。[1]

以上情况表明，民间从古至今，防蛊治蛊辨蛊的方法是多种多样的，而且有不少被认为很灵验。

总之，对巫蛊的辨识，无论是察言观色，听音看形，还是梦卜臆断、明察暗示，目的就一个：识破巫蛊，免受其害。

"能看破蛊的原形，它就无法放给你了。"被调查者常常态度认真地对我这样说。

一位学识渊博的纳西老者告诉我："丽江泰安有个东巴叫康巴朵才，法力很强。他是泰安乡的。鲁甸有个东巴约他同去做法事，他俩翻一山丫口时，看见一个老妇人向他们走来。康巴朵才一眼就看出，这是一个会放蛊的女人。于是他便说道：'哪里来的老奶奶相当漂亮嘛，绿松石珠珠挂着一串串。'他是暗指她身上的蛇蛊呢！他们走过以后，鲁甸的东巴问他：'你乱说些什么？她哪儿挂着绿松石珠串！'"他说：'我要是不说，青蛇会咬我的头。'鲁甸的东巴才明白他看破了老奶奶的蛇蛊。看破了，她就不敢放了。"

———————

1 [清]陆次云《峒溪纤志》，见胡朴安《中华全国风俗志·苗族·峒溪诸苗奇俗纤志》上册，第725页。

第二节　巫蛊破解

如果巫蛊是个骗局，那所谓"破解"也是个骗局。换言之，如果"破解"的对象本是建立在虚幻的前提下，即巫蛊本不存在，那这"破解"便也是虚幻的，甚至常常是具有黑巫术性质的。我们看看下文提及的种种"破解"之术，除少数是靠真本事破解了骗术之外，有不少却是以巫克巫、以毒攻毒的，有的甚至让人难分谁是黑巫术的施术者——它们采用的，都是幻化的巫术手段。

尽管如此，在现实生活中，虚幻的东西却能产生很实在的影响，并由此形成民俗，形成宗教，形成生活方式，形成文化模式……

一、躲鬼避蛊

蛊鬼，在民间信仰中是一种"惹不起"的东西。"惹不起，躲得起"，这种态度，常常是中国老百姓对于恶势力的一种最初的传统反应。

小时候，曾听老人们说，谁家的娃娃得蛊了，要躲一躲。如何躲呢？这便要趁着白天，夜行的吃娃娃的蛊回家之后，娃娃的母亲像做贼一样，不跟任何人打招呼，也不能露出要出远门的样子，悄悄带了孩子就往远方的亲友家走，走得越远越好，让蛊找不到孩子，以此避难。

由于蛊这东西算得一种精灵，往往会嗅着病孩的气味寻去，所以，"躲蛊"的时候，要布种种疑阵，让蛊找错地方，或是根本就找不到欲害的对象，这样才能奏效。

贵州镇宁县革利乡苗族认为，有"蛊鬼"的女人放蛊的方法有两种：一种是间接放蛊，假借某些生物作为放蛊的媒介，使仇人吃了有蛊毒的东西后，到了一定时间蛊毒发作而死去；另一种是直接放蛊，一般是放到生病体弱者那里。所以，当地苗族生了病，如怀疑有人会趁机放蛊鬼，就要到别的村寨亲戚家去"躲鬼"，待好了才敢回家。

"躲鬼"的行动计划很保密，不能在房里商量，怕"灶神菩萨"知道后去通知鬼（民间认为灶神是鬼神安排在每个家庭中的耳目），而且不能叫"躲鬼"，要用代用的话"nzusyud"，意为"讨菜"。一般在下午太阳偏西时就要离开家。病人走前先用一根草绳围灶一圈，拴个疙瘩在后面，表示把灶神的手拴起来，还用一个大簸箕盖住灶孔，表示把灶神的眼睛遮住，使灶神走不动、看不见，无法去通知蛊鬼。另外，病人离家时，要把草鞋倒着穿，使蛊鬼晚上来找病人时，搞不清病人的去向，以让病人可以逃脱蛊的追踪。[1]

在傣族家，人们会告诫别睡五海的枕头，里面藏着五海的魂，那魂附在你身上，你就成了五海。瑶族则认为，别睡在五海的床脚头，深夜，五海若对你的大脚趾施法术，你就会变成五海。在壮族那里，五海可以学会，但主要是遗传的，而且是传给女性。五海死后，如果其儿女不想继承，那么老人的物品须全部烧毁，一件也不能留下。这使得一些被认定为五海的人家，在老人死后，不惜当众烧毁一切物件，以示自己的清白。[2]

1　杨文金《镇宁县革利苗族地区"蛊鬼"问题调查》，《民族调查研究》1985年第3期。
2　孙敏、王明富《邪魔之灵》，《女声》1989年第8期。

二、洗心涤蛊

对蛊的恐惧，不仅来自被害者，也常常来自"染上蛊"的人。在我调查过的几位"蛊女"中，为洗去那个传说中的恶名，她们曾想尽一切办法，试图躲避或摆脱那个命中的邪灵。她们偷偷用狗血、秽物自淋，吞服某些据说可以洗心涤肠的草药，甚至试图将蛊转嫁出去。然而，那"邪灵"却命定了似的紧附在她们身上，怎么洗也洗不脱。

我的同事曾记录了一段发生在滇南的凄清的真实故事，它使我久久难以忘怀：

她年轻时个美丽的姑娘，可出嫁没多久，就被夫家赶出来了，原因就出自那古老的传说。

从此，那幽冥中的阴影便伴随了她的一生。

后来，她嫁到一个很偏僻的山里，以为找到安宁。但没多久，丈夫的哥哥的孩子死了。家里请师娘来看，说是她使的邪术，害死了孩子。于是，她被毒打，被人把那个死的娃娃用猪夹子夹着挂在她脖子上游街。伤一好，她就逃回了娘家。很难想象她是怎么承受住了这种精神和肉体的打击没有垮掉。

年轻女人总不能一辈子住在娘家，她第三嫁嫁到了这个寨子。有意思的是，丈夫竟是个布摩。从原理上来说，他们应该是对头：一个被认为是施魔的，一个被认为是驱邪的。可恰恰相反他们却生活得意外的平静。大概这是她一生中唯一值得庆幸的事了。这一带的民族有个规矩，老人死后不请布摩发送，死者的魂就不会离开这个家，鬼魂在家里作祟，一家便不得安宁。她丈夫是为了做这些事的，还帮人占卜测算吉凶，为病人驱魔送鬼招魂。奇怪的是他怎么不为他身边的女人算个吉凶？不为她驱除附体的邪恶呢？寨里人只要生病，定要怀疑是谁放了"五海"，如果真有超自然力的存在，很难想象他们在那个境界里如何遭遇的。

命运决定了她仍然是那个古老传说的中心。

有个年老的师娘临死前曾预言：有两个年青女人要学邪门了。那是在她嫁过来不久，寨子里纷纷扬扬，说走阴的人发现她是"五海"，带来邪术，教会了她的两个妯娌。不论是什么原因，她又被自己、或者被别人织进了那张阴暗的网里。从此，是是非非，恩恩怨怨，几十年来几乎成了她生活的一部分。据说"文革"那年，生产队长的儿子死了，说是她放的蛊，群众大会上有的说冤，有的说仇，百十个人的村寨仿佛一个将要爆炸的火药桶。不知是真是假，据说，她委屈地认可了她从娘家带来了几件衣服和一点银首饰而使那邪术附在了她的身上。人们仇视她，也害怕她。平时走动的只有夫家的亲戚。家里人丁不旺，仅一个儿子，还不在身边。老两口没多少劳动力，因而，家境也不富裕，这也成了传说的一部分。说她做了那些事，使家里凭空地穷了。连她说话的声音也成了鉴定她身份的证据。一个不大的寨子，又山高水远的，她就这样孤独地过了一生。

有一年，寨里来了一个老女人，会看手相，还有点法术。她咬咬牙走进了人群。那老女人看了她的手相，用一奇怪的眼光看了她一眼。然后说："害怕呀，不敢说。"她说："不怕，说吧。"

老女人当着众人的面真的说了，并答应帮她送走附在她身上的阴魂。

那天夜里，月黑风高。请来的几位师傅和十多个帮忙的人拖着一条狗，背着铜炮枪来到了神山下那两条河的交汇处。不远的树下聚满了赶来看个究竟的寨里的女人。人们七手八脚扎了一个稻草人，给它穿戴上她的衣服和首饰。子时到了，火把照亮了暗夜，照亮了河边阴森的神树林。师傅们杀了狗，祭过寨神和四方的神鬼，才念着怨怒的咒语把带有魔力的狗血从她的头上缓缓淋下。腥红的血水淋透了她全身，淋透了穿着她的衣服，代替了她灵魂的一部分的稻草人。凄冷的秋风在夜的上空吹过，她颤栗着，透过迷蒙的血眼，乞望着四周。如果这血能清洗她不洁的灵魂，如果那刻毒的咒语能使她再生，如果这所有的一切能够斩断她与生俱来的恐惧和灾难，她认了。几十双带着复杂感情的眼睛注视着她，象几十把无言的匕道从四面投来。这目光对她来说并不陌生，几十年来不就是在这样的注视下活过来的吗？然而今夜不一样，她希望这目光证实她从今以后的清白！

　　沉寂的夜里，除了河水奔流和风中猎猎燃烧的火把，仿佛一切都已凝固。主祭的师傅看着她在众目睽睽之下喝下了剩余的狗血，才将血糊糊的稻草人扔进湍急的漩涡，让河水将那可怕的恐惧永远地带走。铜炮枪在夜空骤然响起，久久地在山间回荡。那一刻，寨里的人都听到，如果真有寨神，它也该听到了，听到铜炮枪驱赶着邪恶的阴魂被漩涡远远地卷去。

　　她终于从阴影里走出来了，走出了伴她一生的屈辱和孤独。寨里人以宽容和忠厚重新接纳了她，她的经历成了历史，至少，人们的语气里怜悯了她坎坷的一生。这可是有天壤之别的。她从此不再是这个群体外的"那几个女人"中的一个了，不再提防寨里人戒备和猜疑的目光。很难说出于什么原因她居然忍受了那天夜里屈辱的仪式，承认了难辨真假的指责，可有句谚语说："离群的羊子，不死也得跌跤。"进入暮年的她以她的一生的经历应了这句老话，使她作出这个艰难的选择，以换取寨人的认可……[1]

她履行了那个"残忍的手续"，似乎摆脱了"命中的邪灵"，然而，当我看到她的照片时，我的心直发紧——经过这些劫难之后，剩给她的，只有一个残败的躯壳。我不知道她的心境是否真正平静了？也许是，但那更像死灰的沉寂。那里没有光热，更没有生灵……还有，如果附在她身上的"可怕的恐惧"真的随河水送走了，那么，她送走的邪灵（如果真有的话），又将转嫁到谁人身上呢？

当然，也有"断蛊"的。我在滇西北普米山调查时，这里的普米族颇有些自得地告诉我："这四山八乡各种民族都有蛊，唯独我们普米族没有蛊。"说起蛊为什么绝了种，那是因为这样一个缘头：很早以前，有个寡妇养了蛊，蛊发作时就放出去害人。有一次，蛊又发作了，要这个女人放给自己的独生子，不给就缠在那女人脖子上，咬得她受不了，她只好央求道："没法了，没法了，你先歇着，等儿子从山上回来，我就放给他。"这话正巧让儿媳听见了，她便上山把这事告诉了丈夫。他们回到家，果然见母亲烧好了饭等着他来吃。他借口饭凉，烧好一锅水，水沸时，他突然把饭倒进锅里，压紧锅盖，但听锅里一阵乱响。待无声息时揭开看，原来烫死了一条毒蛇——蛊的化身。从此以后，普米族便绝了蛊种。

1　孙敏《血净的"蛊女"》,《山茶》1994 年第 1 期。

羌族也有断蛊的传说：

> （毒药猫）怎么改呢？要她到九条大河去洗，把她洗干净，所
> 有的毒都洗完。这婆娘就被她父母逼到大河去洗，已洗了八条河
> 了。最后一条时，天上就喊下了："那姑娘不要洗了，洗不得了，
> 再洗毒药猫要断根。"好像她有代表性一样。断根了，人间的瘟疫
> 流行，人更不得安全。[1]

这一类型的故事，其实古籍中早有，不少民族也有几乎一样的传
说，但似未因此而断了蛊源。羌族认为"无毒不成寨"，蛊也有与其他
邪灵或瘟疫互相制衡的作用。即使要杀蛊，最多只是杀死一蛊，或牵
连到养蛊的人也"气绝身死"，以此为那幻化的"感应"之说，提供一
个正面的例子。

三、奇灵食蛊

在蜮蛊焰盛的滇西北一些民族中，许多人家都供祭着一块木牌，
上画一只大鸟，嘴上叼着一条青蛇的中段，两爪各握蛇头蛇尾（图
7–3）。当地老百姓说，这是镇压水蜮（他们借用汉语的"龙王"一词）
的灵禽，名叫"耶奇嘎尔米"，如遇家道不吉，则用此灵镇魇，林间水
潭等"阴气重的地方"，只用挂上此牌，便可相安无事。蛇蛊传说在这
一带甚为流行，有一些被指控为放蛊的人家，均为"蛇蛊"。灵禽（鹰

1　王明珂《羌在汉藏之间》，第113页。

图 7-3 灵禽食蛇。云南民族博物馆展品，笔者摄

或大鹏金翅鸟）食蛇，或有食蛊之意。

古滇青铜器，有的青铜器扣饰为鸟吞蛇造型，既作为身上饰物，或许也有辟邪的功能。值得注意的是，吞食毒蛇的鸟，往往是孔雀之类有灵异之相的鸟类。孔雀与凤鸟似。楚汉文物上不乏神鸟灵凤食蛇的例子，如战国青铜器纹饰上的神鸟食蛇（图 7-4）、江陵楚墓绣纹上的凤鸟食蛇（图 7-5）以及云南春秋战国时代滇王墓中颇多的灵禽食蛇践蛇的青铜扣饰（图 7-6）等等。古代墓葬，用朱雀或祖明（萧兵先生疑为神鸟"焦明"之繇变）镇墓，以防蛇虫等阴邪之物对尸体的侵扰，祸延子孙。如长沙楚墓出土的鸷践蛇木雕（图 7-7），寿县楚墓出土的鹰践蛇铜雕，长沙马王堆一号汉墓漆绘棺画上的鸷衔蛇喂土伯或神兽的图案。笔者在少数民族民俗调查中，也见到相似例子，如滇南哈尼族埋葬老人的棺材，涂成白色，上绘日月鸟类等图案，或许也有此类含义。萧兵先生在其著《傩蜡之风》里列举了神鸟食蛇等实例后指出："大傩的原意是用象征阳火与光明的灵物（尤其是图腾动物）来辟除邪恶与暗魅，所以太阳神鸟'祖明'在傩仪里担当重要角色，与虎神强梁共

图 7-4　战国青铜器纹饰神鸟食蛇。采自萧兵《傩蜡之风》

图 7-5　江陵楚墓绣纹凤鸟食蛇。采自萧兵《傩蜡之风》

图 7-6　晋宁石寨山滇王墓出土鸟食蛇铜扣饰。笔者绘

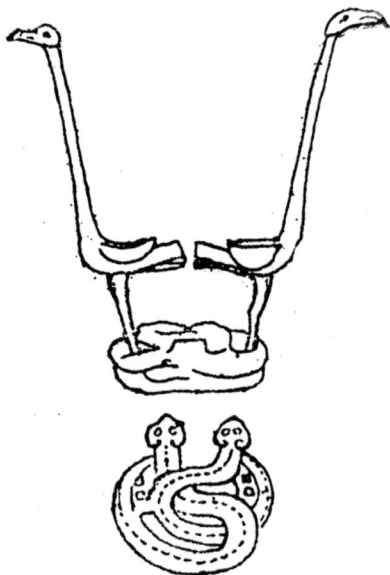

图 7-7 楚墓出土鸷践蛇木雕。采自萧兵《傩蜡之风》

食磔死、寄生。""磔死",即碎尸而死者,死后变为厉鬼恶灵。《说文解字》释:"臬桀死之鬼亦为蛊。"《礼·月令》郑注也说:"厉鬼为蛊。"凶死之鬼皆可变为毒蛊,故民间对此的殴逐甚不客气。"寄生"可能与"晦淫之所生"的腹中虫有关,《说文解字》所释之"蛊"即指此类寄生于人体中的恶虫。因其状如小蛇,故为活人镇蛊的对象是蛇(蛔虫、绦虫等如同"神秘"地钻进人体的蛇),为死人魇胜的对象也是蛇——"初民观察到蛇在坟穴里出没或蛰居,便以为它'寄生'于葬具乃至尸体,对死者和亡魂构成极大的威胁。葬仪里的许多'厌胜巫术'都是因蛇而发。"[1]

以蛇为蛊的另一例是前述的纸马,这一云南大理、巍山、保山、腾冲、昆明、宁蒗等地至今仍在使用的迷信用品,民间根据不同需要,焚烧或张贴,用以避邪求吉,消灾免难。甲马纸马有数百种之多,其中,有"蛊神"和"长虫蛊神"纸马,其图像均与蛇相关:"蛊神"为一双髻长衣人,怀中伸出两蛇,旁边的树上也有一蛇(回见图 2-4、

---

1 萧兵《傩蜡之风》,第 516、524 页。

2-5）；"长虫蛊神"更直接把蛇（长虫）指为蛊神。

由此观之，各种灵禽灵兽所食所践之蛇，或许正与蛊事相干。解蛊之所以要用纸马将龙虎雀龟四灵及相关大神请来，也有希冀奇灵食蛊镇蛊的用心。奇灵的种类还可泛化至其他物种。如古代医书记述：蜮蛊之类的东西，"蟾蜍、鸳鸯能食之，鹅鸭能辟之。故《禽经》云：'鹅飞则蜮沉，鸱鸣则蛇结。'"另外，鹤可"解蛊毒邪"，鹒鸡"杀虫，解蛊毒"，凫"解挑生蛊毒"，反毛鸡"治蛊、禳恶、辟瘟"，鸬鹚"酒服，主蛊气欲死"，燕子"主治蛊毒鬼疰，逐不祥邪气"，斑鸠"热饮，解蛊毒"，鹊巢"疗癫狂鬼魅及蛊毒"，孔雀"生饮，解蛊毒，良"，鸽子"解诸药、百蛊毒"。[1]皆谈到了某些灵禽对蛇蜮毒蛊的制约作用。直到现在，民间还有"家养鸽子和鹅，则蜮鬼毒蛊不敢侵扰"的说法。

虎、犬等灵兽，也能制蛊。殷墟卜辞有一条："丙子卜，蛊虎。"据肖兵先生考，蛊与"牝虎"并见，犹"犬蛊祝"，暗示蛊与虎的敌对关系。先秦两汉及后代文籍里，类似记述很多。《山海经·大荒北经》："大荒之中，有山名曰北极天柜，海水北注焉。有神衔蛇操蛇，其状虎首人身，四蹄长肘，名曰疆良。"[2]清郝懿行《山海经笺疏》指出，这就是《后汉书·礼仪志》里跟祖明（鸟）一起吃磔死和寄生的"强梁"（图7-8）。

民间传说里，刺猬也是蛊的克星。宋人蔡絛《铁围山丛谈》云：

> 金蚕毒始于蜀中，近及湖广闽粤浸多。……尝见福清县有讼遭金蚕毒者，县官治求不得踪。或献谋取两刺猬入捕，必获矣。

1　[明]李时珍著，张志斌、李经纬等校注《本草纲目校注》，第1246—1296页。

2　马昌仪《古本山海经图说》，第610页。

图 7-8 疆良。采自马昌仪《古本山海经图说》

图 7-9 钟馗。民国北京纸马。采自哥伦比亚大学史带东亚图书馆编《美国哥伦比亚大学史带东亚图书馆藏门神纸马图录》，中华书局 2018 年版

　　盖金蚕畏猬，猬入其家，金蚕则不敢动。虽匿榻下墙罅，果为两刺猬擒出之，亦可骇也。[1]

　　应试不中而自杀的钟馗（图 7-9），本为恶死幽灵，由于皇帝开恩"以七品服葬之"，便成了一个专职杀鬼吃鬼的厉鬼幽灵，当皇帝中蛊时，作为回报，他为皇帝杀了蛊鬼，亦算得一种以灵制灵。元无名氏《湖海新闻夷坚续志》"补遗拾遗门"一节《钟馗传》云：

1　[宋] 蔡绦《铁围山丛谈》，第 104 页。

开元二十三年（735）帝病蛊卧禁中，昼梦一绿衣，鞹一足，眇一目，腰一笏巾囊，蓬发无鬓，左手捉一鬼，以右手第三指刳其目作掐食貌。上问为谁，对曰："臣先朝进士钟馗也，受国厚恩，生未有以为报，愿为厉以自见。今此宫中有蛊气，臣徐伺其旁，仍有二竖子坏大门及寝门而入，臣得请于帝，将杀之。"[1]

四、以术治蛊

古代巫医合一，巫术医术皆为术，所以，以术治蛊者，既是医术，也是巫术，或亦巫术医术混合运用。

古代文献里，无论正史还是野史、志怪、地理、物产类典籍，都有一些关于治蛊医方的记录。如司马迁《史记》卷一百一十七《司马相如传·上林赋》有"茈姜襄荷"一句。正义云："襄，人羊反。柯根旁生笋，若鞭蓉，可以为菹，又治蛊毒也。"[2]襄荷能治蛊毒，在汉代已经是常识，所以司马相如在他的赋里，铺排用典，把奇花异草珍禽瑞兽都罗列了一通。

晋人干宝《搜神记》卷十二也谈到襄荷的治蛊疗效：

余外妇姊夫蒋士，有佣客，得疾下血。医以中蛊，乃密以襄荷根布席下，不使知。乃狂言曰："食我蛊者，乃张小小也。"乃呼小，小亡去。今世攻蛊，多用襄荷根，往往验。襄荷或谓嘉草。[3]

---

1 [金]元好问、无名氏撰《续夷坚志·湖海新闻夷坚续志》，第283页。
2 [汉]司马迁《史记》，《二十五史》影印本第一册，第332页。
3 [晋]干宝原著，黄涤明译注《搜神记全译》，第359—360页。

图7-10 鲥鱼。采自马昌仪《古本山海经图说》

专家李时珍在《本草纲目》第四卷"主治"专列"蛊毒"一节，亦述及蘘荷：

> 服汁，蛊立出。卧其叶，即自呼蛊者姓名。[1]

这是典型的巫医两解："服汁"为医术，"卧其叶，即自呼蛊者姓名"或"密以蘘荷根布席下"即狂言蛊者姓名，则类巫术。

能治蛊的除蘘荷外，还有桔梗、鲥鱼（图7-10）等。《搜神记》又述鄱阳赵寿有犬蛊，中者"吐血几死，乃屑桔梗以饮之而愈"。[2]《山海经·中山经》则述：

> 少室之山，休水出焉，而北流注于洛，其中多鲥鱼，状如盩蜼而长距，足白而对，食者无蛊疾，可以御兵。[3]

唐代治蛊之方更多记述。《新唐书》卷二〇四"方技"记载，甄立言"究习方书，遂为高医"，善治头发蛊。"有道人心腹懑烦弥二岁，诊曰：'腹有蛊，误食发而然。'令饵雄黄一剂，少选，吐一蛇如拇，无目，烧之有发气，乃愈。"[4]

在敦煌佛教密宗文献中，有许多奇怪的治蛊药方，人粪马尿，竟

---

1 [明] 李时珍著，张志斌、李经纬等校注《本草纲目校注》，第182页。

2 [晋] 干宝原著，黄涤明译注《搜神记全译》，第359页。

3 马昌仪《古本山海经图说》，第351页。

4 [宋] 宋祁《新唐书》，《二十五史》影印本第六册，第4745页。

然入"药"：

　　出蛊毒方，豆豉七粒，黄龙（人粪）一分，乌龙（黑狗）肝一分。

　　右件药细研为末，都为一服，空腹下，若是先吃著药，服药时诵咒，即吐出。咒曰：

　　父是蜣螂虫，

　　母是耶暗鬼，

　　眷属百千万，

　　吾今悉识你。

　　真言：奄迦吒　同吒萨婆诃

　　佛说咒蛊毒真言　奄支婆单　毗尼婆单呜苏摩单　菩提萨诃贺

　　人蛊水遍身洪（红）肿，取马牛尿，每日服一盏，即差。

另有一些药可能随密宗一起传入：

　　若为蛊毒所害者，取药劫布罗，龙脑香是，和枞具罗香各等分，以井荜水一升和煎，取半斤于千眼像前咒一百八遍，服之即差。

　　若恐疾疫鬼魅著身，应取社邪药、毗社邪药、那矩梨药、健陀陈矩梨药、婆那尼药、唵践邪波尼药、回达罗波尼药、健陀华利样瞿药、（须）揭蓝药、研讫罗药、莫诃研讫罗乐、毗瑟怒讫烂多药、素摩罗时药、苏难陀药、如是诸药、细捣缉（及）筛水，和为丸，形如大枣，咒百八遍，置于（头）顶上或系两臂，疾疫鬼魅，皆不著身。若咒药丸，系在身上，刀毒水火，恶兽怨家，厌魅蛊道，一切灾横，皆不为害。[1]

宋代医药技术发达，渐多把蛊毒纳入疑难杂症的治疗范围。中医中药、饮食疗法等均更规范，且内外科一起上，许多著述都有记载。宋人李昉等撰《太平广记》卷二百一十九引前人治蛊之术二则：

> 近朝中书舍人于遘，尝中蛊毒，医治无门，遂长告，渐欲远适寻医。一日，策杖坐于中门之外，忽有钉铰匠见之，问曰："何而羸茶如是？"于即为陈之。匠曰："某亦曾中此，遇良工，为某钤出一蛇而愈，某亦传得其术。"遘欣然，且祈之。彼曰："此细事耳。来早请勿食，某当至矣。"翌日果至，请遘于舍檐下，向明张口，执钤俟之。及欲夹之，差跌而失。则又约以来日，经宿复至，定意伺之，一夹而中。其蛇已及二寸许，赤色，粗如钗股矣。遘命火焚之。遘遂愈。复累除官，至紫微而卒。其匠亦不受赠遗，但云："某有誓救人。"唯引数觞而别。[2]

> 京城及诸州郡圜圚中，有医人能出蛊毒者，目前之验甚多。人皆惑之，以为一时幻术，膏肓之患，即不可去。郎中颜燧者，家有一女使抱此疾，常觉心肝有物唼食，痛苦不可忍。累年后瘦瘁，皮骨相连，胫如枯木。偶闻有善医者，于市中聚众甚多，看

---

1 以上敦煌佛教密宗文献转引自高国藩《敦煌巫术与巫术流变》，第470页。
2 [宋]李昉等《太平广记》，第1818页。

疗此病。颜试召之。医生见曰:"此是蛇蛊也,立可出之。"于是先令炽炭一二十斤,然后以药饵之。良久,医工秉小钤子于旁。于时觉咽喉间有物动者,死而复苏,少顷,令开口,钤出一蛇子长五七寸,急投于炽炭口燔之。燔蛇屈曲,移时而成烬,其臭气彻于亲邻。自是疾平,永无啮心之苦耳,则知活变起虢肉徐甲之骨,信不虚矣。[1]

宋人姚宽《西溪丛语》卷上记录了一例和尚治金蚕蛊毒的事:

> 马监场云:泉州一僧能治金蚕蛊毒。如中毒者,先以白矾末令尝,不涩,觉味甘,次食黑豆不腥,乃中毒也。即浓煎石榴根皮汁,饮之下,即吐出有虫,皆活,无不愈者。李晦之云:凡中毒,以白矾、牙茶捣为末,冷水饮之。[2]

宋人李昉等撰《太平御览》钩沉辑纳了许多治疗蛊毒的中草药,如:

1. 梨芦。"梨芦,一名蕊苐,味辛寒,生山谷,至治蛊毒,生太山。"

2. 野葛。"钩吻一名野葛,味辛,生山谷。主治金疮、中恶风,欬(克)逆上气、水肿,杀蛊毒鬼。"古人认为野葛是剧毒之药,食此巫药,虽神巫巫咸亦莫可救之。但是却可治蛊毒,即为以毒攻毒之巫法。

3. 升麻。"升麻一名周升麻,味甘,辛,生山谷,治辟百毒,杀百老殃鬼,辟温疾、瘴稚、毒蛊,久服不失,生益州。"

4. 徐长卿。"徐长卿,一名鬼督垂,味辛温,生山谷,治鬼物、百

1　[宋]李昉等《太平广记》,第 1818—1819 页。

2　[宋]姚宽《西溪丛语　家世旧闻》,第 67 页。

精、蛊毒、疾疫、邪气、温鬼，久服强悍轻身，生太山。"

5. 卢精。"卢精治蛊毒，味辛平，生益州。"[1]

但宋人对于蛊也有未可解者，如"气蛊"，宋人洪迈《夷坚志》记述临川聂伯茂因一白鸽自外飞入其怀，莫名其兆祥，"未几，病腹下气蛊，病块如覆盆，积日不差，仅余年而卒"。[2]对"气蛊"就未有详解，依然神秘。他们一般认为蛊的现象单纯是"蛊病"，而不是蛊巫，类似水肿病而已。

《夷坚志》所记蛊事较多，治法亦多。如治植物"挑生蛊"：

> 使捣川生麻为细末，取冷熟水调二大钱连服之，遂洞下，泻出生葱数茎，根须皆具，肿即消。续煎平胃散调补，且食白粥，经旬复常。[3]

治"金蚕蛊"等蛊毒：

> 别传解毒方，用豆豉七颗，巴豆去皮两粒，入百草霜，一处研细，滴水圆如绿豆大，以茅香汤吞下七圆。又泉州一僧，能治金蚕毒，云："才觉中毒，先含白矾，味甘而不涩，次嚼黑豆，不腥者是已。但取石榴根皮，煎汁饮之，即吐出活虫，无不立愈。"李晦之云："以白矾芽茶捣为末，冷水调服，凡一切毒皆可治。"并

---

1 [宋]李昉等《太平御览》，第4381、4382、4387、4389页。
2 [宋]洪迈《夷坚志》，第1478页。
3 同上，第541页。

载于此，以贻后人。[1]

治动物"挑生蛊"，则视其蛊所在位置施药：

> 在上鬲，则取之，其法用热茶一瓯，投胆矾半钱于中，候矾化尽，通口呷服，良久，以鸡翎探喉中，即吐出毒物。在下鬲，则泻之，以米饮下郁金末二钱，毒即泻下，乃碾人参、白术末各半两，同无灰酒半升纳瓶内，慢火熬半日许，度酒熟取出，温服之，日一杯，五日乃止，然后饮食如其故。[2]

元代《湖海新闻夷坚续志》也谈及治"挑生蛊"的药方：

> 解之亦甚易，但觉物在胸臆间，即急服升麻以吐之；觉在腹中，急服郁金以下之。[3]

甚至有将治蛊方勒之于石的：

> 嘉祐中（约1056—1063），范兵部师道为福州守日，揭一方于石云："凡中蛊毒，无论年代远近，但煮一鸡卵，插银钗于内，并含之，约一食顷取视，钗卵俱黑，即中毒也。其方用五倍子二两，硫黄末一钱，甘草三寸，一半炮出火毒，一半生，丁香、木

---

1 [宋]洪迈《夷坚志》，第1765页。

2 同上，第542页。

3 [金]元好问、无名氏撰《续夷坚志·湖海新闻夷坚续志》，第88页。

香、麝香各十文，轻粉三文，糯米二十粒，共八味，入小沙瓶内，水十分煎，取其七，候药面生皱皮为熟，绢滤去滓，通口服、病人平正仰卧，令头高，觉腹间有物冲心者三，即不得动，若吐出，以桶盛之，如鱼鳔之类，乃是恶物。吐罢饮茶一盏，泻亦无妨，旋煮白粥补。忌生冷油腻酢酱。十日后，复服解毒丸三两丸，又经旬日平复。"予所载黄谷事，孙埈又以此方来示，故并录之。丁、木、麝三香之价，嘉祐时十文，以今言之，须数倍乃可耳。[1]

　　明代著名医学家李时珍在其名著《本草纲目》中，亦有一些治疗蛊疾的奇方。在第四卷"主治"下，专列"蛊毒"一节，历数能治蛊毒的药物，多达 164 种。[2] 除了前述"禽部"诸多可治蛊的鸟禽类，还有五行类（水部、火部、土部、金石部等）、矿物类（石部，包括水银、雄黄等）、植物类（草部、谷部、菜部、果部、木部等）、服饰器物（服器部）、虫蛇类（虫部、鳞部）、龟贝类（介部）、兽类（兽部）、人类（包括人体各部分器官、津液、骨牙、毛发、屎尿、头垢甚至木乃伊）等，也可入药。能治蛊毒者，如白马溺能治肠胃中的白鳖毒虫。[3] 人粪"黄龙汤"，有疗"蛊毒百毒"之效，而且渊源久远："药之制法见梁陶弘景注《神农本草经一种》：'近城市人以空罂塞口，纳粪中，积年得汁，甚黑而苦，名为黄龙汤，疗温病垂死者皆瘥。'"[4]

　　除此之外，头垢、牙齿、胎盘等人体遗物，也是解蛊妙方，可能

1　[宋] 洪迈《夷坚志》，第 1763 页。

2　[明] 李时珍著，张志斌、李经纬等校注《本草纲目校注》，第 182 页。

3　同上，第 1330 页。

4　同上，第 1399 页。

意象性大于"药理"性：

> 头垢，梳上者名百齿霜……中蛊毒、蕈毒，米饮或酒化下，
> 并取吐为度。

> 牙齿，除劳治疟、蛊毒气。入药烧用。

> 解诸蛊毒，不拘草蛊，蛇蛊，蜣螂蛊，其状入咽刺痛欲死。
> 取胞衣一具洗切，暴干为末，熟水调服一钱七。[1]

另有一些杂书，也记有治蛊的方子。如明王士性著《广志绎》卷五"西南诸省"："治蛊，饮白牛水血立效。王氏《博济方》归魂散、《必用方》雄珠丸皆可。"[2]清曾曰瑛等修《汀州府志》卷四十五"杂记丛谈"载解金蚕蛊："用茶子壳煎汤饮，泻毒尽愈。"[3]

清代文献中，治蛊可用甘草、金簪等。清代《广东新语》说："粤东诸山县，人杂傜蛮，亦往往下蛊。有挑生鬼者，能于权量间，出则使轻而少，入则使重而多，以害商旅，蛊主必敬事之。投宿者视其屋宇洁净，无流尘蛛网，斯则挑生鬼所为，饮食先嚼甘草，毒中则吐，复以甘草、姜煎水饮之，乃无患。入蛮村，不可不常携甘草也。"[4]而"针

---

1 [明]李时珍著，张志斌、李经纬等校注《本草纲目校注》，第1397、1398、1411页。

2 [明]王士性《广志绎》，第120页。

3 [清]曾曰瑛等修，[清]李绂、熊为霖纂《汀州府志》，中国地方志集成·福建府县志辑33，上海书店出版社2000年版，第1042页。

4 [清]屈大均著，李育中等注《广东新语注》，第528页。

刺不死""医不能治"的蛤蟆蛊，"以金簪刺之，当死"。[1]

说到"入蛮村不可不常携甘草"之类，我们的话题亦可从古籍转到活俗中了。民国年间（1936）影印出版的《中华全国风俗志》中《峒溪诸苗奇俗纤志之一》载：

> 峒官之女，号曰天姬。……僮妇善蓄蛊，天姬能破之。凡中蛊者，颜色反美于常，天姬望之笑。因叩头乞药，啖以一丸，立吐怪物，白矾浇之，其物立死，否则复还其家。
>
> 苗人能为蛊毒……大约其用蛊，恒在冷茶、冷酒中及蔬菜、肉食中第一块上。行其地者，虑为所毒，宜带甘草，嚼而咽汁，中毒即能吐出。仍以炙甘草三两、生姜四两、水六升，煮二升，一日三服。或用都淋藤黄藤酒，煎温常服，则毒随大小便去。……又三七末、荸荠皆可解。又白矾、细辛为末各五钱，新汲水调水，得吐即止。又蛮人解蛊毒药，有名三百头牛者，土常山也；有言三百两银者，马兜铃藤也。皆宜佩带……[2]

在云南宁蒗县，当得知我深入到"养蛊"人家搞调查并吃了她们的东西时，有人立刻提供了解"蛊"的单方：用那一带草甸上的灌木狼毒的根或一种叫"谷布"的植物熬水喝，吐个翻肠倒胃，或许可以把蛊吐掉。否则，"背脊一黑，就没救了"。

通过排泄把"吃"进体内的蛊吐掉，似乎是最直观的办法。有人得排蛊"秘法"五种，大都与吐泻相关：

1　[清] 袁枚《子不语》，第 419 页。
2　胡朴安《中华全国风俗志》，第 715、725 页。

秘法 1：巴豆（去心皮而熬）十颗，豉（熬过）半升，釜底墨，研粉碎，筛为末，清晨以白酒送服。

秘法 2：砂，藜芦（炒炙），雄黄，马目毒公皂荚（去皮与心炒炙），莽草（炒炙），巴豆（去皮与心煎熬），以上各取两克，共同捣碎筛末，加蜂蜜和为大豆般丸，每日服三丸，日内见效。

秘法 3：取生桔蒌根汁一升，搅和酱汁少许，一并温热服下，很快吐出蛊毒，极灵验。

秘法 4：鼓皮阔五寸，长一尺，蔷薇根五寸，如脚拇指大切细，加水一升，清酒三升，共煮为一升服用，去毒即愈，顿生灵验。

秘法 5：扭子七、草乌、刺黄连、独脚莲、贝母、狼毒、黄芩、银珠、阿兰兰（藏青果）、虎骨，按比例与青稞面和匀制成丸药，按五颗、七颗、九颗单数服用，每天服一剂，按承受能力逐渐加大，或同等数量的药丸连服数日，直到认为蛊已驱出或内化好转为止。[1]

这些治蛊病的"秘法"大多为泻法。使人上吐下泻，甚至吐血亦在所不惜，人称"以毒攻毒"。可是，谁知道会不会像提供我"狼毒"秘方的那位仁兄一样，吐泻过头，不仅伤了肠胃，还差点把命也吐泻掉呢？

民间传说的蛊虫，当然不是只存在于肠胃之中，可以靠吐泻之法来解的。作为一种黑巫术，它之伤人是无孔不入的，甚至在很大程度上是精神性的，具有感应性质。所以，在用药时，往往还要请法师作法，择吉时服药或兼配避邪法器符箓。例如，摩梭人认为，西药对蛊所致的病是是毫无疗效的，只有用喇嘛或传统巫师"达巴"给的药，

---

1 李达珠、李耕冬《未解之谜》，第 151 页。

并做过仪式才能治好。

据翁乃群调查，驱蛊药一般在黎明时刻服用。在服用的前一夜要请喇嘛或达巴举行治疗仪式。当患者睡觉时应把药放在碗里，连同一把利刀放在其枕边。据说通常当晚患者会梦见给他或她放蛊的有"蛊"人。用药后患者都会剧烈呕吐和腹泻，有时甚至会因此死亡。所以治疗仪式是非常重要的。像在其他治病仪式那样，在治蛊仪式上达巴一方面要祈求神灵和患者的祖灵保佑患者，另一方面也要慰藉和恐吓鬼魂不要干扰治疗过程。村民们相信在神灵和祖灵的帮助下，能减少治疗过程的危险。在患者的枕边放置一把刀同样也是威胁鬼魂，不让它们来干扰的一种象征行为。[1]

正因为有此信仰，除了医术还须巫术，所以，民间又另有一些"奇方"，大抵属于以巫术治巫术性质。

云南洱源县白族的治蛊术叫"烧拼"，意为"压蛊"。方法有几种，一说蛊怕狗血、猪血或其他污秽东西，在养蛊人家门上偷偷泼洒狗血之类的秽物，便可封住蛊门，让蛊放不出来。如果娃娃生病，怀疑是有人放蛊所致，则用甲马纸包住鸡蛋或面团，在娃娃全身边滚边咒，把蛊"吸"到里边，然后用水煮或用火烧，有蛊的鸡蛋和面团会烧煮得卟卟地炸，这个时候，被烧煮得受不了的放蛊人就会找上门来求饶。

在怒江地区，人们认为能指出放蛊者的是巫师"朵西"。他们专为人看病、降神、看相和算卦，指明患者系何鬼所为，需祭祀什么方能禳解等；有的能施展巫术，用牙齿咬住烧红的犁头，或用放有银元的"禁水"，用嘴喷射出去，驱赶恶鬼；还为死人超度亡魂，即通过一定的

---

1 翁乃群《蛊、性和社会性别》，见拉他咪·达石主编《摩梭社会文化研究论文集（1960—2003）》上册。

图 7-11 彝族巫师设案送蛊，云南楚雄。据称，有人家飞进一雀蛾蛊（雀嘴、红眼、大飞蛾）后，家中不宁，故请巫师送"蛊龙"。巫师案上有纸剪的鬼和蛾形的蛊。采自唐楚臣《蛊药与婚忌》

仪式，用念的方法把亡魂从地上一直送至天上。他们用熟鸡蛋在病人身上来回滚动一番，然后去壳、剔除蛋黄，透着亮察看蛋白，算出病人系某个"杀魂"者所为，并指出病人的魂现在压埋在何处等。有的巫师能将蛊送走或把被掠去的魂寻回，放入患者体内，病人可望得救（图 7-11）。[1]

在滇南"五海"之祸蔓延的地方，作祟者的克星，壮族称她们为"雅当"，雅为女性，当为板凳，雅当通常是坐在一个小板凳上进入催

---

1 蔡家麒《怒江州宗教问题考察报告》，《民族调查研究》1988 年 1、2 期合刊。

图7-12 为人查看巫蛊（五海）的雅当。云南文山，1993，孙敏摄

眠状态，为人"查五海"的（图7-12）。苗族称"资幕"，意为师傅（苗族的资幕多为男性）。瑶族则是请法术最好的老"摩公"。民间说他们会"走阴"，即进入"阴"的状态，在常人所难以看到的视觉领域里查看灾祸的根源。

壮族认为，五海害人时，是将自己的精魂化作蛇、飞蛾、鸟雀飞进仇人家，将灾难带去。在农家，如遇这些生灵进屋，必定要引起一场恐慌。如果随后有人生病发热，半边脸黑了，一条腿肿了，或是谁神情痴迷之类的事，便惊疑有五海干扰。于是乎请师傅"查五海""隔五海"，又是一系列神神秘秘的巫术仪式。通常情况下，老人们一见蝴蝶飞蛾进屋，都要把它们捉来，用小碗罩在大碗里，四周用浆糊封死，使之不透气，然后放在火塘边烘烤。以为五海收不回她的魂，自己就会死去。奇怪的是，在各个村寨中，谁家是五海，似乎是私下认定的，绝对没有谁敢公开说出，即使与她们发生争执，也绝不提及这神秘的一隅。如孩子生病，认为是五海所害，则带着孩子的一件衣服去找雅当。雅当拿一根鸡毛，一束谷草，一根香，用谷草打成结，请雅当念过咒语，带回家来，意为把病人的魂拴住保全，五海再害不着。[1]

据孙敏记述，在滇南，由于五海好妒忌，干部下乡到哪家去住，五海妒忌了，就会为难这一家人。有一位干部，为了下乡方便，也学会了一些"退五海"的法术。据说，这位干部在参加工作前，曾借钱给一个会"放五海"的大妈。过了很久，他看大妈似无还钱的意思，便去问，恼了大妈，对他使了法术，让他的脸黑了一半。他年轻气盛，横下心威胁大妈，说要杀了她。大妈害怕了，便收了法术。从此后，"他为下乡方便，也学会了'退五海'"。人们津津乐道地谈论他与五海斗法的诸多故事：西畴有一中学生患脑瘤，走阴者认为是五海所害，遂请他用咒语对水碗念，含水喷，并用了一点草药，据说脑瘤竟消失了。另一中学生患骨髓炎，腿都肿得发黑了，他用七个辣椒在病腿上揉，然后在火上烘，如有呛味则为真病，只有医生才能医；如无呛味则为"五海"所害，他便念"退阴炮咒"，用咒治之：

独角尖山，

古老仙人，

仙王天子，

寡王父母，

1　孙敏《邪魔之灵》，《边疆文化论丛》1991年第3辑，第87页。

金木水火土，

就用干墙土。

不用天师，

不用地师，

用佛法我师，

阴剑阳剑七十二剑，

阴炮阳炮七十二炮，

一切退！

他的得意之作，是为侄儿与五海斗法。作法时要用刀、茅草、五寸新针、耙齿、钱纸（长长的不剪断）。他斗了几次都斗不赢五海，睡翻在地，后来斗赢了，五海的丈夫请他去家里玩，请他为其五海妻子解咒，他不去，几天后，五海的一个亲戚死去。人们都说，这五海的法术很大，自己解不脱，只好把恶运转给亲戚。

滇南一带查五海除走阴外，还有看水碗和其他形形色色的占卜方式。常见的卜卦方式有草签卦、秤砣卦、田螺卦和剪刀卦。田螺卦是由占卜者用盆装少量水，取一个田螺放在中间，其余放在四周。指定它们或代表家神，或代表死鬼、野鬼，或代表五海。师傅念动咒语并观察哪个田螺往中间移动，由此断定该人生病是由什么干扰的。若是五海，那么是哪一个五海。秤砣卦是由占卜者坐在火塘边，把秤砣拴在大拇指上，拇指又按在脑门上，念动咒语并列数诸神及五海的名字，如果说对了，秤砣会自己摇摆起来。此外是看水碗，据说，如果某人真为五海所害，师傅可以从水碗中看见图像。

查五海之后，接着便要举行隔五海或惩罚五海的仪式。民间说，法术高的师傅可以把五海惩罚致死。但是，如果不是害人性命，或使大牲畜病死，一般情况下，只是将五海隔开，把病人身上的病疼退去。

苗族斗五海，是请资幕到家中举行仪式，资幕将五海的魂喊到门前来，用铜炮枪对准门方上放一枪，五海在家中便会死去。

瑶族中会看水碗的师傅则不一定能退五海。能退五海的师傅是在开卦堂[1]时能看见绿马的。法术不好，不能退除五海，自己反而会丧命。瑶族通常也只隔开五海，不用法术致五海于死地。

壮族的师傅惩罚五海的方法之一是把五海的生庚年月写在纸上，念上口咒，放进小土罐里。罐中放水，置于火塘边烧。等到水涨，五海便会肚子痛，水罐从火塘移开，五海就会一直痛下去，直到她跑到主人家来要药，以求解除法术。

能与五海斗法的师傅，法术要很高明，尤其是惩罚五海的法术。如斗不过五海，自己反会被五海所害。斗法所用的武器是尖刀、茅草、五寸钉、耙齿以及长长的钱纸。边念口咒边将这些武器向大门方向掷去。如果刀尖、耙齿尖落地后指向屋内，说明五海的法术比自己厉害，如刀尖指向大门外，则意味着自己斗赢了。各个师傅都有自己的一套咒语。咒语不外传，传多则不灵了。但几乎所有的咒语都带有强烈的感情色彩。

以前，县里某一位小学校长死于脑溢血。她的亲属找了三个雅当看了，都认定是某人所害。一个夏季多雨的深夜，家人请来了师傅，帮助惩罚五海。下面是孙敏摘自一位民俗学家的现场笔记：

---

1 开卦堂是瑶族师傅指导徒弟进入阴界，与神灵接通信息的一种仪式。瑶族认为，在开卦堂仪式上，若能在催眠状态下看见绿马，那么，此人便有很精深的法术。

7月2日，××冲，××家。深夜2时许，师傅点香请寨神、家神、师传神。2时10分，天下雨，开始叫五海的魂。以一枚鸡蛋象征五海的魂。鸡蛋在地上立起来了，魂来了。2时12分，把五海的魂请进罐，将鸡蛋置于罐中。2时13分，念咒、画符，放入罐中，以红布封口。2时19分，师傅念咒驱邪。2日33分，持刀往门外掷，三次刀尖向屋内。重掷，第四次刀尖向外。2时40分，与主人家抬罐至村外三岔路口，挖洞深埋之，当下画符念咒。[1]后来，有消息证实说，那个女人第二天就生病住院了。[2]

云南丽江县纳西族中，过去有一种专治蛊疾的女性巫医，叫"得尔"，意为能把蛊放掉的人。这里的"放蛊"不是放给别人，而是把进入人体中的蛊排放掉。具体方法是，由得尔倒一碗清水，用刀在病人背上划一个十字，血滴在水里，晕化为各种形状。她就指点说："哦！看啰，这是青蛙蛊，你看，它就是一个青蛙。"如果血滴在水中成蛇状，则为蛇蛊，如此等等。病人及家人恍恍惚惚看那血滴在水里的形状像个什么，也就信了，以为真把藏进血里的"蛊"给排放掉了。受此"杯弓蛇影"（当然是相反指向的，即彼为饮入，此为排出）的心理诱慰，病人有时也真会好起来。

五、以言破蛊

一位苗族青年写道：

1　据说，法术斗赢以后才能埋罐。掷刀时，不得有人在刀尖所指方向，否则，会得重病。
2　孙敏《邪魔之灵》，《边疆文化论丛》第3辑，第87—88页。

记得小时吃食硬物，不小心嘴里起了个血泡，母亲便一边慌忙找针帮刺破，一边愤愤地骂道："着蛊了，着蛊了，挨刀砍脑壳的，谁放的我已知道了，她不赶快收回去，我是不饶她的！"要是吃鱼不慎，喉咙卡了鱼骨，母亲就叫我不加咀嚼地锟吞几大口饭，将鱼骨一股脑儿地推下肚里，随后又令我到大门口默念着某人的名字高声喊寨："某某家妈有蛊啊！她放蛊着我，我知道了。她不赶快收回去，我是不依她的！哪天我要抬粪淋她家门口，拣石头砸她家屋顶，让寨众都知道她家有蛊，叫她有儿娶不来，有女嫁不出去哩！"……据说这样一喊，"放蛊"的人听见了，心里害怕，就会自动地将"蛊"收回去。[1]

这便是苗族治蛊方法之一——"骂寨"。

语言巫术（含咒术、祷词、诵经等），历来被认为有着神秘的力量。例如咒术，既可用于行黑巫术（放蛊），也可用解黑巫术（破蛊）。

晋人陶潜的《搜神后记》，也有以咒破蛊的记述：

> 昙游道人，清苦沙门也。剡县有一家事蛊，人啖其食饮，无不吐血死。游诣之，主人下食。游便咒焉，一双蜈蚣长丈余于盘中走出。饱食归，安然无他。[2]

唐代佛教兴盛，以佛咒克蛊之事累见记载。据敦煌文献记述，诵《千臂千眼陀罗尼神咒经》等经文，有克蛊功能：

---

1 涪宕《苗族陋俗"蛊"与"祖传鬼"初探》，《苗侗文坛》1990 年第 1 期。
2 [晋]干宝、陶潜《搜神记 搜神后记》，第 175 页。

若诸人天诵持大悲心神咒者，得十五种善生，不受十五种恶死。……九者不为蛊毒害死。

神咒云：

若入野道蛊毒家，
饮食有药欲相害，
至诚称诵大悲咒，
毒药变成甘露浆。
（伯三九二〇）

《佛说八阳神咒经》：

若在军兵封门中，当读是经；若为蛊毒所中，当读是经……（诵经后）诸兵不敢害，蛊道亦不幸（兴），县官及盗贼，终不害是人。（伯三九一五）

《不空羂索神咒心经》：

若善男子或善女子，八日受持斋戒，专心诵此大神咒心经，乃至七遍，不杂异语，当知是至现世，定得二十腾利；一者身无众（重）病，安隐（稳）快乐……厌魅、咒诅、蛊道不著。（伯三九一六）

或佩护身物并行以"三密"（语密、身密、心密），即能避免"厌蛊女鬼所娆（挠）"，"毒药或蛊毒"所害，"或厌蛊男，或厌蛊女，所有咒术，亦皆禁断"：

> 若复有人或于练上，或于桦皮，或于叶上，书此如来顶髻白盖，无有能及甚，能调伏陀罗尼，或带身上，或系颈上，及至寿终，毒不能害，刀不能伤，水不能溺，蛊毒厌蛊，非时横死，亦不能害。（伯三九一六《佛部三昧耶印》）[1]

唐人段成式《酉阳杂俎》续集卷之七"金刚经鸠异"亦述：

> 长庆初（821—824），荆州公安僧会宗，姓蔡，尝中蛊，得病骨立，乃发愿念《金刚经》以待尽，至五十遍，昼梦有人令开口，喉中引出发十余茎，夜又梦吐大螾（蚯蚓）为一肘余，因此遂愈。荆山僧行坚见其事。[2]

宋人亦将梵咒神化为无所不能者。宋人洪迈《夷坚志》补卷第二十三"解蛊毒咒方"：

> 蔡人李枢，避建炎之难，同数乡人入蜀。绍兴乙卯，自夔之涪，过上岩，买一大鱼，其状如鲤，命仆治其半为羹，以半为鲊。初啜羹，其汁甚苦，意谓胆破，复尝肉胾，则一甘一苦，心疑焉。

1　以上转引自高国藩《敦煌巫术与巫术流变》，第468—470页。

2　[唐]段成式《酉阳杂俎》，方南生点校，中华书局1981年版，第269页。

忆其父所书解毒咒，因急诵之，而屏去羹弗食。后三日，至武宁，市无屠肆，仆欲以鲊进，乃洗涤令净，沸油煎之，至盘桉间犹盛热，又诵咒数遍，一小青蜘蛛出鲊上，賸踔自如，即杀而屑之，尽投鲊于江。枢乃道父书云：顷有朝官，与一高僧西游，道由归峡，程镇荒远，日过午，馁甚。抵小村舍，闻其家畜蛊，而势必就食，去住未剖。僧曰："吾有神咒，可无忧也。"食至，僧闭目诵持，俄见小蜘蛛延缘碗吻。僧曰："速杀之。"于是竟食，无所损。其咒曰："姑苏啄，磨耶啄，吾知蛊毒生四角，父是穹窿穷，母是舍耶女，眷属百千万，吾今悉知汝，摩诃。"是时同行者竞传其本，所至皆无恙。[1]

各族民俗中，以咒害人和以咒克蛊的材料很多，咒和反咒，均在巫术意识的同一层面上展开。

川、滇大小凉山彝族对以诅咒害人的黑巫术，采用"吉觉"（详见第三章第一节）或"晓补"的反咒仪式御之。彝语"晓"是"西窝"的合音，意为由于别人施咒而来的鬼魔邪怪；"补"意为使返。"晓补"就是将以咒驱来的鬼怪反咒到施术者那里。仪式相当复杂，主要是需念许多咒，反咒神鬼、反咒仇人乃至反咒一些因口角纠纷引起的顺口恶语，如"使返别人咒语"的《克次克阿觉经》：

从前祖父做恶，而今子孙遭咒的今日反咒走，从前祖先为争银锭与人结仇，为争田地与人结冤，而今子孙遭咒的今日反咒走。

---

1 [宋]洪迈《夷坚志》，第1764—1765页。

从前祖先不贤拐人妻的、诱人女的，而今子孙遭咒的今日反咒走。从前清晨捉咒牲、正午"木古茨"，下午打牲咒，半夜送咒牲的今日反咒走。父咒儿子死、妻咒丈夫亡的今日反咒走。丈夫与妻子，不仇也相仇，为荞粑未熟而相仇，酸汤不热而相仇。邻里两户间，不仇也相仇，你家母猪吃了我家的庄稼，我家母鸡啄了你家的菜园而相仇。相仇就相咒，今日反咒走。二十四家黑彝的咒术，无数白彝的咒术，今日反咒走。

接着，以主人家住地为中心，从近而远地念各户黑彝的谱系、姓名，然后再念各户白彝的谱系、姓名，念到离主人住地很远的地方时，就只提村子的名称即可。这样首先从主家的邻居开始反咒走，一直到远的村寨。同村的邻居以及亲戚是此时反咒的重点，因为一般最容易与他们发生矛盾。若平时与主家有矛盾的，更要三番五次地提其名反咒。由于彝族是按血缘聚居的，同村各户大都同宗同姓，因此念起来很顺口，最后念道："反咒咒至敌家去。"[1]

普米族每逢家中有人精神不好或做噩梦时，就认为有恶人在暗中用"口舌"加害他们，这便要请巫师来举行反咒的"退口舌"仪式。仪式的高潮是众人在巫师带领下，持箭舞刀，重复唱四次"咒骂调"：

骂啊——骂啊
咒骂东方说我家坏话的恶人
咒骂让我们做恶梦的恶人

1　巴莫·阿依、吉克·合千《凉山彝族的"晓补"反咒仪式：彝族巫米、宗教现状调查报告之一》，《世界宗教研究》1989 年第 3 期。

咒骂阴谋危害我们的恶人

（重复四遍，分指四方）

天神派我吐口痰咒骂你们

我用快刀割掉你们的舌头

我用利箭射穿你们的心肝

我要咒骂死你们

朝你们脸上吐痰

呸！呸！呸！

呸哈哈！

　　咒完四方以"坏话""噩梦"和"阴谋"危害自己的恶人之后，巫师将竹弓折断，把祭物送走，表示送走邪恶。[1]

　　类似的例子，我在宁蒗县的普米族寨子里也碰到过。仪式叫"布白"，意为"堵口嘴"，送鬼送邪。当事人在两个月内，家里连续有三个人去世，活着的人也老做噩梦，于是请了两位喇嘛来做这个仪式，以把各方来的"口嘴"噩梦等一一驱逐。

　　仪式在村后的一个小山坡上举行——不能在家里做，"屋头整不得"，时间选在家里没有今日属相的日子（该日为属虎日）。一大早，被请的两位喇嘛就来了，普米人，年纪都在60岁以上了。他们与这家人一起来到村外山坡上，择一平地，便开始布置场地，准备祭送物品。这次仪式重点祭送的邪灵叫"娘姆"，据说是一个罪人变的鬼，也可以说是"笃"。这个面偶做得最大，要给它穿上纸或碎布做的衣裳，专门

1　杨照辉《从巫术仪式和诀术歌看普米族遗留的鬼灵观念》，《边疆文化论丛》1991年第3辑。

图 7-13 普米族 "布白" 仪式中重点祭送的邪灵 "娘姆" 面偶。云南宁蒗，1993，笔者摄。

祭供。另外，还要做许多小人，代表来自四面八方的鬼怪邪灵。

做好面偶，喇嘛即开始诵念长长的经咒，念完一段，表示已堵好某鬼或某恶人的 "口嘴"，便撒几粒青稞谷米打发此鬼，让主人家把一个面偶送往家里的人 "没有本命的方向"，将其挂在树上。如此一个一个逐一堵完众鬼、众邪灵恶人的 "口嘴"，仪式方告结束。他们认为，只有堵死了来自各方的恶咒（"口嘴"），才能让家人没有病痛，不做恶梦，重得平安（图 7-13）。

来自阴邪之处的 "黑咒" 固然是一种让人生畏的语言巫术，但平白无故群起咒人倒霉，把自己的幸运寄托在别人的不幸上，却反映了一种 "国粹" 得很的传统心态。怒江某族过 "作花伟节" 的时候，男女老少齐聚广场燃炬歌舞，歌词大意是：

> 江头江尾丰收王到我家，
> 别家柜子坏我家柜子新，

别家竹笋空我家竹笋满。

让我家粮食像怒江水一样舀不尽，

让我家粮食像江边沙一样吃不完，

东西南北的丰收王到我家，

我家给你米粑粑，

我家喂你新米饭。

别家谷穗不饱满我家饱满，

别家谷子不低头我家低头。

籼米一穗一拃长，

谷子一穗一尺长……

也许是因为这类凭空飞来的横"咒"太多了吧，以致主司反诅咒的神灵，都成"专职"的了。碧江怒族专司反诅咒的鬼神叫"衣于"和"衣苏于"，祭此类神鬼要有两个祭师参加，牺牲用猪、鸡、牛等。祭师手执三根砍成"〄"型的酸木树枝，上涂牺牲的血，念一段祭词丢一根树枝，如不能一次将酸木树枝丢出门外，则认为作祟的鬼还没吃饱，不愿走，于是，祭师要将树枝捡回，放上饭和肉，再祭一次之后向门外丢去，直到把树枝全丢出门外。最后，把这些树枝点火烧掉，并念加入被怀疑对象名字的祭词，大意是：

你诅咒的疾病回到你的身上，

你诅咒的灾难你带走，

你让别人的喉咙疼，

你的喉咙先疼，

你要别人的肚子胀，

你的肚子先胀；

......[1]

　　这种以诅咒反诅咒的方式，使用的武器仍是黑巫术式的语言。正所谓以牙还牙，以口舌对口舌。专管这类口舌是非的"谩神"，由此而地位显赫起来。年复一年，人们总忘不了祭它。看来，这类是非口舌，真是一种让人畏惧的社会瘟疫。

　　中国有句俗话："谁人背后无人说，哪个背后不说人。"说归说，不伤人还罢，如恶意伤人，问题便有些严重，民间有时也把它当黑巫术来看的。由此而产生了专门的"谩神"（或曰骂神、口舌鬼等）。传说"谩神"专司人间口角纠纷，传统乡土社会中人，常喜飞短流长，连他人隐私也喜欢搅成"大锅饭"在众人嘴里来回过。上至宫闱秘事、名人影星，下至街坊邻里、亲朋同事，只要谁有"异常"，立刻街谈巷议，家喻户晓。中国人的"小道消息"之所以特别灵敏，流言蜚语之所以可以"杀人"，大约也与"口神"或"谩神"的发达有关，是非口舌成"灾"，以致须专门设"祭"，可见其盛，这也许算得上民族传统黑巫术"文化"的一个"特产"了。

　　彝族古老史诗《阿细的先基》，早将此祭（祭谩神）列为一年重大节祭之一：

五月的时候，

1　何叔涛《碧江区果科怒族的原始宗教》，《怒江文史资料选辑》1985 年第 4 辑。

图 7-14 有长舌的"口舌是非"鬼。云南保山纸马

要祭谡神了。

宰一条大水牛，

把它抬去祭，

献好了神，

大家都和和气气的，

牲畜也会一天比一天兴旺。[1]

丽江地区彝族则在农历正月十五日设祭，叫"退口神"。祭品用猪头或鸡，以此消退口神，保佑一年吉利。

滇东北苗族退口舌之祭，横跨两年。腊月三十吃过早饭后，当家的男人象征性地在火塘头的楼上扫三下，地上扫三下，边扫边念，要带来灾难的火神、恶鬼和"一切不利于我们这家人的口舌之事"回到它们自己的家去。吃年饭前，家里的男性长者用火钳夹来一个烧红的石头放在门坎外，舀来一瓢水，一边把水泼在石上，一边念："把一切病灾，口舌之事，一切不干净的东西隔在外面吧！"说完从正在冒气的石头上跨进屋，全家老小也依次从石上跨进屋内。正月初三叫"开年"，开年也要退口舌，祭时还要把象征口舌的麻团（节日期间都忌见麻团或绳索，认为会被口舌纠缠）揉成一团扔进火塘里烧掉，祈求口舌等灾祸"千秋万代，别再转回我们家来"。

---

1 云南民族民间文学红河调查队搜集翻译整理《阿细的先基》，云南人民出版社 1959 年版，第 84—85 页。

纳西族"退是非口舌"的消灾祭则在十二月，一年到底，说人和被说之事很多，是是非非也不少。不过，奇怪的是，人们同样并不反省自己，而是归诸鬼灵。所以，他们举行"米克普"仪式，把引起是非的阴魂赶出去（图7-14）。

仪式是象征性的，程序复杂，带有较多巫术色彩。首先，在大门前挖筑一个深尺余的土城，城四周安置四个身套"金刚转"的守护神，另有一个用松木削制的人像，专司管束仇人。再用松木和树根削制九个仇人，刻出嘴脸，涂黑抹血。另外，还要削制一些神灵，准备一些纸幡。祭仪开始时，先禳邪、烧青香，接着，把全部神灵迎请到土城前，表示敬意并请它们佐助战胜仇人的魂，再把仇人的木像请来，以饮食招待后，让善神把这些仇人围困在土城里。然后，作祭的东巴挥刀砍杀，杀得只剩一些脑袋，便请管束神镇在上面。以酒糟碎骨祭过之后，主祭者招出祖魂，用土将仇人偶像埋掉。为击退仇人的"黑咒"，还要用一根鸡肠子横挂在大门前。谩神与家庭兴衰吉凶的干系，可见一斑。

景颇族的"口舌鬼"有大小两种。大口舌鬼是夫妇二人所变。他们生了九个儿子，多是打猎能手，凡天上飞的、地上走的，都能打到，甚至连雷公的肉都吃过。一天，他们和父亲一块儿搜山打鹿，九兄弟堵口，误杀了自己的父亲。回家后母亲知道情况，大骂他们"挨刀死的，挨枪死的……"最后竟咒死了自己的儿子。她死后，夫妇俩都变成了口舌鬼。直到现在，口舌鬼成了代人咒骂、治死仇人的工具，仇人互请董萨，去请口舌鬼来咬死对方。小口舌鬼也是一男一女，这是人们讲坏话而形成的鬼。人畜有病，如卜出是它们作祟，就要用小鸡或鸡蛋作祭品送鬼。甚至牛被偷了也要设祭送"口舌鬼"，因为人们为此事议论纷纷，形成口舌，就会引出口舌鬼作祟。

列举至此，黑咒与反咒，似乎有些界限模糊了。蛊与非蛊或反蛊，似乎用的都是同一邪招，真像是"以毒攻毒"呢！

六、以蛊制蛊

"以毒攻毒"，在中国传统医术乃至权术中，算是用得最有水平的了。在民间日常生活的衣食住行中也不乏这样的例子。例如，给多病的娃娃带绣有"五毒"（蛇、蝎、蛤蟆等）图案的兜肚，即算一种。有一次，我到云南金平县哈尼族中调查民俗，在一位老人的葬礼上，看到参加葬礼的孩子们，衣服背后正中均绣着一个圆形图案（图 7-15），问孩子的母亲绣的是什么，她们皆说，是"癞疙宝"（癞蛤蟆）。再问为何要绣"癞疙宝"，她们说，"癞疙宝"什么毒虫都敢吃（古代也有"蟾蜍食蜮蛊"的说法），绣了它，其他毒物便近不了身。这可以算作"以毒攻毒"的一种。有的孩子在上衣前还绣两排猫头鹰图案，据说也为避邪。猫头鹰与月精蟾蜍同为司夜灵物，用它们来抵御夜行邪秽，亦为"以黑制黑"吧。

能"以蛊制蛊"的，古代已有记述。宋人曾敏行《独醒杂志》说："南粤俗尚蛊毒诅咒，可以杀人，亦可以救人。"有人戏以杖击一青蛇，谁知这是一条"报冤蛇"，"人有触之，不远万里，袭迹而至，必噬人之心乃已。"有人认为这是一种蛇蛊，后用蜈蚣蛊，才击杀了它。[1] 元人史浩《两钞摘腴》云："伯玑云：今所谓'骨拙犀'，乃蛇

1　[宋] 曾敏行《独醒杂志》，转引自萧兵《傩蜡之风》，第 565 页。

图 7-15 哈尼族小孩背上绣的避邪图案"癞疙宝"。云南红河，1993 年，
笔者摄

角也。以至毒能解毒，故曰：蛊毒犀。"[1]

明人刘文泰等的《本草品汇精要》《本草新注》也把以蛊制蛊的"方子"做了记录："凡蛊虫疗蛊，是知蛊名，即可治之。如蛇蛊用蜈蚣蛊虫，蜈蚣蛊虫用虾蟆蛊虫，虾蟆蛊病复用蛇蛊虫，是互相能伏者，可取治之。"[2]

但民间普遍认为，"杀人不用刀"的"蛊"，要是中了其毒，医生不能救，鬼师不能解，唯一的办法是到放蛊人家中去找点头发、破布、厕所旁的烂泥之类，拿回家烧后兑水喝了才会好。这些东西，只能暗取，不能明要，谁放的蛊，就要谁家的，别家的不能代替。破布、毛发乃至厕泥之类能够解蛊，我不知道这种奇怪联想的文化心理依据是什么。但在调查中，我发现这种非"逻辑"的联想并不是偶然的和孤立的。记得在云南澜沧县调查双生子问题时，当地人也一口咬定，如果孩子受祟于生双胞胎的"不洁净"之人，睪着头哭闹不止，那就必须到作祟者家中要"解药"，只要是作祟者家中的东西，哪怕是一口水，都可以"解祟"。这大概即民谚所谓"解铃还须系铃人"吧。

七、正气克蛊

为给本书增加点实感性的材料，我曾几入放蛊人家，坐在传说中她们畜蛊的地方，与她们单独在黄昏时分的黑屋中对谈，吃她们递的食物，甚至亲身试用秘配的"迷药"，一次不行加量再用……然而，

1 [宋]撰人不详, [元]史浩辑 、[元]鲜于枢《南窗纪谈 两钞摘腴 困学斋杂录》, 转引自高国藩《敦煌巫术与巫术流变》, 第481页。
2 [明]刘文泰等《御制本草品汇精要》, 第1002页。

我想以身检验的"中蛊"或被"迷惑",都未见效果。当我试图以此证明"蛊"说之虚妄时,却不止一次地听到不同民族的人解释:"那是因为你命硬,蛊上不得你的身。"这种解释虽然同样太虚,不过也算得上一种解释——民间常有的那种万应性解释,恰如格尔兹所谓"文化的解释"。[1]

它反证出民间治蛊克蛊的又一种"单方":认为心理的或人格的力量,可以战胜邪魔之力。所谓"命硬",是民间对人内在品质的一种模糊的象征性表述,就像"前世如何如何"这类话语一样。

不信邪的人,自古即有。宋人洪迈《夷坚志》三志壬卷第四"漳士食蛊蟆"记述过一位敢吃蛤蟆蛊的好汉:

漳州一士人,负气壮猛,谓天下无可畏之事,人自怯耳。每恨无鬼神干我以试其勇。尝同数友出次村落,见精帛包物地上,皆莫敢正视,笑曰:"吾正贫,何得不取!"对众启之,于数匹绢内,贮百金三大笏,更一蛊蛤如蟆,祝之曰:"汝蛊自去,吾所欲者银绢耳。"既持归,家人皆大哭曰:"祸至无日矣!"士曰:"吾自当之,不以累汝。"是夜升榻,有二青蟆,大如周岁儿,先据席上。士正念无以侑酒,连推敲杀之,家人又哭。士欣然割而煮食,乃就寝醉,竟晏然。明夜,又有蟆十余,小于前,复烹之。又明夜,出三十枚,夕夕增多,而益以减少,最后遂满屋充塞,不可胜食。至募工埋于野,胆气益振。一月后乃绝。士笑曰:"蛊毒之灵,止于是乎!"妻请多买刺猬防蟆,出则必搜啄,士曰:"我即

1　[美]格尔兹《文化的解释》,纳日碧力戈等译,上海人民出版社1999年版。

刺猬也，尚何求哉！"其家竟亦妥贴，识者美之。[1]

此公不仅胆大，还蛮有幽默感的，"我即刺猬也，尚何求哉！"使人联想起当今的一句流行语："我是流氓，我怕谁！"反把巫蛊折腾得无地自容。无独有偶，宋人《幕府燕闲录》也记述了一位活吞金蚕蛊的穷进士：

> 池州进士邹阆家贫，一日启户，获一小笼，内有银器。持归，觉股上有物，蠕蠕如蚕，金色灿然，遂拔去之，乃复在旧处，践之斫之，投之水火，皆即如故。阆以问友人。友人曰：此金蚕也。备告其故。阆归告妻云："吾事之，不可送之，家贫，何以为生？"遂吞之。家人谓其必死，寂无所苦，竟以寿终，岂至诚之盛，妖不胜正耶？[2]

个人的某种精神素质（尽管是幻化的精神素质），既然可以成为克蛊的无形屏障，群体的某种文化积淀，当然也会形成克蛊的精神之"场"。苗族有俗话道："药不上场。"什么意思？"药"即蛊药迷药之类，"场"即苗族举行村社活动的中心，他们叫"场坝"。在这个场坝上，节庆、祭祀等都在此开展，传统的正面角色，祖灵正神，大多在这里占有优势，因此，苗族认为，"药不上场"，在场坝上是安全的，

---

2 [宋]毕仲询《幕府燕闲录》，见[明]陶宗仪《说郛》，上海古籍出版社1988年版，第279—280页。

放蛊的人在场坝上放不到人。[1] 究其实，大约是因为被传统所认可的"正气"，在此已形成某种"场效应"了。它形成一种文化的屏障，让阴邪之术插不进来。

还有一种方式甚为爽快直接——

明人刘文征《天启滇志》卷之三十"羁縻志"第十二"种人"所述之"僰夷"：

图 7-16　仗剑喝退邪灵五鬼的"退扫"。云南腾冲纸马

> 在元江者，能为鬼魅，以一帛系衣后，即变形为象、马、猪、羊、猫、犬，立通衢，或直冲行人，稍畏避之，即为所魅，入腹中，食五脏，易之以土。昔有客言曾卧病，医无效，祷于大士，梦好女子于其胁下出一小儿，渐成老人，女子叱之乃去，病遂已。知者遇前物，以一手捉之，一手挺拳痛捶之，必还复为人，夺其帛而縻之，哀求以家资之半丐脱。[2]

这，倒不失为一种自救的良策，应了中国民间一句俗话："鬼怕恶人。"（图 7-16）

清人袁枚《子不语》卷八也记述了一个破解邪术的传说：

1　赵崇南《贵定县仰望乡苗族原始宗教调查》，贵州省民族研究所编印《贵州民族调查》之二，1984 年 10 月（内部印行）。

2　[明]刘文征《滇志》，见方国瑜主编《云南史料丛刊》第七卷，第 78 页。

湖南张奇神者，能以术摄人魂，崇奉甚众。江陵书生吴某独不信，于众辱之。知其夜必为祟，持《易经》坐灯下。闻瓦上飒飒作声，有金甲神排门入，持枪来刺。生以《易经》掷之，金甲神倒地，视之，一纸人耳，拾置书卷内夹之。有顷，有青面二鬼持斧齐来，亦以《易经》掷之，倒如初。又夹于书卷内。

夜半，其妇号泣叩门曰："妾夫张某，昨日遣两子作祟，不料俱为先生所擒。未知有何神术，乞放归性命。"吴曰："来者三纸人，并非汝子。"妇曰："妾夫及两儿，皆附纸人来，此刻现有三尸在家，过鸡鸣则不能复生矣。"哀告再三。吴曰："汝害人不少，当有此报。今吾怜汝，还汝一子可也。"妇持一纸人，泣而去。明日访之，奇神及长子皆死，惟少子存。[1]

不信邪的书生以《易经》为武器，胜了邪术。这个故事的象征意义是明显的，《易经》在中国传统知识系统中，属正道术数之宗，代表着浩然正气，以此破解邪术，自然易如反掌。虽为小说，实乃心语。

第三节　叫魂

招魂之俗，由来已久。《楚辞》的"招魂"，记述了当时楚人对生魂来去不定、四方环境险恶的认知状况。中国人认为人有多个魂魄，如汉族认为人有三魂七魄，基诺族认为男人有九个魂魄，女人有七个

1　[清] 袁枚《子不语》，第185页。

魂魄，怒族更是认为人的每个器官都有魂魄，等等。如果由于惊吓、冲撞邪灵，或被人施术"杀魂""移魂""役魂"，失落一二魂魄，人就会生病、精神错乱；如果不及时把魂叫回来，就可能失掉性命。还有一种"叫魂"，是心怀叵测或会妖术的人偷偷把别人的魂叫走，这一类黑巫术性质的"叫魂"，曾经是中国历史上引发动乱的公共事件。本节所说的"叫魂"，主要指把失落魂魄叫回来的招魂俗信。

追魂或叫魂，是魂魄丢失后民间流行的仪式行为。我和做音乐人类学的妻子有一次去云南怒江地区做田野考察，回来后妻子一直精神不振。有懂气功的朋友说，怒江峡谷阴气太重，容易中邪，而我们为了调查怒族民间仪式，正好在当地人认为鬼灵很多的地方参加了几次祭鬼仪式，按当地人说法，是冲撞到邪灵了。当时就有怒族巫师认定我们中了邪，在当地专门为我们举行了一次叫魂驱邪仪式。回来后，妻子气色仍然不佳，被昆明郊区的农村朋友看出来，请了一位她们村的老奶奶为我们看问题出在哪里。老奶奶取下自己的阴丹蓝布头巾，用手在上面比比划划，测量卜算，得出的结论是妻子的一个魂已经丢失在很远的地方了，需要赶快叫回来，不然很危险。老奶奶告知我们，应该到西郊，前往怒江方向的一个观音庙叫魂。我们按她的指示找到那个隐藏在西山崖下的小寺庙，请那里的师奶焚香、烧纸、杀鸡、叫魂，算是又参与观察了一次民间叫魂仪式。

云南大理巍山等地，人们认为叫魂是一种过程繁复的行为，涉及呼叫、追赶、催促、赎买、领送走失之魂并疏通各个环节的神灵，如叫魂、追魂、催魂和起魂等神灵（图 7-17 至 7-20）。

叫魂前先要请"先生"卜算此人的魂丢在哪里，然后请本家会叫魂的老人，拿三牲元鸡（鸡蛋）拜拜献献。云南红河的哈尼族奕车人

图 7-17 叫魂娘娘。云南大理纸马

图 7-18 追魂。云南大理纸马

图 7-19 崔（催）魂童子。云南昆明纸马

图 7-20 三魂七魄起魂马子。云南大理纸马

图 7-21　哈尼族贝玛叫魂。云南红河，1992，笔者摄

图 7-22　甲马。云南巍山纸马

图 7-23　草甲。云南腕町纸马

贝玛（巫师）叫魂，要一手拿象征神灵的三枝叶，一手拿酒碗和祭祀用的鸡，站在门外念诵叫魂词（图 7-21）。老人为失魂者念："某某某力气小了，魂不拢身，去叫回来。"拿失魂者的衣服放在灶里头，一碗饭上面放一个鸡蛋，拿五色线把鸡蛋捆住，一边叫魂："门神护佑，屋檐童子，帮某某某的真三魂真七魄来化，回家穿衣吃饭。牛魂马魂不要，要你的真三魂真七魄来家穿衣吃饭。你爹你妈叫，刺丛草棵你不去，东方路上去不得，东方路上有沟坎；南方路上去不得，南方路上有遮拦；西方路上去不得，西方路上有鬼怪；北方路上去不得，北方路上有冰窟。你爹你妈叫，回来了！"过沟过河过十字路口要叫，最后，焚化追魂纸马，把捆在鸡蛋上的五色线解下来系在失魂者手腕上。如在叫魂过程中有蜘蛛等虫子出现，则意味着魂已叫回。

　　人们认为失魂的情况不一样，所以要算准后使用不同的纸符。比

376

如，因惊骇失魂要用惊骇之神纸马；中蛊失魂用甲马纸（图7-22），配以草甲（图7-23）等；因水火之灾惊吓用水火两神祭献后烧化；如果卜算出失落的魂魄已经走远，就很危险，需要到所指处叫魂，一路上逢桥遇岔路，都要祭献桥神路神，以确保魂魄不迷路，不落水。叫魂时，一边拍着失魂者的胸口，一边喊："某某某的三魂七魄、真魂真魄拢身了！给（是否）拢身了？"失魂者连声回答："拢了拢了！"

追魂或叫魂在一些地方要配纸马，这些纸马一般是魂魄居留和所经之地的神灵。云南巍山由灶君、山神、土主、门神、桥神、水火二神组成一套魂马套符（图7-24至7-29）；云南楚雄地区由灶君、山神、土主、门神、桥神、水火二神六种一套组成追魂纸；云南畹町用于叫魂的纸符较多，不同情况用不同的纸符，"着蛊"用甲马，追魂用桥路二神（图7-30）等。云南兰坪县和维西县白族叫魂用灶君。平常，小孩子哭啼，主妇揭开锅盖，在锅中点清油灯，请灶君帮忙除掉小孩身上的邪气。叫魂时，要念灶君祭词："尊敬的灶君，宽宏的灶君，你神通广大，我们用彩船来接你，我们用大火来求你，我们用酒席来请你，请你大显神灵帮个忙。我家叫×××的孩子，他的魂儿到处乱跑，至今未见它回来，我们正在为他来喊魂，请你帮我们将它找回来。出走的魂儿，听见老虎叫它会受惊，碰到豹子时它会受害，刮风时它会遇到邪风，下雨时它会挨淋受凉。他的父母在呼喊它，他的兄弟在呼喊它，他的亲友在呼喊它，让它赶快回来吧。家里聚集了很多亲人，家里摆上了丰盛的酒席，大家都等待着它回来，吃肉喝酒饮茶。魂儿啊！×××的魂儿，我们在大声的呼喊你，请你赶快回来吧！"[1]叫魂时，

1 　杨郁生《云南甲马》，第159—160页。

图7-24 灶君。云南巍山纸马

图7-25 山神。云南腾冲纸马

图7-26 土主尊神。云南大理纸马

图7-27 门神。云南巍山纸马

图7-28 桥神。云南巍山纸马

图7-29 水火二神。云南巍山纸马

为了避免把叫回的魂送错到别人身上，需要配祀失魂者的"身份"认证，即本命星君纸马（图7-31）。另外，云南畹町还配祀一张专职制服白虎的"草甲"，用于叫魂，与专门用于蛊事的甲马纸一起烧。

广东失魂需要"喊惊"。东莞漳澎人认为灵魂暂时离开身体，最常见的现实表现便是生病。小孩因为年纪小，灵魂尚未稳定在身体里面，所以经常"掉魂"，容易生病。大人则不一样，灵魂与身体的结合已经固定了，但还是偶尔掉一下魂，导致重大的疾病或厄运缠身。掉魂都需要进行"喊惊"仪式，如果大人需要喊惊的话，就表示事态严重了。受惊人的家人要先到神婆处打卦，看看他"犯"了什么（鬼），是在什么方位犯的，就在该方位拜祭。问好之后，家人就要准备金银纸、衣草（纸衫，给鬼的衣服）、生米（辟邪）、花生（花生可以生根，驱邪）、煮熟的饭（请野鬼吃）、雪梨（表分离），一件受惊人的贴身衣物。准备好后，就可以喊惊了。神婆开始上香，家人把金银纸和衣草烧掉，撒煮熟的饭，用金银纸和衣草贿赂这个摄走受惊人魂魄的野鬼，请他吃完饭后求野鬼放开这个人的魂魄。接着就要再撒两到三次生米，撒米之后，紧接着再撒几粒花生，然后再扔雪梨。意思是让生人的魂魄回到身体，能吃饭能长肉，像花生一样在肉体中稳定生根，魂魄与野鬼阴阳分。最后挥舞受惊人的衣服，喊道："米来人神起，米来人神归。早也归，夜也归，三魂七魄一齐归。撒米速速同滴（那些）幽鬼分，撒米团团同滴幽鬼传。撒米沙沙同滴鬼讨价，撒米行行同滴幽鬼放。某某某你快回来！"漳澎人相信魂魄归位后，疾病和运气都会好起来。[1]

在广东地区，叫魂则称为"叫惊"或"喊惊"，广州美术学院美术

---

1 本田野考察实录由项目组成员、中山大学人类学系硕士研究生区海泳调查并撰写（2014）。

图 7-30　桥路二神。云南芒市纸马

图 7-31　本命星君。云南腾冲纸马

馆展出过一幅木刻作品《叫惊》，描绘了 20 世纪二三十年代广东的叫魂习俗。作品附有如下说明文字："东莞风俗，每于小孩罹病，多以为给鬼神迷了魂魄。服药数日，未见起色者，每请老婆婆为他'叫惊'。老婆婆便带了小孩日常所穿的衣服，香烛，冥锭，食品果饵，及利器如剪刀等物，至小孩惯到的地方，或路隅，树脚，去招魂。口中念咒，并将小孩衣服在火上招展，频叫小孩名字。'叫惊'之习在广州及附近各县尚甚流行。"[1]

人跌倒或撞到什么邪灵，因惊吓而丢了魂，做噩梦，发热发冷，就在吓着处烧一张"送魂使者"（图 7-32），灶君处烧一张（加灶君纸

1　木刻原作现藏广州美术学院美术馆。此图文又见于《版画纪程：鲁迅藏中国现代木刻全集》第 1 册，江苏古籍出版社 1991 年版，第 149 页;《鲁迅藏中国现代木刻全集》第 2 册，湖南美术出版社 2018 年版，第 151 页。

图7-32 送魂使者。云南保山纸马

图7-33 替身。云南巍山纸马

马），锅要洗干净，备斋饭净水供在桌上，有的地方还要煮一个鸡蛋献，同时烧一整张替身（图7-33），一张"叫魂"或"赎魂"纸马和牒，一些纸钱。叫完魂，让失魂者吃一点。叫魂在属鸡、属猪和属狗的日子叫，比较容易叫，因为猪狗好叫，一叫就来。为了安全，不要让魂再走失，还要有专职领魂和送魂使者护送到家。红河地区有三十六张一套的领魂纸。

送魂使者纸符绘有蜘蛛类虫子，这与民俗中的叫魂仪式所追求的结果相当。民间叫魂者认为，如果在叫魂场地发现一些虫子，表示魂已经被送回。有的地方还会把虫子带回家中，象征失魂者的魂魄已经归来。

第八章
治蛊刑律

作为暗道邪术的巫蛊之术，自古以来多被用于坑蒙拐骗、谋财害命、争权乱世等等，民间恨其诡邪阴险，遂以暴力对付邪术，渐渐形成一些说不清来由辨不明真伪的"习惯法"，如"神明裁判"之类，到后来几乎弄成"以邪对邪"了，造成许多悲剧，如近代边疆某些少数民族地区仍风行的烧"琵琶鬼"、杀"五海"之类。对于当政者而言，因已大权在握，自定的任何言行均可堂而皇之为"法"，不用再行争权篡位时的"旁门左道"，当然会中气十足地把一切非我之术列为恶逆不道，加以严惩。历史上的"巫蛊之祸""巫蛊冤狱"数千年不绝于书，多少权场争风的政客变为野鬼，多少自恃妖伪巧术、挟政谋财的江湖骗子魂落江湖，也有多少蒙冤受屈者死无葬身之地！

一句话，在人言（或借称为"神言"）为重，人治（也常借称为"天赋神权"）为上的传统中国社会，无论是乡民社会中的"习惯法"，还是官府衙门中的"王法"，其"法"对于罪与非罪的裁定，皆是相当可疑的。

第一节　习惯法对巫蛊的惩治

谁也说不清她是谁，从什么地方来的。这个可怜的女人，鼻子被人割了，只留着可怕的疤痕和两个难看的洞。她说话因没鼻子而总是"呢呢呢"的，很不容易听懂她说什么，而她也不愿多说话，只乞求我们给她一个在处。

我的彝山老家很穷，我家更穷，但母亲同情这个女人，让她住在我家仓房里。

山里人都猜想这个女人的来历。很多人说她是会放蛊的女人，或许是事发后被人把鼻子割掉的。村里人于是很避讳她，特别是孩子，绝不让进她的屋，吃她的东西，说会中蛊。那女人也不分辩，悄无声息地活在她的角落里。

但事实上她是很能干的女人，做出的东西很好吃。我那时还小，常去她那儿，她总要找出一点好吃的东西招待我，遇到她做了可口的饭菜，还不会忘了端一点过来。

有一年，村里闹瘟疫，病死了一个娃娃。人心惶惶，传出流言，说她是这场灾祸的罪魁，是她放蛊害死的娃娃。她没有分辩，只把头低得更低。

终于，有天她的住处涌进一伙人，把她捆了推将出去，纷纷嚷嚷一阵之后，有人把死娃娃头朝下倒捆在她背上，让她背着游乡示众。她没有分辩，或许是她不能分辩，就这样倒背着死娃娃，游了一寨又一寨……[1]

1　访谈对象：兰克（彝族），访谈地点：云南昆明兰克家，访谈时间：1993年，访谈人：邓启耀。

听彝族朋友兰克先生讲完这段经历，我们良久无言。我不知道这个女人是怎样忍受如此的屈辱的，也许，这屈辱比起她过去的遭遇，尚属轻的，因为我知道，旧时人们对"蛊女"的报复，远远比这极端得多。在这个问题上，连性情最温和宽厚的民族也会变得很反常，这几乎是世界性的通例了——稍微了解一点世界史的人，立刻会举出大量史实，如欧洲持续过千百年的"猎巫"。

我不知道，当读者读到这段调查报告时会有什么感受：

> 在滇中高乡某彝村老村外，有一个地方叫"鬼火堆"，村民有病，如请毕摩占卜是这方鬼所害，就要到鬼火堆祭送，几十年来祭送不绝。原来，当地村民有一种称为"诺其渣"的迷信，意为"有药"或"养药"。传说养药者秘供带冠的蛇身药王（该药王有的作人首蛇身，雌雄相缠，见图8-1、图8-2），白日无形，夜间形如流星，飞袭害人。民国年间，有一位姓林的姑娘被村民指控为"养药"，村民说她病发无奈，下了自己的小表弟。她舅舅不得已，将她捆在木杠上游村，村民不分男女老少，"见者戳一刀或打一下。林姑娘凄厉的哭号令人心碎，她的血淋遍了村里的每一条路。为了村子的安宁，她的舅舅流着泪把她抬到村外活活烧死"……[1]

也许是林姑娘凄惨的哭号太真实而且太长久，也许是林姑娘年轻的熟悉的面容与血淋淋被捆在木杠上的痛苦表情给村民的印象太强烈（毕竟他们真实地看着她长大并相处了十几年，又同样真实地用刀戳在

1　唐楚臣《蛊药与婚忌》，《山茶》1995年第2期。

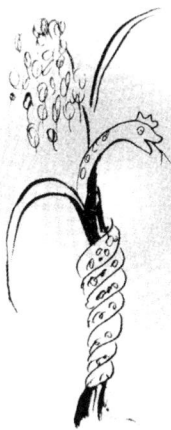

图 8–1 "药王"木雕。云南楚雄，唐楚臣摄

图 8–2 缠住稻谷的戴冠之蛇为药王，"养药"人家秘供红纸墨绘的"药王图"。云南楚雄，唐楚臣供图

她身上，并眼看着她的血流在熟悉的村道上），当人们无可奈何地（至少她的亲人"流着眼泪"）用烈火吞掉毫无反抗能力的林姑娘最后的哭喊时，我不知道她的哭喊里有没有本能地叫"妈妈"，以及她妈妈在不在场，不知道围观的乡亲，包括她的亲人心里作何感受，不知道戳过她一刀或打过她一下的"见者"手抖了没有，不知道几十年后这些目击者和当事人叙述时声音发抖了没有⋯⋯

像大多数"调查报告"一样，我们只有近乎梗概的提要，只知道焚烧林姑娘的地方变成了人人心悸的"鬼火堆"，那里只剩一些瓦砾、残叶和被火燎香熏的石头（图 8–3），只知道村民传说林姑娘的魂变成了缠人的鬼，每个眼睁睁看着一个活生生的少女在火中挣扎哭喊，直至烧焦焚化的人也许从此便有了做不完的梦；每个在她身上动过手，在

图 8–3 高乡送鬼塘。村民生病占卜若为被林姑娘鬼魂所缠，即到此火塘烧祭林姑娘。云南楚雄，唐楚臣摄

她火中投过柴的人及其子孙心里也许都有了一个解不开的结。遇有病灾，很容易就联想起那血、那火、那哭号。

我遇到过不少善良的长者，他们熟知本民族传统的所有"规矩"。有时，他们也会讲起往昔烧"魔女"的经历：当村民指控的"魔女"（"蛊婆""扑死鬼""琵琶鬼"等）被巫师认定后，头人一声令下，全寨男女老少群起而捉之，捉住"魔女"，"活活烧死，并将她全家逐出寨外，放火烧掉她的家"。人们常常好意地提醒我们，不要去谁家，因为那家"不干净"，不要去某寨，因为某寨是"鬼寨"（傣话称"琵琶鬼寨"，拉祜话称"气迫寨"，等等）。讲到这类"合理合法"的集体迫害甚至集体谋杀事件的时候，这些善良的老人不仅毫无自责与愧疚，脸上甚至露出由衷的欢欣和庆幸。

在云南澜沧县的一个拉祜族村寨,好客而重礼义的拉祜族村民及头人"卡些"给我留下了良好的印象。然而,当我回来后阅读到当地人编印的介绍拉祜族风情的小册子时,我却一时难于将那些和蔼善良的乡亲和"卡些"同以下事实联系起来:

在拉祜族地区,传说有人会放"尚丕",即经毒咒咒过的食物,使其成为恶气攻入人身内,毒咒就会变成各种怪物危害人身,这时要请"邪巴"把它们(如一些皮毛之类)咬出来烧掉。"扑死鬼"(拉祜语称"夺")和"气迫"是人人恐惧的邪灵。据说,这两种邪灵多是女人所变。她们要变化时,神魂飘飘荡荡,时而变成猫儿出去危害病人,时而变成人形去捏人家的小孩,小孩便得病,昼夜嚎哭,身上青一块白一块;有时变成大白马在黑夜的大路上吓唬行人,有时又变成美貌的女子。如有人被祟,就要举行大祭,请"魔八"放咒验,待高烧得胡言乱语的病人说出了一个人的名字(往往是女人),这个人便被定为"扑死鬼"或"气迫",由"卡些"亲自发令,寨人群起捉住被指为身有邪灵的人,当众烧死。最仁慈的做法是逐出寨子,到深山里过着野人一样的生活。过去,双江县就有一个被逐之人组成的寨子,人称"气迫寨"。[1]

云南屏边县瑶山的瑶族说:"只要有烟火的地方就有'巫海'(五海)。"据调查,1947年,土匪古小友诬称农民李朝春放了他的巫海,勒索水牛一头,火药枪一支,半开20元,并把李捆绑毒打一顿。1947年,农民李廷亚父亲被指为巫海,众人将他活活打死。1950年,王万

1　除了笔者调查,还参阅了雷波、刘劲荣《拉祜族文化大观》,第127页。

波妻子被指为巫海，也被打死。据统计，仅屏边梁子乡一乡，被指为巫海者就多达 37 户，占总户数的 10%，其中被杀死的有 5 户，被驱逐的有 5 户。[1]

在滇西陇川县邦瓦景颇山寨，人们都记得这样一个血案：山官早堵的儿子生病，巫师"董萨"打卦指出是被下寨两家附有"琵拍鬼"的女人咬着了，之后虽然杀牛祭鬼，但山官的儿子还是死去了。早堵所愤至极，持枪跑到这两家，杀死三个人。"当时群众也未表示反对，更未给被杀者任何赔偿。直到 1957 年春，被杀者的儿子要结婚，'董萨'打卦指出其母（被杀者之一）要牛一条。早堵山官给了一条牛，一面锣，一件布作为赔偿，给死者建了坟，请董萨和老人做证，将牛肉分送本寨和有关的外寨，表示此事已获解决。"[2]

在滇南，1950 年代以前，习惯法对于具有邪术的"五海""拍献"[3]"尔点"[4]等的惩处，令人发指。我的同学孙敏在滇南搞民俗调查，带回许多让人心怵的材料。例如，在《麻栗坡文史资料》第 1 辑上，记载了这样一些与放五海有关的被"习惯法"谋杀的事件：

> 1936 年，上新房地村群众认为王××的妻子老米端会放"五海"，寨中几个要人策划除掉老米端。一个南温河街天，借老米端赶街转家之机行凶，因时间不凑巧，谋杀未遂。老米端知情后连

---

1 黄惠琨等调查整理《屏边瑶山瑶族自治区社会历史调查》，云南大学历史研究所民族组编印《云南省金平屏边苗族瑶族社会调查》，1976 年。

2 全国人民代表大会民族委员会办公室编印《1956 年 11 月至 1957 年 6 月景颇族五个点调查综合报告》，1958 年。

3 壮语，指会施黑巫术害人者。

4 瑶语，指义同上。

夜搬家到西畴县娘家居住，才未被害。

1936 年 6 月间，下新房地村王××认定自己的母亲会放"五海"，便邀约另一人潜伏在中寨岩子头，坐待其母赶街回家之机，将她杀死，抛尸路旁。

1937 年冬，煤炭冲居民戴××迁住岩脚，其族内怀疑他们母子会放"五海"。一天夜晚，族人戴××请了外地的五六个人，手持凶器闯入室内抓捆戴××母子二人，拉到寨脚先将戴母杀害，戴××被拉到南丁杀死后丢在大河里。

1938 年春，查××的婶母病故，叔父认定是下新地房高四老倌放"五海"害的。下新地房村民也十分怀恨高四老倌，叔父便和高××主谋，请来西畴县×村的土匪头子王朝举，配合村里十多人于黄昏时涌入高四老倌家。戴××开枪打死高四老倌的女儿，又乱棒打死他的长媳。高四老倌左手被枪击中，逃到楼上，土匪不敢再追，才幸免于难。

1948 年 10 月，漾色村"侬族"（壮族）因盛传田陆氏及其次子之妻会放"五海"，将其在麻栗坡督办署任职的儿子田××邀去帮写典当契约，席间用酒将他灌醉，乱棒打死，然后抬尸，去叫开他家的门，再将田××的母亲妻子及三个男孩一并杀死，一把火把房子烧成灰烬，而知情的村民竟异口同声说这是他家卖柴烘烤引起的火灾。

1948 年，被怀疑为会放五海的王××在赶街路上被人用大刀砍死。

1949 年，被怀疑为会放五海的龙××的妻子被人用绳索拴着大石头沉下水底。

1949 年前，西畴县老母猪洞一家被怀疑为会放"五海，全家老少被人杀死。

1949 年秋，老岩寨群众认定王××之妻会放"五海"。一天，她上山放牛，被寨里刘××等人拉到盘龙河边残杀后沉尸河底。

钟××听到别人议论自己的奶奶会放五海，唯恐全家受累，便在一个深夜里，与家人一起将奶奶勒死，谎称急病死亡。还有的人由于凭空被人指控会放五海，无法辩解而自杀身死。[1]

据调查者记述，诸如此类的惨剧在解放后还时有发生。1977 年，砚山县蚌峨乡南屏村公所某村陶姓侄子有儿子久病，请几个摩公查都认定是其叔叔放五海害的，陶姓侄子便打死了叔叔。公安局派人到村里调查，村人因痛恨五海，都护着凶手。1980 年代，分水岭有人称自己被五海所害，要杀人报仇。迫于当时公社的压力才不敢以身试法，可还是杀了一只羊，请布摩把五海的魂拿来，深深埋在地下，这才平息了心中的愤怒。某县的人大民委和乡政府因有人上诉五海害人性命，曾经联合组织调查，以辨其中奥秘。但终因毫无证据，调查不了了之。

1950 年代，怒江地区有这样一些恶性案件被记录在案：

1951 年，河西区永兴乡一带流行人体寄生虫疾病，该乡群众认为是本地的一位"养药婆"所干，遂活活处死她。先把她捆绑在树干上，众人朝她射弩箭，有的箭头上涂有毒药，最后用"铜

---

1 原文资料出自田有文等口述、查天明整理《封建迷信害人不浅》，田万敏《悲惨的一幕》，两文均载于《麻栗坡文史资料》第 1 辑，1989 年；并见孙敏调查并提供的部分资料。

炮"轰死，其情状极其残酷。

　　据"那马人风俗习惯的几个专题调查"所记，解放初，营盘区恩棋村何校凡结婚，其妻黄学圣是该区连城乡嫁来的。其中有一户人家吃了他们的喜酒后，未久家中病死一人，怀疑黄是害人的"养药婆"，众人遂对她施以种种歧视和折磨，她被迫独自翻山越岭到碧江县住下；1952 年返回恩棋村，却遭到捆绑，火烧头发，并关在磨坊里，黄被迫再度出逃，惨死在石灰窑里。此外，该区和平村还出现过活埋"养药"者的惨剧。

　　50 年代还在中排区克卓乡上东俄发生过儿子强行把自己的生母背上山让其冻饿至死的事件，因为她被说成是"养药婆"。[1]

　　在生存环境恶劣的怒江大峡谷，人们对巫蛊的畏惧及仇恨似乎更甚，对巫蛊嫌疑人惩治的习惯法，也以极野蛮的方式公开存在。

　　被习惯法指控为有罪的巫蛊之人，其罪大都是"据传"。无论这些"据传"是捕风捉影还是意外巧合，人们似乎都宁愿信其有而不愿信其无。被指控为巫蛊的人，也因此很难有申辩和洗清冤名的可能——除非"神"能证明你清白无辜。

　　然而，要让"神"开口说话是极难的。于是便有了"神判"这种传统"法律"形式。为了求得神的指点，哪怕只是一个未必真有联系的暗示，人们都不得不付出惨重的代价。据云南怒江文史资料记载，因所谓"杀魂""勾魂"而引起纠纷的"神判"事件，近几十年来还有多起（傈僳族马提口述）：

1　蔡家麒《怒江州宗教问题考察报告》，《民族调查研究》1988 年 1、2 期合刊。

1929 年 11 月间,俄夺底村人怒扒此说:"我做了个梦,梦着我在吃祭祖肉,我们村里将会死人了吧!"他讲了这句话不久,赛阿所家氏族的人死了九个,赛阿所认为怒扒此是"肯扒"(杀魂、勾魂者),害死了他氏族的人。要求头人门哲惩处怒扒此,并要怒非捞油锅不可,输了要赔偿九条人命。头人门哲认为打赌九条人命过重,经说服后,双方以四条牛打赌捞油锅。结果怒扒此的手烫伤了,认赔四条牛。可是赛阿所提出除了赔四条牛外,还要把怒扒此驱逐出村,否则要把他全家的人都杀光。头人无法解决这个问题,只能按照赛阿所提出来的办法去办,把怒扒此一家七口,撵到古泉河头的深山老林里(距俄夺底有一天多路程)去逃命了。他的房屋、财产、土地全部被没收。

怒扒此在古泉河头开火山地为生,熬了几年后,赛阿所又说那里也不许他住,就把他家撵到境外。怒家被迫离境后,留在村里的亲属认为,怒扒此赌的牛还没有赔,怕以后赛阿所的家庭又翻案找麻烦,为了了结此案,怒扒此氏族的人户共凑合了四条牛,赔给赛阿所。

俄夺底村舍阿仙,家庭较富裕,有两个老婆,共 13 口人。1928 年舍阿仙被赛阿所指控,说他杀魂害人,请头人门哲惩处他,头人偏信赛阿所的一面之词,叫舍阿仙捞油锅,双方打赌四条牛。舍阿仙捞油锅后手被烫伤,被迫赔了四条牛,财产全部被没收。一家人被驱逐出村,逃亡境外。

解放后,经福贡县领导做了工作,舍阿仙于 1962 年领着二男一女回到家乡,落户于腊吐村子里。可是不幸,又碰上"文化大革命"大动乱,村里病死了一些人,有人仍怀疑他杀魂害人,个别受迷信思想影响较深的人怂恿了一些群众，以"破坏文化大革命"为罪名，对舍阿仙进行批判斗争，使他的身心受到重大摧残，终于在 1969 年 4 月死去，他的尸体是我和汝玛士（付面叱之母）去掩埋的。

俄夺底村帕阿登被友阿四指控为杀魂害人，请头人专卖昌惩办他，叫他捞油锅，双方打赌一条牛，结果阿登怕烫伤手，甘愿输了一条牛给阿四，弄得阿登遭了不白之冤。[1]

1954 年色得村思卜家连死五人，认为同村人里 ×× 是"扣扒"，也引起了捞热锅神判的事件。[2]

也有少数人捞而未被烫伤的，这就更加强化了"神明裁判"的神秘性——尽管这种情况出现不多：

俄夺底村帕阿楞被巴阿开、巴阿冷指控"杀魂"害人。头人门哲叫他捞油锅，打赌一条牛，帕阿楞捞油锅未烫伤手，赢得一条牛。

俄夺底村赛阿路曾被赛阿所等诬告为杀鬼者，逼他捞油锅，而赛阿路左手捞一次，右手捞一次，两次都没有烫伤，才未受害。[3]

1　马提（傈僳族）口述、窦桂生整理《忆福贡腊吐底保捞油锅"神判"事件》，《怒江文史资料选辑》1985 年第 4 辑。

2　田家祺等调查整理《碧江县五区色德乡一登村傈僳族社会调查》，见《傈僳族社会历史调查》，云南人民出版社 1981 年版。

3　马提口述、窦桂生整理《忆福贡腊吐底保捞油锅"神判"事件》，《怒江文史资料选辑》1985 年第 4 辑。

1953年教徒普儿山、李马博指拉××为"扣扒"（杀魂者）欲砍杀拉××，后为本氏族一部分人劝阻，各以猪三口打赌捞油锅。因为拉××的手没有伤，原告即输，被告得猪三只。[1]

据介绍，所谓"捞油锅"，其实是捞滚水锅。举行神判的地点设在村外一空场地上，用一些树枝把原告、被告及各自氏族的人群隔开。

在场地上筑有一个锅台，上架大铁锅一口，锅里放满水，锅下烧起大火，中人将一块石头放进沸水锅中，把九背柴火烧尽时，中人令被告用手将锅内的石头捞出。一般在三天后，中人验伤，如被告的手未烫伤，即判原告为诬告，被告取胜，反之则判被告输理，受罚。

捞油锅时，原被告各请一个巫师各在一地祭鬼，巫师头缠茅草和白棉纸，用茅草和长一尺五寸的白布条编为长辫子，从头垂到股后，一边祭祀跳跃，一边口里念念有词。双方的巫师各向各的鬼灵祷告，说的祭词完全相反。被指控捞油锅的一方的巫师祭词大意是：

> 九条江的神帮我们捞石，
> 七条河的神帮我们取石，
> 雨神帮我们捞石，
> 把雪水灌进他的手心，
> 拿野葡萄水浇他的手掌。
> 地海龙神帮助我，

1　田家祺等调查整理《碧江县五区色德乡一登村傈僳族社会调查》，见《傈僳社会历史调查》，第76页。

地海龙王协助我。

保佑我们捞油锅取胜。

保佑我们捞油锅胜利。

原告一方巫师的祭词大意是:

要出七个太阳,

把他的手烫焦掉,

炼铁炼钢神主我求你,

把他的手烧烂掉。

七个风箱取过来,

叫他手上的皮像树皮一样脱掉,

像芋头皮一样剥掉,

像包谷花一样发泡,

把他的手变成松明子、麻杆杆。

巫师祭鬼时,要杀猪、杀鸡作牺牲。被告杀的猪,要用火烧毛,不可除猪蹄壳,杀鸡不能去掉鸡足壳。[1]

这相当于一次巫师的斗法。令人不解的是,指控人搞黑巫术(杀魂)的原告一方,己方巫师的祭词其实就是一种黑巫术式的毒咒。对于连说梦话都可能被指控为"杀魂"的乡俗来说,这样明目张胆的毒咒却算合法,实在不近情理。而且,在滚水锅里捞石头的只是被告(按

---

1 马提口述、窦桂生整理《忆福贡腊吐底保捞油锅"神判"事件》,《怒江文史资料选辑》1985 年第 4 辑。

理应该连原告也一起"神判"一下的），他把自己置于一种荒谬的冒险之中，获胜的可能几乎是极微。原始习惯法的非理性色彩，在此表现得甚为典型。

20世纪六七十年代，传统的野蛮自然而然地进化为"现代"的野蛮，"革命干部"和"革命群众"将习惯法和"大批判"天衣无缝地结合在一起：

> 1967年营盘区新华乡新华村发生毒杀"养药婆"事件。解放初从该区黄梅乡嫁来的罗扎英，自认为是"养药"和"杀魂"者。其夫死后，她被孤立和赶撵出村，搬至村外沟边独居，后又嫁给别人当小老婆。其间，该村陆续病死了一些小孩，认为是罗所害，引起很大民愤。"文革"开始，村党支部书记张春义之子病死，村民张孝勇之妻也患病，有人说是罗把张妻的魂掠走压在江边的石头下，二张以批判封建迷信为名纠合一些人批斗罗。此时，张孝勇趁机将涂有草乌的毒箭扎进罗的小腿，罗死；他们又说罗的大女儿也是"养药婆"，将她撵走。一些落后的群众当时说，罗该死，她如同"四类分子"死了一样，连猪狗都不如。

> 1969年，福贡县拉土底乡拉土底村的群众在批判迷信活动时，斗争了两个巫师，说他们是"杀魂"的人。一个巫师当场被打死，另一个回家后觉得活不下去，先用斧子砍死妻子，然后放火烧房，将自己活活烧死。当时一些群众认为他们应该死，否则会不断害人的。

> 更为惊人的迫害活动，约在1970年中排区北甸乡松坡村。有一户人家被怀疑是"杀魂"，乡下来了一批人，夜间将全家六人用

绳索捆绑成一串，推入澜沧江中，造成全家死绝的惨案。

1973 年，石登区小格拉乡的区武装干事张茂林妻子生病，请来"端公"，巫师说病人的魂被压在村中某家人的坟中。病人由于高烧胡语，张提来沸水浇他妻子，然后去刨人家的坟，造成两家打闹不休。

约 1973—1974 年，通甸区原金竹乡（现划归河边乡）黄竹场村一青年农民胡四庚被"端公""医治"某病孩时说成是"杀魂"者，全村闻之准备收拾胡。胡闻讯多次跑到区委会报告，却被某些干部随便打发。一日，在生产队长指挥下，胡被绑在麦架子里，一些人用妇女的月经布和裤子蒙盖住他的头部，又用狗皮披身，然后用狗血淋其头，以此羞辱折磨胡。胡一家四人只得逃往洱源县炼铁公社，住在岩洞里，靠讨饭为生。未久，胡病死，其妻带着两个小孩，步行到下关一带乞讨。[1]

我们其实都经历过巫蛊化时代。大街上，恶毒的诅咒文字铺天盖地，几乎古代所用过的偶像伤害术、姓名污损术、毒咒伤害术、异质同构伤害术等再度流行。不仅如此，一些莫须有的罪名不断被发明出来，只要有人揭发，甚至只是对他人的某种想象，就是构陷罪名的依据，严重者可能引来杀身之祸。

1　蔡家麒《怒江州宗教问题考察报告》，《民族调查研究》1988 年 1、2 期合刊。

第二节 官法对巫蛊的惩治

从西双版纳调查哈尼族民间音乐回来的妻子，曾讲了这样一个让当地干部头痛的案子：

那天，我在乡上整理刚录到的哈尼族僾尼人音乐，想请几位僾尼干部翻译一下歌词。乡干部们与我处得很好，都来帮忙。可录音机不知怎的，老出岔子，"真见鬼！"我嘀咕道，折腾得满头是汗。

"是见鬼呢。我就刚去处理了一桩鬼案回来。"刚从寨子里回到乡上的科技副乡长见我着急，便接住话头聊开了："××寨的帕×和杰×又干架了。帕×说杰×偷了他家的东西，杰×不承认，帕×就说：'那就别怪我不客气了！我要放鬼来试试，要不是你偷的，你就没事，要是你偷的，鬼咬了你，莫来怪我。'放鬼，这是我们民族过去的迷信做法，谁跟谁有仇，就放鬼去咬他，像你们汉族放蛊一样，懂了吧。"

"那会有什么结果？"我笑道。

"我当时也是这样想的。我当科技副乡长的，哪里会信这些鬼话。可事情怪就怪在这里啦，要不今天我就不会去处理这桩鬼案了。今天一大早，杰×急急忙忙地来找我，要我以乡政府的名义，勒令帕×把鬼收回去，还要追究帕×放鬼害人的刑事责任。我问咋啦？他说帕×放的鬼已经咬着他啦，全身疼，再不制止怕要出人命的。我和他一起找到帕×，帕×说：'这就对了，你知道厉害了，这说明你偷了东西，不把偷的东西还出来，我就不把鬼收回去！'杰×仍一口咬定自己没偷东西，两人吵吵嚷嚷，事情整个僵住啦！"

"你怎么处理呢？"

"我能怎么处理？这种活见鬼的事，我管科技的还能怎么处理！你让帕×把鬼收回去，那就是说你承认有鬼；要是不管呢，杰×又缠着你，说帕×放的鬼咬了他。两人都说有鬼，证据在哪里呢？都说有感应了，显灵了，但这能拿到法庭上去说么？法律上也没有解决这种案子的条文，我凭什么来断案呢？"[1]

这是1993年12月发生在西双版纳勐海县格朗和乡哈尼族僾尼人中一桩小小的民事纠纷。（图8-4）像这类因为无法可依而不了了之的事，各地都时有传闻。

但传闻归传闻，却上不得"公堂"，因为这类事确实很难找到法律上认可的证据——据现代刑法这类行为属于"不能犯"，它不可能造成实际的危害后果。哪怕像上例那个乡的帕×那样自称放了鬼，咬了人，受害者也指控对方的邪术伤到了自己，罪名仍无法成立，因为尊崇科学的现代法律，并不承认这一罪行及其指控的前提存在——"鬼"或黑巫术。只要稍微具备一点科学常识的人，便不会去臆断这类"鬼案"；自然，不信邪的政府也不会制订出这类"官法"。

当然，别说这是在1993年，就是在五十年前的1943年，发生在楚雄彝区的另一桩同类性质的"公案"，也没有人断得了。据说，一位姓普的石匠，那年出外做客，回家后腹痛难忍，认为是同村某人下了

---

1 访谈对象：某乡干部（哈尼族僾尼人），访谈地点：西双版纳勐海县格朗和乡，访谈时间：1993年12月，访谈人：周凯模。

图 8-4　格朗和乡。云南勐海，1998，笔者摄

药（放蛊），官司打到县衙门，闹了近一年，双方破财，终以无证不了了之。据说，类似的事件在当地还不少呢。[1]

此案之所以不了了之，大约不是因为县太爷的清正廉明（不然就不用双方花一年时间折腾并破财了），而是因为实在无法可依。由于无法可依，在几十年前，对这类案子的处理就常常得"依人而定"了。

下述两个案例，反映了变革时期的法律在"放鬼""使蛊"判决上的作为，在很大的程度上，仍要取决于执法者对"鬼"的理解：

1　唐楚臣《蛊药与婚忌》，《山茶》1995 年第 2 期。

1912 年，新生的国民政府开辟边疆，在边远的云南怒江设治。当时，福贡一带尚有指控病人带鬼传病、罪责受罚的陋习。有一年，鹿马登村麦阿夺的姑娘假马巴患了麻疹，后来扒阿奴的姑娘也染上麻疹死了，扒阿奴认定是麦阿夺家传的病，向他家索要尸骨钱，麦阿夺没有给，扒阿奴就伙同家族与麦阿夺家械斗，双方残杀了数天。后被设治局发现，把双方传到衙门，政府官员便大骂扒阿奴说："引鬼传病是无稽之谈，赔尸骨钱更是邪诈，世上没有鬼神，病是自发的。你说有鬼，现责令你拿出鬼来交给政府。"扒阿奴被当场驳骂得哑口无言。国民政府判麦阿夺无罪，才了结了此事。从那时起，引鬼传病，赔尸骨钱的旧习俗才逐渐改变，为此逃难谋生或械斗残杀的事也不再发生了。[1]

　　这位民国初年的官员，巧用民间的辩解方式，让抓不到鬼的原告自认输理（在民间，被控告放蛊的人，如果有一定势力，会把锄头交给原告，要他当众挖出"蛊"来，否则不依）。
　　另一案便发生在民国二三十年间：

　　　　不久以前，龙里发生了一件放蛊的事。这个被控告的放蛊女人，至今仍被囚在监狱内。两个月前我到龙里时，恰巧得机会见着这个女人。她是一个颇好看的女子，看上去要比她所说的 58 岁年轻些。眼角也是红的，自称在 32 岁时，母亲给了她一件衣服穿（从始至终，她也只承认她得到母亲的一件破衣服。衣服穿在她身

1　路阿夺口述，胡正生记录，普利颜整理《历史上的疾病纠纷》，《怒江文史资料选辑》1987 年第 8 辑。

上，说的时候，扯给我看，我看见衣服缺了一角）。别人说从穿上这件衣服后，她便感觉周身不舒畅。又说她在入狱之前，先后20多年间，放蛊害死小孩若干个。她自己已有7个小孩，一个也不在了，全是她害死的。还有一个儿子在外，至今不敢归家。

据说这次被捕入狱，就是由于她害死了一个人家的4岁独生子。在赶集时，她挑柴到场上去，大概是她碰到了小孩，小孩回家，腹痛不止，立时死去，家人立刻告之县府，并剪了她衣角一块及头发一缕为药根控告，乡人都感觉愤恨，纷请将"蛊妇"烧死。去年3月间拘入县府监狱内，至今已将近一年了。[1]

这"蛊妇"的命运如何？会不会被烧死？我们不知道，但她已被拘入大牢，被指控为害死十余个小孩（包括她的七个孩子）的凶手，能否在"民愤"喧喧的情况下分辨清楚罪与非罪，实很难说。她的"罪证"是来自母亲的一件破衣服和自己的一缕头发，乡人说这便是放蛊的"药根"，但这玩艺能"化验"出什么来，自是可想而知的。据另一份材料透露，更早些年，贵州九龙山一带的县政府也捉过放蛊的苗妇，"问过后，还问不出她们为什么要下这毒手！"[2]这类事，哪里是"问"得出结果来的！民国时期，开始讲现代法律，神话鬼话既不足为凭，要使"民众"愤恨的放蛊人绳之以法，就有了不少靠着所谓"物证"，"非法法之"的例子：

---

1 李植人《苗族放蛊的故事》，《社会研究》1941年第23期，见吴泽霖、陈国均等《贵州苗夷社会研究》，第211—212页。
2 陈国钧《苗族的放蛊》，《贵州晨报·社会旬刊》1938年第15期，同上，第209页。

十多年前，隆安地方有个放蛊的人，害了不少的百姓，乡人向县府控告，县长将他提到，用任何刑具罚他，他都不怕。县长无奈，县长乃说：'我不信你会放蛊，如果你会，放出来给我看了，可以放你回去。'那人信以为真，于是取水一碗，请县长站在衙门口，放蛊人在后，口含一口清水，向前喷去，只见一道亮光，通过县长身旁，把那衙门口的石凳，如经刀切样的裂开了。县长见他如此厉害，没有放他，把他枪毙了。现在那被击的石凳，尚在隆安县政府门口。[1]

民国十七年（1928），凤凰县发生一蛊毒案。有一苗人，二子相继而亡。疑为同寨蛊妇作祟，后告官抄搜其家，在隐蔽处抄出一瓦罐，内有蛇、鳖、蛤蟆等物，并有纸剪的人形。因证据确凿，即将蛊妇枪毙。[2]

虽无法可依，却照样执法毙人，看得出来，纵是民国官员，执起法来似乎仍脱不了古代律法的干系，如《唐律疏议》《宋刑统》《明律例》和《大清律例》等历朝历代法律，都列有查处与巫蛊相关罪名的法律条文。

查《增修大清律例·刑律·人命》，与谋杀罪同列的有"造畜蛊毒杀人"一罪并附刑案汇览二条：

凡造畜蛊毒堪以杀人及教令者斩。造畜者，不问已未杀人，

1　陈之亮《西南采风录》，《说文》1941年第3卷第1期。
2　凌纯声、芮逸夫《湘西苗族调查报告》，第200页。

财产入官，妻子及同居家口虽不知情，并流二千里安置。若以蛊毒毒同居人，其被毒之人父母妻妾子孙不知造蛊情者不在流远之限；若里长知而不举者各杖一百。不知者不坐。告获者，官给赏银二十两。

若造厌魅符书咒诅欲以杀人者，各以谋杀论；因而致死者各依本谋杀法；欲令人苦疾者减二等（其子孙于祖父母、父母），奴婢雇工人于家长者各不减，仍以谋杀已行论斩。[1]

所谓"造畜蛊毒"，意为"造作""收藏畜养"蛊毒，按刑律惩治极严，作蛊养蛊乃至传授蛊术蛊方者，皆要问斩。该书释云：

凡有人于私家置造藏畜蛊毒魅以杀人之物，及将堪以杀人蛊毒之方教令他人置造者，不论已未行用，已未杀人，并坐斩罪。[2]

上述案例嫌疑犯即使原无杀人之心（只是"欲令人苦疾者"），但若是"犯上"（如卑幼于尊长、奴婢雇工于家长等），"仍依谋杀已行论斩"。

由此可见，对"造畜蛊毒"或行魔魅之术者的惩治，至少在清代，就是有"法"可依的。而地方上依"法"治蛊的例子亦不鲜见。如现存于双柏县县志办公室的清乾隆十一年《碍嘉志》手抄本，就有这样一个"查拿畜养蛊毒告示"，告示在引述前举"大清律例"之后，写道：

1 《增修大清律例》汇纂集成第二十六卷，云南省社会科学院图书资料中心藏，今查已佚失，参阅[清]纪昀等编撰《四库全书》第六七二卷；[清]三泰、徐本等纂，刘统勋等续纂《大清律例》第二十六卷，上海古籍出版社1987年版，第776页。

2 同上。

煌煌律语，何等森严！其如邪说？有谓养畜蛊虫家必兴旺，是以愚昧夷人贪利信奉，多藏密室，敬养如神。蛊药性发，必须毒人，稍有仇隙，即暗下饮食害人性命。硂嘉地方，群夷杂处。本分州到任，闻昔年曾有夷人造、畜蛊毒，被地方举报，搜出蛊药在于石羊厂庙烧毁，本犯畏罪跳岩，妻子自缢身死。是畜蛊之家害人利己，明干国法，暗犯天条，断难昌盛。乃近来于石羊厂，夜间频见有扬空飞过，或自江外飞来，或飞过江而去，唰然有声，光色红绿，灼若奔星。询据土人中有年者云：此即夷人所养蛊虫乘夜飞出者是。造、养蛊虫，其术未灭，若不严行查拿，深为地方之害。为此，示仰乡、保、火头人等知悉：凡养蛊之家，虽藏之深密，形踪诡秘，而蛊早出入有光有声，难瞒邻居。嗣后，务各尽心查察，有能跟踪搜获蛊药，立拿首报。除将该犯详究外，其拿报之人定行赏给。如同居家口中有能出首者，准点绿坐。倘徇隐不报，事后一律坐罪，断难宽宥。尔等各宜凛遵，毋贻后悔，须至告示者！[1]

到滇南供职的清监生张泓，在其纂《滇南新语》里，也恨恨述及蛊事：

且官法日严，亦更无造蛊者，而遗孽未殄，散落民家，犹惧祸豢养，踪迹隐秘，比邻莫知。余闻而痛恶之，屡于新兴剑川设法告捕，思尽歼其种类。间有首者，往搜无所获，用生猬取之，

---

1 [清]罗仰锜《硂嘉志》，乾隆十一年手抄本，云南省双柏县县志办公室藏。

亦缩缩无效，深以为恨。然缉之愈力，而蛊影流殃，亦随地渐灭……安能得此辈而尽律以大辟，边荒妖毒，庶其息乎！[1]

在海南省琼中县发现的清光绪三十二年（1906）"奉道宪严禁"的石碑上，也刻有若干"严禁"的条律，其中，首查的亦是"巫蛊"之罪。

一查造魔尅符书□诅杀人并下毒药害人，按律照依谋杀论□□后□□务宜安分，如□再学□禁，忍下□毒，以害人命，一经被人报有□切证□□□到当主□□□□□□□审问照□□□断不宽恕。[2]

宋代官府也严格查禁各类巫蛊术。宋人洪迈《夷坚志》录有两个蛊案。三志壬卷第四"化州妖凶巫"：

又墟落一巫，能禁人生魂，使之即病。适与邻人争田，石龙县宰知其名，将杀之。既严捕入狱，即觉头痛甚，疑而思之。宰固健吏，不为沮止，帕首坐狱户自鞠讯，不胜痛，始承伏云："囚来时已收系知县生魂于法院，盛之以缶，煮之以汤，申之以符，见在法坐。"宰即押巫出城三十里，抵其居，视之而信。下著姓名、生年月日，因绐之曰："汝速解之，吾释汝。"巫禹步雷声，俄顷，

---

1 [清]张泓《滇南新语》，见方国瑜主编《云南史料丛刊》第十一卷，第402页。
2 此碑现存于琼中，可见韩立收《天涯海角的老规矩：海南少数民族传统习惯法研究》附录三"奉道宪严禁"碑，法律出版社2018年版。

宰脱然，所患如失。就估其赀货，了不以屑意。毕事将返，吏白言："彼处一小室，妇人以死守之，意必有物。"宰翻然再入，破其锁，中才容膝，秉烛四照，所画鬼神怪绝，世所未睹，盖所谓法院也。妇人又捐身遮障，争一小箧，吏夺而取之，正其秘法，宰畀诸火。巫死于狱，一邑之人，更相喜贺云。[1]

蛊巫受刑不过，招了供并解了法术。官府顺藤摸瓜，将蛊巫的老巢端了，终将"妖凶巫"正法。下例蛊案，就审得不那么顺手了。《夷坚志》补卷第二十三"黄谷蛊毒"载：

淳熙二年（1175），古田人林绍先母黄氏遭毒，垂尽，其家人曰："若是中蛊，当烧床箦照之，必能自言。"黄氏遂云："某年月日，为黄谷妻赖氏于某物内置毒食我。其所事之神，今尚在谷房里厨中。"绍先即告集都保，入谷家开厨，得银珂锁子、五色线环玦及小木棋子，两面书"五逆五顺"四字，盛以七孔合，又针两包，各五十枚，而十一枚无眼，率非寻常人家所用物。既告官，捕谷，讯鞫则佯死，释之则苏，类有鬼相助。会稽余靖为主簿，府帖委治此狱，其奸态如在县时。靖无以为计，惧其幸免，不胜愤诃，系于庭下，厉刃断其首，贮以竹篮，持诣府自劾。府帅陈魏公具以状闻，诏提点刑狱谢师稷究实，谢与丞尉亲到谷家，诘之少顷，蜈蚣甚大，出现。谢曰："此明证也，摄赖氏还司自临考之。"三日狱具，亦论死。所谓顺逆棋子者，降蛊之时所用以卜也，

---

1 ［宋］洪迈《夷坚志》，第1498—1499页。

得顺者客当之，逆者家当之。针之无眼者，以眼承药，既用则去之，盖所杀十一人矣。五色线，凡蛊喜食锦，锦不可得，乃以此代。银珂锁者，欲嫁祸移诸他处，置道傍，冀见者取之也。谷之罪恶，上通于天，余靖为民去一凶，士大夫作诗歌者甚众。[1]

主簿余靖怕治不了蛊巫的罪，日后遭报复，索性先斩后奏，带着蛊巫的人头"诣府自劾"。府帅派人复勘，从蛊巫家对得罪证，得以结案。先斩人后查证的余靖也成了为民除害的英雄，弄得一帮文人纷纷作诗赞颂。

不论搜无所获，查无实证，还是正巧捉得毒虫，寻到蛊药，被指控为"造畜蛊毒"的人，均是很难逃脱"法网"的，他们要不"畏罪跳岩"或"自缢身死"，就必会被"问斩"，甚至"律以大辟"，此等"明干国法，暗犯天条"的妖逆不道之罪，在传统中国社会里，是断断不能得到宽宥的。

那么，森森刑律，又源于何呢？

据《增修大清律例》介绍，清代律典出于唐代律典。在唐律中，已有关于惩治巫蛊之术的种种法律：

按唐律云，诸有所怨恶而造魇魅及符书咒诅，则魇魅与符书咒诅是两项事。魇魅者，谓行魇胜鬼魅之术，如图画人像，雕刻人形，钻心钉眼，缚手系足之类；书符咒诅者，谓使用邪法，书符画篆，或理贴以召鬼祟，或烧化以托妖邪，并将所欲杀人之生年

---

1 [宋]洪迈《夷坚志》，第1762—1763页。

月日书写咒诅之类。凡本意欲以此杀人者，原有杀人之心，应用谋杀之法，故各以谋杀论。[1]

《唐律疏义》将"造畜蛊毒、厌魅"列为十恶大罪之"不道"，疏义曰："谓造合成蛊；虽非造合，乃传畜，堪以害人者：皆是。即未成者，不入十恶。厌魅者，其事多端，不可具述，皆谓邪俗阴行不轨，欲令前人疾苦及死者。"[2]"诸有所憎恶而造厌魅，及造符书咒诅欲以杀人者，各以谋杀论灭二等。"[3]

查《唐律疏义》，对行巫蛊术害人者，均有详细条例。大致有：

1. 蛊毒罪。"贼盗律"列有"造畜蛊毒"一罪，注："谓造合成蛊，堪以害人者。"判决为，凡是造畜蛊毒及教唆他人犯此罪者，处以绞刑（《北魏律》对此罪犯者不分男女皆斩焚其家，以蛊为业者投入深渊），并将其纳入"十恶"中的"不道"，成为仅次于谋反等的严重犯罪。连邻里"知而不纠者，皆流三千里"。[4]

2. 魇魅者。《唐律》所列"憎恶造厌魅"一罪的解释为："厌事多方，罕能详悉，或图画形象，或刻作人身，刺心钉眼，系手缚足，如此厌胜。事非一绪；魅者，或假托鬼神，或妄行左道之类，或咒或诅，欲以杀人者。"[5]犯此罪之判决为：凡是用魇魅写符书及诅咒之法，以害人而未遂

---

1 《增修大清律例》汇纂集成第二十六卷，云南社科院图书资料中心藏，今查已佚失；参阅 [唐] 长孙无忌等《唐律疏义》第十八卷，中国政法大学出版社 2013 年版，第235—236 页。

2 [唐] 长孙无忌等《唐律疏义》第一卷，中国政法大学出版社 2013 年版，第 7—8 页。

3 陈永正主编《中国方术大辞典》，第 441—442 页。

4 [唐] 长孙无忌等《唐律疏义》第十八卷，第 233 页。

5 同上，第 235—236 页。

者，比照谋杀罪减二等论处；若因此致人死亡的，则依杀人论处。

3.妖书妖言罪。《唐律》所定"造妖书妖言"罪，疏义曰："谓构成怪力之书，诈为鬼神之语……妄说他人及己身有休征，……妄言国家有诡恶。观天画地，诡说灾祥，妄陈凶吉，并涉于不顺者。"[1]犯此罪者，即造妖书妖言及以妖书妖言惑众者，绞；即使妖书妖言"言理无害"的，也要杖一百。此罪罪名的成立，前承《秦律》之"诽谤妖言"罪，《汉律》列为"大逆不道"的"妄设妖言惑众"罪，后续至明清刑法（对造妖书妖言者，一律处斩）乃至现代刑法之"异端罪"，"弹性"越来越大，"左道邪说"之罪，亦由巫术、宗教泛化到政治、伦理诸领域。

仅从上列《唐律》看，就连政治搞得不错，气度宽容的唐代，尚且如此，其他诸朝，那更不用说了。至于何为"妖书妖言"（哪怕"言理无害"的），自然要看"主管部门"的一句话了。如北宋时梓州有个叫白彦欢的人，被控假托鬼神作法，诅咒死了人，案件报上审刑院，众法官皆以死者身上不见伤痕而感到难以断决，但有叫梁适的审刑院详议官却说："用兵刃杀人，尚有抵抗的可能，如今他用诅咒的方法杀人，人们怎么能够抗拒呢？"结果还是将白彦欢处死。[2]详议官的一句话，便使被告送了命。而这句话的依据（诅咒可杀人），却是不可验证的。因巫蛊无形，诬陷妄证造成冤狱的，就在唐代也难避免，唐张鷟《朝野佥载》卷三述：

> 唐载初年中，来俊臣罗织，告故庶人贤二子夜遣巫祈祷星月，咒诅不道。栲楚酸痛，奴婢妄证，二子自诬，并鞭杀之，朝野伤

1　[唐]长孙无忌等《唐律疏义》第十八卷，第239页。
2　殷啸虎《古代的巫术与迷信犯罪》，《文史知识》1990年第12期。

痛。浮休子张鷟曰："下里庸人，多信厌祷，小儿妇女，甚重符书。蕴慝崇奸，构虚成实，垎土用血，诚伊戾之故为，掘地埋桐，乃江充之擅造也。"[1]

以不可验证的罪行指控来执法，在古代很常见。因为在泛灵崇拜的社会里，连梦都是可"验证"的，况且巫术这样有形有意的行为。

唐再往前溯，涉及巫蛊事件的记载更是屡屡可见。官法王法对此的惩治亦更为严厉。最突出的例子，恐怕应举汉武帝时祸及数万人的"巫蛊之祸"了。先是陈皇后失宠于武帝，为了夺回宠幸，陈皇后从女巫楚服那儿学得魇胜之术以媚之。事发后，武帝令酷吏张汤究治蛊，株连被杀者三百余人，女巫被枭首于市，陈皇后则遭废黜。如此从重从严，似仍未能使人安分。征和年间，方士巫师聚集京都，嫔妃宫女竞相习蛊，汉武帝又杀了数百人，还派宠臣江充为特使，立专案组专治巫蛊狱，大搞逼供信，被指控犯了此罪被杀者达数万人之多。在三次巫蛊案中，卫皇后、戾太子涉嫌巫蛊被逼自杀，丞相公孙贺、大将公孙敖、赵破奴等遭夷三族，一般官员、宫女和百姓，更是罪不容赦，格杀无论。这一震惊历史的"巫蛊之祸"，直接原因皆出自对巫蛊的极端迷信，犯者冒死习蛊，禁者滥杀治之，一时间，巫蛊问题成为当时社会的热点问题。直到东汉，仍有《贼律》云："敢蛊人及教令者，弃市。"[2]认为巫蛊是"大逆不道"的重罪。不斩首示众不足以禁，可见汉时官法治蛊是极为严厉的。

其实，再往前溯，巫蛊早就列入各代"王法"严厉惩治的对象

1　赵庶洋《朝野佥载校证》，第285页。
2　[清]阮元校刻《十三经注疏》影印本《周礼注疏》，第888页。

了。据考，从商朝起，在法律上即已正式确立了"巫风"的罪名，为"三风十衍"之一，犯者处以墨刑。至西周，治蛊之法渐为具体。《礼记·王制》：

> 执左道以乱政，杀。
>
> 假于鬼神、时日、卜筮以疑众，杀。[1]

《疏》曰："左道，谓邪道；蛊者，损坏之名。巫行邪术，损坏于人。"《注》曰："左道，若巫蛊及俗禁。""妄陈邪术，恐惧于人，假托凶吉，以求财利。假于鬼神、时日、卜筮者，谓假托鬼神、假托时日、假托卜筮，以疑于众。"[2]说明至少在商周时代，"王者"们就已把"正道"之外的"邪门"或可能"乱政"的"左道"等列入"王法"重点惩治的对象之一了。其原因是多方面的，它说明，原始时代巫术、宗教、政治、伦理等多元并存的局面，已随着中央王朝的逐渐确立而发生变化，以维护统治集团利益为基本出发点的法律，也在日愈明朗的利弊善恶观的支配下，对社会进行了新的规范。

---

1 [清]阮元校刻《十三经注疏》影印本《礼记正义》，第1344页。

2 同上。

第九章

巫蛊现象的当代认知与文化时疫

当我准备大致结束自己对"现代蛊事"近三年的跟踪观察时，突然产生一个念头，想也观察一下闹市中各方人等对此事的认知状况。我想，如果中蛊和治蛊的事例，只是一种个别的偶然事件或孤立的病例，那实在犯不着花多少精力去关注。但是，如果这类事件在某种程度上仍有可能影响着我们的意识，融进我们的生活，甚至成为一种依然传染到现世的文化性疫情，那就有必要引起重视了。

事实是，巫蛊事件不仅仅只存在于历史和偏僻山乡，也存在于当代，存在于闹市之中。前述中蛊者以及那些巫师神婆表现出的"非常意识状态"，是否由于质、量、历史传承和现实影响等方面的原因，已从精神病学意义转移到文化人类学意义，个体的"非常意识状态"是否会社会化，演化为群体的"非常意识形态"或"非常文化心态"并固化为一种"历史心性"呢？我很想知道，"巫蛊"这一似被遗忘的文化话语，在我们周围的人们中间实际是什么情况？他们会怎么看？怎么想？也就是说，在这些"被现代"了的城里人心中，"巫蛊"这一古老的"话语"，究竟处于什么位置？会怎样被表述？

第一节　众说纷纭话巫蛊

1990 年代末，借云南省社会科学院民族文学研究所一月一次的学术讲座，我报告了近年研究巫蛊现象的一些心得，并有意多留一点时间听取大家的意见。为能获得不同的反馈，我邀请了不同民族的人，包括学者、诗人、气功师、佛教徒、公司职员、公司经理、精神病学医生（包括那位制作过"恋药"的民间医师）等来参加讨论，还特意向前例治蛊天师发出邀请。

下面是讨论记录（按发言顺序）：[1]

民间医师：关于"蛊"，中国古籍中有不少记载，但所指不一，或为"腹中虫""飞虫"，或为兽名、卦名，或指"鼓胀"之类腹部胀大的病症，或指某类难以辨识的毒药。至于不少古籍及民间传说中的"造蛊之法"，很有可能是杜撰之说，其可疑之处在于，首先，造蛊之说已有两千余年历史，但至今无人亲眼看见，只有传闻。其次，古人对某些疑难病症难于诊治，名之曰"蛊"，类似鬼神信仰。第三，中国古代医书虽多治蛊之方，却无治蛊医案，这很难说得过去。所以，我认为造蛊一说，完全有可能是杜撰的。去年我接触过七八例精神病患者，也碰到过类似中蛊的症状。有位二十七八岁的小伙子，人很聪明，但由于家穷，没法读书，只能当基建工挣钱，先养活自己。但小伙子心志太高又内向，想高人一等而遭致失败，精神上受了刺激，有了幻听，说有人打感应电话来，心神不安。我给他服吐泄之药，直到吐出血块

1　为尽量记准确一些，除自己笔录外，我还请其他同事做了笔录和录音。以下记录即根据几人记录和录音综合整理。

和金黄色的东西。止吐泄用苦菜水，泄够，头脑会慢慢清醒。还听说有人中水蛭蛊，服吐药后排出许多蚂蟥，这是为什么呢？会捉黄鳝者知道，冬天稻田田埂洞中，如抓到极瘦的黄鳝，将鳝血排出放三天，黄鳝便会化为成"千蚂蟥"。我想所谓水蛭蛊便是此法害人的结果。（有人见他正襟危坐做严肃的发言，便开他玩笑道："你制作的恋药和迷药效果到底怎样？"）——效果怎样，你们可以去问某某和某某（他回避说我，因我试过他的两种迷药，均未被"蛊惑"），问他们灵不灵。如能造出那么好的，当然可以古为今用。现在的人应该更有条件弄出更好的配方。

普米族学者：我生在滇西北，我们老家放蛊的人很多，叫"养药""药婆"，多半是女人。这是根据这些女人好吃懒做，又有点狡猾这点来说的。我姐姐就是中蛊死的，被人杀了魂。你们年轻人没见过，其实你（他指一彝族同事）的老家也很多。药婆放蛊，是把药放在指甲里，弹进食物中。

白族学者：我不同意老邓的分析，离题太远。其实蛊是很有意思的现象。据文献记载，放蛊最厉害最集中的是在苗瑶系统各族。我在滇南做过调查。瑶族为什么善于放蛊？因为瑶族从来都是一个善于制毒用毒的民族。他们住在深山箐沟，打猎下圈套，箭头和竹桩尖要放毒。治病的药，毒性也大。我曾和巫师和蛊师接触，也看过中了蛊的人。我在他们那里亲身体验过放蚂蟥蛊、放毒的过程（滇西有血吸虫病，症状也像中蛊）。放蛊确有其事，只是瑶族生活的地方较闭塞，瑶族的人数也较少，外界还不太熟悉。关于放蛊，有两种方式，一是放毒，二是心理观念上的问题。不断的心理暗示加上使用一定的药物，使患者认为自己是中了蛊。还有一种情况，我在勐海一个寨子看到，有一位妇女生下一对双胞胎，孩子还畸形，被认为是不吉之兆。接着寨里有灾，这女人便被指为放蛊，被赶出了村寨。这方面例子很多，得空我给你讲讲。

史学家：关于文化暗示问题，历史上不乏其例。希特勒不断强化反犹意识，日尔曼人便也认为犹太人坏了。"文革"中夫妻都可成仇敌，也是派性的强暗示。这种反常的心理暗示和心理状态，是动物性的（插话：事实上在自相残杀方面，"人性"或许比"动物性"更具"兽性"）。这种文化暗示到了今天，仍有很大市场。在一些地方，漂亮的女人在某一天突然被指责成放蛊的人，于是她就成了人人躲避和仇视的怪物。这和现在的 8 字头崇拜或类似的心理崇拜是一样的道理。巫蛊心态对现代生活影响很大，是一种异常心理的反映，对社会来说是一种腐蚀，弄不好会像五斗米教一样蛊惑人心，变成政治斗争工具。

藏学家：巫术不奇怪，是人生存的需要，是一种生活方式。有些人一身都是铠甲，只有一个小孔尚空，需要一点东西填补，于是巫术正好趁虚填之。我想，要是有一种更好的东西来填这个空，巫术就自然会消失。这与实际利益有关，并非精神错乱。例如"文革"中我们那里一家九口人，被捆上石头丢入澜沧江。原因是有人说这家人的男人会"杀魂"。这在一般人看来很荒唐，但对村民来说却很正常，他们不会觉得有错，不会考虑所谓"人道"问题。因为巫蛊信仰在前，他们认为，打死"杀魂者"和"放蛊人"就是维护了自己的生存，使自己免受其害。因此，他们的残忍心理是对威胁生存者的一种正常反应，是对自己生命的保护。

公司职员：这有道理。人一旦认为别人会危害自己，就会报复。这是正常反应。

杂志编辑：我认为"假想敌"起到了很重要的作用。在国际政治斗争中，常有寻找一个"假想敌"来解除自己危机的做法。蛊也是精神上有危机的人的一种假想敌。信这些东西的人把抽象的假想变为一种实际的状态，寄托在某个"杀人"或"放蛊人"身上，以此来解决自己的危机。

公司经理：人类马上就要进入 21 世纪了，对于巫蛊问题，能否不仅仅讨论心理因素多还是病理因素多，而是从哲学、发生学等方面做一些探讨，例如有关生存本能、毁灭本能、压抑、愚昧的根源等等。

苗族学者："巫蛊"二字是汉语中的叠韵字，它实际上是两个概念。"蛊"是现实、世俗的，而"巫"是彼岸、超现实的。"巫"看不见，"蛊"有时看得见。记得小时候我家隔壁的邻居是农会主席，人们都说他妻子是做蛊的。后来还请了巫师来念咒打醮，想证实一下这个事情。当时我曾想，这是不是阶级斗争的反映呢？

诗人：由于讨论的出发点是建立在唯物进化论观点上的，所以认为科学应该战胜神秘，认为巫蛊是落后的。但从千百年的传统而不是从几十年的历史看，就不能人为地界定谁落后谁先进。实际上，巫蛊起到的不仅有负面的作用，还有另外一种作用。那就是使人对生存的大地有一种敬畏。我们看到，在巫蛊流行的地方，人与自然的关系十分协调。20 世纪盛行人定胜天，把大地毁灭，是因为人对大地已经没有了神秘感。我们可以想一想，人类现在已经到了何等无法无天的地步，连克隆人都快出来了。蛊这东西作为一种象征系统，如能将人引导到对自然的敬畏，唤起人对自然的神秘感情，促使人清醒地看待自己对自然的毁坏，重新考虑应该怎样与自然和谐相处，是我们重提类似"巫蛊"这样古老话题的前提。在这个意义上，云南文化可以把人从现实的浮躁中引导出来。这是我们最后的神灵。

佛学家：我是佛教徒，学密宗的。佛教讲："万物为心造。"但心不足以行动，故有物质。巫蛊也是这样。蛊，说无，在座有人又看过；说有，却拿不出具体的东西。我猜想，认为世上有蛊，人会中蛊的诱因有几种：一是药理诱因。远古的先民认为，动植物身上的毒性可以提炼更毒的东西，养蛊人集百毒，经过浓缩、稀释或培养活的，就成了"蛊"，目的是让假想敌丧命。这事其实现代人也在做，生化战、细菌战便是如此，"现代化"创造的大蛊就是它们。二是心理诱因。先有传说或信仰，后形成暗示性力量，认为"我会中蛊"。三是文化诱因。有先生举例说，他村里就有蛊，老辈人这样说，大家都跟着信，这算是"集体暗示"。久而久之，便形成了一种文化。四是社会诱因。认为放蛊人坏，烧死放蛊人，是一种病态。由于整个社会都这么做，就成了种社会性的病态。当然，在他们的文化圈里，这都不奇怪。五是政治诱因。埃及金字塔本为帝王陵墓，在最后一关施毒，让挖坟者死掉，帝王在进餐前要让人尝菜，怕被人放蛊或放毒，使得自己慢性死亡。帝王的这种意识影响到整个朝野。生理的杀伤力强，心理的杀伤力更强。对于"蛊"这说法，我主张既不推翻，也不神奇化，而是好好分析。

也有人认为，巫是巫，蛊是蛊，不可混说。我部分认同其说，但在历史和现实中，巫（主要是黑巫术）和蛊常常混在一起，很难彻底分开。包括巫师，他们既会禳祛，有的也会施黑巫术。所以我取史书之说（如汉代"巫蛊之祸"），泛用"巫蛊"一词。

还有一些人要发言，可惜时间不够了，只好下次再说。很可惜的是，治蛊的天师没来，在电话里，他有些小心地问："是不是……你在做这方面的研究？"似有怕在我面前说漏嘴的顾虑。精神病学医生要接诊，也没来，事后他借给我两本精神病学的大书，说或许对我了解某些奇特病例会有帮助。我抱来大致浏览了一遍并做了如下笔记，这大致可以代表精神病学家对"蛊"这类现象的看法：

在社会精神病学的研究工作中，人们现已日愈重视社会文化对人类精神健康的影响。以及在不同文化背景或社会处境中精神疾病的病因因素、症状与特点。跨文化精神病学正将研究的视野从一个文化区域扩展到另一个文化区域，以对不同文化类型、文化背景和文化渊源进行对比分析。据调查，世界上有些精神障碍，是与传统文化密切相关的综合性病症。例如马来西亚有关魔怪与鬼灵附体的信仰，可能是造成意识分离及发生当地曾流行的杀人狂症、马来模仿症的原因；在拉丁美洲，类似缩阴症的一种急性焦虑反应，是在中了"魔眼"或其他急剧惊恐刺激下发生的，患者坚信有妖物钻入体内，魂飞魄散而导致体力大衰；"北极圈癔病"在爱斯基摩人心目中亦与鬼怪灵魂有关，故在发作时人们不愿接触患者；北美印第安人由于相信人在某种情况下可以变成吃人巨犬，从而诱导出一种癔病，病发时产生已变成吃人巨犬的感觉，这种病最充分地表明了神学与文化环境对精神疾病表现形式的影响。而在南美、非洲、澳大利亚、新西兰、地中海与某些太平洋岛屿中，存在着一种与迷信、巫术和魔鬼信仰有关的精神病综合征，这种病常常在狂热的仪式中发作，进入癔病的失神和朦胧状态，如果某人确信自己被魔怪附体，便会因恐惧、焦虑引起拒食，最终衰竭死亡。这种死亡恐怖症被命名为"伏都"（voodoo）——

与当地流行的原始宗教"伏都教"同名。在非洲的精神分裂症病人中，夸大、宗教、被害与关系妄想以及被动观念则均较常见。带有上帝之声或魔鬼呼叫内容的幻听是普通的症状，许多病人还产生幻触——即认定邪恶势力用巫术侵害他的肌体或使毒虫钻进他的体内……总之，在与文化紧密相关的精神疾病中，文化影响可以引起精神病综合征的病理塑形作用，并影响精神分裂症的临床表现。[1]

以上发言虽然简略，但观察跨度和认知差异很有意思。

一是身份差异。发言者包括不同民族、不同职业的人，分别来自乡村和城市，具有本土经验或留学经历。受不同文化传统和个人经历影响，他们对蛊事的认知和说辞各有不同。

二是认知差异。少数民族学者大多以老家的经历为例，说明巫蛊之事确实存在，放蛊方式也很多。"巫蛊是人的生存的需要，是一种生活方式。"放蛊者的残忍心理"是对威胁生存者的一种正常反应，是对自己生命的保护"。杂志编辑也认为蛊是"精神上有危机的人的一种假想敌"。

习惯形而下、务实的公司人员则认为，在竞争激烈的社会，互斗行为是人的正常反应，认为："对于巫蛊问题，能否不仅仅讨论心理因素多还是病理因素多，而是从哲学、发生学等方面做一些探讨，例如有关生存本能、毁灭本能、压抑、愚昧的根源等等。"习惯形而上冥想的佛学家逻辑性地分析了巫蛊的诱因：药理诱因、心理诱因、文化诱因、社会诱因和政治诱因，指出"心理的杀伤力"问题，并认为，如

1　姜佐宁《文化因素对精神疾病的影响》，见北京医科大学精神卫生研究所主编《精神医学与相关问题》，湖南科学技术出版社1986年版，第251—253页。

果"整个社会都如此做，就成了种社会性的病态"。

诗人一如既往地讴歌大地上的灵性存在："巫蛊起到的不仅有负面的作用，还有另外一种作用。那就是使人对生存的大地有一种敬畏。"为了"把人从现实的浮躁中引导出来"，他甚至把巫蛊也"诗意化"了："我们看到，在巫蛊流行的地方，人与自然的关系十分协调。"历史学家则冷静地从文化暗示问题引申到世界历史和中国历史中的著名案例，指出"巫蛊心态对现代生活影响很大，是一种异常心理的反映，对社会来说是一种腐蚀，弄不好会像五斗米教一样蛊惑人心，变成政治斗争工具"。

民间医师则呈现一种双重性，一方面，他认为巫蛊之说历史悠久，"但至今无人亲眼看见，只有传闻"，古代医书"虽多治蛊之方，却无治蛊医案，这很难说得过去"。由此认为巫蛊之说为杜撰。但他本人又是"魅药"的研制者并自称验证"有效"。留洋精神病学博士提供的资料则明确指出："在与文化紧密相关的精神疾病中，文化影响可以引起精神病综合征的病理塑形作用，并影响精神分裂症的临床表现。"后来，他作为专业医生在参与处理那些年成为社会热点的"法轮功"事件时，针对某些这种"功法"追随者的精神状态，提出除了从政治上考虑这个问题，也建议从跨文化精神病学、文化和社会等角度寻找一些对症下药的思路，比如人类学研究巫蛊问题的视角，认为或许也值得参考。

2000年，我到中山大学人类学系任教后，除了在我们成立的"健康与人类发展研究中心"继续开展相关研究，开设"非常意识状态与非常意识形态"讲座，也会应邀到中山大学医科学院、南方医科大学等高校讲学。针对未来的医生，我一般以巫蛊为例，就跨文化精神病学问题做通识讲座。讲座结束后同学们的提问虽然简单，也部分反映了当代年轻人的一些看法。

Q1：从您的讲座中我们了解到，从古至今，人类社会的各种文化中都有巫蛊或者您所说的非常意识状态或非常意识形态现象，尽管表现形式、影响力和程度可能不同。您认为巫蛊现象为什么会产生呢？

A1：从上千年来关于蛊事的史料和分布面很广的社会调查看，人类群体性非常意识状态或非常意识形态的形成，具有复杂的社会文化原因，涉及权力的争夺、财富的分配，也涉及自我和他性认知中的某些障碍，如对他人、他族、异性、异文化的不公正看待甚至污名化、妖魔化，等等。人类历史几乎就是"非常状态"居多。对他者的不公和排斥，会导致社会失衡，导致社会心理失衡，引发公开的战争或隐秘的巫蛊行为。战争是强者的武器，巫蛊在多数情况下成为弱者的武器；战争是肉体的搏杀，巫蛊则是精神的搏杀。所以，有关蛊事，一般盛传于边缘群体、亚文化群体和女性之中。就像身体和精神的失常导致非常意识状态的形成，社会的失常则会导致非常意识形态的形成。巫蛊可能就是面对权力、利益和认知危机时，人们采用的一种极端化处理方式。它十分类似福柯谈及的 18 世纪欧洲改革者，他们认为："在这种危险的仪式化的暴力中，双方都超出了正当行使权力的范围。在他们看来，暴政面对着叛乱，二者互为因果。这是一种双重的危险。"[1]巫蛊算是群体或社会失衡状态下一种"危险的仪式化的暴力"。

1　[法] 米歇尔·福柯《规训与惩罚》，刘北成、杨远婴译，生活·读书·新知三联书店 2003 年版，第 82 页。

Q2：人类学为什么涉猎医学的问题？这样的跨学科研究有什么意义？

A2：我们先谈人类学。人类学是一个多学科结合的产物，这是它的学科属性决定的。人类学的主干学科有体质人类学、文化人类学、语言人类学和考古学，各自又和不同学科结合，延伸出许多分支人类学。其中，体质人类学和医学互动最多。

我们再谈医学。中国古代医学涉蛊的病例和诊治方式很多，著名中医医典《本草纲目》《诸病源候论》等数十种医学著作，都有"蛊症"的诊疗记录。概而观之，大致有药物治疗、心理治疗等方式。当代医学一方面分科越来越细，另一方面又有整体考量的需求。比如，包括中医在内的生物医学或象形医学以天人合一、阴阳化合等传统整体观诊治疾病，自成一套科学系统；现在国际医学界呼吁的"新医学模式"，认为健康与疾病问题，不仅仅是生理病理问题，也是环境问题、社会问题和文化问题，所以，面对及处理健康和疾病的问题，需要多学科的协调合作，主张从生态环境、文化传统、社会情境等综合关系中，整体地追溯病源，分析病状，给出药物之外的一些诊治方案。我的一位博士研究生做有关艾滋病污名化问题及应对的研究[1]，在讨论这篇博士论文时，我觉得它与巫蛊现象有相似的地方：疾病污名和身份污名等污名化他者的现象，普遍存在于人类社会。从日常性污名到极端化污名，从个人的污名到群体性污名，污名作为一种社会文化心理现象，形式多样，无所不在。遍在于社会生活中的日常性污名，是散布一些丑化他人的流言蜚语，主要功能在于通过诬蔑他人，纾解由嫉妒、憎

---

1 高一飞《人口流动与艾滋病传播：污名的交互与再生》，云南人民出版社 2017 年版。

恨、文化差异等引起的心理问题。这种心理的社会化，很容易导致对某一群体的普遍性歧视甚至妖魔化。对外，把异域他国的族群视为虫兽、鬼佬、祸水；对内，划分贱民、低端人口、不可接触者，甚至人为制造异己分子、阶级敌人等假想敌，将污名极端化为危险的污名。危险的污名，来源于对他者的刻板化印象和对未知危险的恐惧。即使在相对非人为操控的自然灾祸和疾病领域，寻找污名化表征和替罪羊，仍然是传统社会处理危机的一种手段。对于由此面对或推导出来的灾祸和疾病问题，传统的做法，一是隔离，例如对麻风病、精神病和一些疑难病症的处置；一是转嫁，例如把某类灾祸与病痛指控为放蛊、杀魂所致，从而对被指控者进行打压、流放和虐杀。所以，关于疾病的污名问题，其实还是个社会问题、文化心理问题。随着现代社会对疾病认知和防治能力的提高，麻风病、精神病等疾病已经不再是让人望而生畏的绝症，放蛊、叫魂之类说辞也被视为无稽之谈。但是，只要这样的社会心理存在，新的污名必将"再生"出来。

Q3：老师，随着科学文化的普及、发展，您认为"蛊"会怎样发展？

A3：我希望它不要跟着我们跨世纪，不要再存在，希望社会更加文明、和谐，但是很遗憾，它一直存在着，直到前几天还有自称"中蛊"的人来找我寻求帮助；而经济发达的粤港澳地区，至今巫蛊化的"打小人"习俗还公开存在；还有流行过的"巫毒娃娃"，其谋求到的不少"流量"，正反映了我们社会关注心理健康的必要性。

巫蛊问题，开始有越来越多的人关注。来中山大学人类学系访学的广西民族大学黄世杰副研究员，他对广西等南方民族的蛊毒现象做过长期的调查，颇有心得，我们为此做过一些交流。他后来出版了《蛊毒：财富和权力的幻觉》一书，披揭了大量很有价值的田野材料，理论视野开阔。他想从科学技术人类学的角度讨论两个问题，一是论证蛊只是一种毒药，附随其上的种种神秘观念，都与特定时代的意识特征、社会生产力水平，以及畜蛊者的目的有直接联系。二是想揭示潜在于蛊毒背后的深层次结构和意义，论述蛊的存在是一种自动社会控制手段，越是缺少法制、法规和惩罚措施的社会，其社会政治经济文化越贫穷落后，蛊就越盛行。通览全书，黄世杰试图用人类学理论，探讨蛊毒现象背后特定时代的意识特征、社会生产力水平、权力控制手段等深层次结构和意义。[1] 当然，从历史上和现实中的大量案例来看，蛊并不仅仅只是一种毒药，还有巫术、法术等技术性的蛊术，心理性的蛊惑，符号性的毒咒密符，文化性的命相风水折损及制造灾害等，这些都是广义"蛊"（黑巫术）的组成部分。另外，古代诸朝并不缺少法规和惩罚措施，甚至有专门针对巫蛊的严峻律法，但蛊事不绝；现代社会法制逐渐健全，但直到 21 世纪，各种蛊事或因袭传统，或与时俱进改头换面，依然存在。

的确，当你以为是在考证远古的传统时，却往往和现实重合在一起；同样，当你以为面对的是现代人的时候，又总是看到先祖的面孔。你总是弄不清自己究竟处于"被传统"还是"被现代"的位置。在本书里，我来得及粗略记录和分析一下的，也仅仅是历史与现实中的一些断片和碎片，一些人们曾经经历和正在面对，却无法深究和根治的社会性症候。这类文化性或精神性"传染病"的影响所及，大至国家

1　黄世杰《蛊毒：财富和权力的幻觉——南方民族使用传统毒药与解药的人类学考察》，广西民族出版社 2004 年版。

银行、集团公司抢占风水或公共资源、生己克他的垄断，小至个人言行中为求吉避灾不惜损人利己（如把药渣倒在路上，让别人踩了把病带走之类）的种种心理暗示，广至一群人对另一群人的诅咒，甚至破坏异类文化、灭绝其他种族的集体疯狂，一切都说明现代社会仍有破除巫术迷信的艰巨任务，说明我们涉及的绝非是一些偶然的孤立案例，说明我们民族不仅需要在体质上，而且更需要在精神上进行保健教育。老实说，当我再读完精神病学博士借给我看的两本大书时，我已经弄不清精神病学和社会学人类学的某些界限了。谁是这些学科面对的"他者"和"自我"？谁是"臆病"（非常意识状态）或者"文化"（非常意识形态）的携带者、传播者和染习者？谁是巫蛊的"局内人"或是"局外人"？

我无法回答。

第二节　当代"魔魅"纠纷

本来，作为一个阶段性短期课题，我的"巫蛊考察"做了几年就该结束了，涉及的材料主要是历史。不料一接触现实，回避不了也不愿回避的问题立刻扑面而来，让我欲罢不能。

下面随录的几件事，都发生在 1990 年代：

1993 年，滇西某县某乡司法员普某，办理了一件民事纠纷，事关三条人命。命案起于这样一段姻缘：一对恋人心心相印要求结婚。按习俗，男方父母三次到女方家求亲。女方父母最初有意，后来却坚决拒绝。姑娘已有身孕，向父母哭诉求情也无济于事，无奈中只好住到男友家。男家父母怕出意外，急忙为儿子另说了一门亲事。儿子不从。为杜绝儿子念头，其母打了怀有身孕的那可怜姑娘一顿。见事无望，一对恋人抱头痛哭，发誓生不做夫妻，死也成一对。姑娘回家后服毒自杀。小伙子知恋人身死，毫不犹豫，跳水而亡。连上他们腹中的孩子，一共三条人命。

女方家为何拒绝男方家的求亲呢？就因听说男方家是"浑水"，即所谓"养药人"或放蛊使鬼者的指称。据说，他的父亲因与"浑水"女人结婚，弄浑了血，生下的儿子也被指为"浑水"。

至于女方家，其父母这样认为：女儿死了固然可悲，但可安慰的是自家没有被"浑水"染浑。[1]

1993 年的《法制日报》，曝光过这样一场"石狮子"大战：

1993 年 7 月 21 日，河北省会石家庄市，铁路三十四宿舍的男女老少上百口子人拿着锤子、绳索将宿舍对面旅游宾馆门前的石狮子围住。旅游宾馆的保安人员用身体护卫着狮子。双方僵持对立着。

据老百姓传说，旅游用布印染厂的大门开错了，朝着西北方向，当时有风水先生说：厂子今后要喝西北风，需立两个石狮子驱邪避妖。于是旅游用布印染厂和厂办的旅游宾馆花了几万元买了石狮子，在门前放了两对。而三十四宿舍的老百姓认为狮子咬住

---

1 唐楚臣《蛊药与婚忌》，《山茶》1995 年第 2 期。

他们了。在放石狮子期间，三十四宿舍死了不少人。

放石狮子与砸石狮子，争论焦点是否迷信。砸者指责对方为何不放仙子、鹤等物；放者说，狮子和龙、凤不都是一样的动物吗，为何不能接受呢。

双方僵持后便动手了。此战轰动了派出所。

据新华公安分局 1993 年一份简报载："近来，单位门前摆放石狮子的现象在社会上逐渐增多，据统计：目前我区共有 34 个单位在门前摆放 38 对石狮子。我局已先后受理了 6 起引起的矛盾激化问题，目前此类现象还有逐渐上升的趋势。"

位于中华北大街东侧华鑫公司下属的金丽装潢总汇，于 1993 年 9 月初开张时在门前摆放了一对价值 2 万元的石狮子，自称是为了做样品，招揽生意。两只石狮子正分别冲着太行机械厂制冷门市部。对此，两个单位的职工大为不满，声称：狮子咬着我们是倒霉的象征……如果这样摆着，非砸了它不可！

蓝宝石大酒店开业，门口摆了两只大石狮子，对面铁四局居民集体到政府上访。

有的门口狮子腿脚被加了一把大锁，上有一纸文字：看你再跑到哪里去咬人。

一些企业单位门前摆放着石狮子，对面居民便在自家的窗户上镶上镜子。名曰：你驱邪我照妖，再给你反射回去。

城关办二处处长说：有关石狮子纠纷，除了处理的信件，每天处理的电话也不下二十几个。

石狮子牵动了市政府办公厅。1993 年 10 月 21 日，市政办下发（1993）111 号文件。指出：摆放石狮子需报市城市管理办公室批准。城管办要严格进行审批，从严掌握，并对审批工作负责，未经批准保留的石狮子，一律要清除，否则由城管办没收。去年11月1日《石家庄日报》全文刊登此通告。

石狮子一时间成了街头巷尾、报纸、电台、电视台议论的中心话题。人们都怀着怎样的心态看待石狮子呢？龙盛胡同的高老太太说：我在这儿呆了快六十年了，过去是地主、老财、有权有势的人家才摆石狮子，咬得穷人没吃没喝。现在新社会了，你弄了狮子对着大家，大家就象恨地主老财一样恨摆狮子的人。某饭店经理说：我倒不信狮子有多大威力，可是如今新开张的门脸都摆狮子，咱挣钱也不比他少，摆着玩呗！倒比不摆显得气派！

全市380对石狮子中，自行清理了160对，而未自行清理的，城管办依照通告精神开始行动了。在清理过程中，为保留石狮子说情者不绝于门。冲突和磨擦是预料得到的。其中新华服装厂因清理问题状告城管办，令未平的波澜又起巨浪。截止12月4日包括新华服装厂在内，还有70多对狮子拒不拆除。[1]

1994年6月7日《人民日报》第五版上，披露了浙江省温岭市发生的一桩"魇魅纠纷"：

今年春节时间，一个算命先生到我市太平镇下罗村招摇撞骗。该村村民陈德正，患有脉管炎，多年医治无效，欠下了几万元的债。那算命先生来到陈家，胡说：十七八年前，陈家盖房时，

---

1 《石狮子大战》，载《法制日报》《解放日报》1994年1月10日，转引自马昌仪、刘锡诚《石与石神》，学苑出版社1994年版，第173—175页。

木匠师傅在屋梁上做了手脚，所以陈家才一直不顺当。陈德正听后，马上找人爬上屋顶掀瓦拆梁，又叫妻子去找盖房的木匠林福增算帐。

林福增与陈德正同村，方圆几十里的房屋大都是经他手建造的。近些年，林福增办起一家"岩下朝阳五金电器冲件厂"，生意做得很红火。

三月一日，陈妻手持铁锤，砸碎林家在下罗村的三间房屋的门窗。三月十二日，陈的亲戚再次纠集一些人，带着刀、锤等器械，将林福增企业的冲床和产品捣毁，迫使工厂停产。继而又上林家新居，砸碎二十四扇门户窗。因未找到林本人，这伙人返回冲件厂，砸坏厂门铁锁，毁坏模具、台秤等物。

受陈德正愚昧之举的影响，下罗村凡以前请林福增造过房子上过屋梁的村民，纷纷将自己的屋梁拆掉，以求"门头顺当"。在下罗村的影响下，邻村也有不少村民掀瓦拆梁，找林福增"算帐"。[1]

1995 年至 1997 年间，云南的《春城晚报》和电视台多次报道歹徒使用"迷魂药"惑人行骗的事。正巧我们的邻居也被"迷"过一回，听其说来，那药颇似传说中的"迷魂蛊药"："我在睡午觉，听见老头子悄悄溜进家，在里间翻抽屉。问他，他在里边支支吾吾。我不放心，起来一看，老头子已经把存折拿起了。我问拿存折干嘛，他说要保密，有大用。这就怪了，取钱对我保什么密！再三追问，才知道他要拿钱

1　钱玉、建平《听信骗子胡言，无辜木匠遭殃》，《人民日报》1994 年 6 月 7 日。

去交给一个陌生人，说是会发大财。他身上的钱已经掏光了，不够，又回来取存折。我看这事蹊跷，就叫大儿子跟去看个究竟，去了不见人，才知道有问题。老头子这时也清醒了，后悔不迭，说只因抽了人家递来的一支烟，就迷迷糊糊全信了人家的话，把身上的钱全部交给人家不说，还忙着回来找存折取钱，现在自己想起来都觉得像中了邪一样荒唐。老头子是中了别人迷魂药了！"

谈起迷魂药，立刻有不少人举例，说这类案件还有不少，某某误食他人给的东西后，不仅把身上值钱的东西全部交出，还带着那人到家里翻箱倒柜，等到人走后清醒过来，气悔得顿足大哭。电视上也报道过类似案件，有外地人在车站喝了一瓶别人给的饮料，被迷遭劫，直到警方抓住了罪犯，被害人还没从"白痴"状态恢复过来。但据专业部门调查，使人晕倒的药存在，但能把人迷住令其听指令的药至今还没有发现。受害者一般是贪小便宜上当的人，事后找了托词。

1997年7月23日云南《民族文化报》一篇题为"南哈血案"的文章，报道在滇南，甚至有用黑巫术来与法律对抗，以图逃避制裁的。1997年1月7日，麻栗坡县南温河乡分水岭村公所南哈村发生了一起命案：一个平时"称王称霸"的外村青年因"看人不顺眼"，揍了该村某青年两拳，还强行在该青年家住宿。这事惹怒了村民，村主任以"打小偷"为名，唆使村民乱棍打死了这个惹事者。事发后，公安部门立案侦察。教唆杀人的村主任盘某及其他犯罪嫌疑人慌了手脚，为逃避罪责，他们想出这样一个"解决"办法：

　　第二天，在南哈村年事最高、平时自称会施"法术"、放"五海"的邓某家里，盘某等几名犯罪嫌疑人虔诚地跪在邓某面前，一场施"法术""弃邪"、放"五海"镇公安的闹剧开始了。

在邓某家的堂屋里，香燃灯明，邓某端坐堂前，口里振振有辞，他边念边拿草纸逐一在盘某等人身上都扫完后，邓某将扫身的草纸放进一个烂盆里，还在盆里放进一只事先扎好的草船，抬到一个岔路口，盘某等人围着烂盆跪成一圈。邓某边念边跳了一阵后，点火将盆里的草纸和草船烧了。"贴在你们身上的邪气已经被消除了……"邓某有些得意地说。

邓某带着盘某等人回到屋里后，又开始放"五海"镇压公安干警。邓某坐在堂前，用一把木剑在他面前的地上划了一个圈，然后拿着三支点燃的香，双目紧闭，嘴里不断念着咒语。念完咒语，邓某睁开双眼，顺手将香递给跪在旁边的盘某，又拿起放在身旁的木剑，围着圆圈跳了起来，不断用木剑往圈里刺杀，口里还不停地喊着："叫你死，叫你们死，让你们永远翻不了身……"

然而，"法术"最终没能驱除犯罪嫌疑人身上的"邪气"，"五海"也没能镇压住公安干警，罪犯最终落入了正义的法网。[1]

1997年10月30日晚中央电视台1套"焦点访谈"栏目，播出题为"小报背后有文章"的采访报道，披露当时在内地查获的一次非法出版物案件。该出版物是一份名为《科技信息》的小报，提要列了一些五花八门、黄道黑道兼有的"实用技术"，其中有一项为"北派秘术"，称能教人用传统秘术对仇人做远距离的报复。显然，这种"秘术"即为黑巫术。据揭露，制作该小报的犯罪嫌疑人就靠提供这样的"科

1　田跃、祖元、朝刚《南哈命案》，《民族文化报》1997年7月23日。

技信息"发了财（每条15元，小报每份有几百条列目，印数5万份），这说明，愿意花钱买这类邪门"科技信息"的人，亦不在少数。

如果有心继续列举下去，这类事件能一直排到21世纪的当下。而且，在现实中真实发生的，显然不止这些内容。在新闻式的简述里，已经隐没了许多东西。

例如，滇西因"养药"婚忌逼死三人的命案，凶手是谁？没人指认得出，却又遍在所有当事人甚至旁观者那里，包括死者的亲人和死者本人那里——"其父母这样认为：女儿死了固然可悲，但可安慰的是自家没有被'浑水'染浑。"是什么一种力量，倾刻间便可以使性爱、母爱或骨肉之情瓦解？使生命与本能瓦解？使血缘的真实联系瓦解？

至于昆明"迷魂药"案，则更像古代巫蛊术的应用性发展了。民间传说转化为应用成果，发财幻想的执迷，使歹徒的药物刺激和心理暗示成功，使正常人变成判断"短路"的"拟精神病"患者。这"迷魂药"与蛊药具有相同的性质，均属用黑巫术谋财，而且，它不像某些麻醉剂对中枢神经造成麻痹导致昏迷，而是有选择地只让受害者判断力失常，而其他感觉并无大变化，举止正常，但心理上行为上却在药效期受控于施药者。

云南麻栗坡县杀人团伙用刀杀人是因为"法盲"，用黑巫术（五海）企图魇杀执法者是因为迷信，两种罪行都源于愚昧。

石家庄的"石狮子大战"和浙江的"木匠魔魅"事件，更是将隐秘的恶行公开化，成为古老的迷信现代化的一种闹剧。无论是"设魅"者，还是疑人"设魅"者，其实都站在同一起跑线，立足于一种类似黑巫术的感应迷信上。放石狮子、安照妖镜之类行为的基点是认为存在着一个异己的邪物，安放后可避邪甚至"反咬"或"反射"对方；被狮咬被镜照者亦基于一种被迫害的暗示，认为对方做了这类魔魅手脚，使会殃及己方居宅风水，乃到身家福祸安危。这类迷信渊源久远，本不足怪，怪的是发生的时间和地点——1990年代，中国现代文化和经济发达地区。

石家庄"石狮子大战"事件的报道者在文末，针对以石狮起震慑作用和自认为被石狮子震慑了的交战双方，提出了几个很到位的问题：

这些人在哪个环节出了毛病？

真正要拆除的该是什么？

真正要保留的又该是什么呢？[1]

单个地看，交战双方的每个人，大约都没有前举中蛊患者处于"非常意识状态"的精神病症状。但合起来看，却又有着精神病学诊断的妄想性偏执等"非常意识状态"的种种现象。如，思维改变、用灵物避邪调风水和巫术交感、类比思维等原始性思维占优势、集体丧失自我控制感、以非理性言行对抗，乃至诉诸暴力。置放石狮子者产生安全感成就感，而"被咬着者"则产生恐惧、仇恨和被迫害感，意义体验的改变使正常清醒状态下很少或根本不会察觉的事物或关系，被赋予了重大的意义，如，厂门朝西北意味着厂子要喝西北风，立石狮子可以驱邪避妖、扶正风水，被石狮子咬着是倒霉的象征，三十四宿舍死不少人与放石狮子有直接关系，等等。

那么，这种集体性的"非常意识状态"病因何在？换句话说，"这

1 《石狮子大战》，转引自马昌仪、刘锡诚《石与石神》，第175页。

些人是在哪个环节出了毛病"？

也许，在这一个层面上，传统与现代不像人们想象的那么容易"断裂"。

第三节　变身"节日"的魔术

按中国南方民间习俗，大年初三是"赤狗日"。赤狗为熛怒之神，是古代谶纬家所谓五帝之一，即南方之神，司夏天。俗以为是日赤熛怒下，遇之不吉。所以，初三早上，要用长约七八寸、宽一寸的红纸条，画一些符，在门口贴"赤口"（禁口），免生口角。云南民俗雕版木刻"纸马"中专有"口舌"（图9-1）"口舌是非"（图9-2）纸马，有神鸟（形似位居南方的方位护卫神朱雀）驱赶长舌小人的描绘。

如果只是一般口角，也就罢了。但因"口"而起的祸事，好像越来越升级了。"人言可畏""恶语伤人六月寒""一言以丧邦（下岗）"，言语的力量令人畏惧。我听说，有青年教师诉苦，现在课难讲了，照本宣科吧，觉得对不起愿意学习的学生，也对不起大学之为大学；不这样吧，又怕哪句话被"思想好，劳动（学习）不好"[1]或想得到某些好处的小人举报了。我无语，只好建议，你过年穿双新鞋试试，要不跳大神。

只要在家过年，家人一定会准备一双新鞋让穿上，口中念："穿新鞋，踩小人！"年货摊上也专门有卖这样鞋的摊点，可见有市场

1　我们当知青时傣族乡亲对玩嘴不干活的"积极分子"的评价，列为最末等。

图 9-1　口舌。云南保山纸马

图 9-2　口舌是非。云南保山纸马

（图 9-3）。但此市场反证了彼市场，也就是说，"小人"很有市场。嫉妒、诬陷、告密，这类人性之恶，泛滥在各个领域，国人无奈，只好依老古辈教导，过年穿新鞋，踩小人，或者跳大神。

　　在广东乡村，村外有的大榕树上会贴有一些纸符。按广东风俗，榕树是社稷之神，管全村人口。平时，附近的村民，如遇生活不顺、怀疑冲撞白虎或有小人作祟，就会来树前祭拜，焚香供果，用馒头塞住祭坛边石虎的嘴（图 9-4），在树上贴小人纸，请社稷神管束白虎和小人（图 9-5）。

　　对于这类不可知又无处不在的阴秽鬼祟之物，穿新鞋踩小人或请社稷神收拾小人，是最低调最"阿Q"的办法。民间声势浩大的祛逐方式是傩祭，它的主要形式是戴面具的戏剧表演，被称为傩戏，并已经成为春节习俗的重要内容和中国非物质文化遗产保护项目。

图 9-3 在年货摊上试新鞋的老朋友。昆明官渡，2003，笔者摄

图 9-4 庙侧的社稷神树，旁边的石虎嘴里塞着一个馒头。广东番禺，2019，笔者摄

图 9-5 树上贴的"小人纸"。广东番禺，2019，笔者摄

傩祭历史悠久。中国传统文化观念认为，阴寒之气和阴秽之人同构，可扰乱人事、影响国运。《礼记·月令》篇中有"命有司大傩旁磔，出土牛，以送寒气"的记载。孔颖达"疏"：《正义》曰，此月（季冬）之时，命有司之官大为傩祭，今傩去阴气，言大者以季春为国家之傩，仲秋为天子之傩，此则下及庶人。故云大傩旁磔者，旁谓四方之门，皆极磔其牲，以攘除阴气，出土牛以送寒气者，出犹作也。此时强阴极盛，年岁已终，阴若不去，凶邪恐来岁更为人害。"[1]《后汉书·礼仪志》载，"先腊一日大傩"。[2] 驱傩队伍中除"掌蒙熊皮，黄金四目，玄

---

1 ［清］阮元校刻《十三经注疏》影印本《礼记正义》，第 1383 页。
2 ［南朝］范晔《后汉书》，《二十五史》影印本第二册，第 809 页。

衣朱裳，执戈扬盾"[1]的方相氏外，又有了十二兽（或称十二神）等角色，由这支队伍"索室驱疫"，场面十分宏大。值得注意的是，从汉代起，傩祭便成了春节习俗的重要内容，并一直延续到唐宋时期。傩祭是从里向外的驱赶，驱赶之后在门口置避邪物，如挂桃符、苇戟，设神荼、郁垒像，这也是后世贴对联、门神的由来。驱傩往往通宵达旦，又形成后世的守岁习俗。宋代以后，傩祭在春节习俗中消失，也在中原地区消失，但却保留在西南和南方一些民族习俗中。

贵州威宁彝族中流行的"撮泰吉"傩祭，是配合每年阴历正月初三至十五的"扫火星"习俗展开的，主要功能是把吐沫星子引发的"火星"，象征性地扫去。寺院傩是藏传佛教吸收苯教信仰而形成的宗教文化。云南澄江的"关索戏"、华宁的"唱花灯"、双柏彝族的"跳老虎"，贵州屯堡的"地戏"，广东化州的"跳花棚"、湛江的"考兵"、普宁的"英歌舞"，都有傩祭性质（图 9-6 至 9-9）。

尽管傩祭是公开的民俗活动，但舞者都要戴面具、绘脸或化妆。为什么呢？除了扮成诸神或传说中的英雄好汉模样，借力打鬼，可能还有一层保护舞者的意思。舞者毕竟是凡人，在明处，阴秽小人在暗处。舞者为民除害，难免得罪这些东西，为了保护他们，表演时需要化妆，表演结束后也常常有偃旗息鼓、躲着卸妆的行为。

如果说，各民族的不同傩祭和穿新鞋踩小人行为还有以巫术对邪术的性质，那么，盛行于粤港澳地区公开的"打小人"仪式，就是一种蛊术性质突出的民俗化节祭活动了。

所谓"小人"，本意指那些对自己不利的他人。这是一个极易泛化

---

1 [清] 阮元校刻《十三经注疏》影印本《周礼注疏》，第 852 页。

图 9-6 云南澄江 "关索戏"。云南澄江，1991，笔者摄

图 9-7 每逢春节，村民就要请来农民花灯戏班，晚上演戏，白天挨家驱邪求吉。云南华宁，2002，笔者摄

图 9–8 化装为老虎血祭"跳老虎"。云南双柏，1991，笔者摄

图 9–9 "英歌舞"。广东普宁，2014，陈丹摄

的对象——仇人固然在被打的"小人"之列,自己所嫉所怨者,甚至无辜的竞争对手,均可能被列为被打之人。据香港中文大学人类学系师生 1970 年代的调查:

> 每年惊蛰是"打小人"的盛行日子。惊蛰是港地祭白虎的日子。按广东民间传说惊蛰时蟾蜍开口。蟾蜍是污秽的象征,所以在惊蛰期间一切污秽的东西同时开口。白虎星君会开口咬人,而小人亦会乘机开口搬弄是非。因此,人们在惊蛰期间祭白虎,以免白虎咬人。同时在惊蛰"打小人"以免小人搬弄是非。

> "打小人"可于事前及事后行之。在事前"打小人"的,如出外远行或开业建铺等。在事前问卜,如卜知有小人存在,就去"打小人"。而事后"打小人"者则如发觉运气不佳、身体患病、生意不景、家庭发生问题,归咎于有小人作祟,于是就去"打小人"。

> "打小人"就目的而言,似可分为两种。一种乃一般性地为防止或解除小人作祟而举行,这事实上是禳被仪式的一种。另外一种则是为解除某特定小人的困扰。两者在仪式形式上唯一不同之点是前者并不在小人纸上写什么,后者则在小人纸上写上这一特定小人的姓名与住址。譬如在港岛皇后大道东所观察到的一项应一中年妇人所作的"打小人"仪式中,小人纸上便写上:"狐狸精×××住……"

> 所有"打小人"仪式中都包含有关禀告的祝词。其内容主要是关于事主及小人的个人资料,包括事主的姓名、年龄、出生时间及住址。

其中两段收录于宝云道姻缘石的祝词记录如下：

> 佢话×××亚哥今年二十八岁二月十二日卯时间生，唔知时头时尾，是真是假……住在呢个天后庙道×××号地下……
>
> 花仔住在跑马地×××号二楼门牌，佢系×××呀，×××今晚先知宝石山公山婆，挂高望远，佢那个小人小鬼，住在花园台×××号三楼×××呀……

另一类咒词没特定的事主，为一般性的禳祓。

> 打阳小人，打阴小人，打男小人，打女小人，街头巷尾小人……

下面一段则系在惊蛰时录于鹅头桥：

> 梁氏信女，远处小人打伤，近处小人打伤，同楼共住小人打伤，同饮同食小人打伤；梁氏信女，左邻右里小人打伤，对门对户小人打伤，同 ___ 同行同党小人打伤……街头街尾小人打伤，个处上落车小人打伤，南方小人打伤，北方小人打伤，水上小人打伤，岸上小人打伤……
>
> 斩开五鬼不碍拦，男小人女小鬼，辣瞎个五鬼眼，等佢安全到步无阻拦，辣你个耳，辣你个鼻，辣你呢个五个小人……

对"小人"的处置，是道地的魔魅术，也就是我们在前面谈到过的"偶像伤害术"。例如：在"打小人"仪式中，如有特定的小人要打，便须将此人的姓名、住址等禀告神巫或写在小人纸上，甚至还要寻来"小人"的照片或衣物，以各种手段将其毁坏，借交感巫术之力对"小人"进行折磨。

我们再接着看这个仪式的调查报告：

小人纸是一张剪成人形的纸，颜色多为黑色，但亦有其他颜色者，例如白色及粉红色。男人丁是一张白纸，上面印有一个男性的图画，而女人丁上所印的是一个女性的图画。小人纸、男人丁、女人丁都是代表小人。五鬼纸是一张白纸，上面印有五个小人的图画，称为五鬼。此外也印有猪、蛇、虎、朱雀、锁链及扫帚的图像各一。据说猪是懒惰小人的象征，蛇是心肠狠毒小人的象征，虎是残暴小人的象征，朱雀是搬弄是非口舌小人的象征，锁链是用以将小人锁着，而扫帚是用以将小人扫掉。

小人纸通常是单个的，但部分职业性"打小人"者会利用一张折叠起来的纸用手撕出几个连在一起的小人。"打小人"者多数会用一张五鬼纸将小人纸包着，或将小人纸放在五鬼纸上，甚至放在神魂执照上，然后才打。而在真正打小人之前，部分职业性"打小人"者会用铜剑或铜币将五鬼纸及小纸压着。部分"打小人"者则会采用一张网状的纸将小人纸罩着。

处置小人可以有多种不同方式。最常见的就是用鞋来打小人纸及五鬼纸等。部分职业性"打小人"者也有用一把小铜剑来将小人纸及五鬼纸等刺破。小铜剑约为三十公分长，剑柄末端系着一个小铜铃。在宝云道、鹅头桥及湾仔侯王庙都可以找到使用铜剑的例子。

444

此外，在鹅头桥，也有人用香枝或香烟来炙五鬼纸上那些小人的眼和口。甚至有人用燃着的香枝来刺"小人"的相片，特别是五官部分。目的是对付口舌小人，使其眼瞎及口舌破烂，从此不能再造谣。其他的手段包括将小人纸等撕碎、用手搓成一团或用刀片切成碎片等。打小人完毕后，人们会将破烂的五鬼纸等撒在路旁、烧掉、撒向山坡下或埋于泥土中。假如在惊蛰"打小人"，部分的"打小人"者会将破烂的五鬼纸及小人纸等沾上猪血，然后才烧掉。（图9-10至9-12）

香港铜锣湾鹅颈桥是专门提供"打小人"服务的地方，有一些老阿婆守候在那里为客"打小人"，仪式中会使用大量"小人""白虎"等纸符。香港打小人的口诀：

打你个小人头，打到你永远无出头。打你个小人口，打到你饿死无得唞（休息）。打你个小人肺，打到你有气无地透。打你个小人手，打到你断手乞街头。打你个小人脚，打到你有脚无路走。

广东话版口诀：

打你个小人头，等你有气冇订透，日日去撼头。打你个小人面，等你全家中非典，成世都犯贱。打你个小人眼，等你成世都撞版，日日被人斩。打你个小人颈，等你周身都性病，花柳兼淋病。打你个小人胸，等你非典兼中风，后门被人通。打你个小人

445

图 9–10 "打小人"的神坛。香港，2024，
严丽君摄

图 9–11 用鞋底打小人。香港，2024，
严丽君摄

图 9–12 "打小人"的地摊生意兴隆。香港，2024，严丽君摄

手，等你有钱唔识收，有楼变喳兜。打你个小人脚，等你日日敷中药，有鞋冇脚著。打你个小人肚，等你好心冇好报，日日被人告。[1]

广东省东莞市漳澎村有一种仪式叫"烧除"，也即"打小人"。村民认为做事不顺，有可能是小人作怪。小人不一定是一个具体的人，而是一个模糊的总称——那些阻碍别人发展、陷害别人的人。做这个仪式，可以由觉得自己有小人烦扰的信众亲自打，也可以请拜神婆来打。"打小人"要在土地宫处，准备一幅"除衣"，上面印着"小人"二字。然后给土地和社稷上香，奉神，禀告神灵委托人的姓名和因何事要"打小人"。再放带来的米、雪梨、荸荠和鸡蛋。雪梨的"梨"和离开的"离"同音，即让小人离开、远离是非的意思，把雪梨分成两半，即分离（梨）。荸荠，粤语又叫马蹄，就是踢开小人的意思。熟鸡蛋也要切成两半，表示将坏事分开。带来的米分为两份，一份放在社稷神位之前，表示"放米拉好人"；另一份用来撒，表示"撒米砸坏人"。再用拖鞋去打那幅"除衣"，即那些说你坏话的小人，一边打，一边诅咒它。"打小人"不需要小人的生辰八字，因为小人只是一个模糊的统称。"打小人"时一般都会念："打你手不能动，打你口不能动，打你脚也不能动。"或者"打你的小人头，打到你有眼都唔识偷，打你的小人口，打到你有气没定透（有嘴巴也无法呼吸），打你的小人脚，打到你迟早变跛脚……"之类的，念完后烧掉带来的金银纸和元宝以供奉神鬼。最后打胜杯，得胜杯的话说明仪式结束。小人走了之后不

1　乔健、梁础安《香港地区的"打小人"仪式》,《中央研究院民族学研究所集刊》1982 年第 54 期。

图 9-13 道观门前空地惊蛰"打小人"的地摊。广州，2017，笔者摄

需要还神。[1]

2017 年 3 月 5 日，节令惊蛰。一大早，笔者即带学生到广州纯阳观考察"打小人"活动。出中山大学南校区南门，穿过人来车往的布匹市场，纯阳观就在一条也不清净的小巷内。不过，高高的围墙和门票，拦住了些许喧哗。

纯阳观建在闹市区难得一见的小山包上。购票进入大门，拾级而上，到顶才是山门。门前一块平地上已经蹲了一溜大妈，忙自己的活（图 9-13）。她们每个人面前都摆有一个小花盆，用来插香点烛，看来

1　本田野考察实录由项目组成员、中山大学人类学系硕士研究生区海泳调查撰写（2013—2019）。

是观里提供的。盆前放三个供果，一叠纸符。纸符多为"小人符""四灵符"（图9-14）等。

由于是各做各的仪式，所以仪式开始的时间并不统一。准备妥当的大妈点燃香烛，合十祭拜神灵，就开始自己的事了（图9-15）。有的大妈带来一些小块肥肉，把它们分别放在各种小人和灵兽的嘴边，假如正逢酬神的日子，还会带些金猪、烧肉、鸡、红鸡蛋等供品来酬神。祭过神灵，她们铺展开男女小人衣纸，开始祭祀。

图9-14　化人消灾，小人自退。广州纸马

有的大妈就是念念烧烧，来去匆匆；有个大妈看上去很专业，她手拿一把环首刀，环上串着一些小环，用环首击打放在地上的纸符时，发出金属碰撞的清脆声音（图9-16）。她一边击打纸符，一边口中念念有词，历数欲打的"小人"和祸秽名目，铿锵有调，如吟如诵。念一段，烧一张纸符（图9-17）。她的纸符很多，似乎是为多人而为。其他大妈办完自己的事就走了，只有这位大妈，一丝不苟，直到烧完带来的全部纸符。

接着她取出白纸，剪成心目中那个小人的形状，讲究的话，可剪贴上眼睛、鼻子及口舌等，然后她脱下鞋子，用鞋底痛打小人。打了一会儿后，就把纸剪刀放在小人的口舌上，意为剪其舌头，令它不能

图 9–15 道观门前空地惊蛰"打小人"的地摊。广州，2017，笔者摄

图 9–16 用环首刀"打小人"。广州，2017，笔者摄

图 9–17 焚化"小人纸"。广州，2017，笔者摄

图 9-18　做完仪式的大妈，在道观前的树上粘红绿两色的贵人纸。广州，2017，笔者摄

再搬弄是非，接着又把纸尖刀放在小人的肚子上，代表剖其腹，取其黑心挖出来，接着再用纸锁链，把小人脚锁着，不准它到处乱走，之后，她继续用鞋将它痛打一顿，口中念念有词，祈念一些化解小人的话，例如，"打你个小人头，等你有气无得抖；打你只小人手，等你有手无得郁；打你只小人脚，等你有脚无得走……"

　　一些做完仪式的大妈，又从包里取出几张红绿两色的贵人纸，图像为贵人骑马，文字为"贵人指引，四方大利"。她们把它们粘贴在道观前的大树上（图 9-18），然后匆匆离去。

　　我抽空请教做完法事的大妈，问所念可有具体所指的人事？大妈说没有，只是泛指一切不好的东西；再问纸符上的肥肉，大妈笑道，小人和白虎都贪吃，嘴里没油到处乱说。往它嘴里塞一些肥肉，它就不

图 9-19 在纸符"小人""四灵"的嘴上塞肥肉。广州，2017，笔者摄

得空盘弄是非了（9-19）。

显而易见，这类法术与我们前面列举的种种魇魅术，属于同一类性质。不同只在，《红楼梦》里的马道婆之流干这类勾当时，是鬼鬼祟祟、躲躲闪闪的，一经发现，即要问下死罪。而粤港澳地区的"打小人"仪式，虽然也同属一种通过巫化形式对别人进行暗害的黑巫术，却能公开做，甚至在一定范围内成为一种公众化的节祭活动。习俗认可，有利可图。这似乎是一种例外，但细想却是一种必然。试想一下，当一个只看重实用性巫术而缺乏信仰的群体不能运用正当手段从事活动时，像黑巫术这类见不得人的邪术，何妨不会公开化为这种全民性的节日呢！

第四节　被时尚化的巫蛊

本来以为，关于巫蛊的事，或许会随着时代的变迁而消失了罢。我绝没想到，这种集体的梦魇，也在随着人的新生而新生。如果有商业价值，它们甚至会被包装以时尚的外衣，成为甜蜜的毒药。

2006 年前后，一种名为"巫毒娃娃"[1]的物品出现在淘宝网和一些商场大厦的摊位上，并迅速在社会上流行。这是用麻绳手工编制成小人模样，头上身上扎有钉针的玩偶。据网络介绍，巫毒娃娃来自泰国，一开始是泰国寺庙中的僧侣手工编制而成，其材料不是普通的毛线，而是添加了据说拥有法力的神奇材料后纺成的毛线。其编制过程非常复杂，一种颜色只使用一根完整的毛线，而且编制方法都有严格的规定，确保不能出现任何差错。这些娃娃一般被泰国民间用来作为护身符或者诅咒仇人之用，最初并不叫"巫毒娃娃"，后来由于有关巫毒娃娃法术显灵的故事越来越多，最终引起了 Saan ha partnership Ltd. 公司的注意，关于这些娃娃的神奇功效也得到了更多"验证"，这就更加刺激了"巫毒娃娃"的热销。由于拥有神秘色彩和令人称奇的功效，"巫毒娃娃"很快就在东南亚、中国许多城市，乃至韩国和日本迅速流行开来，成了当时都市白领和学生族们"必备"的护身精灵。其神秘的手工制作工艺和特殊的用料让使用的人对其拥有的强大力量深信不疑。[2]

当时，我在网络搜索"巫毒娃娃"，可找到近 40 万条相关内容，淘宝网更是出现了 1000 多个出售娃娃的店面，价格从 5 元到 50 元不等，"巫毒娃娃"在中国台湾甚至创下的一间专卖店月销超过 700 万新台币（约合 150 万人民币）的神话。

1　民俗学家刘锡诚先生在 2006 年 4 月 10 日发表于自己博客的《黑巫术是反人类的："巫蛊娃娃"批判》一文中认为，"巫毒娃娃"这一名字是商人取的，学名应是"巫蛊娃娃"。因刘锡城先生过世，其个人博客关闭，此文已不可查。

2　2006 年，广州电视台的《城市话题》栏目想就"巫毒娃娃"话题做一期节目，想采访我，记者在网上摘录了一些"巫毒娃娃"的信息供我参考。

2006 年的广州，"春节后学校里就开始有同学的书包上挂着'巫毒娃娃'，今年万圣节时还有学生团体专门教学生如何 DIY'巫毒娃娃'。"广州某高校大四女生小冯告诉记者，"巫毒娃娃"已在广州高校之间慢慢流行开来。一德路国际玩具批发市场一家精品店的店主邱小姐表示，近两个月来不时有年轻女子或学生模样的顾客来询问是否有"巫毒娃娃"出售，甚至还有人拿着"巫毒娃娃"的样板大批求货。"要买'巫毒娃娃'的人越来越多，广州不少零售商现在都在找货源。"一位正在采购的玩具商告诉记者。

虽然市内主要的精品玩具集散地尚未有"巫毒娃娃"出售，但由于有不少散客和批发商前来要货，玩具商陈先生告诉记者："我们正大批量地生产'巫毒娃娃'，两周后就有两万个投放到广州市场。"[1]（图 9-20 至 9-22）

"巫毒娃娃"按照功能分成五大系列，分别是专门惩恶扬善的天使恶魔系列、对付恶人的巫毒诅咒系列、治疗心理创伤的治愈系列、期盼和守护爱情的爱恋系列以及看护自己和家人安全的守护系列。其中，巫毒诅咒系列有：

    1. 插心男（Zombie）

    2. 插心女（Little Mummy）

    3. 木乃伊宝贝（Baby Mummy）

    4. 终极木乃伊（The Mummy）

    5. 草人插针（Voodoo Doll）

1　邢冉冉、卜凡《巫毒娃娃杀到 市民恐遭诅咒》，金羊网—新快报，2006 年 3 月 31 日。

6. 锁脑人（Frankenstein）

7. 吸血鬼（Vampire）

8. 邪眼百目鬼（Many-Eye）

9. 暴力男（Bad Boy）

10. 破坏王（Sab Boy）

11. 黑暗男孩（Dark Boy）

12. 幻影杀手（Killer）

13. 小鬼头（Child Ghost）

14. 巫毒战士（Big Head）

15. 包打听（Tout）

……

其他系列中，不少也具有魇镇或魔魅的性质，如"守护系"里的"蜘蛛人"，其功能说明是："有讨厌忌妒痛恨的对象吗？'蜘蛛人'巫毒娃娃施展超强黏力，布下天罗地网，掌控全局，困住你的敌人，让他施展不开，推荐给想当狠角色的你。""爱恋系"里的"偷心贼"："想要拥有偷心大魔法，让一见倾心的他对您产生爱的感觉，不妨考虑此款娃娃，心爱的他变心了，也可以拜托偷心贼帮忙偷回他的心。"

"巫毒娃娃"的颜色也有讲究，如黑色用于诅咒和仇恨，绿色用于金钱、幸运、赌运，粉红用于爱和性，红色用于成功、魅力、快乐，白色用于健康和治疗，黄色用于祛邪和友谊。

网络上销售这些东西的广告词，更是"雷人"：

"以德报怨"是一种过时的观念，"以牙还牙"才是这个世界

运作的正常方法。想要重重惩罚找你麻烦的人吗?! 推荐你此款
"堕天使路西法",能让你一吐心中怨气!

拥有"双面"的力量,黑魔能使黑魔法,对付你的仇家;红魔
则能让他见到血光之灾,找你麻烦的家伙,可得小心一点哦!

让想找你麻烦的人日渐衰弱,吸血鬼会在夜晚叮住你讨厌的
人,让他无法入睡。[1]

有记者采访售卖"巫毒娃娃"的商店,服务员随手拿起一个"情
敌"款的说:"如果有人跟你争男朋友,你就把她的名字写在上面,然
后用针死劲往她身上扎,边扎时还要说一些咒语,如:我让你死得很
惨,我让你魂飞魄散等等,就可以了。"一位在淘宝网上开店销售"巫
毒娃娃"的店主却介绍说,"巫毒娃娃"表现出来的某种人性关怀和精
神激励作用是大家喜欢它的原因。他平均每天要售出几十个,购买者
多为学生和上班族。记者问云南师大附小三年级学生这个玩具(巫毒
娃娃)有什么用处时,一个小朋友说:"不喜欢谁就在谁身上扎。"[2]

上海秦女士的女儿是个高二学生。由于上半学期考试成绩不理想,
春节过后,女儿就买回来一个"巫毒娃娃"。秦女士告诉记者,女儿每
天放学回家做作业之前,都要先拿出"巫毒娃娃",口中念念有词,随
后就用针在娃娃的心口扎上几针。用女儿的话说,是在驱逐邪恶,把
背运扔给别人。

以前有同学将自己怨恨或不满的同学名字刻写在操场地面上,然

---

1 张铁鹰《必须得跟"巫毒娃娃"较真》,红网,2006 年 4 月 5 日。
2 记者郑小红、编辑张明《综述:"巫毒娃娃"热销深圳 学生着迷家长担忧》,2006
   年 4 月 25 日。

后用小刀在名字上疯狂刻画，不解气的还要踩上几脚，以发泄愤怒。如今"巫毒娃娃"的流行，无疑将成为学生滋生仇恨心态的新阵地。

有人选择恶毒的诅咒系，主要是报复自己的"死对头"，或是出考卷"难为自己""让自己出丑"的"坏老师"。"老师最近总罚我抄书，放学后我还要待在教室两个小时，请问店老板，这个'巫毒娃娃'管用吗，我要让老师也尝尝痛苦。"[1]网站上经常可以看到这样的留言。

家住成都九里堤南路的贺女士对女儿的状态深表忧虑："她就像是中了邪一样，整天对着'恶魔'一边刺针，一边自言自语。"当时，贺女士上初二的女儿萧萧（化名）买了一个长约七厘米的玩偶手机链，"小人一身黑色，披着黑色的披风，表情凶神恶煞，一点都不像女娃娃用的东西。"过了十几天，贺女士发现玩偶的心口被插上了两根针，衣服上还写有人的姓名。后来她又发现女儿常常躲在自己的卧室里，用针猛刺玩偶的心窝，嘴里还骂骂咧咧："我叫你欺负我……"这一切让贺女士心惊肉跳，以为孩子中了什么邪。在她的不断追问下，萧萧终于说出该玩偶是一种叫"巫毒娃娃"的另类玩具。她也是听同学们介绍，说"巫毒娃娃"特别灵验。随后萧萧拿出一张关于"巫毒娃娃"的宣传资料，资料上显示，"巫毒娃娃"是来自泰国的舶来品，据称拥有魔法力量，能够通过施法术使心愿成真。上面写着"看学校第一名不顺眼？嫉妒同事的企划方案比你强？巫毒娃娃让你的眼中钉无法集中精神，失魂落魄，让他见识巫毒娃娃的黑暗力量！"贺女士非常气愤："这不是误导孩子吗？那么小的娃娃就学会诅咒别人了！"[2]

---

1 记者郑小红，编辑于海波《巫毒娃娃热销惹人忧 专家建议引导健康生活方式》，北京晚报，2006 年 4 月 25 日。

2 萧若《14 岁女儿痴迷"巫毒娃娃"针扎玩偶并口中诅咒》，新浪网，2006 年 3 月 27 日。

利用"巫毒娃娃"来诅咒他人的还不仅仅是中学生，甚至有些大学生也热衷于此。一名家住东安新村的施同学，今年年初不慎摔了一跤，她认为有霉运在身。为了在一年中顺顺当当，她特地花40元钱买了一个"巫毒娃娃"，并且经常用针在娃娃身上刺扎。她表示，要把一切霉运都转给别人。

一些白领也会购买诅咒系的"巫毒娃娃"，用来报复竞争对手或是诅咒严厉的主管。五十六款"巫毒娃娃"中，就有好几款是专门针对这些人而施加特别法术的。

"这种行为太恐怖了，"北郊学校的刘老师首次听闻此事后相当吃惊，"就算学生对老师有再多的不满，也不应该采取这种方法，我们每天都在为他们的成长付出辛劳，这样做让我们太伤心了。"一些中学的老师们也认为，学生的这种做法将会给师生间的关系造成无法弥补的伤痕。[1]

"不管'巫毒娃娃'是否具有'法力'，但想想如果自己被别人设计成诅咒的对象，那就太可怕了！"在一家日资企业工作的蔡小姐说。

"黑暗男孩，让你的眼中钉精神不济，心神涣散……"一名初中生的母亲告诉记者，她发现自己的孩子在摆弄一个叫"黑暗男孩"的玩偶，家长担心，这种恶毒的诅咒会让孩子心存仇恨，从而影响他们的成长。心理专家建议，孩子们要尽量远离这种恶毒诅咒，家长和老师要及时了解孩子的心理状态，以免孩子误入歧途。广东省心理学会常务理事傅荣教授认为，商家大肆渲染"巫毒娃娃"具有"神力"的销售手法不可取。"'巫毒娃娃'实质就是一种流行饰品，学生和年轻女

---

1 《巫毒娃娃风靡申城校园，手捧针扎施法泄愤》，东方网，2006 年 2 月 23 日。

性白领热捧这种娃娃,是一种心理不成熟的表现。"傅荣教授认为,通过心理暗示,"巫毒娃娃"拥有者可以寻求一定的自我寄托,获得一些宣泄的快感。但因为"巫毒娃娃"实际并无任何"神力",所以当拥有者怀着强烈的愿望拥有娃娃后,所期待的事情并没有发生时,往往会产生一种自我挫败感。"如果这种挫败感得不到及时宣泄的话,拥有者可能就会采取极端的行为发泄情绪,比如将'针刺'这种仇恨行为转移到现实生活中,悲剧就有可能产生。"傅荣教授表示了自己的担忧。[1]

一些地方的工商部门认定卖"巫毒娃娃"是一种"销售封建迷信商品的行为",禁止销售,却引发一些为"巫毒娃娃"辩护的网评:

> 工商部门对"巫毒娃娃"查扣行为和所谓专家学者的担忧,未免有些大惊小怪。而且行政力量超越法律直抵道德生活领域,也似有滥用之嫌。
>
> 一切不过是一场游戏,并没有严谨可考的背景与文化,被好事者作实、认真了的诅咒功效也根本经不起推敲,在媒体的推波助澜下,"巫毒娃娃"却最终被拔高到彰显人性隐恶一面的高度。
>
> "巫毒娃娃"只是玩具,不是武器。何必跟"巫毒娃娃"较真呢?[2]

"巫毒娃娃"没有严谨可考的背景与文化吗?

"巫毒娃娃"是 Voodoo Doll 的汉语音译名称,其上市的真实名称叫"堕天使路西法"(Bad Devil)。据说,"巫毒娃娃"是非洲南部巫毒教施法时的一种媒介,原始的"巫毒娃娃"是由兽骨、木雕或稻草编

1 邢冉冉、卜凡《巫毒娃娃杀到 市民恐遭诅咒》,金羊网—新快报,2006 年 3 月 31 日。
2 叶花果《何必跟"巫毒娃娃"较真》,红网"红辣椒评论",2006 年 4 月 4 日。

图 9-24 非洲黑巫术木雕。广东美术馆展品，笔者摄

制而成，其仪式神秘诡异，故巫毒教被认为是邪教，巫毒法术及"巫毒娃娃"更被视为邪恶诅咒的代表。广东美术馆曾展出过一批非洲木雕，应该就是这种东西。木雕制作粗陋，造像面目狰狞，身上钉满锈迹斑斑的铁钉，或缠以荆棘及绳索。木雕应是使用过的，破旧不堪，多已风化，更显诡异（图 9-24）。

"巫毒娃娃"只是玩具，不值得大惊小怪吗？

有人在报纸发文指出"莫让巫毒娃娃荼毒心灵"："巫毒娃娃的出现，可能引发人与人之间的猜疑和误会。在现代社会中，由于沟通的减少，道德标准的失落，很大程度上导致了人与人关系的信任危机。假如某人境遇不佳，仕途中落或生意失败，就很可能怀疑被对手甚至朋友诅咒下蛊，从而造成矛盾和冲突，加重人际关系的紧张程度。从心理学的角度去看，这并不仅仅是中国人"疑心重"的问题，而是一种心理暗示的结果。有了一个充满邪气的古怪之物随身携带，就像掌握了各种下蛊害人方法的巫师，心理恐怕也难以健康正常起来。"[1]民俗学家刘锡诚先生更是从民俗文化角度展开对"巫毒娃娃"的批判，他旗帜鲜明地指出："黑巫术是反人类的！"

2023年12月我在网络上再搜寻一下，发现"巫毒娃娃"不仅没有消失，继续挂在网络上销售，还被做成在线游戏、拍为电影，借助新媒体与时俱进了。在网友的留言中，仍然有众多人表示很感兴趣，希望得到娃娃并加以使用。

其实，"巫毒娃娃"不过是低档的"法物"，还有一种被称为"宾灵"的高档"法物"，在2012—2015年前后流行。这种"时尚"至今仍在暗行。就在2024年2月，昆明海关所属昆明邮局海关还查获通过邮件寄送用人骨等人体组织成分制作的制品十二件，走私者报称为"玩具""护身符"，实际应该就是"阴牌"。[2]

的确，当一部分人在谈论高速公路、人造卫星、国际网络、克隆技术等等的时候，有一部分人仍然生活在一种古老得让人难以置信的历史中。就像滇南说蛊事的那孩子一样，仅需十年，就可以把几千年的意象烙在心里，带进一生，并传给下一代。甚至那些包装在时尚中，很善于"唯物"的人，亦不同程度地生活在类似的心史或意识状态中，就像那些为石狮子大战的人一样，他们生活在颇为"现代"的环境中，知道石狮子本为何物，但在心理上却不是把石狮子变成避邪的灵物，

---

1 王越《莫让巫毒娃娃荼毒心灵》，《佛山日报》2006年4月11日。

2 《海关查获人体组织制品12件》，"海关发布"微博，2024年2月28日。

就是视其为行巫的暗器，并因此而纷然自扰。前述的银行、医院甚至个别政府部门在门口立石狮子吞阴夺气、挡煞纳财的做法，就是一种公开的损人利己的泛巫蛊行为。

人造机制的石雕制品，即可对相当范围内的人群产生如此巨大的心理暗示，算得上是"点石成精"了。它再次使我联想起香港"打小人"节祭和特殊时代巫蛊行为的"群众性"。

问题在于，这种群众性疯狂的"文化时疫"，已经成了我们历史和现实的一部分，难道还要成为我们未来的一部分吗？

第十章
当代城市"巫蛊"病例实录

前面我们举了很多古代的和民俗的例子,但这绝不意味着巫蛊现象只在"传统文化"比较浓厚的地方存在。

现代社会的绝大多数人,由于各种文化信息的渗透和交融,已不可能完全生活在原有的"纯粹文化处境"中了。即使在怒江那样相对封闭的峡谷中,外来文化的冲击也随处可见,峡谷中人未必纯粹生活在自然时空和传统文化所给定的那种处境之中;反过来说,户口在"现代都市"的人,是否就是一个与现代文明相融的现代人呢?

这一点,本书在开始时已略作说明,现在,我们再通过一例涉及巫蛊的病例,来进行我们跨文化精神病学考察的另一侧面——心理处境问题的探讨。

第一节　中蛊的人

1995 年 8 月的一天,我接到朋友一个电话,说要请我为他的一个熟人治病。我以为他是在开玩笑，因为我从没学过医，何谈治病！等他把情况大致说了，我才知那人自称中了蛊，听说我刚刚在云南社科院民族文学研究所主办的《山茶》杂志发表了一篇题为《访蛊手记》的调查报告[1]，以为我可能是这方面研究的"专家"，或许治得这人的原始怪病——"蛊疾"。

在文化人类学田野考察中，神话、巫术和宗教之类问题是免不了会接触到的，甚至巫蛊咒诅之类的黑巫术，也时有所闻，但那仅限于学术性考察，且由于社会禁忌等原因，所见所闻十分有限，因此，尽管我花了很多时间去调查，亲入当地人指认的"放蛊"人家，冒着危险"以身试法"，均未获满意结果。我怀疑这种甲骨文时代就有记载的"蛊疾"，或许是当时较难对付的疑难杂症或卜算符号，并没有后来传得那么玄。但形形色色的毒咒术、魇魅术等语言巫术和交感巫术，历经千年而未衰，已形成一种影响力很大的隐性文化或亚文化，这是文化人类学不得不关注的重要社会文化现象。我因为一度从事神话和巫术研究，做过一些田野考察和文献考证，所以对巫蛊问题略有所知。然而，我的调查仅限于学术研究，哪有本事医这类邪乎乎的"病"！

然而朋友劝说，加上我也诧异，怎么现在还有此等事件发生在我们身边？这事在边僻之地尚可理解，怎么在当代都市里也会闹蛊？我心想，不妨就当作一次古老话题的当下考察吧，便同意见一见那位自称中蛊的病人。但转告时须说明我是干什么的，我可以见见，却绝无医人的本领。

病人居然还是找到研究所的《山茶》编辑部来了，由妻子陪着。

1　邓启耀《访蛊手记》，《山茶》1995 年第 1 期。

这是一位壮实的中年男人，但精神状态相当糟糕，萎靡不振，整个人垮了的样子，连走路都困难了。经询，我得知他像这样已近一年了，班也不上，成天躺在家里，惶惶不安地看"蛊虫"在肚皮上跳动——他让我看他的肚皮，似有物抽动。他和妻子都认定这是他中蛊的兆象。

他妻子介绍："他这病是突然得的。那次请朋友吃饭，晚上就着了，肚子疼得在床上滚。当肠胃炎治，没用，说肚子里像有虫在爬，人没精神，跟蔫了一样，整天在家躺着，他原来学过气功，用手抚摸一阵，才松动一点。"病人没劲说话，很多情况只好由他妻子代说："去做 B 超，照 X 光，却又什么都查不出来。怪了，明明感觉得到，看得出来，现代科学的机器却照不出来，这蛊真让人搞不懂。"

"会不会是功能性的问题，何不去看看中医？"我建议道。

"去看了，还是有名的老中医呢，吃了好几副药都不好。后来他看半天，问了一个奇怪的问题，问得罪了什么人没有，说怕是有人下了药，着蛊了。老中医说，云贵这地方过去有养蛊放蛊的事，着蛊的人就这症状。"

病人接过话头说道："他这一说，我想起来了，那次朋友请吃饭，也请了一个贵州人，长得怪怪的，看他样子心里就不自在。听人说他会弄些古里古怪的事，惹不得，莫不就是整蛊吧？后来那贵州人听说我病了，主动给了一副药，说解一解就好了。现在想起来，怕是他无意间放了蛊，觉得对不住我，给的解药吧。味怪怪的，我没吃，扔了。老中医说，是了是了，就是中此人的蛊了。老中医开了一副解药。他开的药更怪：草果一枚、七里香几钱、新针七根、犁头铁一碇。"

"这应该是一剂传统的解蛊药。民间传说，邪灵之类怕草果、姜蒜等辛辣之物，新针和铁器，也常用来辟邪。只不知这样的'药'吃了管用吗？"我问。

"不行，好像还更厉害了。"

"铸铁的犁头里，砷含量较高，熬水来喝，可能有问题。"我的朋友插话。

"类似的解蛊药他还吃过几次，越吃越虚。"

据我所知，古方和民间流传的单方里，所谓解蛊秘方，不过是由两类药构成的。一类药的配制原理与交感巫术有关，比如用蛊鬼邪灵惧避的草果、狗血、姜蒜、铁器等物，配以秘法（如神秘的数字、时辰之类），以巫术破解巫术。前面那位老中医的药，大致属于此类。另一类药以排泻为主，如巴豆、狼毒根、雄黄、白矾之类，病人服下，吐个翻江倒海，据说可能排解掉蛊。但这类药极伤人元气，我的这位病人或许便是被这类药弄得如此虚损呢！但此话不好点破，我便说："听说你会气功，何不用气功调息一下呢？"

"不行，我一运气，就更难受，脉道好像整个都乱了。我请来气功高手帮我导引，也没有用，顶多松动个把钟头。我是信佛的人，家里还请人来跳大神，请法师来做法事，都没有用。听人说，那人的蛊是太恶了，难得对付。我是什么办法都试了，还跑去外省躲，也躲不脱，实在无法，才来找您……"

其实，我何尝有法！但看到他们那样的神情，实在不忍心让他们失望。我估计他这病在很大程度上属于心理方面或精神上的问题。然而，要使其有认同感，才能进入其心理处境。只有设身处地为其引导，或许才会有效。见病人对我抱有一定期望，我想或许可以对症下药，用传统的心理疏导方法来化解传统的心病，如同"杯弓蛇影"的故事一样。我听说他信佛，便想从这个话题入手试一试。

我对他说："你已试过传统治蛊的许多办法，例如，躲鬼避蛊，是最初级的，像你到外地躲蛊，这是一法；以术治蛊，又是一法，其术有医术，也有巫术，你吃那些解药，跳那些大神，都在此例；以言破蛊，像苗族中蛊者的'咒寨'，怒族的'反咒'，以及你请法师来设坛诵咒，或可也算一法。过去还有'奇灵食蛊''以蛊克蛊'等做法，但这些我做不了，不会。前者只在神话或出土文物中有；后者以毒攻毒，须得你也养蛊，才谈得上去攻，如此恶恶相报，那还有了结吗？这与你所信的佛的宗旨，肯定相悖。

"你试用的这些办法之所以不灵，我觉得有几个原因，一是根本就没有蛊这回事，你的病不过是杯弓蛇影而已，所以你还是不要放弃找合适的医生，去检查一下，因为病因不一定与细菌或肿瘤有关，功能性或精神性的问题也可以致病，你练气功走火入魔也难说，千万不要咬定一个蛊字而延误医治（如果真有病的话）；二是即使有蛊，你所采取的态度似乎都有点消极被动，吃些莫名其妙甚至对身体有损的药，在精神上采用躲避、请人做法以求保护的被动姿态，这也被证明是不可取的了。

"佛表达过这样的意思：只有自度，才是根本。如果你真中了那么严重的蛊，要破解，只有靠你本身。一切术，不管它是医术还是法术，都是小术；只有大道能自救并救人。正如禅家所说：风无法吹倒一座山，诱惑碰触不到一个醒悟、强壮，而且又谦虚的人，碰触不到一个能够自主，而且又能够了解道的人。如果有魔，魔并不是一个外在于你的东西，它就是你的头脑，它一直在诱惑你，一直在欺骗你，一直在你里面创造出新的幻象。所以，如果你要我帮你破解蛊魔，那我建议你使用的，将是超出于你所试用过的所有术的一个大道之法，就是'正气克蛊'，这是我所认为的最高方。

"我不跟你谈虚。你肚里的那个蛊为什么总排不掉，是由于你没有真家伙装进去，如果'佛祖心头坐'，那蛊还有什么位置？你说你信佛，那要来真的，别像时下一些人一样，一边干坏事，一边还烧香磕头——请原谅，我不是说你。在这个问题上绝对不能假冒伪劣，要来真的。这就是一种修炼，炼到敢入地狱而不鬼，出于污泥而不染，区区小蛊，又如何'惑'得了你？这便是民间说的'命硬'。蛊事最多的苗族有俗话道：'药不上场。''药'是蛊药的隐语，'场'是正面人神的活动中心，传统的正气在此形成某种'场效应'，以致阴邪之术插不进来。这说明，人的某种精神素质，可以形成克蛊的无形屏障，改变不利的文化处境和心理处境……"

那天我喋喋不休讲了一下午，仅仅希望他能振作精神，不要把心思放在那上面。我借了一些流行的通俗佛学书给他，我的朋友也建议他除了努力改善自己的心理处境外，还要注意体能上的锻炼和营养的补充，走下床来，忘掉"蛊"那玩艺，正常地生活。据病人后来告诉我的朋友，那天谈完话他就觉得轻松多了，而且也开始试着读书和锻炼。

我并不相信他会因这次谈话而很快好起来。在交谈中我感到，这位病人的"信佛"，可能和大多数烧香磕头的人一样，实质是很功利性的。这与佛的精神相差甚远。换句话说，如真有佛缘，哪会受什么"蛊"惑；如没悟性，再说多少也白搭，何况这是一次也许并不对症的谈话。平心而论，我也出了一个难题，一个要花一辈子才可能有所领悟的难题。说是"最高方"，其实有几人能用和愿用？这应该是我太呆气了。即使这次谈话对他真有点用，也是一种外力，对病人长期所处的文化处境和心理处境来说，只相当于输入一剂清新剂。真正的复元，只能靠自己。这是一种自我改造，它不仅是从一种心理处境到另一种心理处境的转换，更是一种涉及其人生观、世界观、文化教养、人格塑造等等方面的重塑或调适。

这需要相当多的时间。

一月后，我打电话询问他的病情，知道他果然没能坚持必要的身心锻炼，仍然偷偷去求巫问术。我又挑了点便于他理解的佛学书，希望他多多锻炼、静心养性，把神秘兮兮的巫气尽可能丢掉。

数月后再问，他索性直言——那些书没用处！佛门咒语他过去就能正背倒背如流，还不是中了蛊！看来与他说佛也说不下去了，因为他比我还能说，尽管我明白这可能是他自炫的一种方式。在他滔滔不绝显示背功的时候，我常常忍不住遗憾地想，要是他真能悟得其中一二，也不至于这样了。我看他依然那么浮躁、急于求成且把佛学也当巫术来用，以为会念几句偈语，便是学佛了，等到不见功效，必然也会像当初"学"它那样轻易地丢它。但我无法劝他，因为有些东西，是需要花一辈子时间去"修炼"、去体验的，没到那一步，说多少也白搭。

第二节　心病心治、以玄治玄

对于这样的病人，大概得换一种方法了。

我想起我的朋友，昆明医学院从事跨文化精神病学研究的赵旭东博士讲过的一个病例。他曾接收过一个自称被"迷魂药"蛊惑的女病人。这位病人原来精明能干，是个女强人，后有了外遇。没想到忠厚的丈夫竟容忍了她的背叛行为。这像一堵软绵绵的墙壁，让她所有预设的对抗都毁之于无形。她精神压力很大，觉得对不起丈夫和家庭，但见到丈夫却又产生生理上的极度反感。强烈的负罪感和情感冲突，使她的精神趋于崩溃，几要自杀。她丈夫带她来看病时，两人都一口咬定是中了第三者的"迷魂药"。赵旭东很为难，要是对病人讲科学或道德，病人肯定接受不了；但要治此病，却是无从下手。想来想去，还是只有用他擅长的心理治疗方法。他对病人说，她确实中了迷魂药，幸好医生有一秘传的古方"还魂汤"，包她服了之后第二天就想跟丈夫亲热。医生神秘兮兮地躲进药房，把黄连素等几味药味独特的普通药片用热水溶化，合成一剂无用也无害的怪味药，请那病人趁温喝下，然后静观其变。才个把小时，那女人便说见效了，想出院见丈夫。第二天，这对重归于好的夫妻赶来医院，千恩万谢地说那神药很灵。其实，那剂"神药"，就值一角钱而已，它的效用不在药理，而在心理，因为赵旭东观察到，病人和病人家属，其实在潜意识中是想找一个台阶下，给她这个机会，她心中的障碍就消除了。这叫作"心病心治"。

我想，如果我的病人也属这种情况，或许可以一试，但这难度很大。在与病人的几次接触中，我注意到他很不自信，亦不信别人。他已求过各种医：西医、中医，甚至气功；他试过各种治蛊秘方，药理的（服用各种排蛊解蛊药）和心理的（外出躲蛊、跳大神做法事、研习佛经佛咒等），都未见效或只有短暂效用，以致完全丧失自信，对一切治疗也抱怀疑态度，几至精神崩溃。也就是说，他目前的心理处境极糟，身体状况亦因反复折腾而弄得很差，要帮助他摆脱目前处境，最重要的依然是帮助他摆脱过度依赖别人、依赖药物而又总靠不住的怪圈，主要靠自力调谐身心。既然他无法靠修养自身自心，优化精神境界来克"蛊"，只好请精神病学专家来看看了。

我向病人介绍了这位留德归来的医学博士——对他说时有意避开"精神病学博士"这个词，我说这位博士成功地医好了不少病人，其中包括自称中蛊的重症患者。征得病人的同意后，我带着他们两口子进了赵旭东有意布置得像家一样的特殊诊室，目的是让病人减轻对医院的恐惧，特别是消除敏感的精神病人对精神病学医生的防范心理。这一次，病人否定他中的是"蛊"。他说，他请道教门内的人来查过，查出他中的不是"蛊"，而是"禁"，属"五雷钉禁"，他的灵魂已被"禁"住，难怪吃什么药都吃不好。他请道士作法解"禁"，做完道场后感觉松动了一点，但几天后那玩艺"又上身了"，而且更加厉害。他曾几次找中间人，希望那个对他施"禁"的贵州人手下留情，但每找一次，病痛更重。现在每到后半夜，便觉心里极其难受，无法安睡。他说，再这样下去，他想找那人求情，以得了断，但又怕那人不放手，因为那人实在太"凶"了。

"你认为你得罪了他什么没有？"赵旭东问。

"我没得罪过他，但我知道他们的一个秘密，"病人有些犹豫，"具体情况我不能讲，只能打个比方。比方说，如想害人又不想露痕迹，就请了一个懂法术的人来放蛊下禁。这事被我知道了。那次请朋友吃饭，这个懂法术的人也在场。我喝了酒管不住话，问他，听说你会怎样怎样，真有那么回事？他听到这话，定定地看了我足足有一两分钟，像要看穿我似的。从那天晚上起，我就开始难受，内脏整个不对劲了。我想他是怕那些见不得人的事泄露出去，所以下手施法术整我。"病人絮絮叨叨，把他如何四处求治，各种方法都试过却仍然无效的经历又重述了一遍。他认为，药，他吃过很多种，没用；气功，他练过，没用；学佛，求道，寻民间秘法，也没用。现在是"穷途末路"了。

赵博士听完，询问了他一些家常和亲友方面的事。他很敏感，说自己头脑很清楚，显然不希望医生往精神病或心理问题方面联系。他举例说，他妻子原先也不信的，后来是孩子也得了这病，请法师弄好，她才信的。

赵旭东显然不会去弄什么法术的。他问病人愿不愿吃药，病人犹豫再三，最后说出实情，原来，有一次，这医院的医生也给他开过药，说一次服三片。他多了个心眼，只服了两片，结果昏睡几天，人事不省。"要是三片都吃了，岂不要命！"看他疑心重重，赵旭东就请他先试试"做作业"："你不是后半夜开始难受吗？那就把这个难受提前，每天晚上临睡前半小时，开始想象最难受的情况，一定要给它难受到极点。然后想你得这病的好处，就像你刚才说到的，妻子更关心你了，亲戚朋友给你娃娃的压岁钱也格外多，这都是得这病的好处，还有什么，尽可能想，想了就说，把它们录在磁带上，只录五分钟。"

病人显出诧异的表情，问："难受是因为中了人家的禁，怎么能自己提前？得这病竟有好处？"

赵旭东卖了个关子："为什么要做这个作业，我现在暂时不告诉你，从今天开始，做完作业再说。"

事后，赵旭东告诉我，病人的症状属妄想型偏执，而且已经很严重，他不自信，也不信人，心理治疗的难度很大。那个"作业"，不过是增强他自我控制力的一个尝试，在某种程度上还有以毒攻毒、矫枉过正的意思，当然，最好还是要辅以药物治疗……

我们仍然没有把握知道治好那人病的可能性如何。赵旭东将继续从精神病学的角度来解决这个问题，履行医生治病救人的天职；我则只能以一种接近人类学的眼光去关注此事。我想了解的问题是：一种古老的巫术或巫术心理，在科技发展的现代社会，为什么还会以这样的形式出现？它的文化原因和心理原因是什么？

当时，赵旭东考虑到他已失去工作，没要他的诊费，还承诺可以一直免费治疗，直到治好病为止。

遗憾的是，他没有按照医生的要求去做，并且再不去医生那儿。治疗自然中止。尽管我的朋友保证，在治愈前不收费，还一再打电话约请他来，他都回避了。事后我问他，他说："你带我到他治疗室，我就感觉到了，他是把我当精神病打整。我很明白他的意图，但我不是神经有问题（谈到"神经"一词时他有些神经质），我的意识清醒得很！为了医病，我还是照着他说的试了一次，录音录了一堆，想那病的好处。荒唐！哪有什么用。还是十分难受，并不见有什么好转。我的病不是科学可以治得好的。"他十分肯定地说："医院的信息太乱，我不能去。"

当他滔滔不绝地向我讲解各种"功法"的时候，我开始烦了。我终于明白，他需要的不是佛法，而是神通。我无神通，自忖还是免开俗口的好。于是很久不与他联系。但转眼两年过去，这位自称中了"蛊"或"禁"的患者，他的病情怎样，我心里还是有些牵挂。

正好他又来找我。问及病情，他告诉我："我又找了好些法师，个个都说没问题，包在他们身上，结果都是好几天，又不行了。他们说，是那人的法术太恶了。有朋友介绍我到外省找一个法师，是少数民族，那人的法术很凶，叫你今日死，你绝对活不到明天。先是他徒弟来，表演了几套禁术给我看，他会禁鸡禁鸭，那公鸡捉来时很雄式的，被他放在坛上，七念八念就念得蔫蔫的，像死了一样。为了给我治病，他徒弟还把他老爸禁了。听他说，禁人很伤，他爸爸几天以后都还恍恍惚惚的。他真有法术，从他为我做法起，我身子就一天天松了，感觉肚里的那东西一点点退去，差不多快退完了。以为可以好了，不料几天后它又上身了，而且更难受。法师的徒弟说：'看来我还得再入山修炼几年才行，你去找我师傅吧。'但我不敢去，弄不好他把你的小命要了。听他徒弟讲，他师傅脾气怪得很，难侍候，恼了他会使术乱整人，连自己女儿都整。有一次他老远见一个小姑娘在田埂上走，平白无故使法让那女孩的裤子掉下来。那天他女儿回家晚了，一进门就说：'今天怪了，一路走，一路裤子往下掉，拉都拉不住。'他听到，才知道整人整到自己女儿身上。这个人，连自己的女儿都要整，我一个外族人，去了怕要被他榨干。这两年为医病求法，钱都花光了，哪有给他榨的，惹了他，难保不被他禁了魂当鬼使。"

"那你咋办呢？"我问。

"有个朋友给了我个密宗的符，叫我每天用它来画，"他用手在胸前做画圈圈状，"画画嘛又松动些。"他喋喋不休地对我介绍那些法术。

我突然觉得很无聊，他又回到两年前的老话题、老办法上去了。我不知道他这种恶性循环的圈圈还要画多久，而他又是那么讳疾忌医，看来我是爱莫能助了。

见我走神，这位颇敏感的病人道："听说你们去年到西藏跑了一趟，应当见到一些密宗高人吧？"

"高人？"我想起去年我率队考察"滇藏文化带"时，同行的队友献杰曾在密宗寺庙里和喇嘛论法，让喇嘛们都很佩服的事，便说："或许有吧。"献杰过去带兵，将心理分析用于思想工作，颇有成效，请在心理学和佛学上都有造诣的献杰去开导他，以玄治玄，或许能使他克服心理障碍，放下执迷之幻，即所谓"魔障"。

"你必须放弃，"献杰一见他的面就开门见山地说，"彻底放弃。这两年你折腾得够多的了。如果最初可能是别人施加于你的话，现在是你自己在培养它了。你用不同种类、不同门派的法术，把它锻炼得威力无比。目前，它拥有的法力，已经超出了所有跟它斗法的人，甚至超出了放出它的人。所以你再这样搞下去，会越来越不可自拔。只有放弃，彻底不理它，它才会消失。"

"要是难受起来呢？"

"哪里难受就去找哪科医生。"

"那，人家教我的功法……"

"不要再做。你该吃则吃，该玩则玩，还要去上班，像正常人一样生活，不再把自己看作病人，不再理那什么蛊，它自会消失。否则，你那么看重它，它将跟你一辈子。"

"家里的神坛……"

"全部处理，"献杰毫不含糊地说，"你什么神鬼都求，不怕互相干扰吗？"

病人还在迟疑："我已经快两年没上班了，公司以为我装病，医院又提供不出任何检验报告证明我的病，听说公司要把我除名了。"

"你必须去，不管发生什么情况，天天去，下星期一就开始，早上9点30分以前一定要到公司，这对你有好处。"献杰道。

病人的表情很复杂，犹豫再三，才说："能不能换种方式，我这样做很为难。"

"不要再说了！我的护法发火了，你再固执，他让我扇你一耳光！"

病人不再作声，诺诺而退。

献杰的话颇有禅意，而且与精神病学博士的做法不谋而合，都是希望病人在心理上首先要摆脱所谓"巫蛊"的纠缠，以自力求解脱，否则谁也救不了他。献杰还分析，此人的症结可能就在公司里，他不敢正视、有所回避，所以要逼逼他，看他走不走得出这一步。

他没走出这一步，一个月后我再见到他，形貌依然那么憔悴。他没坚持去公司（据称去了一次），没放弃那些"法术"，更没像正常人那样生活。他已经又去拜见了一位法师，跟着这位据称来自印度的法师学静坐入定的功法，同时又偷偷向我打听献杰学的是什么功，希望我帮他说情，请献杰发功施术治他的病。"没法了，就像吸毒上瘾的人一样，只要能解瘾，怎么干都行。"

"你要不再到医院看看，也许总有办法查出病根，对症下药。"

"早就试过。我这病不是医生能治的。"他说得很肯定。

我只好苦笑，告诉他，献杰已给了他非医生的最好的解法，有道是："天下事，了犹未了，何妨以不了了之；世外人，法无定法，然后知非法法也。"这功法那功法，不过是法，世上之法，法无定法，何不走出那怪圈，以非法"法"之？法毕竟是小术，道才是大器，这些年你只重求法，不重修道，被小术（不少还是邪术）缠住，何时能有了结？因此须以"不了了之"的平常心放松一下。天地在心，大道在自己走出来，若不自渡，他人如何帮得？

不知他能听得进去否。看来，我们希望他能摆脱"魔障"的想法，也许只是一厢情愿吧。但正因为有这样的问题，才有医学、心理学和社会科学存在以及结合的必要，也正因为这是一些难题，才刺激了我们探索的欲望。

第三节　以子之矛、攻子之盾

某年春节前，搞探险的朋友约去一家茶廊喝茶，意外见到一位有"神通"的高人，人称"天师"，正神侃他通灵驱邪的事迹，他说自己有透视眼，可以看到人的骨头。还讲了许多神经兮兮的故事。

他说自己熟悉《易经》，对巫术也有研究，甚至见过放蛊人制造蛊毒的坛子。我一听甚奇，因为至今尚未听说过哪怕一例人类学或民俗学调查实例证明"蛊毒坛子"的存在，几乎所有的都是"传说"。但他不是人类学家或民俗学家，亦拿不出实在的证据，我不敢肯定他说的是真是假。后来谈及他用神通驱赶附体邪灵的事，引我想起那位中蛊的病人，便问：有人中蛊，治得否？

"小菜一碟。"他颇自负地说，并且马上向茫然的女士介绍何为蛊。我抓住时机，盯住高人请约时间。高人悠然道，他被邀出国讲学，内容就是中国的巫术和宗教，等他回来再说。

一个月后，我听说高人已归来，便重提他的承诺，得到爽快的应允。时间随意，至于地点，因事涉邪灵，那帮好奇心很重的朋友既想见识见识，又不愿此事在他们的房间里进行，怕邪祟留在自家。我说："那就到我办公室吧，如果病人愿意。"

犹豫了一阵，我还是拨通了他妻子的电话，她在一个我不知道的单位工作。我与他的所有联络，只能通过这个电话号码转述。我甚至不知道他叫什么名字。

电话那头声音嘈杂。我说明情况，请她转告其丈夫，问愿不愿一试，明日给我答复。

我是真的希望这次诊治有点结果了。但说实在的，这类"通灵者"

我见过很多，嘴上功夫居多，包括一些著名的大师高人。记得有一年在成都开"西南研究书系"编委审稿会，所住宾馆也有一个"全国神秘文化研讨会"，来了各地知名的气功大师和专家，还有一些衣着奇异的道士和巫师。研讨会除了研讨，也开展一系列实践活动，比如气功班、催眠术表演等。我好奇心重，去蹭气功班的活动。大师讲演过高深理论，开始发功，大家依言静立，接收"信息"。良久，我没任何感觉，却眼见全场人都歪歪倒倒，做出各种平时不做的怪相。大师的一个弟子见我戳在那里不动，就过来对我发功，还是没感觉。白胡子大师也过来了，拉抻架势对我比划，我还是没感觉——弄得我不好意思起来，怕煞了人家风景，悄悄退出。后来我又拜访了一位来自贵州的巫师，他的绝活是走阴、催眠、通电等。我想这是访谈灵界的好机会，马上请他让我走阴，去灵界做一次田野考察，他借故推了；再请他催眠，他也拒绝了，说是晚上表演更难的，催眠鸡。晚上我不顾误机风险，坚持看了他的表演，却大失所望。巫师用一块布包着鸡，一边念咒一边摇晃，那双被布遮着的手在里面弄什么名堂真不好说。还有很多，不一一细说了。我极希望见识奇迹，却至今无一例能让我信服。如今既有一位中蛊者，又有一位治蛊者，都自称是与灵（无论正神还是邪灵）相通的。如是真的，那自有一番看得到结果的较量；如果有假，便有一矛刺破一盾，或是一盾折弯一矛，那也是一种结果。

第二天，病人让他妻子转告，他想先见见我。我如约等到他来，闲聊中知道他最近正跟一位来自异域的某上师的弟子学功。"修这功，"他说，"好是好一些了，不过还断不了根。我学的只是方便法，又隔了一层，是上师的徒弟转教的。如果能直接请教上师就好了。"

"那咋不去？"

"我咋去得了？要很多钱呢！再说去了也只能呆十来天，有什么用！"

"那就找国内的大师吧，不是听说这类人到处都是吗？"

"骗子多。在国内，有点真本事的不过一两个人，哪里见得着！对了，你说的这位，叫什么名字？"

我如实报上，他说没听说过，向我打听那人背景。我说我也不甚了解，不过见了一两次面而已，只听说有些本事，但程度如何不敢保证，他见与不见，请自己拿主意。

他沉吟半晌，说："如果那人真是高人，为了治病，当然想见，但又怕彼此'气场'不对，互有冲犯。这样吧，我写给你两个名字，请他看看是什么情况，就可以判断他到底算得准不准了。"

临走，他迟疑了一阵，说："不知这位高人收费多少？"

我没问过这事，答不出。他补充道："我去找过很多人，都要收费的。有个外省的大师，说可以帮我把蛊拿出来，但要价三四千元。我说只要真拿得出，砸锅卖铁也干，关键是要见真的。像这样的人，大师也好，神汉巫婆也罢，我找的多了。有些怕我不信，先表演一些法术给我看，看去神得很的，但都没能把我的病治好。后来实在没法，我托人找到害我的那个人，求他放我一马，他说可以，也是一开价就是几千块。但我想想又不敢吃他的药了。你想想，害你的人，巴不得把命都捏在他手心，他会放你一马吗？只怕是魂都要被他控制了。说来你莫笑话，上两个月，公司已经把我除名了。半年前他们就来通知，要么去上班，要么拿医院证明来。班我是上不了的，医院哪里查得出'蛊'这玩艺儿！现在全家靠老婆一人的工资，我是有苦说不出呀。到目前为止，只有你介绍的人不收费。"

"此人收不收费我倒不敢肯定。这样吧，如果收费，这钱由我出吧。"我既知他困难，当然不能为难他。

他显出很感动的样子，说："邓师，你为什么这样做呢？你的为人真……"

"千万莫这样说，这事与为人无关，当初我就跟你说过，我是搞人类学研究的，我想知道真相。现在我仍然要对你明说，如果你不介意的话，我很愿意在他与你谈话时参与旁听，因为这是我目前进行的一个研究项目——巫蛊问题研究的一次实例考察。"

"当然可以，这事自始至终你都对我说明的，我也不对你隐瞒什么，以后你想了解这方面的事，我会细细给你讲。我知道许多你感兴趣的事。你知道我一直想请你到家里的，又怕你对我们这样的人有顾虑。因为这样的事发生过多次，有些人一见我就暗暗和我斗法，说我身上的信息压着了他们。其实我冤枉呀，我一个被人害着的病人，哪有能力和人家比试呢！"

我笑道："好在我不懂气功，更无神通，大概对谁都不碍事吧。还有，地点你想选在哪里？"

"就到你这儿吧，你这儿的信息比较稳定，不杂乱。"

我将写有两个名字的纸条交给天师，说明患者的意图。这对于一个傲气的高人来说可能有所冒犯，但我想还是把话挑明了好："也许不该，但这确像一次考试。病人想知道您的功力如何。"

"没得事，"他很大度，"放一下，我会告诉你。"

不一会，他说，纸条上的这两个人并不存在。后来又改口说，这两个名字，其实就是中蛊者本人。

我把这个结论转告患者，患者摇头，说他没算对。尽管如此，既然他有某某神功，又不用他出钱，还是愿求一治。

480

到约定的这天早晨，天师准时到达，中蛊者却迟到了一会。见面寒暄坐定，我让朝一边，请他俩就近面谈。

"看你气场挺好的嘛！"天师和颜悦色道。

"没有冲撞吗？"中蛊者有些受宠若惊。

"很好的，我感觉热热的，"天师双眼微闭，做接收感应状，"你最近在修什么功？"

"方便法门。"

"你做给我看看。"

患者摆出一个姿势，看去很随意。

"是某某某上师的法门吧。"

患者大惊："你……？"他最近正在跟这位上师的弟子学功。

"在香港，我和上师见过面。这是个极谦和的人。但凡功德圆满者都是这样。我向她施大礼，她也马上向我施大礼。那天我们很谈得来，谈了好几个小时。"

患者立马被镇住了，因为他对那位上师崇拜得不得了，只恨无缘相见。如今有一位能直接与上师对话的人，而且还被上师施过大礼，定是了不得的人物——从他的神情里，我看到了这个明显的变化。我想这应是一种成功的心理控制方式，使其坚信，便易接受暗示。这与我上次在精神病学博士那儿看到的方法是一样的，仅仅是二者使用的"文化符号"不太一样罢了。前者是医学的，后者是宗教的。对于患者来说，也许后者更"对症"一些，我想。

两人热切地谈了一会儿有关上师的圣迹之后，开始切入主题。患者似不再设防，从头叙述他中蛊的经过：

"我得这病，已经快三年了，那时我做着一些生意，有朋友来约我做一宗买卖——是什么我不能说——我听了就说，这伤天害理的事，怕做不得。那人听了这话，一言不发，只把我从头到尾看了一遍，看得我心里发毛。他会黑道巫术，不听他话的人就作法整治，听说有四十多人都被他整过呢。我晓得此人得罪不起，就请他吃饭。也怪我酒后失言，竟问他：'听说你会使术？'他不回答，又是把我看了足足有一两分钟。从那天半夜开始，我就浑身难受，像是有什么鬼东西钻到身上了。"

"人类学把这叫作'毒眼'，按我们的话，就是'着名堂了'，或者是有邪物'上身'了。当然，有些病跟灵界无关，"他补充道，"像有一个病人说是心痒，真的心痒！痒得把胸脯都抓烂了，恨不得扒开胸膛抓抓心，难过得要自杀，别人介绍找到我，我懂点医，知道这是缺乏一种微量元素的症状，便叫他买施尔康来吃。吃过几瓶，心便不痒了。"

"那我是什么情况？"患者急切地问。

"你确是中了蛊，"高人确诊道，"不过，现在你跟着学上师的法门，已经好多了。"

"我想冒昧请问一句，你能帮我拿掉吗？"

"可以是可以，不过，这东西不能消灭，只能转移，将它拿到别的地方。因为它也是一种生灵，是存在于三界之中的一种灵物，按佛的意思是不能伤生的。"

"那有办法吗？"

"当然有。对世间五十二种恶煞，佛法都能降伏，何况区区小蛊？"

"请问我该怎样做？"患者小心翼翼问。

"继续修上师的方便法门。"

"能不能……请你帮我整整？"

"这样吧，这段时间我很忙，要接待一批外国朋友，陪他们去圣地观光。等忙过这段，你来找我，我和你一起静坐。"

送高人出去的时候，我问："他到底是什么情况？"

高人道："他身上确实有东西。我和他一握手，就感觉到了。"

折回来时，患者还等着，连他妻子也在，不知什么时候冒出来的。他问我的看法，我说："你们不是很谈得来吗，而且'气'也对路，你就按他说的好好调理一下，有空和他一起静坐，或许会有效果的。"说到这儿时，我心里其实很犯疑，因为直到目前为止，我看他的治蛊，总的还是用心理暗示的办法。我曾听精神病医生说，他这病不仅要用心理治疗，还要辅以药物，因为他的病很重了。但我转念想，患者或许更易接受这种方式一些，就随他去吧。为了让他放心，我又说："这位先生也不收费，你但去无妨。今后你直接和他联系便是，就不用我在你们之间中转了。"说完把天师的电话号码给他。

话虽这样说，我仍感到不太踏实。那位自称能治蛊的天师，究竟有多大把握做好这事？尽管他很能神侃，我却担心他的佛学修养或传统心理疗法不足以使这位病人就范，因为他面对的是一个未必真有信仰的人，此人希望看到的是神通而非说教，他却未能显示神通。连他说教的时候，病人也不示弱地大谈其佛，你来我往，让人隐隐感觉有些斗嘴自炫的味道。特别是当天师说到他修"白骨功"修到能透视出人体骨骼结构，"法眼"开到正午时分也会看到满街走着的鬼的时候，我甚至冒出一个念头——莫不是又碰到另一类型的"跨文化精神病例"（譬如幻视）吧！

数天后，病人果然来找我，示一纸头，据说是当天他回家后做的记录，大意是天师是玩嘴的，没有真功夫。他甚至已经探知天师的背景，听他分析，似乎对方才是真正的走火入魔者。

我有些惊讶："你们不是谈得很对路吗？"

"老实说，我那是应付。为了防止他害我，那天我故意迟到，还叫我老婆在门外观察动静，遇有不测就进来。我还以为他会为我发功治治呢，哪晓得他还是嘴皮子功夫！这功夫我也会耍，"病人愤愤道，"还吹牛说跟上师谈过话，上师拜过他，我了解过，他说他们会面的那段时间，上师根本不在那儿……"

我突然觉得自己像是落到了一个无形的"局"里。设"局"的可能是中蛊者，可能是治蛊者，也可能是所谓"文化"——那种可以把真理和谬误都弄成传统的无形的力量。如果你想了解它，你当然得进入这个"局"中；如果你想清醒地了解它，你又得对这"局"保持一些距离。

我想，到此为止，这种文化人类学式的参与观察，对我来说大约应该告一个段落了。因为我明白，无论用医学还是佛学的心理疗法，对于病人而言，都将是一个漫长的过程。两年前我请精神病学专家为他诊治时，这位用科学手段进行心理治疗的朋友说，病人处于精神病学中十分典型的"非常意识状态"，有相当严重的妄想型偏执精神病。他不自信，更不信人，且病态地很敏感，难以接受治疗者的良性暗示。当时我也感觉到，这不是一个常规意义的病人。他的病因，与他所处的社会环境和个人处境有关。表面上看，这位病人的情况似为一种近乎荒诞的偶然事件，常规医学很难处理。但是，如果我们有可能进一步了解他的身世，他的经历，他的企望和失望，他的追求、焦虑和恐惧，或许会发现，这种返古式的异常心理反应并不是孤立的现象。例如，如有可能了解他在公司的处境和他的社会圈子情况，或许可能找得到"解"的办法。但他对此讳莫如深，一直拒绝透露他的工作单位及相关人事情况，他甚至敏感地猜到我们的意图，说他在公司很被看重，公司曾有聘他当经理的说法（至于为何没当经理，他没说）。他的社会关系也很是不错，连外国的高人也有缘结识，和他说佛、说道、说巫、说气功，他都懂，见过很多场面；与他谈医、谈药、谈心理学、谈人类学，他也懂，马上就举出一些著名的例子。但无论是巫术、宗教还是科学，在他那里又都变成了一些过场，一些实用主义的把戏。在他的社会圈子里，有据说会放蛊施禁的黑道朋友，有会消灾解厄的法师道公，有能开出治魂怪方的老中医，有能调气排毒的气功师，他们从不同的角度，给了他已中蛊或被禁的暗示；在这样的心理处境中，他原先半懂不懂的神话、咒语、乃至武侠小说中的迷药，现实生活中的凶险经历，都会对他产生影响。特别在近些年，信仰缺失的人们阵热般的迷气功、迷易、迷奇门遁甲、迷三教九流，不少人走火入魔、身心紊乱，导致精神性病变。其间的原因，实是多方面的。严格来说，这是一个没有真正信仰的人。然而他又不自信，过分依赖外力却又疑心重重。我们尽自己所能，试着用他愿意接受的"话语"，花了不少时间做这种特殊的"思想工作"，意在鼓励他增强自信、磨炼意志、培养正气、调理身体。试过几次，最初有点效果，后来就不行了。如同世间很多求神拜佛者一样，平日不重修行，有求时拼命烧香磕头，把神佛当作贪贿香火纸钱的俗吏，这种实用主义的做法，自是离佛学本义甚远，也于身心调养无益。

　　正如两年前我所预感到的，他的康复过程，其实是一个自我改造的漫长过程。这不仅是消除精神障碍（所谓"魔障"或"蛊惑"），从

485

反常心理状态向健全心理状态的转换，更是一种涉及人生观、世界观、文化教养、人格塑造等等方面的重塑和调适，他的病因（文化处境、个人经历及社会圈子等）以及他的病状（附体体验、中邪、焦虑、浮躁、信仰失范等精神障碍），又何尝不是社会激剧变革的世纪之交某些社会病的异化反映？这哪里是一席话、几片药或数个法术所能奏效的！

"邓师，我想再求您个事，"病人不让我分神，明确地要求道，"您这层次的人，接触面广，和社会名流交往多，听说您和某某大师关系不错，能不能引见一下？"

他语气很诚恳，但我婉言推脱了，因为我突然想起许多著名精神病学家被病人纠缠（心理依赖和移情）的例子，我不希望朋友被卷进这种瓜葛之中。

第十一章
巫蛊现象与非常意识状态

　　借助人类学参与观察方法，我有幸对一例自称"中蛊"的患者进行了为期三年的交往和跟踪观察。在接触上述类似病例及做巫蛊的田野调查时，我一直想弄清巫蛊的生理、心理和文化的背景，弄清患者的真正病因，为此，我求教于不同学科的专家，希望在更务实的背景里来处理这个问题。

第一节　跨文化精神病学话题：非常意识状态

　　由于参与对前述"中蛊"者的治疗，我得以接触跨文化精神病学领域的一些研究，并于 1996 年以一篇从文化人类学角度报告"中蛊"这一社会性精神障碍现象的论文，参加了医学界发起的"全国跨文化精神病学学术研讨会"，在会上报告了我的调查，并由此得以学习国内外在跨文化精神病学方面的一些成果。其中，精神病学专家赵旭东博士的论文谈到，现代精神病学既跨文化，也跨学科，它包含了医学、哲学、心理学、社会学等学科的诸多成果。类似催眠状态、出神状态、销魂状态、入静、分离状态、附体体验、禅定、中邪（如"中蛊"）这样一些跨文化精神病症的专业或非专业概念，均可归到"非常意识状态"（Non-ordinary State of Consciousness，简称 NOSC）的范畴。作为一种跨文化现象，它存在于几乎所有民族的疗病手段或宗教、精神生活中。[1]

据介绍，上世纪初，类似我国气功热潮，麦斯默的"生物磁性疗法"在欧洲大行其道。随着对其机理的探讨，诞生了明确的"催眠"概念，甚至继而催生了精神分析学说。20 世纪初，提出"意识流"概念的美国实用主义哲学家、心理学家威廉·詹姆斯（William James）指出："我们所称的正常清醒的理性意识只是意识的一种特殊类型。透过一层薄而透明的筛网，存在着截然不同的、潜在的意识形式。我们也许终身都不会察觉它们的存在，但运用合适的刺激，它们就会一触即发，以其全然的完整性出现，成为也许在某些方面具有运用性和适应性的、确定无疑的精神形式。"[2]

现代的"非常意识状态"研究，主要是由催眠治疗师、跨文化精神病学家、精神药理学家来推动的。国内也有受过科学训练的气功研究者，运用心理学和精神病学概念研究中国气功中的心理操作问题，开辟了陌生而新奇的领域。[3]

---

1 见赵旭东发表于全国跨文化精神病学学术研讨会的论文《非常意识状态》，后刊于《昆明医学院学报》1998 年第 2 期。

2 Adolf Dittrich, Christian Scharfetter (Hrsg.). *Ethnopsychotherapie*. Ferdinand Enke Verlag, Stuttgart, 1987, p.1.

3 刘天君《气功入静之门》，人民体育出版社 1990 年版；刘天君《禅定中的思维操作：剖析佛家气功修炼的心理过程》，人民体育出版社 1995 年版。

当代最重要的催眠治疗家当推美国的 M. H. Erickson。他很早就认识到，个体的意识是具有多重性的同一体。他自 20 世纪中叶以来发展了在多个意识层面上与患者进行交流的心理治疗方法。J. G. Hilgard 在斯坦福大学用实验室方法证实了几种不同的认知结构系统在一个个体同时共存的现象，认为意识分离并非"全或无"的现象。[1]

为了说明统一性与多重性的关系，J. O. Beahrs 将人的意识比作交响乐团的动作，不同层次、部分各司其职，协调、合作，共演一道主旋律。他用三种心理过程——意志、知觉和认知——的连续谱来说明催眠状态与非催眠状态的区别。Beahrs 强调，非催眠相与催眠相各处在三个维度的两端，但是互相连续过渡，并无明显界限。就认知维度上出现第三级思维过程而言，他同意 Arieti 的说法，认为催眠状态下的精神活动具有更大的灵活性与扩展性；现实检验能力看似消失，其实只是隐藏了起来。在经典的精神分析理论中，如果一些心理操作的发生没有被意识本身体验为随意控制的，就被说成是由潜意识干的，实际上它们仍是自我的一部分有意识选择的结果，可以说，所有催眠性行为都是清醒的行为，反之亦然。有时，不能轻易地定义催眠是一种改变了的意识状态。只有当催眠状态与非催眠状态或其他不同类型的非常意识状态之间无连续性时，才能认为是"入静（或出神）状态"（trance）。即便如此，trance 在严格意义上也属于清醒状态。这一点揭示，我们既往对所谓"清醒状态"的理解显得过于狭隘，对很大的一

---

1 John O. Beahrs. *Unity and Multiplicity: Multilevel Consciousness of Self in Hypnosis, Psychiatric Disorder and Mental Health*. Brunner Mazel Inc, New York, 1982. p.14-49. 转引自赵旭东《非常意识状态》，《昆明医学院学报》1998 年第 2 期，第 98 页。

块领域视而不见。[1]

A. M. Ludwig 在 1966 年提出，非常意识状态有下列十条共同特征：

1. 思维改变：原始性思维占优势；不能进行有指向性的注意；

2. 时间知觉改变：加速、减慢或停滞（无时间感）；

3. 丧失自我控制感；

4. 随着第 3 条的出现，出现强烈情绪，可从幸福、极乐、狂喜、销魂直至恐惧或深度忧郁；

5. 躯体感觉、形体感改变：身体与外界的界限消失，身体的各部分变形、消融，身体提升、移位、化解，可引起强烈恐惧；

6. 感知觉变化：视觉系统较明显，如幻觉、错觉、假性幻觉、联觉现象；

7. "意义"体验改变；正常清醒状态下很少或根本不会察觉的事物或关系，会被赋予重大的意义；"顿悟"体验；

8. 对各种强烈体验有"不可言说""不可名状"感；

9. 再生或脱胎换骨体验；

10. 高度暗示性：由于失去习惯了的恒常性，出现不确定感。建构性的，似乎能起支撑、稳定作用的体验或信息特别容易乘虚而入。

为了验证以上这些主要通过回顾性调查得来的结果，A. Dittrich 在 1980 年代主持了一项大规模的跨国性纵向实证研究。首先，他对 500 名健康志愿者实行非常意识状态诱导，方法包括四种致幻药物，各种减少环境刺激的方法，如感觉剥夺、入睡前状态、催眠、自我训练，以及过度刺激，同时设置了对照组，与实验组一样接受同一测量

1　同上。

方法的前后测量。根据这一阶段的结果，该研究将调查扩大到欧洲六国 1130 名受试。这些受试进入非常意识状态的方式主要是使用大麻、LSD（麦角酸二乙酰胺）和各种冥想、入静方法。第二阶段的结果与第一阶段吻合，且在内容上与前述十条表现有很大重叠。研究者用多元统计方法归纳出，受试的自我体验报告中含有以下三个主因子，正是它们构成了典型非常意识状态的核心：

1. 海洋般无边无际感（oceanic boundlessness），可喻为天堂；

2. 自我消融恐惧（dread of ego dissolution），可喻为地狱；

3. 幻象重建（visionary restructuralization）。[1]

据此分析，我面对的"中蛊"患者所处的状态，应属于这类"非常意识状态"。我们不妨再回忆一下他的几个叙述要素：

1. 病因：患者知晓一据称会使邪术的黑道上人的秘密，因多嘴而被那人盯了一眼后（人类学中所谓"毒眼"），便浑身不舒服。

2. 症状：有邪物"附体"的体验（"上身"或"中蛊"），销魂状态（魂魄被"禁"而感失魂落魄、精神崩溃），胸腹间有异物跳动，出现分离与肢解痛苦，焦虑、失眠、乏力、消瘦。

3. 治疗：西医检查（B超、X光透视及其他化学检验）及治疗（药物治疗和心理治疗）无效；中医治疗（功能性调理及传统治蛊秘方）无效；巫术、宗教（道教、佛教）、法术、咒语、符箓以及特异功能（气功）可起到短暂缓解作用。

参照 A. M. 路德维希（A. M. Ludwig）归纳的有关"非常意识状态"的基本特征，结合笔者对神话、巫术、宗教及民俗的思维方式、文化

1　同上。

传习和知识系统的研究，我们可以针对上述个案作一些分析。

首先，从意志维度上看，该患者有强烈的丧失自我控制的感觉，出现意志障碍。他一直认为，病的起因是被人"施蛊放禁"，身心皆被他人控制并被施虐。他认为事件是"莫名其妙"发生的，不以他的意志为转移。在凶险的邪术面前，他别无选择。病症是"自发"地阵发，病魔是"自在"地进入体内并控制了他的整个身心系统。他的整个生活也因此被干扰、被破坏。说有病，拿不出任何医检证明；说无病，又明明难受得很。如此被"它"作弄以至丢了前途（本是做经理的料，现在却面临失业），在治病过程中，他基本是完全依赖于他人的"法术"，没有"我做"的意志。对于要求他"自度"（佛学式的心理治疗）和"自我调控发病时间及感受"（医学或精神病学治疗）的方法，他无法做到并持怀疑态度。经过两年"他为"（包括放"蛊"和治"蛊"）的重复折腾，该患者已完全丧失意志和自制能力。

其次，从知觉维度上看，患者的几乎所有感觉系统都有被歪曲或异化的趋向。例如，患者有明显的躯体感形体感改变或异常现象：身体难受、头痛，胸腹间皮下似有异物跳动，随着症状加重逐渐深入胸腹内，但医学检验却又毫无结果；时间知觉改变，患者原有生物钟完全被打乱，其作息受控于"蛊"发的时间，产生定时的恐惧时段；因"中蛊"病象的无法控制、身体"变形"、精神"化解"而引发强烈恐惧和深度忧郁；因感知觉变化而产生中邪幻觉和被迫害错觉（连对医院开的药都极不信任，怀疑医生害他，即使减量服用也会产生不良反应）；因中"蛊"的不可言说、不可名状而对神秘力量的"感应"度提高，容易受暗示而产生受虐感，受"高人"发功施法则可产生"再生"感和病症的松动缓解感。

再次，从认知维度上看，尽管患者神志清醒，具有日常操作思维能力，甚至在思辨上反应敏捷，但是，在他身上并存着的几种认知系统，各自的发展并不均衡，有的明显被强化或泛化了，有的又处于类似"前综合思维"[1]的混沌合一状态。例如，在信息接收上，患者的认知具有高度的被暗示性，并极端趋向于选择有关巫术、宗教、特异功能或神秘能力的信息；在"意义"体悟上，某些非常的或具有特殊象征性的符号、行为和关系，都具有致蛊或解蛊的"重大意义"，如被人盯了一眼（"毒眼"）、说了一句话（咒语）、比了一个动作（"手印"）、做了一次仪式（驱邪除秽）等，都有不同寻常的意义；在思维方式上，患者的形象思维和直觉顿悟思维异常发育，思维跳跃无常、易受暗示，产生被人用某种特殊方式加害的妄想，其妄想相当固定，结构紧密而有系统，没有精神分裂症特征性思维障碍，喜用象征性的和亚文化的语汇，相信事物互有类比性和感应性，并通过"入静""禅定"等方式进入某种无意识状态。

综上所述，我们的患者确实具有跨文化精神病学所界定的非常意识状态的诸多特征，并且大致属于心理性方法诱导的精神障碍。

国内外学者经大量临床诊治、实验、观察和研究，对非常意识状态的发生条件做过许多探讨，认为有很多因素可诱导出非常意识状态以及由此引发的各种精神障碍，其中，最常见的诱因大致有：

1.心理性诱因

一般认为，就传统上的使用范围而言，心理性诱因比药物性诱因

1　邓启耀《中国神话的思维结构》，重庆出版社 1992 年版。

更重要。感觉或知觉剥夺、幻觉、他人及自我暗示（催眠、施放神秘信息、"带功报告"、入静、禅定等）、过度刺激、过度手淫或强烈性高潮、性窒息、宗教性生理调控（斋戒、瑜伽、苦行等）以及各种方式的综合，都可导致非常意识状态。[1]

心理性诱因导致的精神性疾病致病与治疗的古典范例，可以举中国家喻户晓的这个故事：

> 予之祖父郴为汲令，以夏至日请见主簿杜宣，赐酒。时北壁上有悬赤弩，照于杯中，其形如蛇。宣畏恶之，然不敢不饮。其日便得胸腹痛切，妨损饮食，大用羸露，攻治万端，不为愈，后郴因事过至宣家，阚视，问其变故，云畏此蛇，蛇入腹中。郴还听事，思惟良久，顾见悬弩，必是也。则使门下史将铃下侍徐扶辇载宣于故处设酒，杯中故复有蛇，因谓宣，"此壁上弩影耳，非有他怪"。宣意遂解，甚夷怿，由是瘳平。[2]

《风俗通义》上这则"杯弓蛇影"的故事，应是古代心理性诱导精神障碍的典型例子。按古代民俗，立夏与夏至节令期间，蛇虫出没无常，放养蛇蛊者亦易在此时施放，故民间习惯在此期间设祭，或在门前屋后撒灶灰以防蛇虫。县令于夏至日请杜宣喝酒而酒中有赤蛇之影，自有放蛊之嫌。传统文化心理及自我暗示使杜宣虽"恶之"而"不敢

1　Adolf Dittrich, Christian Scharfetter (Hrsg.). Ethnopsychotherapie. p.8-34. 转 引自赵旭东《非常意识状态》，《昆明医学院学报》1998 年第 2 期，第 100—101 页。

2　[东汉] 应劭撰，吴树平校释《风俗通义校释》"怪神·世间多有见怪惊怖以自伤者"，第 328 页。

不饮"，心里产生强烈恐惧和深度忧郁，当天便出现"蛇入腹"的相关症状。幸好这位县令是位好的心理治疗者，知道病因后，再"于故处设酒"，让患者看见"杯中复有蛇"，然后明确告诉患者："此乃壁上弩影耳，非有他怪。"县令是在与患者同一语境中说话，一个"怪"字，便是"中蛊"和"解惑"的关键；杜宣所惧，是那随酒一起进入肚中的蛇怪；县令所释，也旨在说明酒中蛇"乃壁上弩影"。待明白杯弓蛇影不过是疑心生暗鬼，"宣意遂解"，患者杜宣的非常意识状态马上调解正常。

当然，我们现在面临的情况远比古代复杂得多，就举前述我们介绍的患者为例，除了与"中蛊施禁"相关的暗示以外，他很难接受其他暗示或心理治疗。由于"施蛊"的贵州人已离开昆明，解铃找不到系铃人，而直到目前为止的任何人（从医生到巫师术士），又都未能从他体内驱出"蛊"来或让他相信其"蛊"不过是杯中蛇影，所以，他的病症久久未能痊愈。一般而言，容易接受催眠或心理暗示的多为村妇愚老，像他这样有着复杂社会文化背景，个人处境微妙，过度敏感而又偏执于某种妄想的患者，治疗的难度就比较大。在这一病例上起决定作用的是内因，对于患者来说，他的康复除了生理的诊治和调理，更需心理的重塑和调适。而对于治疗者来说，认识患者的这种个人独特性及其与他的意识、潜意识、深层自我或多重自我相关的常态和非常态心理的多个层面，找到他与社会、与人群及他的当下处境产生不适关系的症结所在，才有因势利导进行治疗的可能。

2. 药理性诱因

药理性刺激——致幻剂及拟精神病药的误用或滥用，是诱发非常意识状态的另一发生条件。据医学界朋友介绍，早在公元三四世纪，中国就有滥用含汞复合制剂"寒食散"（常与酒精合用），有意引起意识状态改变的情况。千余年前，印第安人已有意使用南美仙人掌或某些菌类来产生致幻及欣快作用。西方人对此类物质的研究有一百多年历史，尤其是 1950 年代以来，用此类化学物质进行实验精神病理学研究，在动物身上模拟了精神病模型。有代表性的药物是：

1. 苯乙胺类衍生物：南美仙人掌毒碱、苯丙胺；

2. 吲哚衍生物：二甲基色胺、蟾毒色胺、麦角酸二乙酰胺；

3. 大麻衍生物：四氢大麻酚；

4. 其他：盐酸呱啶。

除了这些拟精神病药物以外，还有很多药物都有致幻及改变意识状态的作用，最出名者为吗啡、海洛因、可卡因等。部分药物在某些亚文化群体中滥用成风，形成重大健康及社会问题。[1]

回忆一下"蛊药"的制作，有很多也是以这些类药物为原料的，如蛇涎、蟾酥、蜈蚣、蝎毒、红蝙蝠等毒异动物和许多知名或不知名的奇花异草、怪藤毒菌。尽管"蛊药"同时也要加进很多巫化的意念和信息，但它的物质基础乃是这些能致幻或改变意识状态的药物，所以，我在这一点上又相信"蛊"的真实性和物质基础。国外精神病学在精神疾病的生物化学基础与实验性精神病理学方面，曾提出过一个被很多学者认同的观点："精神病的致病因素是一种有毒物质，可能是一种毒性胺类，其化学的及药理学的性质与南美仙人掌毒碱的性质相似，而且对脑的某些高级中枢有选择性作用，这些部位受此毒物侵犯

---

1 赵旭东《非常意识状态》，《昆明医学院学报》1998 年第 2 期，第 99 页。

就会发病。"[1]有人还将大脑分为若干中枢区域,某些区域的受损就会造成某些中枢系统的障碍,如意志中枢损害引起意志障碍,顶叶损害引起定向障碍、非现实感、人格解体及自体变形感等,颞叶损害造成幻听、幻视及意识异常等。当然,造成大脑及神经系统损害或致病的因素是多方面的,诸如器质性因素、遗传因素、素质因素、心理因素、社会环境因素等,均可导致精神的结构性或功能性病变。据医学界有关药物模式及其生化机制的研究,用化学途径产生模式精神病的历史已很久,人们提取各种特异生化物质,如蛇毒、蟾毒、蕈毒、仙人掌植物毒素或矿物毒素,用于致幻、迷惑、治病、巫术或宗教仪式,由于这类药物多能在人身上产生知觉、情感、思维及行为的障碍,类似精神病态,故有人用"拟精神病药物"(psychotomimetic drugs)一词来描述。如南美仙人掌毒碱,主要作用于突触前和突触后神经元,产生抑郁、恐惧、妄想、错觉、幻觉及人格解体;蟾毒色胺在动物实验中可使人的行为改变,误用也会出现行为异常;麦角生物碱能引起知觉障碍、人格解体及现实解体,联想加快等,药效丧失后症状也随之自行消失;印度大麻中的大麻酚则可导致判断受损、缺乏警觉等精神问题或拟精神病症状。[2]

显而易见,古代巫师蛊士和现代不法分子(如贩毒或施"迷魂药"骗人钱财者),都是极可能滥用此类物剂的。由于这些病变涉及即便当代科学也暂未穷究的领域,其精神性病态反应才显得离奇古怪、神秘

1 Sockings(1940),转引自沈其杰、万文鹏《精神疾病的生化基础与实验性精神病理学》,见湖南医学院主编精神医学丛书第一卷《精神医学基础》,湖南科学技术出版社1981年版,第127页。
2 同上,第177页。

莫测，所以，在古代和民间信仰中，将它部分地归入"蛊疾"一类病中，也是很自然的了。

3. 文化性诱因

如果上述事实只是一些孤立的病例，哪怕只是一种阵发的时疫，那我们大可不必多操心，交给医生就是了，但问题是，本书所涉及的巫蛊化非常意识状态，已经深深地溶进文化中，成为一种传统，成为一种依然影响着现世的文化性疫情。

说实话，直到现在，我还十分困惑："巫蛊"，到底是个什么东西？说它虚，它却一次又一次成功地"跨世纪"，在中国流行了不下三千年，到了以现代化高科技为特征的 20 世纪末，它不仅没有像许多传统文化一样出现"断裂"，反而还显露了诸多跃跃欲"跨"的征兆；说它实，它又那么难以查询，难以验证，尽管笔者多年来努力于史录和现实中的考察，求教于不同领域、不同学科的智者能人，甚至数番深入禁区，以身试"法"，但均未获满意结果。所以，我无法对巫蛊做出结论，我的叙述只是某人某时对某事（巫蛊之事）考察的阶段性记录和力所能及、智所能及的某些分析。这些叙述和分析的本意不在展示一些人所罕见的社会现象和奇闻怪俗，而在于通过这些已成传统而非偶发的人为事件，与读者一同思考：巫蛊是什么？它的源流、功能和生存的土壤是什么？为什么 20 世纪的中国还有这样的现象存在？它们对即将进入 21 世纪的中国社会意味着什么？……

前面我们介绍非常意识状态以及由此引发的各种精神障碍时，谈到最常见的诱因大致有两类，一为心理性诱因，一为药理性诱因。这都是为大量临床案例和科学研究所公认的。不过，如果仅仅以心理性诱因和药理性诱因来分析我们现在面临的"疫情",就似有不够了。因此,我们能否试谈谈文化性诱因呢?

有医生在我多次调查蛊事的泸沽湖地区工作过,接触了大量"蛊病患者",他记述道:"笔者从医期间,先后有 48 例自称蛊病患者求治。结果其中有 4 例是肺结核,2 例是风湿性心脏病,4 例为晚期胃癌,1 例肝硬化,6 例重症肝炎,14 例胃、十二指肠溃疡,2 例慢性胃炎,1 例肾炎,6 例肠胀气,9 例胃功能紊乱,都是现代医学可以明确诊断的病例,而且多数经西药治疗已经痊愈或好转。"[1] 这情况与我拜访的另外两位医生所述情况相似(详见本书第一章第二节)。

数十例患者的疾病都是生理上的病痛,为何在就医前都被误导到"蛊"这种文化性的传统诱因上去呢?而且,据我的经验,这些被现代医学诊断为常规病例并用西药治好的病人,他们未必能改变"中蛊"的观念。就像我曾访问过的那位中过所谓马蜂蛊的房东一样,他的病最终是在昆明的大医院治好的,但他至今仍坚持其病是源自蛊,他的乡亲们也一致这样认为。这就说明与"蛊"相关的病例,并非只是一种个体性的非常意识状态,并非只是一种生理性或心理性的病症,同时也是一种集体性的非常意识状态和文化性的非常意识形态病症。据1970 年代的一项报告,在所调查的全球 488 种社会中,系统化、有组织引发非常意识状态者占 90%,只有 10% 有散在、自发的形式。[2] 事实上,非常意识状态在更多情况下是一种与传统意识形态或亚文化社会观念紧密联系的跨文化精神病理现象,而"巫蛊"这一文化话语更具有悠远的历史传统,深厚的文化背景和广泛的社会基础。它在中国

---

1 李达珠、李耕冬《未解之谜》,第 153 页。
2 赵旭东《非常意识形态》,《昆明医学院学报》1998 年第 2 期,第 97 页。

流传数千年，广布各地区各阶层，已形成自己独特的观念系统、组织系统、操作系统和符号系统。

第二节　非常意识状态与巫蛊心态

这是否意味着，前面我们所述的种种精神病学意义上的非常意识状态，由于质、量、历史传承和现实影响等方面的原因，已具有了文化人类学意义上的非常意识形态或文化心态的某些特征了呢？

需要说明一下的是，这里所谈的非常意识形态（non-ordinary ideology），主要特指与主流文化的常规意识形态有所区别的一种亚文化观念体系或民俗化社会意识，其中文化性实践性因素和心理性精神性因素具有同样重要的作用。正因为这个特点，它在很多时候也深刻地影响着该社会的政治、宗教、哲学、道德、法律、文化和经济，影响着相当范围内人群的思维方式、行为规范和社会结构，成为一种具有潜在力量的社会意识形态或文化观念体系。因此，本书所说的"巫蛊"，并非只指施巫蛊者，也包括受巫蛊者。简而言之，这里谈的"巫蛊"是一种特殊的精神状态，一种"信则有"或信则置身于其中的文化处境和心理处境（为不与习惯意义上的"意识形态"产生岐义，本书较多使用"文化心态"或"社会心态"意味的"巫蛊心态"一词），并形成相应的社会性症候。

至此，我们有必要对本书所有章节谈及的巫蛊现象及其非常意识状态的社会性症候，试做一个大致的总结了。

以巫蛊认知、巫蛊行为为特征的纷繁社会文化现象，其非常意识

状态的社会性症候表现为:

一、思维异常与认知失序

在跨文化精神病学中,非常意识状态的首要特征就是思维的改变,临床称"原始思维"占优势。从认知维度上看,在其身上并存着的几种认知系统中,各自的发展并不均衡,有的明显被强化和异化了,有的处于类似"前综合思维"的混沌无序状态,如在信息接收处理上具有高度被暗示性和极端趋于巫化或神秘化的选择;在意义体悟上反应异常,趋于象征化;在思维方式上沉溺于事物的同构类比性和神秘感应性,出现妄想性偏执、思维跳跃无常、意识障碍、认知失序,等等。

作为一种非常文化心态,处于"巫蛊"这一文化-心理处境中的社会人群,更会形成自己独特的思维方式,它的结构方式与原始巫术、神话的思维结构大体是一致的,都是以特定社会文化处境中(如原始人类或亚文化人群)的特有思维方式——前综合思维为其心理背景的。有关这方面的研究,笔者曾在旧著《中国神话的思维结构》中做过一些探讨,现再结合该书的一些基本观点,对"巫蛊"这一文化事象作些分析。

首先介绍一下前综合思维。所谓前综合思维,是笔者在研究原始巫术和神话的思维结构时提出的一个概念。从古今中外学者对巫术和神话的大量调查中可以看出,巫术和神话作为特定时空和社会环境中人们思维及其文化的产物,反映了一定文化规范或思维模式中人类活动的基本态势。因此,所谓思维结构并不是一种实体性的或形而上的定义,而只应被理解为一种文化性的或功能性的定义。由于巫术和神话是原始宗教、原始哲学、原始科技、原始道德、原始艺术等社会意识的共同萌生之地，巫术和神话的功能结构也就混合了各种可能的因素，成为萌芽状态的各种功能合一的原生体、混沌体，与之相应，巫术和神话的思维模式也便成了一种原生性混一性的综合性思维模式。这种思维模式不具有分化后的抽象逻辑思维、审美艺术思维（也有人称为形象思维、情感思维等）、直觉洞察思维（也有人称灵感思维）等思维的形态上相对独立、功能上相对明确、形式上相对成型或有一定规范的特点，但又同时包含着上述各种思维方式能够发生发展的萌芽，它们尚都较为"混沌"地萌生于人类初期的思维或认识活动中，由于这种综合是"混沌"的、低级的、不可能与现当代建立在高度综合基础上的整合思维或整体思维等相比，所以只能暂且称之为"前综合思维"。

那么，所谓前综合思维区别于文明思维的其他思维方式的标志是什么？例如，文明思维中的审美思维有摹写和洞察的经验，也有投射和幻化的因素；文明时代宗教的直觉思维有类化的意象，也有包括着"灵象"、幻象在内的意象……它们怎样才能和原始思维区别开呢？过去曾考虑加"带巫术性质"一条，但只能与审美思维区别，而且，前综合思维中也有不带巫术性质的，文明时代的宗教和某些蒙昧或专制政治的思维方式也有带巫术性质的（如现代迷信、偶像崇拜、灵物崇拜、语言的咒术性功能等等）。或者，思维类型及形式诸因素的未分化性是一特点？作为一种始初的、综合的思维方式，与分化后的各种类型的文明思维（如一般说的逻辑思维、直觉思维、审美思维等），不只是有程度上和时间坐标上的差别。文明思维的几种类型虽然有互相叠合、交叉渗透的现象，但基本上是被一定类型限制的和有各自鲜明特征的思维；前综合思维则是各种思维因素不自觉地、含混地以各种幼稚的方式交叉、叠合在一起的萌芽性综合思维。

"巫蛊"既是传统巫术的一种类型，同时，作为传统社会中"非常文化心态"的一个极端现象，其文化心理和思维模式的深沉背景，自是不言而喻的了。我们不妨试作一些剖析，以见其"非常"形态的一些特征。

和神话一样，在巫术的思维结构中，思维的主体与思维的对象在一种虚幻的关系中合为一体，人与万物交感，万物与人同灵，思维主体与对象处于含混不分的心理状态。较典型的例子，可举笔者曾试过一周的"恋药"（见第六章第五节）。那不过是一点点类似老鼠睾丸之类的动物器官和植物粉末而已，制药者（思维的主体）却认定这种只在局部（老鼠睾丸与人的相恋）有相似关系的东西一经佩戴在身，即可使其与佩药者在一种虚幻的象征关系中合为一体，而且会按佩药者的意念去影响所欲对象的心理，并使其就范。物理的"药"不仅会影响人的心理，连"药"自身也有了择主意识（不然为什么不对佩戴恋药者产生相同影响呢）。这种思维未能区分物象本身与象征意义二者的不同，而是将物理的和心理的，有生命、意志、感情的和无生命、意志、感情的混为一体，物和我，客观映象和主观幻象，记忆表象和想象表象混为一体，依此进入一种非常态的意识状态，主导其非常规的操作行为，并企望由此获得一种非常态的预设结果。

在巫术—神话的逻辑结构中，"取象喻意"造成的"想象性类概念"，普遍存在着外延无限扩大，内涵逐渐减少的问题，类概念（还是"想象性的"）不是真正逻辑意义的、有表达的明晰性和精密性的概念，而是相当含混模糊的接近类化意象的东西。"观象于天，取法于地"而产生的"类的逻辑"，也只是一种意向性的、直观的、象征性的类比。

由此而产生出来的巫术－神话的类比推理的逻辑，是建立在对事物的形态或属性作一般类比，以类度类、以己度物，用已知推测未知等模糊推理之上的，类与类之间，主体与对象之间，已知和未知之间，并没有必然的联系，而是随意的、偶然的，只在某一点上有部份相似的，其间并无严密对应的逻辑关联，这当然也造成了巫术－神话"逻辑"的无序和无律之感。

例如，民间信仰中的蛊物，大多是形态类比和属性类比的产物，中蛇蛊如蛇咬，中蜂蛊如蜂叮，中鸡蛊者病如鸡啄，中虱蛊者抓破皮肤上的水泡就会爬出虱子来。不仅将形态和属性作同构性类比"推理"，而且将人的感觉、情感、意欲等类比到蛊物上，表现出浓重的"万物有灵""万灵有形""万物有情"的趋向——蛊皆能"妖形变化，杂类殊种"，各有其形，有自己的意志甚至情欲（如与女主人淫乱的蛊物"小神子"和"鬼丈夫"）；将幻化经验和现实经验置于同一类比关系中，甚至以"虚象"推断实事。如梦见自己被杀魂而醒来后正巧看见某人，某人便被推断为"杀魂者"，"梦见长虫咬就是被人放五海了"，等等。

在巫术－神话思维形式、思维符号和思维程序中，由于主要靠保持着一定直观性、具体性的社会化集体表象或类化意象来进行思维活动，而其表象意象又往往投射着神话式的神秘诡奇的心意之幻，所以在神话的集体表象和类化意象中，一类事物或是改变了原有的部分形态及某些共同特征，或是增添了某些原来没有的形貌和特征，并因不同的社会文化、部落集体和历史时期，而赋予了物象本身所不具有的不同的象征含义。它将记忆表象与想象、意象，物象与心象，实象与虚象、灵象、幻象等等杂然并陈、混为一体。使用的主要是象征的语言和隐喻的思维方式，直觉之悟与模糊集合的思维程序，它们不可能产生具有明确的范畴界定、清晰的推理步骤，也不能在反思中追溯思维程序，进行还原、重演、逆转和验证。以一代全、以虚代实，模糊估量，象征把握以及幻想的因果关联等思维的操作程序，使巫术—神话的思维表现出一种荒诞不经、无法界定的混沌性，使巫术—神话之悟沉迷在模糊朦胧的一片恍惚之象、错觉幻象或"混沌的整体表象"之中。例如，本书列举的大量巫蛊术，如偶像伤害术、异质同构伤害术、命相风水折损术、毒咒秘符伤害术、魅合拆姻术以及禳蛊解咒术等，都是原始巫术中常见的交感巫术（接触巫术、顺势巫术或模拟巫术）的不同表现，都有共同的思维基础。对人一络头发或身体其他遗弃物甚至身影、脚印作法（如取牛以蹄下土作法，可使对方如牛马般安分守己），以此感应到人的身心，这是同质同构交感；在木偶或动物身上扎针射箭，使设想中的仇人受到相似伤害，可视为异质同构交感；对人的生辰八字或姓名施咒（所谓"封八字"或在名字上打叉之类），以此折损其人"命相"，通过某种符号或信息对人产生交感；至于破人宅相坏人风水的做法，则是通过更复杂的类比推理，将集体意识中具有神秘感应性的意念或意象放到一种幻想的因果关联中，而使巫化的自然生态或文化场境对人产生交感。

总之，巫蛊作为一种特殊文化现象和精神现象，其思维模式和人类早期的前综合思维有许多共同特征。不同之处只在于，前综合思维是人类思维的源起，巫蛊思维是人类思维的异化；前综合思维随着人类思维的进步而发育为审美—艺术思维、思辨—分析思维、体悟—直觉思维、计量—运算思维和日常—综合思维等思维类型，巫蛊思维却随着思维的退化或因认知失序而畸形发育为一种迷信或文化病态；前综合思维具有人类正常童年时代的"永久魅力",巫蛊思维却因其非常文化心态而成为压在人类心灵上的"千古魇魅"。

二、行为异端与伦常失范

人类学家在谈及非正统意识形态或亚文化民俗中常见的仪式性狂欢时,认为它反映了人们对"原初时代"的怀旧情绪。在这种周期性的短暂节日中,所有的规则及禁令都被搁置起来,人们假借神灵或始祖的名义回到创世时代的"乐园"——如中世纪欧洲不少教派(波希米亚的亚当派和裸形派、德国的净化派、莱因兰的自由精灵兄弟会、北意大利的使徒派等)或世界上一些民族(因纽特人、库尔德人、马尔加什人、雅朱达雅克人及澳洲原住民等),都有在仪式中裸体、熄灯或滥交的记录。这种狂欢集会,或是为了表达某种信仰(如回到祖先亚当夏娃的单纯天真状态),或是为了对祈望提供宗教法术的保障(释放性力以求人口兴旺、物产丰富),或是为了禳解某种自然或社会的危机(灾害、瘟疫或气候异常现象)。[1]这种"狂欢解禁"的文化现象,至今仍在许多地区和民族中不同程度地存在着。西南某些民族有在节日或重大人生仪式中"解禁"的习俗,例如,在祭女神的节日中可"裸而野合",在老人的葬礼中通过服饰的解禁和性的解禁来实现"老人不死、新人不发"的理念,等等。[2]这类例子在亚文化民俗及意识形态中是很常见的事,而在所谓主流文化的传统中也并不鲜见,如中国儒家

---

1 [美]米尔希·埃利亚德《神秘主义、巫术与文化风尚》,宋立道、鲁奇译,光明日报出版社1990年版。

2 邓启耀《衣装上的秘境》,香港三联书店1993年版,第66页。

文化崇奉的《周礼》中，也有"中（仲）春三月，令会男子，于是时也，奔者不禁"的阶段性"性解禁"。[1]

一统天下或专制性意识形态的确立，使文化的多样性（包括多神信仰及民间宗教）成为"异端"或退居为"亚"，它必然导致这样的局面：

在欧洲，基督教传统将性及某些秘密活动视作恶魔化的，是撒旦的恶，亚当的堕落源自性。而压抑的结果是人们为了争取失去的权力，怀念原初时代"无意识的性的单纯"，民间出现了大量反叛行为。这种行为当然有意无意地、直接间接地伴随着性道德的急剧改变。正统意识形态对此的反应是迫害。中世纪教会烧死了数以万计的"女巫"，她们被控传播瘟疫、束缚或改变人形、制造灾害、施行魔咒、与魔鬼性交或在秘密集会上裸体、滥交（虽然医学检查表明她们往往是处女）、吃掉滥交生下的婴儿等等。但事实上，这种冲突反映了一种社会性危机，即非主流文化对主流文化乃至对现存社会制度和意识形态的不满，由此导致了一种以异端形式出现的文化性精神障碍。

在中国，"不语怪力乱神"的儒家传统和"一统天下"的官方意识形态，亦把"非我"的观念、信仰、行为一概斥为"异端邪说""淫祠妖祀""旁门左道"等等，对其大多处以极刑。在此高压下，亚文化意识形态自然易走极端，进入"非常"状态。它们的行为，无论是自觉的还是被诬的、受无意识的传统暗示还是被有意识地误导罗织，都显示出强烈的反文化反伦常倾向，"异端""黑道"色彩很重。

在性行为中，非"明媒正娶"而以迷咒恋符惑乱他人情志，以足淫欲，是巫蛊涉嫌人被控行为失端的一种恶行。它包括两个方面，一

1　[清] 阮元校刻《十三经注疏》影印本《周礼注疏》，第733页。

是用迷咒恋药行鼠窃狗偷、强行媾合的勾当，二是与蛊鬼邪灵直接幻交神淫，做邪恶的"交感"。前种行为的基本动机，是对传统性道德及婚姻规范的反叛，当然同时也是对别人情感的侵犯，它带有较多封建式嬉皮士或青春期臆病的特征。后者则更多地与秘密宗教仪式中用性去和灵界沟通的神秘意识相关。像中世纪的女巫，以及瑜伽和密教法师一样，通过幻交或仪式化的性交，引发或进入诸如幻听幻视、内在体验、本元感悟、系统冥想等非常意识状态。

在谋生行为中，"役魂盗财""挟术取利"是巫蛊涉嫌人被控以非正当方式谋取钱财的主要罪行。人们认为，养蛊可以"引财"。例如，养金蚕蛊能"摄其魂而役以盗财帛""杀人多者家益富""为蛊以致富"。其法甚多，或超空间移财："猫鬼每杀人者，所死家财物潜移于畜猫鬼家"；或超时间获利：蛊死者的魂不仅在现世如"虎食伥鬼""翻受驱役"，面貌由于被祟恶死"不能托化"，来世只能投生到放蛊人家当奴隶；或使人幻形为猪狗后诈人"以钱赎之"，"挟其术（魔蛊之术）以取利"，等等。尽管很难证实这种役魂移财甚至隔世奴役的做法是否可能，但在人们的传统意识中，它们却是一个千百年来屡见记述的"事实"。人们认定，养蛊者就是靠此术发取不义之财的，也就是靠杀魂害命来发家致富的。在现世的物质生活及其谋生行为中，这种靠神秘法术渔利的猜想，应是人们对社会不公的怨恨造成的一种略带病态的幻化投射。

和世界上所有对黑巫术的指控一样的是，巫蛊涉嫌人都被指控为以阴邪秘术杀魂害命、传播疾病、制造灾害的凶手。和战争、刑法等杀人行为不一样的是，战争和刑法杀人是公开的、合法的，巫蛊杀人是隐秘的、非法；战争和刑法杀人是直接的、现实的，巫蛊杀人是间接的、象征的；战争和刑法杀人用刀枪，巫蛊杀人用"感应"；战争和刑法是在肉体上消灭敌人，巫蛊则主要是在精神上摧毁敌人——战争和刑法杀人是"正统"，而巫蛊杀人是"黑道"。正因为如此，尽管巫蛊杀人很难取证，指控罪行在法律上不能成立，人们也宁肯违反法律常规常理，做非常处理。例如前述北宋蛊案，虽然死者身上不见伤痕、难以断决，但审刑院众法官却凭一句"兵刃杀人可抵抗，诅咒杀人不能抵抗"的玄言，便使涉嫌人送了命。有时甚至不惜先杀涉嫌人，后立案侦破，违反法度竟为时人称道。及至对巫蛊案的执法，"弹性"越来越大，造成古今多少冤狱。正是在这个意义上，我们所说的"行为失范"，不仅指巫蛊涉嫌人的"非法行为"，也指执法人的"非法行为"。"正道"和"黑道"，"正统"和"异端"，都处在同一个性质层面上，都在用不可验证或只能以幻化方式"感应"的行为去犯罪或者执法。所谓"凡本意欲以此杀人者，原有杀人之心"甚至"无论已未行用，已未杀人，并坐斩罪"的法典（见《清律》和《唐律》），如建立在"意欲"或"心"之上，那么，法律和巫术也就相去不远了。

法的失范和道德伦常的失范，是同一问题的两个方面。在传统的意识形态中，巫蛊在道德上代表着恶的一面：非法的黑道暴力，邪毒的阴谋，损人利己获取不义之财，控制他人意志，扰乱他人情感……总之，巫蛊已形成一种公认的话语，代表着一切负价值的、反文化的、非道德的非常现象。在几乎所有有关巫蛊事件的报道中，黑巫术的滥行者不仅对仇人下毒手，对"所悦"之人也要下毒手，甚至连自己的亲子都不放过，被描述为一帮绝无人性的恶徒。

然而，平心而论，主要以象征、感应（当然也包括投毒之类）方式害人的蛊女鬼师自是劣行累累，但以正人君子自居的官府和"群众"，又是如何呢？

如果我们把用"意念"（包括种种象征性仪式、咒语、符箓等）杀人的行为指为谋杀的话，那么，未有确凿证据便将人用火烧死、投水淹死、乱棍打死、刀斧砍死，肯定更是谋杀无疑。如果汉、隋巫蛊狱达万人的屠杀是太古老的历史，如果中世纪宗教法庭火刑柱上女巫的哀号离我们太远的话，那么，20世纪以来发生在我们附近的一桩桩残杀巫蛊涉嫌人的案例（详见本书第六章），当令我们怵目惊心了。这类冠以"正义"之名的谋杀行为，不仅体现为官府杀疑犯、乡亲杀乡亲，甚至频繁地体现为族人互诛、亲子相戮、舅杀侄、儿杀母、孙杀祖……而且，许多"罪名"仅仅是"听说"，未经验证，即妄下毒手，甚至将与涉嫌人有关系的无辜者一并杀害，手段之残忍，令人难于想象。而目睹凶杀的"群众"，几乎不假思索便参与相应的虐杀行为，或添柴凑棍，或庇护凶手，对被害人却毫无同情。这种群众性的伦常失范，常常到令人发指的地步！

我们应该追问的是，这种不能用正常理智来判断，不能用正常伦理来评价，更不能用正常情感来表述的事实，是属于个别或局部的现象，还是一种已经深藏在心里的意识形态？如果是后者，那我们或许应该反思，一旦有合适的契机，一种全民性的疯狂或道德、法律等的"失范"，还会不会再发生？

我希望永不发生。我希望我们在回顾历史的时候记住一点：所有这一切，并不是个人的行为失控或病理性的非常意识状态，而是如我们前面已经指出过的，这一切非常行为的"文化性"经特定人群的长期实践之后，已经形成传统，形成一种在主流文化和亚文化中都有不同程度、不同方式表现的"非常意识形态"或"非常文化心态"。

三、社会结构异态与人际关系脱失

在跨文化精神病学中，非常意识状态的一个特征性症状便是人际关系脱失和反社会性病态人格，造成病态的原因有脑器质性缺陷，但"在病因学上，社会环境条件起主要作用。"[1]

尽管有很多症状和病因都与精神病医生面对的病人相似，我们仍然不能说巫蛊涉嫌人都是非常意识状态的精神病患者。不过，如果将这样一群人以及他们的社会结构方式和文化模式，与常规的社会做下比较，就会发现，一种文化性的和结构性的精神病症状，存在于这一特殊的社会层面中。或者说，对于所谓正统社会或常规社会来说，这一边缘集团与社会产生关系脱失有着明显的反社会病态人格，并使自己处于社会结构的异常状态中。

首先，作为一种边缘人群，他们的地缘关系已经脱失。据述，养蛊之人，"但未施术之先，当自承结果于'孤''贫''夭'三者，必居其一，其术乃验"[2]。所谓"孤"，即孤立于社区人群之外，这是很常见的。一旦被指认为"养蛊"者，所在社区的所有大门都会对他们关上，他们备受歧视，要在过去，逐出村子是基本的惩罚。现在虽不能驱逐，但一堵无形的墙已将他们和乡里乡亲完全隔开。在体现认同的重大节庆典礼活动中，他们被拒绝参加。人们视其为敌，他们也心怀怨恨。

其次，作为一种边缘人群，他们的血缘关系也部分脱失了。除了"蛊"的遗传使他们同病相怜，家族中也是深恐血被"染浑"的。于是，

1　杨德森《精神病症状学》，见湖南医学院主编精神医学丛书第一卷《精神医学基础》，第 343 页。

2　王世祯编著《中国民情风俗》，第 135 页。

才有了前述"大义灭亲"的弑亲谋杀系列行为，有了"清水人"不容"浑水人"来染指的婚恋悲剧。活着有辱门风，死后不得认祖归宗，注定要成游魂野鬼。

再者，作为一种边缘人群，他们的天人关系早被脱失和转换了。"正神"从此与他们无缘，人们认为他们秘密地和鬼魅妖灵交感沟通，建立了一种异质异态的反常关系。他们供养邪灵，邪灵亦为他们谋财害命，争势夺宠。他们与邪灵的交谈和交感，被传得十分神秘。他们的传习方式极为阴暗隐秘，一般人绝难知晓；他们也有意强化这种神秘，让人们像害怕黑社会一样害怕他们。

政治制度及其社会组织形式是社会结构的集中体现，一个健全清平的社会，是不会使巫化的意识泛化，渗透在自己的意识形态中的。

在本书第五章里，笔者曾摘引和解剖了古今大量巫术权术混用的例子，这些例子，在被王者们占住的史册里不知还有多少，自无法一一详列了。从所举数例已可看出，在中国传统社会里，为弄权而行巫，或通过行巫而谋权之类的事确是很多的，巫术与权术，均是"弄者"手中的工具，既可如江充、杨广之流，作为栽赃陷害的"证据"，又可如湘东王、陈叔坚之流，作为魇胜蛊惑宿敌的武器，还可如陆媪令萱、刘邵之流，作为争权夺宠、掩过遮丑的法宝，如此等等，不一而足。以权术发达著称的国史，巫术自然也在借鉴之列，甚至延伸到现代（如把人的名字打叉倒写之类），上升为理论。

把巫术理论与政治理论混一而观的例子，在中国传统意识形态中也是很常见的。如各方人物都喜欢谈论的《易》，很轻易便会把爻象卦义与社会秩序、社稷安危、国家命运之类的"纲"联系起来。例如，释《周易》卦象之"蛊"，即有多种解注：

蛊，败也，坏也。卦上山震木，为材木之所出，乃下卦为巽。巽陨落故败。又巽为虫，虫蠹物朽腐，大过曰栋桡，易林旅之履云：木内生蠹，蠹即蛊，皆从巽也，故坏。礼王制，执左道以乱政疏云。[1]

《彖曰》：蛊，刚上而柔下，巽而止，蛊。"王夫之释："蛊上，刚也，五阴而不受制于上，无孚也。因泰而变，上下交而不固，王侯以礼相虚拘焉。贪下贤之誉而无其实，则去之而非其所急；无下贤之实而徒贪其誉，则去之而终不我尤；于此而裴回倾恋，以冀功名于蛊坏之日，其将能乎！[2]

刚上而柔下（蛊卦为上艮☶下巽☴，《说卦传》："巽，顺也。艮，止也。"）据说兆"君臣上下各居其位，不相凌越，谦逊而不骄傲，静止而不妄动，治国之事要在于此，是以卦名曰蛊"[3]。但上下不通、久静不动则要败坏、要出事，所以《序卦》说："蛊者，事也。""经意"多处指出："蛊，毒虫，以喻小人。"[4]天下为何败坏出事故？苏轼解："上下大通（指蛊卦之前随卦）而天下治也。治生安，安生乐，乐生媮，而衰乱之萌起矣。蛊之灾，非一日之故也，必世而后见。"[5]所谓"生于忧患，死于安乐"是也；所谓"滥求租税，糜费产业，蛊惑士女，运迍

1　尚秉和《周易尚氏学》，第101—102页。

2　[明]王夫之《周易外传》，中华书局1977年版，第43页。

3　徐志锐《周易大传新注》，齐鲁书社1986年版，第201页。

4　同上，第203—205页。

5　[宋]苏轼《东坡易传》，上海古籍出版社1989年版，第36页。

则蝎国，世平则蠹民”是也。[1]

正因如此，将自然现象与政治操德联系在一起来谈的事，也便很正常了。南朝梁人任昉《述异记》卷下记述：

> 晋末荆州久雨粟化为蛊，蛊害民。《春秋》云："谷之飞为蛊，蛊是也。"中郎王义兴表奏曰："臣闻尧生神木而晋有蛊粟，陛下自以圣德何如？"帝有惭色。[2]

在传统观念中，王权授之于天，王德亦与天相感，多少政客假天地之名做自己的事，还自命为"替天行道""天道在朕"，不想有人会顺其逻辑引出"晋有蛊粟"是因陛下"圣德"有问题的话来，让"天子"尴尬。

仅释"蛊"一字，即可生出那么多名堂，如再往后引，则有更多"振民育德""修身齐家治国平天下"的联想和生发，正是"运迄则蝎国，世平则蠹民"，怎么都找得到话说。而那巫蛊之谜，也正如政道权术之谜一样，愈发变幻莫测，令人感到扑朔迷离，不可穷究了。

---

1 [南朝]僧佑《弘明集》引[南朝]刘勰《灭惑论》，见《辞海》缩印本，上海辞书出版社1980年版，第1862页。
2 [南朝]任昉著、[明]程荣校《述异记》内阁文库版，卷下，第4页。

第十二章
非常意识状态的社会症候

在跨文化精神病学领域，非常意识状态是一种个体性的病症；在人类学领域，以巫蛊信仰为表征之一非常意识状态是一种群体性的病症，由此产生的恐惧、猜疑和暴力可能蔓延为一种社会性症候，信仰化、群体化为邪教、种族主义和恐怖主义，甚至国家化为纳粹和军国主义，成为社会动乱、不义战争和种族灭绝的精神动力。因此，正视这一有着深远历史传统和普遍社会影响的问题，是促进人们精神健康和理性社会建设的关键之一。

第一节　巫蛊后面那些无声无影的民众

本书初版出版后多年，通过网络（包括博客、电子邮件等），我陆续收到一些反馈，我觉得，这也在一定程度上反映了学界和社会对这个问题的认知状况，其中不乏极富启发性的意见。所以，我也选摘一二，作为讨论的继续。

2007 年 10 月，一位没有署名的朋友给我发来邮件：

看完《巫蛊考察》，感受到的不是巫蛊之巫之毒，而是一直没有显影的民众的魑魅心理。在历来的政治斗争和运动中，强大的民众力量一直在扮演着宣判者和执行者的角色，在巫蛊的形成和发展的过程中，不乏民众在其中的重大作用。因为没有接受过人类学学科的专业训练，无法从人类学的角度给出更精确和更学理的解释，诸如民众寻找替罪羊的集体心理特征和文化背景根源。点滴的感悟颇多，包括蛊女的形成和身份认同问题，黑巫术或者攻击巫术形成的民众心理原因，中西方巫女文化的差异，每个问题深入进去都是一个无底的边界，需要资料的积累，更需要脑子的转动。短短两天时间，满脑子都是巫蛊问题的探究，一闭上眼，似乎就站在那条黑夜里的怒江边上，感受着来自自然的灵性和人性的纷繁复杂，鬼戳戳的人世比不得怒吼的大江。思考到后来，把问题归结到了民众心理的部分。王小波有说到沉默的大多数，在很多社会文化场景里，会有一部分人出于自己的常识判断和谨慎而保持沉默，掌握着话语权的人有权利去对没有话语权的人作出道义的制裁。这是属于有文化意识的群体的人而言，而那位砍死熟睡中的"蛊女"的傣家老大爹和杀死"放蛊"祖母的孙子，他们的无意识既不是蛊的药理和心理作用（不是受蛊者），又是根源于什么样的文化和心理背景做出其行为？还是有待考究。

这位朋友说："看完本书，感受到的不是巫蛊之巫之毒，而是一直没有显影的民众的魑魅心理。"他由此"把问题归结到了民众心理的部分"：

　　对巫蛊这一现象的思考和探索，施巫蛊者、受巫蛊者以及对巫蛊持有人家给出定论的民众，这三方的立场和事实调查都缺一不可。（该书的）"非常意识形态"对中蛊者的精神和心理状态给出了较为恰当的解释，也为施巫者自我身份认同找到了充分的理由，但数量最多事实上影响力最为强大最为魑魅的一个群体（而非个人）——那些无声无影的民众，在巫蛊形成和发展的过程中如何起着巨大的推动作用呢？这，是我对巫蛊好奇之旅的最后疑问。蛊女更多不是自身的选择，反而是她们无法选择的一种人生，或因祖系血脉传承（血缘具有不可选择性，不是她们恳求阿妈传给她们的巫蛊身份，而是无可奈何的继承），或因爱情和婚姻染上浑水（社会身份选择时最大的障碍），没有人因巫蛊人家施蛊而得的财富和兴旺而羡慕和自己满足过，事实上，蛊女人家不是受人歧视孤援无助，就是婚姻选择失败导致家庭落败。那么，蛊女身份初始是如何形成的呢？民众中的某个人会说，传说或者听说通过什么样的方式有了蛊或者染了蛊。蛊究竟从何而来？此时，民众在蛊的传说中起着怎样的角色？

　　民众的力量历来是强大的，集体的共谋更是个无形的魑魅之影，所向披靡的强大让个体亦无法选择自我的身份，屈从和认可社会民众共谋下的社会身份，是傣家阿妹的人生，也是若玛苦于摆脱的人生。民众此时也是非常意识形态下吗？还是，这是一场出于种种原因和背景而达成的集体默许，一种有意识的把灾难和苦愁嫁祸于人的做法？有待思考。

这位朋友敏感地提出了一个尖锐却又常常被讳言或被掩盖的问题："数量最多事实上影响力最为强大最为魑魅的一个群体（而非个人）——那些无声无影的民众，在巫蛊形成和发展的过程中如何起着巨大的推动作用呢？"

我在写本书的时候，除了揭露那些借巫蛊害人惑人的古人今人，同情那些因巫蛊招祸的无辜者，还有一种憋在心里无法释放的郁闷，就是那些散布流言、孤立他人的村民，对被指控为蛊女的无辜者群起而攻之的民众，那些"大义灭亲"将亲人捆绑游街或沉江、沿途刀棒相加的乡亲……这些人影挥之不去地在我眼前晃动，他们都是普普通通的人，是可能和我们交上朋友的人。就像我那清查出杀人凶手的知青同学所说的，这个"漏网的杀人犯"其实是一位受人拥戴的生产队长，"根红苗正"的老贫农。他是那种从面相到行为举止都属于标准"正面形象"的人物。但正是他，在1950年代初，和人一起谋杀了正带着孩子睡觉的那个女人，只因那女人据说是"琵拍鬼"——仅仅"据说"，这些平时不红脸的穷乡亲会毫不犹豫地杀死毫无防范的无辜女子。对于这样的"众数"，我该怎么写？单独地看，他们都是勤劳善良的农民、疼爱儿孙的爷爷奶奶爸爸妈妈，但如果为蛊事集合在一起，他们就有可能成为冷漠的看客，狂热的斗士，甚至凶狠的杀手。

本书多处谈及的1950年代以后发生的不少侮辱、批斗甚至杀害一些被指控为"养药婆"或"杀魂者"的事件，尽管部分当事人最终被政府依法处理（如云南怒江"开除领头的支部书记党籍""逮捕凶手"），但惩处只能针对直接的凶手，而对没有动手但同样从事了谋杀行为的"群众"，法律无法可施。

令人触目惊心的是，这类冠以"正义""正气"之名的谋杀行为，不仅体现为乡亲杀乡亲，族人诛族人，甚至频繁地体现为舅舅杀侄女，丈夫杀妻子，孙子杀奶奶，儿子杀母亲，等等。在很多地方，人们对偷盗奸淫罪行尚会宽宥，对涉嫌"放蛊"的人却是决不饶恕。人们在从事这一非理性反伦常罪行活动时，竟是万众一心，宁过之而无不及，常常不问青红皂白，将幻想的涉嫌人一家尽数杀害，当真实的杀人者被司法部门追究时，"群众"又几乎是众口一词地袒护杀人者，而对被害的涉嫌"放蛊者"毫无同情的表示。一贯重人伦纲常的国人，到此时突然变得很疯狂，不但可以置国法和理性于脑后，连亲情伦常都不顾，宁弑亲悖逆，也在所不惜，所做所为令人发指。这一切，正说明"巫蛊"在国人心中的位置，于特定场合是压倒一切的。

的确，人们的批判之矛，一般不愿意指向"民众"，那个在权力底层"互害"的弱势群体。只有孤独的勇者，才敢于直面这些"众数"。例如不遗余力批判"国民性"的鲁迅，他深深地痛于国民的麻木不仁，痛于等待吃烈士人血馒头的民众，这烈士，本是为争取他们的权益而牺牲的。

例如"二战"后对"普通法西斯"现象的反思，比如米哈伊尔·罗姆（Mikhail Romm）执导的电影《普通法西斯》、苏珊·桑塔格（Susan Sontag）的《迷人的法西斯》、米尔顿·迈耶（Milton Maye）的《他们以为他们是自由的》等。我最难忘的镜头是：战犯受审时，所有的刽子手都泰然地说："这不是我的责任！"他们认为作为军人，他们只是上级指令的执行者；而一般民众，也是自愿把选票投给了希特勒，不少人认同犹太等民族是低劣种族的说法，陶醉在优等种族的幻觉中。纳粹时代壮观的大游行和各种迷人的视听符号（如瓦格纳的音乐、里芬斯塔尔的电影），也形成了一种蛊惑人心的"法西斯美学"[1]，让德国民众激情澎湃。面对"二战"这样的大历史，米尔顿·迈耶以小人物的故事切入，通过这些"水滴"研究第三帝国时代德国生活的微观社会，它最有价值的贡献是向人们展示了一幅观念的图景：纳粹体制如何在普通德国人的层面以及德国社会内部发生作用。这些极具颠覆性的内容引人深思，关乎德国人，更关乎人性及我们每个人自身。[2]

再比如，以 19 世纪群众革命为例批判"乌合之众"的古斯塔夫·勒庞（Gustave Le Bon）。现在来看，他的小册子写得虽然不那么"学术"，但问题意识却十分敏锐。他以法国大革命时期的群众运动为例：

> 法国大革命时期，国民公会的委员们，如果分开来看，都是举止温和的开明公民。但是当他们结成一个群体时，却毫不犹豫地听命于最野蛮的提议，把完全清白无辜的人送上断头台，并且一反自己的利益，放弃他们不可侵犯的权利，在自己人中间也滥杀无辜。群体中的个人不但在行动上和他本人有着本质上的差别，甚至在完全失去独立性之前，他的思想和感情就已经发生了变化，这种变化是如此深刻，它可以让一个守财奴变得挥霍无度，把怀疑论者改造成信徒，把老实人变成罪犯，把懦夫变成豪杰。

> 群体很容易做出刽子手的行动，同样也很容易慷慨赴义。正

---

1 [美] 苏珊·桑塔格《迷人的法西斯》，转引自张同道《经典记录》第七集"奇观之母"，安徽文化音像出版社 2002 年版。

2 [美] 米尔顿·迈耶《他们以为他们是自由的：1933—1945 年间的德国人》推荐语（笔者略有改动），商务印书馆 2013 年版。

是群体，为每一种信仰的胜利而不惜血流成河。

群体感情的狂暴，尤其是在异质性群体中间，又会因责任感的彻底消失而强化。意识到肯定不会受到惩罚——而且人数越多，这一点就越是肯定——以及因为人多势众而一时产生的力量感，会使群体表现出一些孤立的个人不可能有的情绪和行动。在群体中间，傻瓜、低能儿和心怀妒忌的人，摆脱了自己卑微无能的感觉，会感觉到一种残忍、短暂但又巨大的力量。[1]

这种状态，很容易使人联想起被理想、幻想或胡思乱想煽动的"极端信仰"和"暴烈行动"，它们常常造成连煽动者都控制不了的社会动乱和种种群体失常事件。在这种状态下，巫蛊将走出密室，进入广场，不仅公开化，而且大行其道。

第二节　巫蛊的文化心理与社会情境

2010 年 4 月 18—21 日，国际上影响最大的精神医学学术组织——世界精神病学协会跨文化分会（WPA-TPS）在上海召开"国际文化精神医学大会：中国的社会变迁与文化多样性"，我再次被邀请参加。

会议主旨十分明确："随着全球社会的急剧变迁，关注文化与心理健康关系的文化精神医学日益受到重视。与此同时，中国的快速发展

1　[法]勒庞《乌合之众：大众心理研究》，冯克利译，中央编译出版社 2000 年版，第22—23，26，36—37 页。

受到世界关注。博大精深的中国文化、中国社会发展的巨大成就，以及中国精神卫生领域应对社会文化变迁挑战的经验，正在成为国际上行为科学、精神医学领域学者的热门话题。"

我的大会发言，分享了自己调查和跟踪观察多年的不同"巫蛊"案例，对其进行人类学和文化心理分析。我认为，中国传统文化中沿袭至今的巫蛊现象和巫蛊心理，病理上属于精神病学界定的非常意识状态，但它的群体性表现和文化性内涵，又与人类学研究的巫术中的黑巫术、宗教信仰中的极端信仰或邪教有深刻的渊源关系。作为一种跨文化现象，它存在于几乎所有民族的疗病手段或宗教、精神生活中。由于质、量、历史传承和现实影响等方面的原因，已具有了文化人类学意义上的非常意识形态的某些特征，而且有可能蔓延为一种能够影响社会、国家和民族的强意识形态。一般而言，个体的精神失常（非常意识状态），比较容易识别；群体的精神失常（非常意识形态），却往往在某种伟大目标和蛊惑宣传中被强化为主流意识形态。发现并指出这个问题的人，通常会被视为异端，甚至招来杀身之祸。

无论是个体性的非常意识状态，还是群体性的非常意识形态，当它们沉积在上千年的文化心理中，成为深深刻印在集体意识和集体无意识中的历史记忆的时候，我们或可将其视为该群体的某种文化心理。这种文化心理的异化和外化，可能形成某种非常现实的社会性精神症候。它可能在亚文化边缘群体中以黑道秘术或邪教的方式"传染"或传播，也可能成为主流社会的全民性疯狂的精神病变。其社会性症候的"轻症"表现，类似传销、网络暴力；其社会性症候的"重症"表现，观念化是非常意识状态，组织化是邪教，如果走向极端，就会导致直接的暴力和恐怖主义；如果国家化，就是纳粹和军国主义，能够发动战争对其界定的"劣等民族"进行种族灭绝以"净化"人类，犯下令人发指的疯狂罪行。历史和当下都不乏这样的案例。

王明珂先生以"历史心性"指称人们由社会中得到的一种有关历史与时间的文化概念。此文化概念有如 Bartlett 所称的心理构图（schema）；在此文化概念下，人们循一固定模式去回忆与建构"历史"，并将之置入特定社会情境中。王明珂在青藏高原东缘地区调查的"毒药猫""英雄圣王历史"与"弟兄故事"等反映其历史心性的口述史文本，是羌族建构"过去"的本质与多元途径的方式之一。他强调，无论是历史文献还是口述历史，都在述说许多的"过去"。将之视为一种"社会记忆或历史记忆"，我们所要了解的主要是留下这记忆的"当代情境"——特别是当代人群的资源共享与竞争关系，与相关的族群或阶级认同与区分。由多元资料间产生的"异例"，我们可以了解一时代社会情境的复杂结构，以及一个"当代情境"与另一个"当代情境"间的延续与变迁。因此，由历史记忆与历史心性角度分析史料，我们的目的仍在于了解历史事实；由此所得之历史事实，可补充、深化或修正史料表面所呈现的"历史事实"。[1]

王明珂继以青藏高原羌、藏、汉等族社会文化为田野推出系列研究论著之后，对其中涉及的"毒药猫"问题进行了反思。他于 2021 年在台湾出版的《毒药猫理论》一书，将中国乡村的村寨生活与毒药猫传说，和近代初期欧美猎女巫风潮进行比较研究，把问题意识定位在"人类社群与其边界"问题的探讨上，并在国外"替罪羔羊理论"的基础上，提出了"毒药猫理论"。他在之后章节讨论的"当代国族主义下

1　王明珂《历史事实、历史记忆与历史心性》，《历史研究》2001 年第 5 期。

的毒药猫""当代宗教极端主义下的毒药猫"和"'网络村寨'中的毒药猫"等问题，敏锐地把地方性异俗与世界性通病，传统巫蛊心态与当代社会普遍存在的恐惧与暴力现实结合起来谈，具有重大理论和现实意义。

"毒药猫"和本书讨论的"蛊""杀魂""琵拍鬼"等一样，大都是传说，但正如王明珂在《毒药猫理论》中所说，他更为关注产生神话传说、人们的经验记忆与社会行动的社会现实，这个社会现实，包括一个社会中女性的边缘地位，人们的群体认同及内部区分、冲突，对外界人群事物的恐惧等等。羌族小社会民俗中的"毒药猫"现象及其文化心理，其实普遍存在于世界各地人群间。它的世界性魅影，笼罩在诸如欧美近代初期的猎女巫风潮，血缘与地缘合一的国族想象与灭犹屠杀暴力，极端宗教社群对内部信仰行为"纯净"的坚持与对身边"异教徒"的暴力，欧美种族主义者对白种人世界"纯净"的坚持与对国内有色人种的暴力，对外边界分明、对内意见统一的网络社群与对内部异议者的霸凌或网络暴力，以及因战争导致的人口流离、难民及由此造成的族群冲突与社会暴力危机等，都是当代值得被关注的现实。

王明珂认为，在人类群体认同中，人们以共同起源来凝聚我群，以共同之异族意识来排除他者。族群或社群边界、边缘建构的根本意义在于：人们借着对他者、外物、外在世界的陌生、敌意与恐惧来强调族内的熟悉、温暖、亲情与安全，由此让族群团聚得更紧密。族群的凝聚除了靠内部成员间的血缘感情外，也靠着对本群体外的"非我族类"之异类感。作者借着对毒药猫的研究，提醒我们注意一种人类社会普遍的排外暴力形式。特别是在各种讲求内部纯净的社群认同下，人们面临重大社会矛盾或外来灾难时，经常猜疑内敌、勾结外敌，最后以集体施暴于一替罪羊的方式来化解矛盾与对外界的恐惧，并团结社群。[1]

存在于中国上千年古代文献、考古资料和民间信仰及传说中的蛊事，是中国人历史记忆的一部分，也是其文化心理和社会意识化合在历史事实和社会情境中的反映。关于蛊的恐惧，即来自漫长历史和广阔空间中建构的这种知识系统。

无论是现实的集体暴力、国家暴力，还是虚拟的巫蛊暴力、网络暴力，都可能对人们的文化心理和现实处境产生影响。施暴者可以用隐秘或虚拟的方式（放蛊、网络霸凌等），也可以用公开的和现实的方式（侵略战争、恐怖袭击等）；可以是巫术或宗教的（杀人祭祀、破坏风水等），也可以是政治或道德的（政治陷害、道德绑架等）。施暴主要来自权力，但如福柯所说，权力不是一种实物，而是一种"力量关系的复合"。[2] 在人类社会中，能够组成某种复合关系并产生社会影响的力量，微至家庭、宗族、社群，大至阶级、民族、宗教、国家，形成不同形式的利益共同体和认知共同体。这些共同体认同并主持的社会资源、核心价值和话语系统，就是社会控制的权力。

巫蛊是权力关系的产物，也是权力斗争的一部分。它可以为当权者或主流文化所用（如中国历史上的诅军、权争与巫蛊之祸），也可以被失势者或边缘群体所用，成为他们解构权力，揭示主流理论和概念

---

1 赵世昌《地方何以全球：评王明珂"毒药猫"理论》，《青海民族大学学报（社会科学版）》2022 年第 3 期。

2 Foucault, *The History of Sexuality; Foucault Politics, Philosophy, Culture: Interviews and Other Writing* 1977-1984. 转引自朱晓阳《罪过与惩罚：小村故事 1931—1997》，天津古籍出版社 2003 年版，第 287 页。

的内在矛盾，阐释文化多义性的一种社会实践。巫蛊，在更多情况下，是弱者的暗器。

第三节　社会心态的失衡与调适

一、突发事件中的社会心态失衡

广州公安微博通报：2014年3月15日上午8时30分许，广州沙河大街某服装城的保安员抓获一名小偷，该小偷突然大喊一句："有人砍人！"引起周边群众四散奔逃并诱发连锁谣言。这事虽然没有造成人员伤亡，但造成的混乱和社会影响值得注意。显而易见，这一群体性心理恐慌事件，应该源于此前半个月昆明发生的恐怖分子血腥袭击平民的暴行。暴行发生后，也曾发生某些连锁性不良反应：有人把恐怖分子与某个地域性指称或宗教组织联系在一起，有人违约赶走有这个地域或族裔身份的租客，甚至有某地执法者非法发布限令此类人士限期离开的公告。虽然这种把指涉简单化的言行不具代表性，但如不及时纠正，会使问题复杂化，引发更大的社会矛盾。作为一个远离暴行发生地，但家人朋友都在那里的人，我一方面牵挂亲友的安全和无辜遇难者的情况，一方面也为另外一些朋友感到不安——我不知道那位不久前刚来访的维吾尔族摄影家朋友心里是什么感受，不知道在东莞打工的柯尔克孜族朋友怎么想，不知道我们城市很有特色的新疆餐馆和卖烤馕的小伙子境遇如何。我曾带学生考察柯尔克孜族打工者的生活，并获邀参加过他们远离家乡的集体婚礼。他们穿着没有任何族群和个性特色的工作服，在工厂流水线平台上机械地操作。当我们参加他们在工厂食堂和酒店举办的婚宴，看他们坐在坚硬水泥地上高歌民族英雄史诗《玛纳斯》的时候，我不知道这些习惯了在广阔草原自由奔跑的朋友是怎么适应眼下这一切的。他们从西部来到东部，从少数民族聚居区进入汉人社会[1]，从畜牧转行做电子产品，正在经历着太多太大的转型。他们带回家乡的，不仅仅只有钱财，还有对于"汉人""城里人""现代化"等的印象。我真不希望那些不过脑子的言行影响了他们的情绪和认知。好在那些言行刚刚冒头，就在社会上迅速引发议论，许多人借助网络公开表示反对这种言行，明确指出，"请不要把对恐怖分子的愤怒扭曲成对一个民族的恐惧和隔膜，请不要把对暴力的还击扭曲成对一个民族的歧视和敌意"。强大的舆论和政府的及时引导，迫使发布这类错误信息的人收声、道歉或撤销原有做法。

　　类似的情况，在美国发生"9·11"恐怖袭击事件之后也有出现。当时，对某一族裔或文化群体的偏见，与既有的对该种族和文化的刻板印象，因这突发事件迅速整合为一种偏激的社会心态，随时可能诱发更广泛的冲突。为了回应这个波及全球的紧急事件，具备中东区域和伊斯兰教专业知识的人类学家、民族志学者被卷入到处理事实的挑战中。针对某些媒介和部分公众对阿拉伯族裔或伊斯兰教信众的歧视和敌意，人类学家及时发表了一系列讲演和论文。

　　"9·11"发生近两年后，我到意大利佛罗伦萨参加国际人类学与

1　20世纪三四十年代，中国人类学家吴文藻、李安宅、费孝通、林耀华等学者，开启了对汉人社会的研究并将其成果《乡土中国》《金翼》等在国外出版，"汉人"及"汉人社会"的研究因之成为我国人类学在国际上产生影响的一个重要学术领域。

民族学联合会（IUAES）第十五届世界大会。在视觉人类学论坛上，一位叫法德瓦·伊尔·古恩蒂（Fadwa El Guindi）的视觉人类学家，展示了她编辑的一组关于"9·11"的图片，进行引人注目的分析。她指出，美国"9·11"事件其实导致了对一种知识交流的需要，即关于伊斯兰、穆斯林、阿拉伯、阿拉伯裔美国人、美国在中东的政治等话题的关注。但美国公众面对的却是存在于各种教育中的一个巨大空白。她在自己之后出版的《视觉人类学理论与方法精要》一书中写道：今天，全球最令人关注的是战争和各国人民为谋求防止或制止战争、结束其领土的占领、恢复主权、抵御全球化带来的同质化影响的集体抗争。关于战争和暴力行为、冲突和暴力对抗的当代形态，人类学有太多的话要说。因为这一切的根源在于我们的过去，并将影响到我们的未来。她认为视觉人类学在增进人与人的了解上尤其能起到举足轻重的作用。为此目的，她开始建构一种适合向公众展示的视觉形式，到美国许多地方讲演。她希望，这种形式会瓦解牢固的误解——关于阿拉伯和穆斯林人民以及伊斯兰文化的误解。她的实验扩充了人类学知识的概念，超越了传统民族志的理解，扩大了视觉人类学可用的典型表现工具，并且提出重新审视人类学知识概念局限性的挑战。[1]

美国著名汉学家孔飞力在《叫魂》一书中，把转型时期的社会称为"受困扰社会"，认为叫魂案是"一个贫穷的农业社会"里"严酷的损失分摊"，而把一些人视为"妖党"进行清理则是"朝廷和民间的某种共谋"，是为严峻的社会经济矛盾寻找替罪羊。作者认为："毫不奇怪，冤冤相报（这是"受困扰社会"中最为普遍的社会进攻方式）仍

1　Guindi, Fadwa El. *Visual Anthropology: Essential Method and Theory.* Alta Mira Press.2004.

然是中国社会生活的一个显著特点。"[1] 事实上，孔飞力所说"受困扰社会"的问题，不仅仅是贫穷农业社会的损失分摊，而是人类社会面临转型时的一个普遍现象。转型和矛盾的情况各有不同，但冤冤相报的社会进攻方式是社会矛盾激化后的必然后果。无论是政治转型、经济转型还是文化转型，也无论是社会价值失衡、贫富差距加大还是意识形态冲突，当社会被撕裂，处于非常意识形态中的社会群体，对任何给定的"替罪羊"都会群起而攻之。在"非我族类，其心必异"的认知框架内，这种攻击可以针对个人，也可以针对特定族群和国家，甚至任何与自己观念或信仰不一样的同胞。

我们和在东莞打工的柯尔克孜族朋友一样，正处于重大的社会、文化和体制的转型；与后"9·11"时期的美国一样，也面临着族群关系和文化认知的诸多问题。这些问题导致并显现了复杂微妙的社会心态。我们从原来封闭的社会转向开放的社会，从分离的族群转向多民族共和，从农业社会转向工业社会，从计划经济体制转向市场经济体制，从传统文化转向现代甚至后现代文化，在这样剧烈的社会、文化和体制的转型期，不同文化群体和社会阶层频繁交往互动，民众的社会心态也正在进行着转型和重组，必将产生错综复杂的社会矛盾，形成代表不同利益的多元的社会结构，显现不同层面的复杂的社会心态。而在社会关系失调、社会矛盾尖锐的时候，也必然会出现社会心态失衡的现象。

二、日常状态中的社会心态失衡

1　[美]孔飞力《叫魂》，第287—288页。

突发事件或非常状态下的社会心态失衡，毕竟不是常态。更值得我们注意的，是日常状态中的社会心态失衡，特别是已经成为浸染在民众思维和行为中的社会化症候。

前面我们讨论的当代魇魅纠纷、巫毒娃娃和变身节日的"打小人"仪式，以及银行、医院等在门口立石狮子吞阴夺气、挡煞纳财的做法，都是已经化入人们日常生活，被人们习以为常的蛊事。这些事几乎是公开进行的，习俗认可，有利可图。由于社会需求很大，以至供不应求。例如做石狮子、打小人等，干这行的人都扎堆成为一个市场或"民俗"景点了，常年生意兴隆，客源不断。当然，所挡之"煞气"，所打之"小人"，只能是被列为"他者"或"外人"的人。

我的一个学生在香港中文大学读博期间，曾和同学一起去考察"打小人"仪式。考察时间不在惊蛰这个专属的时间，而在平时。下面是她发在自己微博上的一段记录，不过，我这些学生们，提的问题有些没轻没重：

今天（2012.11.1）带小盆友们去铜锣湾鹅颈桥考察打小人。一小盆友向施法术的阿婆发问："我父母骂我，如果我想打他们，你会帮忙吗？"阿婆一听就火勒："他们怎么无情白事骂你，肯定是你做错事勒！给一万蚊（元）我都唔（不）打！仲（还）有，你要小心天打雷劈！"另一女小盆友有问："如果我老公在外面包咗（了）二奶，你话（说）我应该打边（哪）个？"阿婆又怒勒："当然打那个狐狸精啦，打你老公做咩（什么）？佢系（他是）你老公啦黎噶！"[1]

　　这是学生故意开的一个玩笑，但我们可以看到，阿婆的界限划得清清楚楚，这个界限就是她认为的家人和外人的亲疏关系。

　　在人类的原始本能和社会意识中，"界"是一个十分重要的概念。"界"是划分我—他、内—外的界限。无论从认识发生论的角度，还是从社会价值论的角度，人都是以自我为中心按"差序格局"[2]由内向外推的。认知水平和文明程度越低，往往对他者异文化的理解和包容度越低。"我""我家""我族"之外的"他者"，都是不同层面的"外人"。甚至娶进"我家"的女人，也因是"外姓"而需要警惕。婚礼中对新娘做的一些"洁净"仪式，即是在设定新娘"不干净"的前提下进行的，有些甚至有浓厚的黑巫术色彩。所谓"干净"与否，指的其实是精神层面的东西，包括考察新娘家"干不干净"，会不会"染浑"了男方家的血，也是需要重点考虑的。前揭民俗雕版木刻"蛊界"纸马，亦是以社会性别为模板，划了一条蛊与非蛊的界。

　　王明珂在羌族"毒药猫"的调查中，注意到"不同层次的外人"以及为什么女人会成为"毒药猫"的问题：

　　　　在岷江上游村寨民众心里或潜意识中，"毒药猫群体"可能代表许多不同层次的"外人"——母舅群体（其他家族）、邻村的人，以及"蛮子"。而本地人狭隘的我族认同，又使得这些不同层次的"外人"借着"蛮子"而联结在一起。也就是说，本寨其他家族有

1　香港中文大学博士研究生严丽君调查，发于"跨境学童严丽君"微博。
2　费孝通《乡土中国》，北京大学出版社1998年版。

"蛮子"的血统；邻村或邻沟有蛮子根根的人群更多；更远方，便是些野蛮程度不等的"蛮子"。我们可以称这些外在人群为村寨民众心目中的"外在毒药猫"。

这一层层"外在毒药猫"与村寨内"毒药猫"的关联，以及各层次"外在毒药猫"之间的关联，都是相当明显的。在前面我曾提及村寨民众对"族"的概念——以"族"广泛指称我们所谓的地域群体（邻人、乡亲）、血缘群体（家庭、家族）、拟血缘群体（民族）。在如此广泛的"族"概念下，家族、同寨的人、沟中的人都是一层层的"我族"；另一方面，他家族、邻寨的人、邻沟的人，也是一层层的"外族"。由此，虽然女人都是由邻近家族、邻寨、邻沟嫁来，但在村寨民众心里或潜意识中，她们多少都是"外族"。[1]

同一民族甚至同一村寨尚且有不同层次的"外人"，不同民族不同国家的人，更是不可信任的"老外"和"鬼佬"。这种认知状态，在屈原《招魂》对殊方异域杀魂力量的可怕书写，以及《山海经》对自我中心之外边荒方国魔怪世界的描绘中，已经反映得很充分了。巫蛊，不过是这种认知的极端化升级版而已。

清人杨琼在《滇中琐记》中，也谈及"蛊有内蛊、外蛊。外蛊中人家儿，内蛊则自中其儿"[2]。当时中国与东南亚诸国客货交往不少，滇缅一带亦多造蛊放蛊之说，清人刘崑《南中杂说》述：

1　王明珂《羌在汉藏之间》，第122页。

2　[清]杨琼《滇中琐记》，见方国瑜主编《云南史料丛刊》第十一卷，第280页。

532

尤可怪者，缅人之蛊，不用药而用鬼。……下蛊之法，不需饮食，但藏芥子于指甲之内，对人弹之，药已入腹矣，然不肯无故药人。必无赖客子侵其妻妾，勒其赀财者，乃以此法治之。汉人中毒而还，彼又计其道里之日月，复诵神咒，则蛊毒大发，肌瘦而腹胀，数月而死。金溪周瑞生、龚吉贞，皆死此物也。又可怪者，腾越所属土司中，有杨招把者，亦能诵神咒，拔出蛊毒，活汉人而杀缅人。[1]

这个下蛊和拔蛊的故事，其实透露了人们关于"我"与"他"、"内"与"外"的认知状况。

一是关于好人和坏人，涉及人们自我保护意识下的价值判断。此例所述的下蛊者并不无故药人，而是对无赖客子侵其妻妾、勒其赀财的一种对抗性惩治行为。这与习俗所描绘的可怕蛊女有所不同，更像是世俗力量不足而借助超自然力量对抗的行为。这与有关巫蛊是弱者武器的说法相似。

二是关于汉人和缅人，涉及人们对非汉的他者根深蒂固的成见。巫蛊产生于"他人即地狱"的社会性恐惧。前述"能诵神咒，拔出蛊毒，活汉人而杀缅人"的腾越土司，在汉人和缅人间划了一条明显界限。这与云南腾冲（即腾越）和顺侨乡流传的缅婆会变猫鬼害人的歌谣，处于同一认知程度。

问题是，人除了家人就是外人，除了家庭就是社会。人不能永远只跟家人打交道，我们如何进入族群、阶层、文化类型差异很大的社

1　[清]刘崑《南中杂说》，同上，第358页。

会，与各种各样的他人相处，而不是在自己和他人之间划一条不可逾越的界限，甚至因为一些误解或挫折敌视他人，报复社会。这既是个人的心理问题症候，也是群体的社会心态镜像。在社会、体制、文化和心理都在转型的关键期，如何理解"我"与"他"的关系，是我们观察社会心态的一个重要路径。

遗憾的是，这些年在社会生活中看到的情况和传播面很广的某些信息，似乎总在印证"他人即地狱"这样一句哲学名言。这种渗透在日常生活的疑惧是更深沉的疑惧。它在某种程度上比非常状态下的恐怖袭击更加危险。

我在对巫蛊现象做人类学研究的时候曾经谈到，如果上述事实只是一些孤立的案例，那我们大可不必多虑，但问题是，这种社会心态失衡现象已经成为一种社会性文化性疫情。就像"巫蛊"这一文化话语一样，细细追究，可以找到它悠远的历史传统，深厚的文化背景和广泛的社会基础。它在中国流传数千年，广布各地区各阶层，已形成自己独特的观念系统、组织系统、操作系统和符号系统，具有了文化人类学意义上的非常意识形态或非常社会心态的某些特征。试想一下，如果连天真的孩童书包里都藏了一个针对老师和同学的巫毒娃娃，如果对老师课上讲的内容不是当堂公开讨论和质疑，而是背后告密甚至断章取义构陷，这种"暗黑心理"和"暴力基因"会培育出一批什么样的人呢？因为我们面对的，是隐藏在一定群体的行为模式和信仰体系中的文化，那是深埋于外表正常的人群中的病，它就潜伏在你我的心里，传染、蔓延起来相当可怕。对这些在一定文化中体系性地隐藏着的东西如何作用于我们生活和心灵的探究和清理十分必要，因为它对我们的历史、我们的现在和我们的未来都是影响深远的。

出于以上原因，当社会出现危机，发生变革或转型的时候，个体的非常意识状态和群体的非常社会心态很容易被激活。它会激活某些破坏性很大的极端感情（如嫉妒、仇怨、悲观、冲动、偏执、浮躁等）、极端信仰和极端行为，激活一些人的阴暗心理和准黑巫术行为。一旦个人的变态适应了群体的需要，个体的非常意识状态当然也就很容易转化为群体的非常意识形态，从而导致一般社会心态的严重失衡。加上腐败、社会不公、长期的阶级斗争教育等影响，失衡的社会心态必然导致失衡的社会行为。所以，一有"运动"，黑巫术式的想在别人名字上打叉再踏上一只脚，或趁势"取而代之"的大有人在。即使没有他们需要的社会动乱，那些巧立名目诬陷别人、残害小民的事，我们难道还见得少吗？

《叫魂》一书中深刻地指出：

> 作为现代中国的前奏，叫魂大恐慌向中国社会的观察者们凸显了一个特别令人难过的现象：社会上到处表现出冤冤相报为形式的敌意。叫魂案一开始就带有这种令人不快的特征。在叫魂幽灵的发源地德清，慈相寺的和尚们为把进香客从与他们竞争的那个寺庙吓跑而欲挑起人们对妖术的恐惧。更有甚者，他们虚构了一个容易为人们相信的故事，即一伙石匠试图用妖术来加害于自己的竞争对手。这是一场戏中戏，每一出都用民间的恐惧来做文章。除了丑恶的妒嫉，还有无耻的贪婪：县役蔡瑞为从萧山和尚们身上勒索钱文，也编造了可信的罪证。
>
> 一旦官府认真发起对妖术的清剿，普通人就有了很好的机会来清算宿怨或谋取私利。这是扔在大街上的上了膛的武器，每个

人——无论恶棍或良善——都可以取而用之。在这个权力对普通民众来说向来稀缺的社会里，以"叫魂"罪名来恶意中伤他人成了普通人的一种突然可得的权力。对任何受到横暴的族人或贪婪的债主逼迫的人来说，这一权力为他们提供了某种解脱：对害怕受到迫害的人，它提供了一块盾牌；对想得到好处的人，它提供了奖赏；对妒嫉者，它是一种补偿；对恶棍，它是一种力量；对虐待狂，它则是一种乐趣。

我们在这里所瞥见的，是否是一个已被人口过度增长、人均资源比例恶化、社会道德堕落所困扰的社会所遭受到的一种道德报应？在这样一个备受困扰的社会里，人们会对自己能否通过工作或者学习来改善自身的境遇产生怀疑。这种情况由于腐败而不负责任的司法制度而变得更加无法容忍，没有一个平民百姓会指望从这一制度中得到公平的补偿。在这样一个世界里，妖术既是一种权力的幻觉，又是对每个人的一种潜在的权力补偿。即使叫魂这样的事从来没有发生过，人们仍然普遍的相信，任何人只要有适当"技巧"便可以窃取别人的灵魂而召唤出阴间的力量。这是一种既可怕又富有刺激的幻觉。与之相对应的则是真实的权力——人们可以通过指控某人为叫魂者、或是提出这种指控相威胁而得到这一权力。施行妖术和提出妖术指控所折射反映出来的是人们的无权无势状态。对一些无权无势的普通民众来说，弘历的清剿给他们带来了慷慨的机会。[1]

1　[美] 孔飞力《叫魂》，第284—286页。

当然，所谓社会心态，与任何社会一样，其实也是多元的、分层的、交织复合的。不同族群、阶级、阶层、区域和时期的人，有不同的社会心态；同一族群、阶级、阶层、区域和时期的人，也有不同的社会心态。它们会因时势变化、社会结构重组、利益关系纠结而呈现复杂多样、不确定和可变的状态。不同群体可能由于信仰、利益、文化传统而结盟，或者对抗。貌似不相通的东西有可能结出完全出乎意外的果子，例如，反对社会不公和仇富心理可能联手，极端民族主义和民粹主义可能合谋，它们往往互补互动，互为因果。如果缺乏引导和约束，很可能在一次集体狂欢中酿为过激行为。

当社会出现问题，产生矛盾，发生冲突的时候，各种平时隐藏着的声音都会冒出来。如果不及时正视，处理失当，矛盾不能化解，这种声音可能会在传播中加速、强化甚至异化，并借助群体的力量，弥漫为一种普遍性的集体意识或群众心理，渐渐固着形成一种常态化的社会心态，从而产生更大的社会影响。

三、理性社会建设是正确把握当前社会心态的基础

从身边的这些事例，可以观察到当前社会心态的某种具体显露。不过，我们已经看到，在社会发生重大转型的特定时期，虽然由于社会矛盾和利益冲突而造成的社会心态失衡现象频频发生，但笼统地说社会心态如何如何是有问题的。即使在前述极端事件中，我们也可以看到，所谓社会心态其实是复杂多样的和可变的：这里有对他者异文化的心理隔膜，有谋求互相理解彼此沟通的理性努力，有坚守做人做事底线、遵守社会公德和法规的不懈奋斗，也有没发声但存在各种认知

可能的意识状态。它们往往混杂在一起，此消彼长，不同的社会状态或舆论引导，会使不同的社会心态占据主导地位。

在某些特殊情况下，不同族群、阶级、阶层、区域和时期的人，会形成共同的社会心态或集体意识，如国家遭遇外辱，全民同仇敌忾、一致抗战就是这种危机中的社会共识；发生地震、水旱灾难或恐怖袭击，救灾救难、公益慈善就是万众一心的社会共识；而贪污腐败、欺压百姓，更是古今中外人人切齿痛恨的社会共识。我们必须看到，希望社会和谐、人民幸福、国家发展的人毕竟是绝大多数人，他们的社会心态是主流，是积极、健康的，是在一定文化中体系性地弘扬着的东西。这是我们社会稳定发展的基石。

《人民日报》"人民论坛"编者曾在给我的约稿信中说道，对于处在转型期的中国社会来说，社会心态由于社会环境的变化而表现出相当的动态性，又因为全球化大背景下中西文化的交汇和冲撞而表现为相当的复杂性。在这样一个重大的转型期，产生了各种各样的矛盾，同时也形成了代表不同利益的多元的社会结构，他们必然要从维护自己的利益出发，发出不同的声音，体现出社会心态的多元化。多元的时代主体，决定多元的社会心态。作为社会"晴雨表"与"风向标"的社会心态，对于社会稳定与国家治理现代化的实现有着重大意义。"民意""民心"的重要性总是作为执政者的行政基础被不断提及。[1]

作为某一特定历史时期内社会上广泛形成和存在的一般社会心理状态或群众心理，社会心态体现了人们对某种社会现象、社会问题感

---

[1] 《人民日报》"人民论坛"编者2014年初给我的约稿邮件，作为回应，我写了《理性社会建设是良性社会心态的基础》，发表于《人民论坛》2014年3月/中（总第435期），本节主要内容即来自该文。

受、认知及其心理反映。社会心态其实是社会问题的折射。只有社会问题解决，社会心态也才会趋于常态。因此，理性认识和把握当前社会心态的基础是理性地进行社会建设。这种建设，需要全社会的共识与共同努力。而共识的基础是意见和利益的共享。尽管问题多多，但只要矛盾没有激化到要通过革命来解决问题的程度，谋求各族群各阶层的合作就是十分必要的。合作的前提是理解他者，兼容各种利益相关者和各种意见持有者，而非只是固执己见，听不进"异己"的声音；固谋己利，不让其他群体分享。只有社会公正程度提高，公共事务处理公开，公共资源分配合理，公共利益兼顾不同群体，民心才可能平，国家才可能稳。在这个意义上说，众声喧哗是好事，万马齐喑反倒危险。

人类学是一个以走进他者的世界，通过了解他者他文化认识本文化并反省自身的学科。人类学家的职业训练要求他无论进入什么社会文化系统中，都要努力学习站在他者特别是弱势群体的立场上看问题，理解他者他文化，肯定不同文化、不同群体的价值，认同世界的文化多样性，宽容异己甚至异端。出于这个特性，人类学家在处理族群关系、文化传统和社会认同等问题的时候，会有较大的包容性。他们的工作，对于促进社会各群体的良性互动，消减对一个族群或一种文化的刻板印象，都有一些可供借鉴的观察角度、思维方式和工作方法。

人类学视野中的相对论强调知识和真理是不同社会和文化中构建的，可能有不同的文化模式、道德规范和言说方式。但人类学理解的文化相对论不能成为相对主义"存在就是合理"的口实。我们所说的理解他者宽容异己，绝非无原则的好好先生。对于歧视种族、虐待妇孺、破坏生态、伤害生命的"文化"或习俗，对于欺压百姓、侵占公共利益、分裂国家、出卖民族利益的言论和行为，有一条基本的底线，不可逾越。前述那种以平民为伤害对象的恐怖袭击，正如我的那位维吾尔族朋友在微博上转发的信息："无论他以什么理由，他就是人民的公敌"；同样，对于利用职权侵占公共利益，把权术用作蛊术，以黑道谋财的贪官污吏，无论什么社会、什么时代、什么群体，对此只能零容忍。这就是我们的底线。

以人为本，以民为本。无论世态有什么复杂的变数，无论社会心态有什么难以把握的动向，这个维护国家安全、社会稳定的历史准则和基本常识不会有变。

结语

无定的历史潜流

当我准备结束多年前开始的一个课题——对"巫蛊"这一特殊文化现象及精神现象的考察时，20世纪已经结束。回过头再读自己有关巫蛊考察的旧作，发现自己依然没能走出多远，我依然面临着重复二十多年前结束这本专著时同样的处境、同样的话：

就像一个世纪的结束也会同时结束一些话语一样，我是极希望"巫蛊"这个词在21世纪丧失语境、成为死词的。遗憾的是，我所希望结束的话语并没有什么"结"得了的。

颇具讽刺意味的是：进入21世纪，我迁居到中国改革开放的前沿一线城市广州之后，竟然还接到一个请我帮忙治蛊的电话。打电话来的先生称，他女儿留学海外，不幸中蛊，只得回国医治。多方求治无果，听说中山大学人类学系有研究巫蛊的专家，所以致电求助。这事让我惊掉下巴——巫蛊不仅跨世纪，还跨国界，进入高学历人士中了！我只好再次解释了我的研究，并明确说明我没有治蛊的能力。此后再无电话。

就在2024年，网络上关于蛊事的讨论依然数以万计，含有暴力导向的玄学 APP 信息下载量高达千万，玄学软件的开发与当代高科技的发展同步生意兴隆，装神弄鬼的博主靠巨大流量赚得盆满钵满。

数字技术和互联网是当今世界标志性的高科技产物。星链、芯片、GPS、智能手机、AI、智能机器人和无人机等，已经成为对社会影响力最大的东西。从国际政治到私人生活，从现实群体到虚拟社区，从电子商务到数字经济，从线上教学到云间存储，从数码算命到网络禅修，它们无所不在。但千万不要以为这一定是"科学"的胜利。事实上，在虚拟世界生活的还是现实的人群，在云上传播的信息还是世俗的思绪。历史潜流，同样"蒸发"到了"云上"，成为随风飘飞的无定玄云，一旦聚为暴雨，也会和地下的暗涌合流。

本来，巫蛊由于涉及黑道邪术，具有极强的隐秘性，调查者很难进入田野现场，更难接触到当事人。但网络的虚拟空间和匿名发布，使原来隐身的人敢于从暗处走出，而那些在现实空间里见不得人的言行和秘术，也换上各种马甲在虚拟空间游荡。这在某种程度上也为人类学进行"云上的田野考察"提供了方便，特别是那些涉及亚文化现象和隐秘精神世界的案例，人类学家可以"进入"而不会对当事人产生困扰或干预。事实上，通过网络进入虚拟世界进行现实感很强的社会调查，已经成为社会学、人类学研究的一种可能。媒介人类学在网络虚拟社区做"田野考察"，提供了不少实践经验；虚拟社区同样可以生产有效的人类学知识，并产生许多不俗的网络民族志研究成果。

最近，我尝试进入虚拟空间做一些观察，发现在微博、微信、小红书、抖音、快手、B 站和媒体网页等社交媒体和生活平台上，关于蛊事的信息还真不少。

2017 年 6 月 7 日，"西湖之声""北京时间"等网络公众号，在新浪微博发布一条采自《法治日报》的消息《杭州一小区住户长期在门口放哭丧棒扎小人诅咒邻居》；

2020 年 12 月 19 日，有人在江西宜春市袁州区发布被人下蛊的抖音，点赞 3.1 万；

2023 年 11 月 17 日，一对居于国外的情侣在小红书发了"被人在家门口放插针纸人"的信息，立刻引来大量跟帖；

2024 年 2 月 11 日，一位留英的女性学子在小红书发自己因过年贴对联被人在门口扔人偶的"求救"，几天内即有上万条点赞和评论……

以上是我在网络上随手检索到的一些案例，其中最新、反响较多的是 2023 年底、2024 年初在 B 站、小红书网络平台上有关"蛊事"的讨论。其中，B 站有关"泰国阴牌"的视频播放量短时间内即达 340.1 万；[1] 小红书发布的有关"玄学赛道冷门 + 暴利"玄学 APP 信息，下载量更是达到千万人级别。[2] 小红书的用户人群主体为年轻人，2023 年月活用户 3 亿多，每天产生超过数十亿次笔记曝光。由于这样"流量"的巨大市场前景，某著名集团的官网平台在招聘网上公开高薪招聘玄学博主；一些以此发财的报道在网络上诱人地流传，关于占卜、八字星盘等"测测""准了"软件的开发和销售，更是成为炙手可热的"新兴产业"。网络上那些自称"懂行""业内"的人，就是做当代巫蛊生意的。据说这个产业现在很大而且暴利。为了逃脱国家监管、避免被封号或限流，这些平台有许多教人如何规避敏感词、做玄学赛道、合法化、做矩阵号等办法，下载量达千万。

1　鉴宝日记《眉心骨阴牌，吓尿剪辑师》，bilibili，2021 年 2 月 20 日。

2　林润《玄学赛道不仅市场蓝海而且冷门 + 暴利》，"林润的矩阵流量"，小红书，2024 年 2 月 8 日。

对于这些近乎八卦的东西，我感兴趣的不是探究"蛊事"的真伪和言论的是非，而是数以万计的年轻人对这个问题的认知和态度，因为这个话题连接了一个共情共鸣群体。

共情共鸣群体的概念来自于麻省理工学院有关"共视群体"实验的启发。他们曾在一位志愿者（也是研究者）家庭的厨房、客厅、过道等空间（除了私密房间）安装摄像头，记录一个初生婴儿如何在与父母、保姆的互动过程中学会一个单词。通过对海量影像的大数据分析，观察婴儿在学会某些单词的时候，与大人在相关空间里有什么样的互动关系。当他与大人互动的活动轨迹密度达到一定峰值的时候，婴儿学会了某些关联密度较高的词，如"水"与厨房空间的关系。研究团队以此拓展到分析电视影像，看公共话题引起的关注峰值，从而提出了"共视群体"的说法，说明学习过程和社会概念的形成过程是海量互动的结果。[1]

由此联想，除了电视，众多的手机短视频也以不同话题聚集了各种"共视群体"。以此推而论之，在网络世界，除了对影像的"共视群体"，还有许多非视觉话题，也聚集了不同的"共情"或"共鸣"群体。比如本文例举的蛊事，就聚集了数以万计的共情共鸣群体。对这样的新媒体人群进行研究，应该是当代人类学的职责所在。

上亿的流量和上万的评论，却大都将议题导向蛊事。这说明 21 世纪了，还有人利用蛊术害人，同时说明也还有人也会被其伤害（在心理上，如前述当事人被吓哭、感到"膈应""看得人心里发毛""导致我心神不宁"等，并把做家务不小心撅断了一根筷子和打碎了碗归咎

1　麻省理工学院"共视群体"研究团队的 TED 讲演《单词的诞生》。

于此事而去友人家借宿避祸）。有意思的是评论区——动辄上万的评论和点赞，评论区留言，有的出于在异国他乡对异态事物和他人言行比较敏感导致的共情，有的由于置身陌生环境容易出现的不适和迷茫引起的共情，等等。说明对蛊事的关注度，在90后、00后中也很高。面对这样的问题，无论是一般网民，还是正在接受高等教育的留学生，因是匿名，反而十分真实地说出了自己的看法，这是观察社会心理的极好窗口。

在小红书上发蛊事帖引起共情的，大都是年轻人，不少居于国外，或正在留学，评论区很多网友也有海外留居的背景。他们使用的文字和表述方式，多数用简体中文，少数用繁体中文，由此估计，共情人群内地和港澳台都有，而且中英文和网络流行语混杂，主体人群应该是散布于世界各地的华裔年轻人。而帖子在网络发布的分区，也与国外、留学等关键词相关。值得注意的是，小红书上讨论人偶和纸人的群体，有不少是受过高等教育甚至具有博士留学背景的年轻人，对于这样一个看似古老的议题，年轻人却表示出极大的关注，绝大多数不约而同都指向蛊事。看得出来，我们的90后、00后，即使远离祖国和母语环境，仍未脱离本土文化传统。他们关于巫蛊的认知，无论是来自长辈或熟人，来自地方知识或族群习俗，还是来自网络和各种传播媒体，其了解、接受和影响的程度，是溶入血液中的。

事实证明，所谓虚拟社区，其"虚拟"一点都不"虚"，同样十分"实"地透露了社会现实的许多问题；而"社区"也是物理空间与虚拟空间共存的社区，虚拟社区链接的社会群体，由于不受地缘时空的阻隔和制约，从而形成了许多以趣缘、业缘和共同话题为链接的新的社会分类和文化认同关系。同时，由于人们在虚拟社区多以匿名方式出现，无须在现实世界必备的修饰、忌讳和伪装，平时不能看的可以翻墙去看，现实中不会说的能够放肆地说。貌似隐了"身"，却更赤裸地露出"心"，人性的底色及多面性反而呈现得更为直接和彻底。不仅如此，"互联网的一些特性改变了当前全球的政治、社会性群众运动。透过互联网及其主题标记（hashtag）的联结串流功能，群众运动之发动与参与者很容易汇集和动员同志，强化敌忾同仇氛围，增进群体情感与内部团结，以及宣传及分享抗争成果。然而这也造成一些缺失。个人的独立思考、判断，常为互联网中大量的、实时的以及真假难辨的讯息所淹没与干扰，或在网络'不随众则受霸凌'的文化下被压抑。……在这些各有其利益思考的个人与群体背后，更大的黑暗力量是一套计算机网路运算与设计逻辑，它掌握了人们的思考与注意力。一方面以讯息吸引及喂养人们的注意，一方面在人们'点开'网页连结与'点赞'中，搜集人们的意向与爱好，以此再提供讯息以配合（也是控制）人们的注意力、思考与意向。"[1] 通过对最近网络中几例蛊事的观察，我们可以清楚地看到，网络上存在大量灰色地带，这些"灰色"地带实际很黑；而隐匿在虚拟空间中真实人心中暗黑的一隅，也同样深不可测。

互联网打破现实空间局限，提供了天南海北的人群共聚交谈的虚拟空间。以共同话题为纽带的网络平台，凝聚了具有相似观念、情趣和处境的人，共视或共情，形成新的社会群体。互联网话题浩如烟海，每天有数以万计的话题冒出来，又悄无声息淹没在信息的海洋里。碎片化存在的网络信息，能够热过三天的极少。网络话题的形成具有某

1　王明珂《毒药猫理论》结语。

种偶发性，其流量与话题共情群体的关注度相关。虚拟空间话题关注峰值的情况，其实也是现实世界社会问题的关注度的某种体现。以年轻人为主体的小红书生活平台，最近发布的涉嫌蛊事的信息，短时间引起上万点赞和评论，说明该话题共情群体的关注度较高。其共情的内在因素，有移居他国可能出现的文化休克，有面对异文化产生的文化冲突过度敏感，也有借题发挥的文化亢奋。评论区留言可以作为一个社会观察的窗口。通过年轻人对巫蛊这类老事物的评说，特别是他们对偶发事件的非常认知和态度，可以了解部分高学历年轻人的某些精神状况，看到无定的历史潜流在新时代涌动的走向。

后记

早该交卷了，但我总觉得没写完——还有很多疑案没搞清楚，很多问题无法解答。

巫蛊研究是个难做的题目。人们背地里"据说"了几千年，言之凿凿似的，但真放到桌面上来理，却都恍恍惚惚、纷无头绪了。虽说接受了刘锡诚、宋兆麟、马昌仪三位教授布置的这个作业，但一直犹犹豫豫，不敢动手，主要是怀疑自己是否有能力做得出来（都不敢说做得好不好了），几次想交白卷。后来，王孝廉教授来信，述及他正写的两本书，说这是对友情的一个纪念。正是这句话，促使我咬牙开干——因为几位老师对于我来说，不仅是学业上的老师，也是生活中的挚友。

短短二十余万字的小书，写了很久，主要原因是资料难求。在此期间，马昌仪、刘锡诚等老师不断寄来有关文献的索引，甚至手抄、打字，将一些不便复印的资料摘录与我，而他们自己，却是轮流病着，不仅担负着大量编务，自己也还要写书，以他们的体力精力，付出之大是可想而知的。所以，每当闻知他们当中谁又病了，我就多一份愧疚。不把这书弄出来，是对不住几位恩师了。

写这本书，费力的倒不在写，而在跑，削尖脑袋往"黑"（巫蛊术属于黑巫术）处钻，真体会到有人说的，搞人类学研究，除了要用手用脑来写，还要用脚来写，甚至用命来写。

我不信邪而来研究邪术是怎么一回事，长处在不易受蒙蔽，短处在"隔"。为避短，使这一研究不至太虚幻，我多次深入禁区调查，几访"放蛊"人家，以身试"法"，获得了不少第一手资料。虽如此，要真正揭开这有数千年流行史的黑巫术之谜，仍自认不行，只能借此机会，对有关资料做一次综合整理，归类列之，据实述之，使这个讳为人谈的课题不至完全空白。仅此而已。

本书的完成，我要感谢家人的理解，妻子周凯模不仅在我数次冒失试蛊（包括"恋药"）时给予体谅，自己也几度历险，帮我获取了不少第一手资料。写作的过程也是学习的过程，在这过程中，我向各个学科的师长和学友学到了不少东西，虽自己囫囵吞枣，未求甚解，但教诲之恩，却是永远难忘的，他们是：民俗学家高国藩教授、李缵绪研究员、杨德鋆研究员、杨知勇教授、孙敏副研究员、杨福泉研究员、和力民研究员、唐楚臣研究员、张雍德副研究员、拉木·嘎吐萨先生、李永祥先生，史学家朱端强教授、范建华副研究员和影视人类学家郝跃骏先生，科学哲学硕士李瑾先生，精神病学家万文鹏教授、赵旭东博士，药物学及药物滥用研究专家朱华先生，民间医药专家李志远先生，中国探险协会申献杰先生等。他们有的为我提供珍贵的图文资料，有的馈赠相关实物，有的在和我一起调查时，配合默契，从而令我能在较短时间获取较多资料。

特别要指出的是，在调查中，除得到上述各族专家（包括彝、白、纳西、回、苗、普米族和摩梭人）的帮助，还得到傣、怒、傈僳、普米、瑶、哈尼等各族群众的帮助，鉴于种种原因，我在此不便披露其姓名，只能在心里，再次说一声"谢谢"！

我还要感谢美国哥伦比亚大学美中艺术交流中心周文中教授、郝光明博士和我的挚友陈澄声先生对我进行田野工作的精神鼓励和经济支持，没有他们的帮助，有些工作是无力开展的。感谢舞蹈家江青女士、台湾友人黄英峰先生、张京育先生和学友钟宗宪先生、香港蔡寿康先生的帮助，感谢北京编辑刘莲女士和本书初版责任编辑——同时也是民俗学家的徐华龙先生的大力举荐及认真编辑。没有他们的支持，本书也不可能出版。

邓启耀
1994 年 8 月于昆明
1997 年增补

再版后记

是幸，也是不幸，本书在跨越两个世纪的二十多年间初版和再版。

幸，得之于广西师范大学出版社和其副总编杨晓燕女士抬爱，而使这个讳为人谈的话题再度进入公众视野；不幸，也来自于这个话题本身——一个有着几千年"传统"的蛊事，再次成功跨世纪，易装整容甚至原封不动，跨入高科技飞速改变世界的新时代。

看来我们一时绕不过去，还只好正视。

我十分不情愿地看到，这个我希望终止的研究课题，却未能如愿终止。本书初版是20世纪末出版的（1998年由汉忠文化事业股份有限公司、中华发展基金管理委员会出版中文繁体字版，次年由上海文艺出版社出版中文简体字版），然21世纪以来，依然蛊事不断。有些尽管换了时尚的包装，却能一眼认出，让我不得不继续面对它们。所以，这些年断断续续，我还是做了一些田野考察（包括网络空间里的虚拟社区考察），读了一些书，想了一些事。

再读旧作，发现了很多缺憾，所以，借再版修订之机，按照审读专家和编辑意见，做了较大幅度修改和调整，增加了约三分之一内容，主要是21世纪以来接触到的一些新资料和所思心得，部分内容在"人民论坛"等发表过。案例列举和问题分析也尽可能集中表述，以提升整体的连贯性。这里要特别感谢审读专家和编辑宝贵而中肯的意见。特别是杨晓燕、张旖旎女士对书名的反复斟酌和精到建议，使本书的问题意识更加凸显。

本书初版曾获得首届"中国民间文艺山花奖·学术著作一等奖"（2001 年），中国文学艺术联合会和中国民间文艺家协会在学术上的肯定，"豆瓣"读者评分的大致认可，鼓励我继续探究。感谢学界同仁和广大读者！

感谢广州美术学院提供的良好科研环境，感谢广西师大出版社编辑的精心编辑，感谢广州市图书馆和广州美术学院图书馆破例出借了一些孤本图书，感谢广东人民出版社王俊辉先生、云南省社会科学院李永祥教授、广州市图书馆曾洁、李义女士和广州美术学院视觉文化研究中心科研秘书杜红梅老师为我查询和借阅图书，还要感谢中国古籍的在线阅读系统，这里有多少人默默付出的数字化建设劳动，加上网络强大的搜索功能和网购便利，使本书的修订、增补和勘误受益匪浅。

最后要感谢家人，营造了一个读书写作的良好家境，并已固化为我们的生活方式。素爱整洁的夫人和女儿，把家收拾得清清爽爽，却容忍了我书桌周边这些不大"干净"的书和资料泛滥成灾。真的抱歉。

邓启耀

2024 年 12 月于广州番禺南浦岛

552

参考文献

论文

巴莫·阿依、吉克·合千《凉山彝族的"晓补"反咒仪式：彝族巫米、宗教现状调查报告之一》，《世界宗教研究》1989 年第 3 期。

蔡家麒《怒江州宗教问题考察报告》，《民族调查研究》1988 年第 1、2 期合刊。

陈国安《水族的宗教信仰》，见宋恩常编《中国少数民族宗教·初编》，云南人民出版社 1985 年版。

陈国钧《苗族的放蛊》，《贵州晨报·社会旬刊》1938 年第 15 期，见吴泽霖、陈国钧等《贵州苗夷社会研究》，民族出版社 2004 年版。

陈之亮《西南采风录》，《说文》1941 年第 3 卷第 1 期。

邓启耀《民俗影像拍摄的现场语境：以贵州苗族传统村落拆迁吊脚楼的复原测绘和拍摄为例》，《民族艺术》2016 年第 4 期。

董绍禹、雷宏安《西山区核桃菁彝族习俗和宗教调查》，见《昆明民族民俗和宗教调查》，云南民族出版社 1985 年版。

涪宕《苗族陋俗"蛊"与"祖传鬼"初探》，《苗侗文坛》1990 年第 1 期。

高金龙《云南纸马民俗资料汇辑》，《云南民族学院学报》1993 年第 1 期。

何叔涛《碧江区果科怒族的原始宗教》,《怒江文史资料选辑》1985 年第 4 辑。

胡厚宣《殷人疾病考》,《学思》1943 年第三卷第 3、4 期。

贾志伟《腾冲神马调研报告》,见冯骥才主编《年画》2003 年秋季号,中国戏剧出版社 2013 年版。

姜佐宁《文化因素对精神疾病的影响》,见北京医科大学精神卫生研究所主编《精神医学与相关问题》,湖南科学技术出版社 1986 年版。

李国文译《纳西族象形文字东巴经〈病因卜〉》,《哲学与文化》1992 年第 4 期至 1993 年第 2 期。

李生庄《云南边地问题研究》,《怒江文史资料选辑》1985 年第 4 辑。

李植人《苗族放蛊的故事》,《社会研究》1941 年第 23 期,见吴泽霖、陈国钧等《贵州苗夷社会研究》,民族出版社 2004 年版。

路阿夺口述、胡正生记录、普利颜整理《历史上的疾病纠纷》,《怒江文史资料选辑》1987 年第 8 辑。

马提口述、窦桂生整理《忆福贡腊吐底保捞油锅"神判"事件》,《怒江文史资料选辑》1985 年第 4 辑。

乔健、梁础安《香港地区的"打小人"仪式》,《中央研究院民族学研究所集刊》1982 年第 54 期。

沈其杰、万文鹏《精神疾病的生化基础与实验性精神病理学》,见湖南医学院主编精神医学丛书第一卷《精神医学基础》,湖南科学技术出版社 1981 年版。

沈其杰《药物模式精神病及其生化机制的研究》,见湖南医学院主

编精神医学丛书第一卷《精神医学基础》，湖南科学技术出版社 1981
年版。

宋卫红《藏文化的空间句法》，《民族艺术》2016 年第 1 期。

孙敏、王明富《邪魔之灵》，《女声》1989 年第 8 期。

孙敏《邪魔之灵》，《边疆文化论丛》1991 年第 3 辑。

孙敏《血净的"蛊女"》，《山茶》1994 年第 1 期。

孙敏《蝴蝶寨子的故事：滇南民俗游记》，《民俗曲艺》1998 年第
112 期。

索文清、李健、严汝娴整理《红河县哈尼族社会历史调查》，见
《哈尼族社会历史调查》，云南民族出版社 1982 年版。

唐楚臣《蛊药与婚忌》，《山茶》1995 年第 2 期。

陶云逵《碧罗雪山之傈僳族》，《集刊》1948 年第 17 本。

王洪波、何真：《百年绝唱：一部早年云南山里人的"出国必读"》，
《山茶》（人文地理版）1999 年第 6 期。

王明珂《历史事实、历史记忆与历史心性》，《历史研究》2001 年
第 5 期。

翁乃群《蛊、性和社会性别：关于我国西南纳日人中蛊信仰的一
个调查》，《中国社会科学季刊》1996 年秋季卷，见拉他咪·达石主
编《摩梭社会文化研究论文集（1960—2005）》上册，云南大学出版社
2006 年版。

吴雪恼《"身身身身"迷药与情歌》，《山茶》1994 年第 2 期。

熊迅《融入多重边缘：古永傈僳人的族群认同展演》，中山大学人
类学系博士论文，2010 年。

岩温龙《从傣族现存咒语看巫术观念遗留物的作用》，《边疆文化

论丛》1991 年第 3 辑。

杨德森《精神病症状学》，见湖南医学院主编精神医学丛书第一卷《精神医学基础》，湖南科学技术出版社 1981 年版。

杨文金《镇宁县革利苗族地区"蛊鬼"问题调查》，《民族调查研究》1985 年第 3 期。

杨照辉《从巫术仪式和诀术歌看普米族遗留的鬼灵观念》，《边疆文化论丛》1991 年第 3 辑。

殷啸虎《古代的巫术与迷信犯罪》，《文史知识》1990 年第 12 期。

余仁澍《云南高原上的原始巫》，《边疆文化论丛》1991 年第 3 辑。

詹鄞鑫《古代毒蛊术》，《文史知识》1988 年第 10 期。

展宏《边寨人精神世界的侧影》，《山茶》1995 年第 2 期。

章虹宇《鹤庆西山区白族的"朵兮"教》，《边疆文化论丛》1991 年第 3 辑。

张桥贵《剑川县马登区白族的民间信仰调查》，《云南民族学院学报》1988 年第 4 期。

赵旭东《非常意识状态》，《昆明医学院学报》1998 年第 2 期。

赵世昌《地方何以全球：评王明珂"毒药猫"理论》，《青海民族大学学报》（社会科学版）2022 年第 3 期。

朱霞《冥土访客：与一位加拿大学者在禄村的调查散记》，《山茶》1994 年第 1 期。

[法] 雅克·拉康《镜像阶段：精神分析经验中揭示的"我"的功能构型》，吴琼译，见吴琼编译《视觉文化奇观：视觉文化总论》，中国人民大学出版社 2005 年版。

著作

《民族词典》，上海辞书出版社 1987 年版。

《中国方术大辞典》，中山大学出版社 1991 年版。

《中国各民族宗教与神话大词典》，学苑出版社 1990 年版。

本书编写组编《凉山彝族奴隶社会》，人民出版社 1982 年版。

本书编写组编《西双版纳傣族自治州概况》，云南民族出版社 1986 年版。

蔡家麒《论原始宗教》，云南民族出版社 1988 年版。

陈锦钊《快书研究》，1982 年自印书。

岑仲勉《两周文史论丛·三伏日纪始》，商务印书馆 1958 年版。

邓启耀《古道遗城：茶马古道滇藏线巍山古城考察》，广西人民出版社 2004 年版。

邓启耀《访灵札记》，上海文艺出版社 2000 年版。

邓启耀《泸沽湖纪事》，中国旅游出版社 2006 年版。

邓启耀《衣装上的秘境》，香港三联书店 1993 年版。

邓启耀《中国神话的思维结构》，重庆出版社 1992 年版。

董作宾《殷墟文字乙编》，中研院史语所 1948 年版。

方国瑜主编《云南史料丛刊》，云南大学出版社 2001 年版。

方国瑜编撰、和志武参订《纳西象形文字谱》，云南人民出版社 1981 年版。

费孝通《乡土中国 生育制度》，北京大学出版社 1998 年版。

高国藩《敦煌巫术与巫术流变》，河海大学出版社 1993 年版。

高金龙《云南纸马》，黑龙江美术出版社 1999 年版。

高明《古文字类编》，中华书局 1980 年版。

高一飞《人口流动与艾滋病传播：污名的交互与再生》，云南人民出版社 2017 年版。

韩立收《天涯海角的老规矩：海南少数民族传统习惯法研究》，法律出版社 2018 年版。

何新《汉武帝新传》，中央编译出版社 2005 年版。

胡朴安《中华全国风俗志·苗族·峒溪诸苗奇俗纤志》，上海科技文献出版社 2011 年版。

胡厚宣《战后京津新获甲骨集》，群联出版社 1954 年白纸珂罗版。

黄汉儒等《壮族医学史》，广西科学技术出版社 1998 年版。

黄世杰《蛊毒：财富和权力的幻觉：南方民族使用传统毒药与解药的人类学考察》，广西民族出版社 2004 年版。

江绍原《发须爪：关于它们的迷信》，中华书局 2007 年版。

拉木·嘎吐萨《梦幻泸沽湖：最后一个母性王国之谜》，云南美术出版社 1996 年版。

雷波、刘劲荣《拉祜族文化大观》，云南民族出版社 1999 年版。

李东红《白族佛教密宗阿吒力教派研究》，云南民族出版社 2000 年版。

李达珠、李耕冬《未解之谜：最后的母系部落》，四川民族出版社 1999 年版。

李世武《中国工匠建房民俗考论》，中国社会科学出版社 2016 年版。

刘介《苗荒小记》，上海商务印书馆 1928 年版。

凌纯声、芮逸夫《湘西苗族调查报告》，汉荣书局有限公司 1947 年版。

凌纯声《中国的边疆民族与环太平洋文化·古代中国与太平洋区

的犬祭》，联经出版公司 1979 年版。

马昌仪《古本山海经图说》，山东画报出版社 2001 年版。

马昌仪、刘锡诚《石与石神》，学苑出版社 1994 年版。

马学良、今旦译注《苗族史诗》，中国民间文艺出版社 1983 年版。

商承祚《福氏所藏甲骨文字考释》，金陵大学 1953 年版。

宋兆麟《巫与巫术》，四川民族出版社 1989 年版。

宋兆麟《生育神与性巫术研究》，文物出版社 1990 年版。

宋兆麟《中国巫术》，三联书店 1990 年版。

王镭、强巴赤列编译注释《四部医典系列挂图全集》，西藏人民出版社 1982 年版。

王明珂《毒药猫理论：恐惧与暴力的社会根源》，允晨文化 2021 年版。

王明珂《羌在汉藏之间：一个华夏边缘的历史人类学研究》，联经出版公司 2003 年版。

王世祯《中国民情风俗》，星光出版社 1988 年版。

萧兵《傩蜡之风：长江流域宗教戏剧文化》，江苏人民出版社 1992 年版。

徐永明、杨光辉整理《陶宗仪集》，浙江人民出版社 2005 年版。

徐志锐《周易大传新注》，齐鲁书社 1986 年版。

许良国、曾思奇编著《高山族风俗志》，中央民族学院出版社 1988 年版。

燕宝整理译注《苗族古歌》，中国国际广播出版社 2016 年版。

杨福泉《神奇的殉情》，香港三联书店 1993 年版。

杨树达《积微居甲文说》，中国科学院出版社 1954 年版。

杨树达《卜辞求义》，群联书店 1954 年版。

杨学政《衍生的秘律》，云南人民出版社 1992 年版。

杨郁生《云南甲马》，云南人民出版社 2002 年版。

盈江县志编纂委员会编《盈江县志》，云南民族出版社 1997 年版。

雨民编《揭穿神秘的魔法：民间邪术大破解》，黄山书社 1993 年版。

袁珂《古神话选释》，人民文学出版社 1979 年版。

云南民族民间文学红河调查队搜集翻译整理《阿细的先基》，云南人民出版社 1959 年版。

张应强《木材的流动：清代清水江下游地区的市场、权力与社会》，三联书店 2006 年版。

赵寅松、杨郁生主编《中国木版年画集成·云南甲马卷》，中华书局 2007 年版。

朱晓阳《罪过与惩罚：小村故事 1931—1997》，天津古籍出版社 2003 年版。

[奥] 勒内·德·内贝斯基·沃杰科维茨《西藏的神灵和鬼怪》，谢继胜译，西藏人民出版社 1993 年版。

[德] 艾伯华《中国民间故事类型》，王燕生、周祖生译，商务印书馆 1999 年版。

[德] 艾伯华《中国民间故事类型》（修订版），王燕生、周祖生译，商务印书馆 2017 年版。

[法] 勒庞《乌合之众：大众心理研究》，冯克利译，中央编译出版社 2004 年版。

[法] 米歇尔·福柯《规训与惩罚》，刘北成、杨远婴译，生活·读书·新知三联书店 2003 年版。

[法]萨比娜·梅尔基奥尔－博奈《镜像的历史》，周行译，广西师范大学出版社 2005 年版。

[美]格尔兹《文化的解释》，纳日碧力戈等译，上海人民出版社 1999 年版。

[美]孔飞力《叫魂：1768 年中国妖术大恐慌》，陈兼、刘昶译，生活·读书·新知三联书店 2014 年版。

[美]米尔顿·迈耶《他们以为他们是自由的：1933—1945 年间的德国人》，王崇兴、张蓉译，商务印书馆 2013 年版。

[美]米尔希·埃利亚德《神秘主义、巫术与文化风尚》，宋立道、鲁奇译，光明日报出版社 1990 年版。

[日]泽田瑞穗《中国的咒法》，日本株式会社平河出版社 1990 年版。

[英]菲奥纳·鲍伊《宗教人类学导论》，金泽、何其敏译，中国人民大学出版社 2004 年版。

[英]詹·乔·弗雷泽《金枝》，徐育新、汪培基、张泽石译，中国民间文艺出版社 1987 年版。

Guindi, Fadwa El. *Visual Anthropology: Essential Method and Theory.* Alta Mira Press. 2004.

古籍

《二十五史》，上海古籍出版社、上海书店 1986 年版。

《二十二子》，上海古籍出版社 1986 年版。

《续修四库全书》，上海古籍出版社 2002 年版。

《增修大清律例》汇纂集成，云南省社会科学院图书资料中心藏。

[春秋] 传为左丘明，上海师范大学古籍整理研究所点校《国语》，上海古籍出版社 1978 年版。

[汉] 许慎《说文解字》，[宋] 徐铉校定，中华书局 1963 年版。

[东汉] 应劭撰，吴树平校释《风俗通义校释》，天津人民出版社 1980 年版。

[晋] 干宝著，黄涤明注译《搜神记全译》，贵州人民出版社 1991 年版。

[晋] 干宝、陶潜《搜神记 搜神后记》，曹光甫、王根林校点，上海古籍出版社 2012 年版。

[南朝] 任昉《述异记》，吉林大学出版社 1992 年版。

[隋] 巢元方等《诸病源候论》，人民军医出版社 2006 年版。

[唐] 陈藏器《本草拾遗》，尚志钧辑释，安徽科学技术出版社 2004 年版。

[唐] 段成式《酉阳杂俎》，方南生点校，中华书局 1981 年版。

[唐] 李淳风，袁天纲补《增补秘传万法归宗》，孙正治注解，中医古籍出版社 2012 年版。

[唐] 刘恂《岭表录异》，广东人民出版社 1983 年版。

[唐] 长孙无忌等《唐律疏义》，中国政法大学出版社 2013 年版。

[唐] 张鷟《朝野金载》，中华书局 1979 年版。

[唐] 赵蕤《长短经》，中华书局 2017 年版。

[宋] 蔡絛《铁围山丛谈》，冯惠民、沈锡麟点校，中华书局 1983 年版。

[宋] 胡安国《春秋传》，岳麓书社 2011 年版。

[宋] 洪迈《夷坚志》，何卓点校，中华书局 1981 年版。

［宋］李昉等《太平御览》，中华书局 1960 年版。

［宋］李昉等《太平广记》，哈尔滨出版社 1995 年版。

［宋］司马光编撰，沈志华、张宏儒主编《资治通鉴：传世经典 文白对照》，中华书局 2012 年版。

［宋］苏轼《东坡易传》，上海古籍出版社 1989 年版。

［宋］姚宽《西溪丛语 家世旧闻》，中华书局 1993 年版。

［金］元好问撰、［元］无名氏撰《续夷坚志·湖海新闻夷坚续志》，中华书局 1986 年版。

［元］周致中《异域志》，中华书局 1981 年版。

［明］曹学佺《蜀中广记》，杨世文校点，上海古籍出版社 2020 年版。

［明］李时珍原著，张志斌、李经纬等校注《本草纲目校注》，辽海出版社 2001 年版。

［明］刘文泰等《御制本草品汇精要》，陈仁寿、杭爱武点校，上海科学技术出版社 2005 年版。

［明］陶宗仪《说郛》，上海古籍出版社 1986 年版。

［明］王夫之《周易外传》，中华书局 1977 年版。

［明］午荣编《新刊京版工师雕斫正式鲁班经匠家镜》，李峰整理，海南出版社 2003 年版。

［明］王士性《广志绎》，吕景琳点校，中华书局 1981 年版。

［明］王世懋《闽部疏》，周振鹤校，中华书局 2006 年版。

［明］许仲琳《封神演义》，舒芜点校，人民文学出版社 1973 年版。

［清］曹雪芹《红楼梦》，程伟元、高鹗整理，广西师范大学出版社 2017 年版。

［清］东轩主人《述异记》，文物出版社 2020 年版。

[清]董鸿勋纂修《宣统永绥厅志》，中国地方志集成·湖南府县志辑73，江苏古籍出版社、上海书店、巴蜀书社2002年版。

[清]甘雨纂修《光绪姚州志》，张海平校注，中国地方志集成·云南府县志辑63，凤凰出版社、上海书店、巴蜀书社2010年版。

[清]见南山老人《香草谈荟》，沈世荣标点，大达图书供应社1936年版。

[清]蒋琦溥原本，林书勋续修，张先达纂《乾州厅志》，光绪三年增修同治十一年刻本。

[清]蒋旭《康熙蒙化府志》，德宏民族出版社1998年版。

[清]纪昀等《四库全书》第六七二卷，[清]三泰、徐本等纂，刘统勋等续纂《大清律例》第二十六卷，上海古籍出版社1987年版。

[清]罗仰锜《碍嘉志》，乾隆十一年手抄本，云南省双柏县县志办公室藏。

[清]屈大均著，李育中等注《广东新语注》，广东人民出版社1991年版。

[清]清凉道人《听雨轩笔记》，陈果、陶勇标点，重庆出版社1999年版。

[清]阮元校刻《十三经注疏》，中华书局1983年版。

[清]尚秉和《周易尚氏学》，中华书局1980年版。

[清]谈迁《枣林杂俎》，罗仲辉、胡明校点校，中华书局2006年版。

[清]田雯《黔书》，中华书局1985年版。

[清]王筠《说文句读》，中国书店1983年版。

[清]袁枚《子不语》，岳麓书社1985年版。

[清]曾衍东《小豆棚》，盛伟校点，齐鲁书社2004年版。

[清]李绂纂，[清]曾曰瑛等修《汀州府志》，王光明、陈立点校，陈树侗审校，方志出版社 2004 年版。

[清]褚人获《坚瓠集》，李梦生校点，上海古籍出版社 2012 年版。

报刊文章

钱玉、建平《听信骗子胡言，无辜木匠遭殃》，《人民日报》1994 年 6 月 7 日。

邵燕祥《送瘟神》，《解放日报》1988 年 4 月 3 日。

田跃、祖元、朝刚《南哈命案》，《民族文化报》1997 年 7 月 23 日。

王越《莫让巫毒娃娃荼毒心灵》，《佛山日报》2006 年 4 月 11 日。

内部文件和政府调查报告

黄惠琨等调查整理《屏边瑶山瑶族自治区社会历史调查》，见云南大学历史研究所民族组编印《云南省金平屏边苗族瑶族社会调查》，1976 年。

曼景兰乡工作组《"琵琶鬼"的真相》，见云南省历史研究所编印《西双版纳傣族小乘佛教及原始宗教的调查材料》，1979 年（内部印行）。

邱宣充《介绍几种傣族的巫术活动》，见云南省历史研究所编印《西双版纳傣族小乘佛教及原始宗教的调查材料》，1979 年（内部刊行）。

全国人民代表大会民族事务委员会办公室编印《海南黎族苗族自治州保亭县毛道乡黎族合亩制调查》，1957 年。

全国人民代表大会民族委员会办公室编印《1956 年 11 月至 1957 年 6 月景颇族五个点调查综合报告》，1958 年。

芮增祥《蒙化府古城始建时的地理选择》，见政协巍山彝族回族自治县学习文史委员会编《巍山文史资料》，1990 年第 4 辑。

省委边委、景洪县委四清运动试点工作队《曼迈、曼达两个傣族乡有关宗教迷信、封建法权残余和陈规陋习情况的调查》，见云南省历史研究所编印《西双版纳傣族小乘佛教及原始宗教的调查材料》，1979年（内部刊行）。

思茅地区群众艺术馆、澜沧县拉祜族自治县文化馆编印《猎虎的民族：拉祜族风情》，1983年。

霜现月（傈僳族）、管云东主编《福贡县民间文学集成卷》，1992年（内部刊行）。

田家祺等调查整理《碧江县五区色德乡德一登村傈僳族社会经济调查》，见《傈僳族社会历史调查》，云南人民出版社1981年版。

颜思久据景洪县曼达乡杜教工作情况第七号改写《曼广瓦寨揭穿地主"刀枪不入"的骗局》，见云南省历史研究所编印《西双版纳傣族小乘佛教及原始宗教的调查材料》，1979年（内部印行）。

杨学政《小凉山彝族宗教》，见云南省编辑组编《云南少数民族社会历史调查资料汇编》，云南人民出版社1991年版。

尹文和《一部辛酸而风趣的华侨生活实录：〈阳温敦小引〉述略》，见腾冲县政协文史资料编辑委员会编《腾冲文史资料选辑》第3辑。

云南民族调查组怒江分组《碧江县一区老母登、普乐、知子乐三乡怒族族源和民族关系调查》，见《怒族社会历史调查》，云南人民出版社1981年版。

赵崇南《贵定县仰望乡苗族原始宗教调查》，见贵州省民族研究所编印《贵州民族调查》，1984年10月（内部印行）。

赵堪同《龙王庙和蛇头穴》，见巍山县民间文学集成办公室编《巍山彝族回族自治县民间故事集成》，1988年（内部印行）。

网络和视频

阿凡《岁月与场景》，"回忆麻园"微信群，2023 年 9 月 15 日。

阿凡《返乡小记》，"回忆麻园"微信群，2024 年 3 月 2 日。

滴疯侠《"打小人"是岭南学术思想还是封建迷信？》，"滴疯侠"微信公众号，2017 年 7 月 24 日。

海关发布《海关查获人体组织制品 12 件》，"海关发布"微博，2024 年 2 月 28 日。

记者邢冉冉、实习生卜凡《巫毒娃娃杀到 市民恐遭诅咒》，金羊网－新快报，2006 年 3 月 31 日。

记者郑小红、编辑于海波《巫毒娃娃热销惹人忧 专家建议引导健康生活方式》，北京晚报，2006 年 4 月 25 日。

记者郑小红、编辑张明《综述："巫毒娃娃"热销深圳 学生着迷家长担忧》，中国新闻网，2006 年 4 月 25 日。

刘锡诚《黑巫术是反人类的："巫蛊娃娃"批判》，个人博客，2006 年 4 月 10 日。

萧若《14 岁女儿痴迷"巫毒娃娃"针扎玩偶并口中诅咒》，新浪网，2006 年 3 月 27 日。

叶花果《何必跟"巫毒娃娃"较真》，红网"红辣椒评论"，2006 年 4 月 4 日。

张铁鹰《必须得跟"巫毒娃娃"较真》，红网，2006 年 4 月 5 日。

《巫毒娃娃风靡申城校园，手捧针扎施法泄愤》，东方网，2006 年 2 月 23 日。

张同道《经典记录》，安徽文化音像出版社 2002 年版。

巫蛊：中国文化的历史暗流

WUGU: ZHONGGUO WENHUA DE LISHI ANLIU

图书在版编目 (CIP) 数据

巫蛊：中国文化的历史暗流 / 邓启耀著 . -- 桂林：广西师范大学出版社，2025. 4（2025. 6 重印）. -- ISBN 978-7-5598-7994-3

Ⅰ . B992. 5

中国国家版本馆 CIP 数据核字第 2025G8W484 号

广西师范大学出版社出版发行

广西桂林市五里店路 9 号　邮政编码：541004
网址：http://www.bbtpress.com

出 版 人：黄轩庄

责任编辑：吴赛赛

助理编辑：张旖旎

装帧设计：周伟伟

内文制作：张　佳

全国新华书店经销

发行热线：010-64284815

北京盛通印刷股份有限公司印刷

北京市经济技术开发区经海三路 18 号　邮政编码：100023

开本：920mm×1270mm　1/32

印张：18.375　　字数：420 千

2025 年 4 月第 1 版　2025 年 6 月第 4 次印刷

定价：88.00 元

如发现印装质量问题，影响阅读，请与出版社发行部门联系调换。